U0959901

权威·前沿·原创

皮书系列为

“十二五”“十三五”国家重点图书出版规划项目

BLUE BOOK

智库成果出版与传播平台

长江经济带蓝皮书
BLUE BOOK OF YANGTZE RIVER ECONOMIC BELT

长江经济带发展报告（2020~2021）

ANNUAL REPORT ON THE DEVELOPMENT OF YANGTZE RIVER ECONOMIC BELT (2020-2021)

主　编 / 王　振　杨　昕
副主编 / 王晓娟　尚勇敏

社会科学文献出版社
SOCIAL SCIENCES ACADEMIC PRESS (CHINA)

图书在版编目（CIP）数据

长江经济带发展报告．2020－2021／王振，杨昕主编
．－－北京：社会科学文献出版社，2021．12
（长江经济带蓝皮书）
ISBN 978－7－5201－8213－3

Ⅰ．①长…　Ⅱ．①王…②杨…　Ⅲ．①长江经济带－区域经济发展－研究报告－2021－2022　Ⅳ．①F127．5

中国版本图书馆 CIP 数据核字（2021）第 232455 号

长江经济带蓝皮书
长江经济带发展报告（2020~2021）

主　　编／王　振　杨　昕
副 主 编／王晓娟　尚勇敏

出 版 人／王利民
组稿编辑／邓泳红
责任编辑／吴　敏
责任印制／王京美

出　　版／社会科学文献出版社·皮书出版分社（010）59367127
地址：北京市北三环中路甲 29 号院华龙大厦　邮编：100029
网址：www．ssap．com．cn
发　　行／市场营销中心（010）59367081　59367083
印　　装／天津千鹤文化传播有限公司

规　　格／开　本：787mm×1092mm　1/16
印　张：24　字　数：357 千字
版　　次／2021 年 12 月第 1 版　2021 年 12 月第 1 次印刷
书　　号／ISBN 978－7－5201－8213－3
定　　价／128．00 元

长江经济带蓝皮书
编　委　会

主要编撰者简介

王　振　上海社会科学院副院长，兼任信息研究所所长、绿色数字化发展研究中心主任、长三角与长江经济带研究中心常务副主任，区域经济学博士生导师。“长江经济带蓝皮书”主编、“长三角经济蓝皮书”主编、“数字经济蓝皮书”主编。1998 年毕业于日本京都大学，获博士学位，获得全国留学回国成就奖、上海市领军人才、享受国务院政府特殊津贴等荣誉。第十五届上海市人大代表、主席团成员。近年来研究出版多部著作，主要有《长三角共建世界级产业集群研究》《长三角地区协同发展战略研究》《上海 2050 发展愿景》《新产业革命与上海的转型发展》《全面创新改革：上海建设全球影响力科技创新中心的体质机制问题》《长江经济带创新驱动发展的协同战略研究》《构建人才全球战略与人才发展新格局》等。

杨　昕　上海社会科学院信息研究所长江经济带研究室主任，副研究员，博士，中国老年学和老年医学学会理事，中国人口学会会员，上海老年学会理事。研究方向为人口发展与公共政策、人口老龄化、人口迁移。主持两项全国哲学社会科学基金课题、两项国家社科基金重大项目子课题、一项国家自科基金重大项目子课题，主持或作为核心成员参与完成多项上海市哲学社会科学基金和上海市政府决策咨询课题、数十项省市委办局委托课题项目，多次获得省部级以上奖励。

王晓娟　上海社会科学院应用经济研究所副研究员，2007 年毕业于浙江大学，获博士学位，2009 年上海社会科学院应用经济学博士后流动站出站，主要研究方向为产业网络和区域经济发展等，近年来主持或参与多项国家及省部级课题。主要学术成果有：专著《知识网络与企业竞争优势：浙江产业集群的经验研究》，论文《企业跨区域发展视角下产业集群转型》《知识网络与集群企业创新绩效——浙江黄岩产业集群的实证研究》《上海服务业发展特征及其与经济增长的关系》《网络视角下企业跨区域发展与产业集群升级研究》《长江三角洲地区产业一体化：内涵、主体与途径》《跨国公司与产业集群的融合：从地理接近到关系嵌入》《三大都市圈的汽车产业集群》《工业城市转型升级的两种国际模式及对上海的启示》等。

尚勇敏　区域经济学博士，产业经济学博士后，上海社会科学院生态与可持续发展研究所副研究员，长三角与长江经济带研究中心副秘书长。主要从事区域创新与区域可持续发展研究，主持国家自然科学基金等国家级、省部级、委托课题 10 余项，出版著作 4 部，发表 SSCI、CSSCI 论文 20 余篇，获上海市哲学社会科学优秀成果奖二等奖、上海市决策咨询研究成果奖二等奖等荣誉，相关研究多次获上海市政府领导肯定性批示。

摘　要

《长江经济带发展报告（2020～2021）》是长江经济带蓝皮书系列的第六部，也是上海社会科学院长三角一体化发展创新团队组织研创的国家高端智库成果之一。本报告以长江经济带区域整体发展为研究对象，分为总报告、指数篇和产业篇三大部分，重点对2020～2021年长江经济带的经济、社会、环境等发展状态与态势做比较全面的梳理。运用统计数据和政府报告资料，一方面，继续对长江经济带126个城市的绿色发展、科技创新、产业转型、社会发展进行综合评估和排名；另一方面，对长江经济带农业、工业、旅游业、交通运输业、数字经济产业等主要产业进行全面梳理，这些指数的发布和主要产业及城市发展的研究，对于长江经济带建设具有重要的决策参考价值。

总报告从经济发展、社会发展、生态发展三个角度，对2020年长江经济带总体发展进行了全面分析，其中经济发展报告指出，2020年在新冠肺炎疫情和贸易摩擦的不利环境下，长江经济带地区经济继续保持增长态势，占全国的经济比重持续上升，区域内省际差距进一步减小。产业结构处于动态调整和优化阶段，服务业、工业、战略性新兴产业发展各有千秋。投资、消费、出口三大经济发展动能喜忧参半，贸易出口逆势上扬，部分地区波动较大，投资仍呈增长态势，投资增速进一步减缓，内需消费则严重缩水。社会发展报告以长江经济带11个省市2020年的社会事业发展基础数据为依据，重点关注人口发展、人民生活、公共服务、科技文化、就业养老、社会保障等各个社会民生维度的发展现状，与上年相比，全流域126个城市的社会发展水平整体上升，但仍受到了疫情的负面影响。生态发展报告指出长江经济带生态发展水平不断上升，生态系统逐步恢复、环境质量总体改善、资源利用效率不断提升，但区域性、局部性的生态环境问题依然明显。

指数篇包括了长江经济带绿色发展、科技创新驱动力、产业转型升级、社会发展和收入分配五大指数。其中绿色发展指数报告从绿色生态、绿色生产、绿色生活三个领域，对长江经济带126个地级及以上行政区2019年度的绿色发展水平进行了系统评价。通过对绿色发展综合指数和三大领域发展指数的测算与排名，在城市、城市群两个尺度上全面刻画了长江经济带绿色发展水平和空间格局。科技创新驱动力指数报告通过构建长江经济带科技创新驱动力指标评价体系，并基于AHP－EVM模型设置主客观综合指标权重，得到科技创新驱动力综合指数与科技创新投入、科技创新载体、科技创新产出、科技创新绩效4个专项指数，以及10个二级指标得分，全面、系统地评价了长江经济带110个城市的科技创新驱动力。结果表明，以上海、南京、武汉、苏州、杭州等城市为长江经济带科技创新核心驱动力的格局趋于稳定，成都、重庆、南昌、贵阳等中西部中心城市的排名有所提升。产业转型升级指数报告从结构优化、质量提升、产业创新、环境友好四个维度，系统而全面地评价了长江经济带126个城市的产业转型升级水平。依据综合指数及四个专项指数，对126个城市进行了排名，并着重对长江经济带产业转型升级排名前20的重点城市进行了分析。社会发展指数报告通过扩充样本数量、改进分析框架，对长江经济带全域范围内126个城市社会事业、社会保障、社会均衡和社会活力四个领域的发展成效进行了综合评价。整体而言，长江经济带126个城市社会发展指数得分较上一年有所提升，但区域差距仍未呈现收敛趋势，且上中下游之间存在明显的阶梯状差异特征。收入分配指数报告对2019年的收入分配指标体系做了进一步完善，仅评价了初次分配的效率性和公平性，选取了要素生产效率、要素配置效率、初次分配过程公平、初次分配结果公平四大指标，共筛选了11个测度指标，对长江经济带110个城市收入分配指数进行了分析评价，提出长江经济带在健全收入分配制度、改善收入分配制度方面取得了不少成绩，但依然有不合理、不规范的地方需要进一步改善。

产业篇跟踪研究了长江经济带农业、工业、旅游业、交通运输业和数字经济的最新发展态势，运用统计年鉴、统计公报数据进行了全面梳理和分析。其中农业发展报告指出，2020 年，长江经济带农业增加值占全国的比重稳定在43%左右。从产业结构来看，林业和渔业对农业经济的贡献相对较大；从土地单产来看，长江经济带谷物和油菜籽的土地产出率明显高于全国平均水平；从农业现代化水平来看，中下游地区的农业劳动生产率、土地产出率、机械化和设施化程度相对较高。从发展趋势来看，近年来耕地面积呈下降趋势，粮食产量有所下降，第一产业就业比重继续下降，农业就业人口占全国的比重相对稳定。工业发展报告指出，2020 年，长江经济带工业经济运行总体平稳、稳中有进，工业生产稳步发展，工业投资增速回落，经济效益持续下滑，工业资产平稳增长。分行业看，长江经济带计算机、通信和其他电子设备制造业稳中有进，化学原料和化学制品制造业差异化发展，电气机械和器材制造业良性发展，汽车制造业平稳发展。数字经济发展报告指出，2020 年我国数字经济增加值规模达到 39.2 万亿元，占 GDP 比重为 38.6%。长江经济带地区在过去一年里，数字经济也得到显著发展。江苏、浙江、上海、湖北、四川、湖南、安徽七个省份的数字经济增加值规模超过 1 万亿元，重庆、江西、云南、贵州四省市的数字经济增加值规模超过 5000 亿元。从数字产业化来看，长江经济带的电子信息制造业占全国的 1/2 左右，软件与信息技术服务业增速在 10% 以上。从产业数字化来看，江苏、浙江的产业数字化规模超过 2 万亿元，浙江、上海、湖北、四川、湖南的产业数字化规模都超过 1 万亿元。另外，长江经济带地区的电子商务、云计算、大数据等在 2020 年都有不俗的表现。展望 2021 年，长江经济带地区产业集聚特色化发展态势进一步显现，数字技术在经济社会各领域得到更广泛应用，新型智慧城市建设加速推进，长江经济带数字经济将实现更好地协同发展。旅游业发展报告指出，长江经济带 11 省市旅游业在文旅融合、乡村旅游、生态优化等领域取得了显著的成就；但与此同时，全流域在资源分布、经营业绩和发展环境等方面仍存在差异。交通运输业发展报告指出，

2020年疫情下，阻断传播链等抗疫措施的实施不可避免地对交通运输业造成重大冲击，但在此背景下长江经济带交通运输业仍稳步发展，交通运输体系日趋完善，运输方式逐步多样化，运输能力不断提高。基于交通网络里程、道路投资状况、港口建设和机场群建设等各方面统计数据，深入分析长江经济带交通运输业发展情况，并对上中下游发展状况进行了对比。

关键词： 长江经济带　经济发展　社会发展　产业发展　发展指数

优化长江经济带产业空间布局*

王 振 尚勇敏**

长江经济带在我国区域发展格局中具有极其重要的地位和作用，是我国纵深最长、覆盖面最广、影响最大的黄金经济带，是事关国家可持续发展的重要生态安全屏障，更是推动我国形成优势互补、高质量发展的先行区域。按照“共抓大保护、不搞大开发”原则，长江经济带这些年积极开展环境整治和结构调整，已经取得了非常显著的成效。但面向未来，按照高质量发展和构建新发展格局的新要求，实现生态优先绿色发展，建设具有全球影响力的黄金经济带，仍然还在攻坚克难的路上。

产业空间布局，是长江经济带国土空间规划的重要组成部分。本报告将着重研究重点产业在长江经济带的空间布局状况，并以贯彻落实五大新发展理念和率先构建新发展格局为指导思想，梳理产业布局存在的问题，提出长江经济带产业布局优化的建议。

一 长江经济带产业空间布局存在问题

（一）“三高”产业布局方向与资源环境承载力不相匹配

长江经济带产业布局优化的重要底线是合理控制开发强度，将开发活动

* 本报告发表于《长江经济带蓝皮书：长江经济带高质量发展研究报告（2020～2021）》，社会科学文献出版社，2021。

** 王振，博士，上海社会科学院副院长、信息研究所所长，研究员，主要从事区域经济与创新发展研究；尚勇敏，博士，上海社会科学院生态与可持续发展研究所副研究员，主要从事区域创新与区域可持续发展研究。

限制在资源环境承载能力之内，而当前依靠土地占用和资本投入增量扩张的发展模式仍然占主导地位。从资源环境承载力看，长江经济带下游城市承载力明显高于中游和上游城市，而中西部地区城市由于环境治理能力不足、生态系统较脆弱等原因，资源环境承载力普遍超载，尤其是西部山地高原地区，不管是环境脆弱性、农业生产能力、水资源适宜度还是交通便捷化指数，都远落后于东部地区和中西部城市群地区，这也是类似于“胡焕庸线”一样难以被打破的规律。

从产业布局现状看，石化等耗水型、高排放产业在中部地区仍有大量分布，尤其是近年来长江经济带中上游地区化工、冶炼、纺织等高污染、高耗能、高耗水产业呈现增长趋势，如2010～2019年，下游省市水泥、钢材、布、初级形态塑料产量（截至2018年）分别下降了4.81%、2.44%、4.65%、4.51%，而上游省市则增加了5.44%、3.76%、-1.64%、3.44%，上游省市农用氮磷钾化肥产量增加了6.98%。尽管中西部地区水资源较丰富，但水环境容量不足，长江经济带水环境质量较差的区域也大多分布于长江上游支流，如长江经济带上游、中游、下游城市的考核断面水环境质量平均分别为3.12、3.12、2.98①，说明上游地区水环境压力更大。

从污染物排放量看，2010～2018年，长江经济带下游省市二氧化硫、废水排放量占比分别从52.80%、32.39%下降至46.93%、26.67%，而上游省市则分别从20.50%、43.16%增长至28.28%、55.58%。由于上游省市技术水平、环境治理能力相对较低，如2018年上中下游省市建成区排水管道密度分别为9.48公里/公里^2、9.37公里/公里^{2}和14.62公里/公里^2，污水处理率分别为96.07%、95.72%和95.45%，② 这不仅造成了污染排放的转移，还导致长江经济带污染排放总量增加，如2010～2018年长江经济带废水排放量增加了18.47%，高于全国平均水平。

可见，在资源环境承载力较弱的上游地区，仍然布局了相当量的“三

---

① 考核断面水质为Ⅰ～Ⅴ类，分别赋值为1～5，值越小反映水质越好。

② 资料来源于《中国城乡建设统计年鉴2018》，统计口径为城市（不含县、乡镇）。

高”产业，与“以水定城、以水定地、以水定人、以水定产”等依据资源环境承载力进行产业科学合理布局的理念不一致，有必要坚守长江经济带各省市资源环境承载力底线，促进产业布局优化。

（二）污染型项目整治形势仍较严峻，沿江污染趋势未根本扭转

长期以来，长江经济带化工企业沿江集中布局，以致形成“重化工围江”的局面，长江流域生态环境风险“红灯”频现，与临江临河工矿企业（化工厂、造纸厂、印染厂、采矿厂、砂石厂等）污染有着直接关系。尽管近年来各省市积极推进沿江重化工企业关停、搬迁和整改，并取得了一些成效，但长江岸线治理修复仍有薄弱环节，沿江重化工业风险仍然较高，如2020 年 5 月，中央第四生态环境保护督察组向重庆市反馈督察情况指出，部分地方违规建设港口码头，侵占破坏岸线，长江、乌江涪陵段共有 7 个违规码头，仍有部分新增化工项目选址位于长江干流 1 公里范围，部分企业违规堆存工业固体废物导致污染排放入江。

从污染型产业分布看，2018 年长江经济带 25 个沿长江干流城市纺织服装、造纸、石化、金属冶炼和压延加工四大产业分别占长江经济带的 45.6%、43.9%、50.2%、48.7%，不仅高于其工业增加值占比，也高于 76 个非沿江城市和 11 个沿海城市的占比，这也导致了长江经济带污染集聚，如 2018 年 25 个沿江城市废水达到 23.4 亿吨，高于 75 个非沿江城市的总和（21.6 万吨），也高于沿海城市排放量，长江干流沿江城市仍然是污染物的主要排放源。

同时，长江经济带岸线资源无序利用问题较严重，岸线开发利用效率低，且运输管理不合理，沿江港口密集分布，且腹地资源、货物资源、岸线资源的同质竞争严重。在岸线开发上，地方政府考虑更多的是“布局更多的项目和产业园”，如 2018 年长江经济带 110 个地级以上城市仅石化、医药行业规模以上企业数量合计就超过 25000 家（约占企业总数的 14.70%），生产和运输的危化品多达 250 多个，尤其是江苏、浙江、重庆等涉危险化学品企业数量最多，重化工围江现象依然未得到明显改变。

（三）大城市中低端产业偏多与中小城市承载优势未充分发挥不相匹配

由于大中小城市在城市体系中的职能定位不同，其在产业选择上也应有所差异，然而长江经济带34个特大和大城市一般加工制造业仍然占据较大比重，约占长江经济带的53.93%，高于常住人口占比48.70%，大城市承载了过多非核心功能的中低端产业。其中，特大和大城市的烟草制品（74.7%）、文教工美体育和娱乐用品制造（64.1%）、印刷和记录媒介复制（61.8%）、酒饮料和精制茶制造（59.8%）、纺织服装服饰（59.7%）、纺织（57.6%）、造纸和纸制品（56.4%）、家具制造（55.7%）等产业占比居前列。这些产业大多是技术含量相对较低、劳动力密集型的产业，中小城市在这些产业上具有较大的成本优势，如中小城市常住人口约占长江经济带的51.3%，平均工资约7万元、平均房价为6200～7300元/米^2，均远低于特大和大城市。而中小城市产业承接相对不足，大中小城市间尚未形成具有合理地缘经济关系和形成紧密联系的城市产业分工体系，需要在满足大城市基本功能的基础上适度将中低端产业向周边中小城市疏解，促进大城市朝着规模化、小城市朝着专业化方向发展。

（四）产业布局与优势区域承载力空间不相匹配

产业布局优化的重要目标是促进形成优势互补、高质量发展的区域经济格局。改革开放40多年来，我国经济发展的空间结构发生了深刻的变化，中心城市和城市群正在成为承载发展要素的主要空间形式和载体。研究发现，长江经济带国家级和区域性中心城市资源环境承载力仍有较大的提升空间，一般城市总体上处于超载状态，当前中心城市资源环境承载空间未得到有效发挥。而当前产业布局强调向中西部地区转移、向大都市周边地区疏解等，但这通常只考虑了成本、市场条件等，对资源环境承载力、产业比较优势、产业发展总体效率的考虑相对欠缺，产业布局与资源环境承载力和产业比较优势相矛盾。

首先，经济发展水平较高的地区建设条件往往较好，如2016年东部省市建设用地比重达16.32%，中、西部仅分别为8.13%和6.40%，尤其是沿海造陆将为生产活动提供更多的土地资源，江苏省2000~2018年增加了4600平方公里的土地面积，东部地区不管是建设用地挖潜还是新增土地面积，都有助于为产业发展提供更多的土地资源。其次，中心城市或城市群在基础设施、科技水平、公共服务等方面也普遍优于一般城市，资源环境承载力挖潜空间也较大，也有利于承载更多的人口、产业活动。最后，人口和各类生产要素向城市集聚成为普遍规律，而中心城市的要素配置效率相对更高，研究发现长江经济带国家级和区域性中心城市九大重点产业比较优势均高于区域性次中心城市和一般城市，如果产业更多地往中心城市布局也将有助于提升长江经济带产业发展水平，以及提升长江经济带作为世界级产业集群的国际竞争力。

（五）中心城市创新策源能力与创新型产业布局不相匹配

长江经济带产业布局优化的重要动能是科技创新。创新要素在地理空间上倾向于集聚或毗邻在大城市或城市群，这种集聚将产生更大的经济效益。《2019全球科技创新策源城市分析报告》显示，2012~2017年，全球20座城市以占全球不到2.5%的人口，为全球高水平科技创新直接做出了27.3%的贡献，主导和参与的科技成果数量占全球的63.8%。长江经济带11个直辖市或省会城市集聚了42.37%的研发人员、56.79%的高校数量，产生了37.83%的专利授权量，以及52.36%的发明专利授权量，但创新能级依然相对较低，尤其是创新策源力相对较低。根据世界知识产权局《2020年全球创新指数》，全球PCT专利授权前50城市中，上海（11）、杭州（27）、苏州（49）上榜，但PCT专利数分别仅13347件、4832件和2627件，与东京—横滨（113244件）、首尔（40817件）、圣何塞—旧金山（39748件）等相比差距显著，甚至远落后于深圳—香港—广州（72259件）。

从国外经验看，世界级产业集群和创新集群的形成均依赖研发与生产的协同，如硅谷形成“产—学—城”紧密结合的空间布局，东京都市圈几大产业带均是制造业与研发功能并存，而纽约湾区墨瑟—米德尔赛克斯—尤宁研发生产的脱节导致其创新能级跌落。习近平总书记提出要“围绕产业链部署创新链，围绕创新链布局产业链”，《长江经济带科技创新驱动力指数报告（2019）》显示，上海、南京、武汉、苏州、杭州、成都、长沙、合肥、无锡、宁波创新驱动力排名前10，但这些中心城市依然存在高端产业配置不够，产业链、价值链、创新链仍未占据高端环节，关键核心技术攻关不够等问题；同时，当前产业链与创新链跨区域协同不足，以长三角地区为例，2009~2017年长三角制造业专利合作总次数为46806次，城市间合作为25790次，占比仅55.10%，城市间的创新合作相对不足。为此，创新型产业应进一步向中心城市集聚，更有助于实现创新成果快速转移转化并推动产业转型升级。

（六）多数县域经济产业发展动能不足，承上启下功能受到较大制约

受长期存在的城乡二元结构影响，城乡居民在社会保障、教育、医疗等公共服务方面存在较大差异，农业转移人口也因此无法真正融入城市，只能在家乡附近的中小城市生活和就业，发展县域经济是破解城乡二元结构的关键。尽管长江经济带总体县域经济相较于全国平均水平较高，但区域内部发展极不均衡，东部县级市在GDP、人均GDP、一般公共财政预算收入上均明显高于中西部县市，如东、中、西部县市人均GDP平均值分别为11.45万元、5.41万元、5.70万元。这种差距还表现在内生经济增长动力上，我国产业园区、工业企业大多集聚在大中城市，市县分布较少，这在中西部地区表现得更为明显，如西部地区县级市拥有的规模以上工业企业单位数仅占西部一市三省所有规上企业数的13.90%，而中部和东部地区分别为25.54%和29.62%。县域产业发展相对薄弱，使得财政收入相对有限，并造成一定程度的财政缺口，尤其是中西部县市一般公共预算财政缺口明显大于东部县市，如中、西部县市财政缺口比例分别高达131.23%和94.95%，远高于东部县市的25.11%。

从三次产业结构来看，总体呈现“二三一”的结构特征，西部县市第三产业占比略高于第二产业，但更多的是建立在第二产业欠发达的基础上的，第三产业发展相对滞后使得就业容纳能力不足，如长江经济带县级市呈现出明显的第一产业就业人口高、第二和第三产业就业比重低的现象，为此发展县域经济亟须布局就业带动大的产业。同时，大城市的功能过剩与县域范围内的城镇功能远远不足并存，尤其是长江经济带还存在边疆地区城市产业培育和导入不足的问题，不利于留住人口，保障国家安全。

同时，镇域经济作为县域经济的重要组成部分，对于促进社会稳定、带动乡村振兴、拉动社会就业和促进就地城镇化等至关重要，也是发展乡村文旅产业等的重要载体，而当前长江经济带镇域经济较为衰落，相当部分的镇缺乏工业基础和产业支撑，各类生产要素主要流向大中城市，镇域经济发展缺乏有效的要素支撑，建设用地资源指标也主要向大城市集中，尤其是在我国实行最严格的耕地保护制度和节约集约用地制度下，乡镇经济和农村文旅休闲产业用地资源配置不足，表现为用地指标少、用地审批慢、农地流转难、土地权益退出机制不完善等问题，尤其是乡村地区一二三产业融合发展，使得土地功能复合和混合利用特征明显，现行单一的土地用途管理制度成为乡村经济发展的瓶颈之一。

二　推动长江经济带形成优势互补、高质量发展的产业布局策略

综合考虑长江经济带各地的区位优势、资源禀赋、产业基础、资源环境承载力等，坚持优势互补、合理分工，坚持强化底线、严格约束，坚持双链融合、双向循环，坚持集群发展、多层布局，坚持协调发展、差异化发展，推动形成优势互补、高质量发展的产业布局。

（一）发挥比较优势，促进上中下游城市群分工协作

充分发挥各地比较优势，促进产业和人口向中心城市和城市群集中，形

成以城市圈为主要形态的动力源，带动长江经济带产业发展总体效率提升，破除资源要素流动障碍，促进各类生产要素自由流动并向优势地区集中，提高资源配置效率，形成上中下游合理分工协作的产业发展格局。

发挥长三角城市群人才富集、科技水平高、制造业发达、产业链供应链相对完备和市场潜力大等诸多优势，围绕电子信息、生物医药、航空航天、高端装备、新材料、节能环保、汽车、绿色化工、纺织服装、智能家电十大领域，建设一批国家级战略性新兴产业基地，形成若干世界级制造业集群。延伸机器人、集成电路产业链，加快培育和布局以下一代人工智能、新一代芯片、网联智能汽车、北斗空间信息等为引领的未来产业。

发挥长江中游城市群综合交通运输、资源环境承载和产业基础等优势，围绕装备制造、汽车、金属冶炼、食品加工、非金属制品、医药制造等产业，提升产业基础能力和产业链水平，提高产业链供应链稳定性和竞争力，打造具有世界影响力的产业集群，提高参与国内外产业分工与合作的能力。

发挥成渝地区双城经济圈内陆开放、劳动力成本、自然生态资源、国防军工等优势，集聚电子信息、装备制造、航空航天、食品加工、非金属制品、纺织服装等产业，建设若干个世界级产业集群，发展适宜航空运输和参与全球价值链分工的高附加值产业。

表1　长江经济带九大产业的重点布局区

产业	布局城市
电子信息	上海、南京、无锡、常州、苏州、南通、杭州、宁波、嘉兴、台州、合肥、芜湖、南昌、武汉、襄阳、长沙、湘潭、重庆、成都、绵阳
装备制造	上海、南京、无锡、徐州、常州、苏州、南通、盐城、扬州、镇江、泰州、杭州、宁波、温州、嘉兴、湖州、绍兴、金华、台州、合肥、芜湖、蚌埠、马鞍山、铜陵、滁州、南昌、鹰潭、武汉、黄石、十堰、襄阳、鄂州、长沙、株洲、湘潭、岳阳、常德、重庆、成都、绵阳、资阳、昆明
石化	上海、南京、无锡、徐州、常州、苏州、南通、扬州、镇江、泰州、杭州、宁波、嘉兴、湖州、绍兴、台州、合肥、芜湖、蚌埠、马鞍山、铜陵、滁州、鹰潭、武汉、宜昌、襄阳、长沙、岳阳、重庆、成都、绵阳、贵阳、昆明、普洱
金属冶炼	上海、南京、无锡、徐州、常州、苏州、盐城、扬州、镇江、杭州、宁波、嘉兴、湖州、绍兴、合肥、芜湖、马鞍山、铜陵、滁州、鹰潭、武汉、黄石、襄阳、长沙、湘潭、重庆、成都、绵阳、贵阳、昆明

续表

产业	布局城市
纺织服装	上海、南京、无锡、徐州、常州、苏州、南通、盐城、镇江、泰州、杭州、宁波、温州、嘉兴、湖州、绍兴、金华、台州、合肥、芜湖、滁州、武汉、十堰、宜昌、襄阳、鄂州、长沙、株洲、湘潭、岳阳、常德、重庆、成都、绵阳、资阳、贵阳、昆明、普洱
汽车	上海、南京、无锡、徐州、常州、苏州、南通、盐城、扬州、镇江、泰州、杭州、宁波、嘉兴、湖州、绍兴、金华、台州、合肥、芜湖、滁州、南昌、武汉、十堰、宜昌、襄阳、长沙、株洲、湘潭、重庆、成都、绵阳、昆明
食品加工	上海、南京、无锡、徐州、常州、苏州、南通、淮安、盐城、扬州、镇江、泰州、杭州、宁波、嘉兴、湖州、绍兴、合肥、芜湖、蚌埠、马鞍山、滁州、南昌、武汉、宜昌、襄阳、长沙、株洲、湘潭、岳阳、常德、重庆、成都、绵阳、贵阳、昆明、普洱
医药制造	上海、南京、无锡、徐州、常州、苏州、南通、镇江、泰州、杭州、宁波、嘉兴、绍兴、台州、合肥、芜湖、蚌埠、马鞍山、武汉、襄阳、长沙、株洲、湘潭、岳阳、重庆、成都、绵阳、贵阳、昆明
非金属制品	上海、南京、无锡、徐州、常州、苏州、南通、淮安、盐城、扬州、镇江、泰州、杭州、宁波、温州、嘉兴、湖州、绍兴、金华、台州、合肥、芜湖、蚌埠、马鞍山、铜陵、滁州、南昌、鹰潭、武汉、宜昌、襄阳、鄂州、长沙、株洲、湘潭、岳阳、常德、重庆、成都、绵阳、贵阳、昆明

发挥滇中和黔中城市群特色资源加工、自然生态、能源、民族文化、区域性消费市场等优势，完善产业门类，延伸产业链条，大力培育和发展大数据、新型消费、生物医药、特色农产品加工、食品加工、非金属制品等产业。

（二）强化资源环境约束，引导重化工业合理布局

推动重化工业向沿海和内陆重点区域布局。遵循全球化工产业沿江靠海发展的趋势，依托长三角地区市场优势、交通优势、产业配套优势等，引导沿江及内陆地区石化产能向沿海转移和转型升级，建设沿海大型产业基地，重点布局江苏连云港、上海杭州湾北岸、浙江宁波舟山三大沿海石化基地，在宁波舟山建设世界一流的全产业链绿色石化产业基地。依托中缅原油管道和铁路通道，以昆明为核心建设云南炼化一体化工程，推动西南石化及关联产业链布局。

稳妥推进化工产业入园和转型。长江中上游沿江地区严控新建化工项

目，对现有化工类项目实施分类引导搬迁或转型，有序推进萍乡、黄冈、上饶、郴州、怀化、黄山、衡阳、邵阳、随州等城市化工产业改造升级，重点清退太湖、鄱阳湖等沿湖化工项目，针对沿江、沿湖化工污染企业，加快推进化工项目入园，2035 年实现化工企业入园率不低于70%。

依据资源环境承载力优化“三高”产业布局。逐步推动资源环境承载力超载城市石化产业、金属冶炼业、纺织服装产业、非金属矿物制品业等产业转型和改造升级，推动承载力过载城市实行高耗能、高排放、高耗水产业的逐步迁出，引导产业改造升级并向资源环境承载状况较好、环境治理能力强的地区布局。严格沿江项目环境准入，严控企业环境风险。

（三）突出中心城市功能，引领都市圈产业创新转型

推动创新产业与创新要素向中心城市集聚。强化上海、南京、杭州、合肥、武汉、南昌、长沙、重庆、成都、贵阳、昆明等中心城市创新引领功能，推动创新型产业与企业，以及创新型人才和相关要素向中心城市集聚，注重培育创新创业生态系统，打造创新资源密集、创新要素齐全、创新链条完整、创新氛围浓厚、创新活动活跃、创新功能强大的城市创新功能区，大力培育创新型产业集群，以创新带动城市经济结构特别是产业结构迈向价值链和产业链中高端，发挥其作为长江经济带最重要的产业增长极作用，引领长江经济带产业创新转型。

建设以中心城市和都市圈为载体的创新型产业集群。明确中心城市功能定位，强化上海大都市圈及南京、杭州、合肥三大都市圈的科技创新策源功能和高端产业引领功能，建设以集成电路、物联网、生命健康、大飞机、前沿新材料等产业以及量子信息、类脑芯片、下一代人工智能、第三代半导体等未来产业为主的创新型产业集群。强化武汉、长沙、南昌三大都市圈科技创新、先进制造、现代服务等功能，推动创新资源加快集聚、产业结构加快升级，打造以信息技术、生命健康、智能制造等创新型产业为主的产业集群。强化重庆、成都两大都市圈现代制造、科技创新、金融、综合交通枢纽等功能，促进产业、人口和各类生产要素合理流动和高

效集聚，建设以新一代电子信息技术、新材料、高端装备等新兴产业为主的创新型产业集群。

（四）聚焦产业比较优势，打造区域性特色产业集群

加快推动长三角产业链供应链协同，积极推动长三角中心城市的机械、纺织服装等一般加工制造业向中小城市转移，推动电子信息、高端装备、生物医药、石化、汽车等主导产业中低端环节疏解，各中小城市积极发展配套产业和配套环节。打破行政区划限制，充分整合长三角资源禀赋，加快建立长三角产业互补分工关系，强化产业链分工，优化产业链布局，推动中小城市形成有特色有优势的产业集群。

围绕区域性中心城市建设特色产业集群。长江中上游地区积极培育九江、赣州、宜昌、襄阳、岳阳、衡阳、绵阳、宜宾、遵义、玉溪等一批区域性中心城市，增强人口和经济集聚功能，积极发展新技术、新业态、新模式，培育健康养老、旅游休闲、文化娱乐等新增长点，并积极承接长三角地区食品、纺织服装等一般加工制造业，以及电子信息、装备制造、汽车等产业中低端环节。长江中上游地区中小城市围绕中心城市积极发展配套产业，并大力发展现代农业、文化旅游、大健康、医药产业、农产品加工等特色产业，形成一批特色产业集群。

建设多个能源资源产业集群。结合资源禀赋建设一批能源资源产业基地，发挥长宁—威远、涪陵国家级页岩气示范区引领作用，建设西南天然气区域储备中心和成品油储运基地，统筹川南、滇东、黔西、赣南等国家规划矿区的矿产资源，建设重庆、鹰潭、上饶、宜春、铜陵等多个有色金属冶炼、非金属材料产业集群，并利用铜镍等进口原料，在沿海地区建设有色金属产业基地。加强赣州等稀土资源保护，合理控制开发利用规模，促进新材料及应用产业有序发展。加强对湖南桃江、江西彭泽、安徽繁昌等核电站预留选址管控，有序推进云贵等煤炭基地建设。促进资源枯竭城市转型发展，加快培育接续替代产业，延长产业链条。

（五）壮大县域经济，推进城乡一体化和产业集群化

以县域为单元推进城乡一体化发展，在中上游地区选择100个左右资源环境承载能力、城镇化动力较强的县城，加快交通基础设施建设，补齐公共服务短板，建设满足进城农民刚性需求的住房，引导县域人口集聚和人口回流。积极推进以重点镇为载体的就近就地城镇化，提升小城镇的吸引力、承载力，吸引更多农村人口到城镇落户。鼓励集体经营性建设用地入市，落实5%的新增建设用地用于乡村发展，适度推进部分城市功能在乡村布局。

把培育和发展特色产业作为发展县域经济的主攻方向，中西部地区发挥生态环境优势、资源优势、劳动力优势，因地制宜地做大做强各具特色的主导产业，推进县域产业园区建设，推进一批支撑性强、带动作用大的重点项目，积极承接东部地区产业转移，鼓励东中西部合作共建产业园区，发展“飞地经济”。推进县域产业集群化发展，确保每个县域建设若干个特色化、专业化的产业集群，不断壮大县域经济综合实力。

长三角地区积极调整产业结构，推进县域经济转型升级，充分利用当地资源禀赋，扬长补短，厚植优势，挖掘县域经济高质量发展新动能。面向上海等中心城市共建创新平台，大力精准招商，共建合作园区，聚焦重点，争取在科技创新、产业升级、开放合作等方面取得突破。

目　录

Ⅰ　总报告

B.1　长江经济带经济发展报告（2020~2021） …… 马　双　王　振 / 001

B.2　长江经济带社会发展报告（2020~2021） …………… 杨　昕 / 013

B.3　长江经济带生态发展报告（2020~2021） …… 尚勇敏　海骏娇 / 047

Ⅱ　指数篇

B.4　长江经济带绿色发展指数报告（2021） ……………… 海骏娇 / 074

B.5　长江经济带科技创新驱动力指数报告（2021） ……… 杨　凡 / 104

B.6　长江经济带产业转型升级指数报告（2021） ………… 马　双 / 139

B.7　长江经济带社会发展指数报告（2021） ……………… 杨　昕 / 170

B.8　长江经济带收入分配指数报告（2021） ……………… 乐　菡 / 195

Ⅲ　产业篇

B.9　长江经济带农业发展报告（2020~2021） …………… 戴伟娟 / 217

B.10 长江经济带工业发展报告（2020~2021）…………… 张美星 / 242
B.11 长江经济带数字经济发展报告（2020~2021）……… 徐丽梅 / 265
B.12 长江经济带旅游业发展报告（2020~2021）
…………………………………………………… 于秋阳　邹子臻 / 293
B.13 长江经济带交通运输业发展报告（2020~2021）
…………………………………………………… 王晓娟　段　宇 / 321

Contents ………………………………………………………………… / 341

总报告

General Reports

B.1
长江经济带经济发展报告（2020~2021）

马双　王振*

摘　要：2020年，在新冠肺炎疫情和贸易摩擦的不利环境下，长江经济带地区经济继续保持增长态势，占全国的比重持续上升，区域内省际差距进一步减小。产业结构处于动态调整和优化阶段，服务业、工业、战略性新兴产业发展各有千秋。投资、消费、出口三大经济发展动能喜忧参半，贸易出口逆势上扬，部分地区波动较大，投资仍呈增长态势，投资增速进一步减缓，内需消费则严重缩水。

关键词：经济发展　产业结构　经济动能　长江经济带

* 马双，上海社会科学院信息研究所副研究员；王振，上海社会科学院副院长、信息研究所所长，研究员。

长江经济带在我国区域发展格局中具有极其重要的地位和作用，是我国纵深最长、覆盖面最广、影响最大的黄金经济带，是畅通国内国际双循环、引领经济高质量发展的主力军。

2020 年，面对新冠肺炎疫情和复杂的国际环境，长江经济带经济继续保持平稳增长，产业结构进一步优化，新的经济增长动能逐渐壮大，充分彰显出黄金经济带的活力和潜力。2020 年，长江经济带 11 省市经济规模占全国的比重达到46.4%，进一步凸显对全国经济的支撑引领作用。特别是新冠肺炎疫情突袭而至，沿江省市有力应对、积极部署，统筹做好疫情防控和经济社会发展工作，有效克服了内外部环境的变化冲击，为我国在全球主要经济体中率先恢复经济正增长作出了突出贡献。

一　2020年长江经济带经济发展概况

2020 年，长江经济带地区经济总量和人均经济规模进一步扩大，在全国经济发展格局中的重要性进一步凸显，区域协调发展取得长足进步。但受新冠肺炎疫情的影响，长江经济带地区经济增长速度明显放缓，领先全国的幅度也收窄。

（一）经济规模持续扩大，增长速度明显放缓

2020 年，长江经济带11 省市实现地区生产总值47.2 万亿元，平均增速达到2.9%，较上年平均增速下降 4.3 个百分点，较同期我国国内生产总值增速高出0.6 个百分点，增长速度明显放缓，领先全国的幅度也显著收窄；人均 GDP 达到79336 元，同比增长 1.4%，高出全国平均水平（72447 元）6889 元，领先幅度与上年相比有所减少。在 11 个省市中，湖北省受新冠肺炎疫情的严重影响，GDP 出现负增长（ -5.0%），上海的 GDP 增速（1.7%）也低于全国平均水平，人均 GDP 规模低于全国平均水平的有安徽、江西、湖南、四川、贵州和云南 6 省，与上年保持一致。总体来看，长江经济带经济规模稳定增长，人均经济规模继续攀升，但经济增速明显放缓，领先全国同期水平的幅度也显著收窄。

表 1　2019～2020 年长江经济带 11 省市经济发展情况

地区	GDP(亿元)		GDP 增速(%)		人均 GDP(元)	
	2019 年	2020 年	2019 年	2020 年	2019 年	2020 年
上海	38155	38701	6.0	1.7	157300	159672
江苏	99632	102719	6.1	3.7	123607	122000
浙江	62352	64613	6.8	3.6	107624	100070
安徽	37114	38681	7.5	3.9	58496	63383
江西	24758	25692	8.0	3.8	53164	56855
湖北	45828	43443	7.5	-5.0	77321	75223
湖南	39752	41782	7.6	3.8	57540	62882
重庆	23606	25003	6.3	3.9	75828	78002
四川	46616	48599	7.5	3.8	55774	58081
贵州	16769	17827	8.3	4.5	46433	46229
云南	23224	24522	8.1	4.0	47944	50299
长江经济带	457806	471582	7.2	2.9	78276	79336
全国	990865	1015986	6.1	2.3	70892	72447

资料来源：2019～2020 年中国和相关省市统计公报，第七次全国人口普查数据。

（二）经济比重继续提升，省际差距有所减小

2020 年，长江经济带 11 省市地区生产总值占全国的比重达到 46.4%，较 2019 年提升 0.2 个百分点，较 2018 年提升 1.6 个百分点，2018～2020 年经济总量每年增加 3 万亿元以上，年均增幅超过 8%，长江经济带地区经济在全国经济总量中的比重不断上升。

表 2　2018～2020 年长江经济带 11 省市 GDP 及其占比情况

单位：亿元，%

地区	2018 年		2019 年		2020 年	
	GDP	占比	GDP	占比	GDP	占比
上海	32680	8.1	38155	8.3	38701	8.2
江苏	92595	23.0	99632	21.8	102719	21.8
浙江	56197	13.9	62352	13.6	64613	13.7
安徽	30007	7.4	37114	8.1	38681	8.2
江西	21985	5.5	24758	5.4	25692	5.4

续表

地区	2018 年		2019 年		2020 年	
	GDP	占比	GDP	占比	GDP	占比
湖北	39367	9.8	45828	10.0	43443	9.2
湖南	36426	9.0	39752	8.7	41782	8.9
重庆	20363	5.1	23606	5.2	25003	5.3
四川	40678	10.1	46616	10.2	48599	10.3
贵州	14806	3.7	16769	3.7	17827	3.8
云南	17881	4.4	23224	5.1	24522	5.2
长江经济带	402985	—	457806	—	471582	—
全国	900309	—	990865	—	1015986	—
占比	—	44.8	—	46.2	—	46.4

资料来源：2018～2020 年中国和各省市统计公报。

在总量保持上升的情况下，长江经济带内部各省市间的地区经济差距不断缩小。2020 年，东部长三角地区（沪苏浙皖）的经济总量在长江经济带内所占比重有所下滑，从 2018 年的 52.4% 下降到 2020 年的 51.9%，下降了 0.5 个百分点，中部地区的赣鄂湘从 2018 年的 24.3% 下降到 2020 年的 23.5%，下降了 0.8 个百分点；西部地区的云贵川渝占比则从 2018 年的 23.3% 提高到 2020 年的 24.6%，占比增幅较大。总体而言，西部欠发达地区的 GDP 占比提升明显，东部和中部地区的 GDP 占比略微下降，长江经济带内省际差距有所减小。

二 2020年长江经济带产业发展概况

2020 年，长江经济带产业结构进一步优化，除江西外各省市的第三产业占比均超过了 50%。其中，服务业发展稳中有进，工业经济运行良好，战略性新兴产业加速成长，重点行业表现突出，但省际产业结构、产业体系和重点产业发展情况仍存在明显的差异。同时，受新冠肺炎疫情的影响，湖北省产业发展出现负增长，各地旅游业、住宿和餐饮业等严重受挫。

（一）产业结构进一步优化，地区特色差异明显

2020 年，长江经济带 11 省市产业结构进一步优化，三次产业结构平均值从 7.8∶38.6∶53.6 调整为 8.4∶37.9∶53.8，第二产业比重进一步下降，第一产业比重提升明显，第三产业比重小幅上升。分地区看，上海、江苏、浙江、江西、湖北、贵州的第三产业比重呈现上升趋势，其中上海的第三产业比重超过 73%，江浙两地的第三产业比重上升幅度较大，均达 1.2 个百分点。受到新冠肺炎疫情影响，各省市第二产业比重均呈现不同程度的下降，其中降幅最大的湖北下降了 2 个百分点。而大多数省市第一产业比重则呈现出不同程度的上升，其中涨幅最大的云南上升了 1.6 个百分点。

表 3　2019～2020 年长江经济带 11 省市三次产业结构变化情况

单位：%

地区	2019 年			2020 年		
	第一产业	第二产业	第三产业	第一产业	第二产业	第三产业
上海	0.3	27.0	72.7	0.3	26.6	73.1
江苏	4.3	44.4	51.3	4.4	43.1	52.5
浙江	3.3	42.1	54.6	3.3	40.9	55.8
安徽	7.9	40.6	51.5	8.2	40.5	51.3
江西	8.3	43.9	47.8	8.7	43.2	48.1
湖北	8.4	41.2	50.4	9.5	39.2	51.3
湖南	9.1	38.6	52.3	10.2	38.1	51.7
重庆	6.6	40.2	53.2	7.2	40.0	52.8
四川	10.4	37.1	52.5	11.4	36.2	52.4
贵州	13.6	35.6	50.8	14.2	34.8	50.9
云南	13.1	34.3	52.6	14.7	33.8	51.5

资料来源：2019～2020 年各省市统计公报。

从各省市的产业结构来看，上海第三产业占比高出第二产业 46.5 个百分点，与上年相比，第二和第三产业比重差距进一步拉大，第一产业占比微乎其微，服务型经济主导的产业结构特征极为明显；江苏、浙江、重庆等的第一产业占比不足 8%，第三产业占比高出第二产业 8 个百分点以上，形成

典型的“三二一”产业结构；江西的第二产业比重与第三产业比重相差不大，呈现服务业与工业并重的产业格局；湖北、湖南、四川、贵州、云南等的第一产业比重均在9%以上，第二产业比重不足40%，第三产业占比又远远高于第二产业，产业体系中的农业仍占据一定地位，服务业增长较快，工业制造业等实体经济处于快速转型期。

（二）服务业发展稳中有进，工业经济运行良好

2020年，长江经济带服务业增加值达25.4万亿元，增速为3.3%，占GDP比重达53.8%，同比增长0.2个百分点，是拉动区域经济发展的主要产业部门。但受到新冠肺炎疫情的影响，服务业增加值增速下降明显，同比下降4.5个百分点。除江西外，其他10个省市的服务业产值占比均超过了GDP的一半。其中，上海、江苏、浙江的服务业对地区生产总值的增长贡献率最高，分别达到101.05%、91.23%和88.89%，云南、湖北、湖南的服务业对地区生产总值的贡献率最低，仅分别为31.8%、34.0%和40.0%，而湖北是下降幅度最大的，超过10个百分点。

服务业重点行业发展情况地区差异较大。上海的金融业与信息传输、软件和信息技术服务业是支撑服务业增长的主要力量。其中，占服务业比重最大的金融业增加值达7166.26亿元，比上年增长8.4%，信息传输、软件和信息技术服务业增加值2760.60亿元，增长15.2%，增速提高0.1个百分点。江苏规模以上服务业营业收入同比增长5.6%，高于全国增速4个百分点，其中信息传输、软件和信息技术服务业与科学研究和技术服务业营业收入分别同比增长16.4%、14.7%，增速分别高于全国2.9个、4.8个百分点。产业转型升级持续推进，规模以上服务业企业研发费用同比增长28.9%。浙江以新产业、新业态、新模式为主要特征的“三新”经济增加值占GDP的27.0%，数字经济核心产业增加值7020亿元，按可比价计算比上年增长13.0%。安徽现代服务业增势较好，全年服务业增加值比上年增长2.8%，其中信息传输、软件和信息技术服务业与金融业等现代服务业行业增加值分别增长18.2%和6.7%。江西省新兴服务业展现活力，规模以上

商务服务业营业收入318.57亿元，增长13.8%，占规模以上服务业营业收入的11.0%，同比提升1.8个百分点；互联网和相关服务业营业收入181.89亿元，增长21.6%，占比6.3%，同比提升2.5个百分点。湖北受新冠肺炎疫情影响，服务业出现负增长。湖南的专业技术服务、商务服务、电信广播电视和卫星传输服务继续保持增长，增速分别为13.8%、5.6%、1.0%。重庆新型信息基础设施能力不断提升，信息服务业加快增长，电子商务交易活跃促进快递需求增长，前11个月快递业务量累计完成6.50亿件，同比增长30.6%。贵州的其他服务业、批发和零售业、金融业规模较大，金融业、其他服务业、房地产业增加值增长较快。云南、四川的交通运输业依旧维持高速增长。此外，受疫情影响，各地旅游业、住宿和餐饮业受挫严重。

2020年，长江经济带各省市的工业经济运行态势良好。上海规上工业增加值增速达到1.7%，比2019年多出1.3个百分点。全年六个重点工业行业完成工业总产值23784.22亿元，增长4.1%，增速比前三季度提高3.0个百分点。其中，汽车制造业增长9.3%，电子信息产品制造业增长5.3%，生物医药制造业增长2.9%。江苏的先进制造业增势良好，增加值比上年增长8.9%，高于规模以上工业2.8个百分点，对规上工业增加值增长的贡献率达71.4%，碳纤维增强复合材料、新能源汽车、城市轨道车辆、集成电路、太阳能电池等新产品产量增速均在15%以上。浙江17个传统制造业增加值增长2.3%，列入国家“三新”统计的11种新产品中，新能源汽车（77.7%）、碳纤维及其复合材料（58.7%）、光缆（50.8%）、工业机器人（43.6%）、太阳能电池（39.3%）、集成电路（21.2%）等产量快速增长。安徽40个工业大类行业中有26个行业增加值保持增长。其中，计算机、通信和其他电子设备制造业，汽车制造业，石油、煤炭及其他燃料加工业，化学原料和化学制品制造业，煤炭开采和洗选业增长迅速。江西工业高质量发展，全省38个工业大类行业中，21个大类行业增加值实现增长，增长面为55.3%，其中7个行业实现两位数增长。湖北2020年规模以上工业增加值下降6.1%，其中采矿业下降16.0%，制造业下降6.2%，电力、热力、燃气及水生产和供应业下降2.5%。湖南装备制造业增加值增长10.4%，占规模以上工业的比重为32.4%，比上年提高1.9个百分点。六大高耗能行业增加值增长2.7%，占规模以上工业的比重为28.5%，比上年下降0.6个百分点。重庆规模以上工业增加值比上年增长5.8%，汽车、电子、装备、医药、材料、消费品、能源等工业门类均呈现上升态势。四川规模以上工业41个行业大类中有25个行业增加值增长，其中计算机、通信和其他电子设备制造业，石油和天然气开采业，非金属矿物制品业三大行业增速最快。贵州19个重点监测的行业中，18个行业增加值保持增长。其中，黑色金属冶炼和压延加工业、有色金属冶炼和压延加工业、汽车制造业、电气机械和器材制造业增幅均在11%以上。云南工业生产平稳增长，全年全部工业增加值达5457.96亿元，增长2.4%。分门类看，采矿业增长0.8%，制造业增长1.6%，电力、热力、燃气及水生产和供应业增长5.5%。

表4　2018～2020年长江经济带11省市规上工业增加值增速

单位：%

地区	2018年	2019年	2020年
上海	1.9	0.4	1.7
江苏	5.1	6.2	6.1
浙江	7.3	6.6	5.4
安徽	9.3	7.3	6.0
江西	8.9	8.5	4.6
湖北	7.1	7.8	-6.1
湖南	7.4	8.3	4.8
重庆	0.5	6.2	5.8
四川	8.3	8.0	4.5
贵州	9.0	9.6	5.0
云南	11.8	8.1	2.4

资料来源：2018～2020年各省市统计公报。

（三）战略性新兴产业快速发展，重点领域各具特色

2020年，长江经济带11省市战略性新兴产业增加值平均增速11.2%，

高于全国（8.4%）增速达2.8个百分点。上海战略性新兴产业增加值达7327.58亿元，比上年增长9.2%，占地区生产总值的比重为18.9%，比上年提高2.8个百分点。其中，工业增长9.2%，服务业增长8.9%。江苏战略性新兴产业产值增长11.0%，占规上工业总产值的比重达37.8%，比上年提高5.0个百分点。高新技术产业产值比上年增长7.7%，代表智能制造、新型材料、新型交通运输设备和高端电子信息产品的新产品产量实现较快增长。浙江战略性新兴产业产值增长14.9%，其中新一代信息技术、新能源、生物、新材料产业增加值分别增长21.0%、14.8%、11.5%、5.2%。安徽战略性新兴产业产值增长18%，其中新一代信息技术、生物医药、新能源汽车、新能源四大产业增幅均超过20%。江西高新技术产业增加值增长11.2%，高于全省平均水平6.6个百分点，占规上工业增加值的比重为38.2%，比上年提高2.1个百分点，其中电子信息制造等行业实现平稳增长。湖北高技术制造业增加值增长4.1%，占规模以上工业增加值的比重达10.2%，其中计算机、通信和其他电子设备制造业增长4.4%。湖南2020年实现战略性新兴产业增加值4190.73亿元，近五年年均增速为9.9%，占GDP比重达到10.0%，工程机械、先进轨道交通装备、航空动力三大产业集群规模效应凸显。重庆规模以上工业战略性新兴制造业增加值比上年增长13.5%，新一代信息技术产业、生物产业、新材料产业、高端装备制造产业分别增长17.4%、4.7%、16.8%和9.0%。四川战略性新兴产业增幅超过15%，新一代信息技术、高端装备、新材料和生物等产业的支柱作用进一步增强。贵州2020年战略性新兴产业产值为4719.51亿元，同比增长5.1%，其中信息技术服务和新型功能材料两大产业发展迅猛。云南围绕生物医药、新能源等重点行业领域，引导高新技术企业向专业化、精品化、特色化方向发展，2020年战略性新兴产业产值为3294.48亿元，增速和占比均提高10%以上。

三　2020年长江经济带三大经济动能概况

2020年，受新冠肺炎疫情影响，长江经济带地区经济增长动力出现剧烈变化。三大发展动力中，投资规模仍然处于增长态势，但速度明显放缓；内需消费严重缩水，经济贡献率显著下滑；出口规模逆势上扬，部分地区波动较大。总体而言，2020 年长江经济带投资、出口对经济增长的拉动作用仍然显著，但投资的影响力进一步下降，出口的影响力显著上升，消费出现严重缩水，这与过去几年“消费拉动持续上升，投资出口逐渐下降”的发展趋势形成鲜明反差。长江经济带地区经济增长动力结构也存在较明显的差异。

（一）投资规模继续增长，增长幅度下滑明显

2020 年，长江经济带固定资产投资额继续保持增长，固定资产投资规模达 343134.9 亿元，占全国的比重超过 65%；平均投资增速达 3.9%，高出全国平均值 1.2 个百分点，与上年相比（7.7%）增速明显减缓。虽然长江经济带沿线化工等产业结构调整和升级，环保基础设施、生态环境修复吸引了大量建设项目和投资，但受整个经济大环境和新冠肺炎疫情的影响，长江经济带固定资产投资的增速始终处于减缓态势，2020 年更是下滑明显。与 2019 年相比，除上海、贵州投资增速继续上升外，其余省市都出现增速放缓迹象。湖北是投资唯一出现负增长的省市，两年增速下降 29.4 个百分点（2019 年为 -10.6%，2020 年为 -18.8%）。其余省市也都出现 5 个百分点以内的不同程度下滑，江苏、浙江、安徽等地的投资增速变化较大，四川、贵州的变化幅度较小。

（二）内需消费严重缩水，全国占比有所上升

2020 年，长江经济带内需消费出现负增长，全社会消费品零售额为 18.8 万亿元，平均增速仅有 -1.9%，高出全国平均值 2.0 个百分点。受疫情影响，全国范围的消费规模都出现了负增长，长江经济带由于区域韧性较好，全社会消费品零售额占比不降反增，比上年（42.9%）高出 5 个百分点。分区域来看，上海、安徽、江西、重庆、贵州等省市的全社会消费品零售额实现正增长，江苏、浙江、湖北、湖南、四川、云南则是负增长，其中

湖北增速更是为 -20.8%。纵向比较来看，长江经济带各地区的消费增速均呈现不同程度的下降，其中贵州的降幅最小，只有 0.2 个百分点。总体而言，2020 年长江经济带消费带动作用明显减弱，增长幅度从 2019 年的 8.9% 下降至 2020 年的 -1.9%，降幅超过 10 个百分点，远超投资增速下降幅度，但总体情况好于全国。

（三）贸易出口逆势上扬，部分地区波动较大

2020 年，在新冠肺炎疫情和中美贸易摩擦的不利背景下，长江经济带贸易出口逆势上扬，成绩喜人，沿线 11 省市贸易出口均实现了正增长。全年长江经济带实现出口额 113078.8 亿元，同比增长 15.3%，增速较 2019 年上升 2.8 个百分点，高出全国 11.3 个百分点，领先幅度进一步扩大。安徽、江西、重庆、四川、贵州、云南等 6 省市的出口实现了两位数的增长。上海、浙江的出口增幅比较稳定。江苏、湖北的出口增速有所下降，为 1~2 个百分点。湖南的增长速度由上年的 51.9% 断崖式地下降至 7.5%。在全国地位方面，2020 年长江经济带 11 省市出口规模占比达 63.1%，同比上年增加 14.5 个百分点，经济带的支撑作用进一步显现。总体而言，长江经济带地区出口未受疫情和贸易摩擦的影响，但个别省市的出口波动幅度较大。

表 5　2020 年长江经济带 11 省市投资、消费和出口情况

单位：亿元，%

地区	绝对值			增速		
	投资	消费	出口	投资	消费	出口
上海	8837.2	15932.5	37579.8	10.3	0.5	0.9
江苏	58943.3	37086.1	27444.3	0.3	-1.6	0.9
浙江	38685.0	26630.0	25180.0	5.4	-2.6	9.1
安徽	37449.2	18333.7	3144.8	5.1	2.6	12.8
江西	28991.1	10371.8	2920.4	8.2	3.0	17.0
湖北	31772.7	17984.9	2702.0	-18.8	-20.8	8.7
湖南	40824.5	16258.1	3306.4	7.6	-2.6	7.5
重庆	20494.3	9856.9	4187.5	3.9	1.3	12.8
四川	33989.9	20824.9	4654.3	9.9	-2.4	19.2

续表

地区	绝对值			增速		
	投资	消费	出口	投资	消费	出口
贵州	18453.2	4578.5	431.7	3.2	4.9	31.9
云南	24694.5	9792.9	1527.6	7.7	-3.6	47.4
长江经济带	343134.9	187650.3	113078.8	3.9	-1.9	15.3
全国	527270.0	391981.0	179326.0	2.7	-3.9	4.0

资料来源：2020 年中国和各省市统计公报。

2020 年是不平凡的一年，受疫情影响，长江经济带三大发展动力对经济增长的拉动作用出现明显变化，经济增长动力结构也存在较明显的差异。具体而言，投资、出口对长江经济带的拉动作用依旧明显，但投资的驱动力明显不足，出口的拉动势头十分强劲，消费的拉动作用则出现严重减弱，这与过去几年“消费拉动持续上升，投资出口逐渐下降”的趋势形成鲜明反差。从各省市来看，上游地区经济发展中的出口带动作用进一步凸显，中游地区（除湖北外）经济发展主要依靠投资和出口拉动，下游沿海地区经济发展中“三驾马车”的贡献较为均衡。江苏、安徽等地的投资、消费与出口之间的增幅差距不断扩大；中部地区的湖北、湖南等地发展动能波动剧烈，各发展动力对经济的贡献率变化也较大；而西部地区各省市的出口稳定性和带动作用明显强于投资和消费。

B.2
长江经济带社会发展报告（2020～2021）

杨 昕*

摘 要： 本报告以长江经济带11省市2010年以来的社会事业发展基础数据为依据，重点关注人口发展、人民生活、公共服务、科技文化、就业与社会保障等各个社会民生维度的发展现状，总结各地面临的主要问题。在厘清发展脉络、归纳基本特征的同时，以问题为导向，挖掘痛点、拓展思路，为进一步推动全流域经济社会协同发展、打造高品质社会事业发展集聚区、推进共同富裕发展目标的实现提供参考。

关键词： 长江经济带 社会事业 公共服务

2019年底以来，新冠肺炎疫情席卷全球，我国的整体宏观经济发展在一定程度上受到影响，长江经济带也不例外。但从社会事业发展水平上看，长江经济带的九省二市仍保持了平稳的发展态势，社会事业发展的推进尤为明显，社会均衡发展较上一年也有所进步。本报告通过各种社会事业发展数据的呈现，① 描述了长江经济带十一个省级行政区域在过

* 杨昕，上海社会科学院信息研究所副研究员。

① 本报告数据如无特别说明，来源如下：历史数据均来自《中国统计年鉴》和各地年度统计年鉴，2020年人口规模、区域分布和受教育水平数据来自全国和各地第七次人口普查公报，人民生活、公共服务、科技文化、就业与社会保障等数据如无说明均来自全国和各地2020年统计公报。

去一年里的社会事业发展成就，同时总结了当前仍存在的问题，在此基础上形成推动长江经济带各省市社会事业发展水平向更高层次迈进的一些意见和建议。

一 长江经济带各省市社会事业发展基本情况

本报告对长江经济带社会事业发展状态的阐述将从人口发展、人民生活、公共服务、科技文化、就业与社会保障等五个方面展开。

（一）人口发展

人口发展是国家经济发展和社会事业发展的基础要素。2021 年 5 月我国第七次人口普查的主要数据公布，与 2010 年以来的相关数据相比，长江经济带区域内的人口发展趋势如下。

1. 人口规模变动

2020 年我国进行了第七次人口普查，2021 年 5 月国家与各省份人口普查的主要数据公布。人口普查公布的数据显示，截至 2020 年 10 月 31 日长江经济带 9 省 2 市的常住人口为 6.06 亿人，占全国人口的 41.99%。与 2010 年相比，常住人口规模增长了 3300.99 万，但占全国人口的比例从 42.78%下降到 41.99%。从年均增长速度来看，长江经济带 9 省 2 市的平均年增速为 0.56%，低于全国平均水平。

分省市来看，十一个省级行政区的常住人口规模均有所增长，但增长速度有明显差异，其中年均增速超过 1%的有 3 个省市，分别为浙江、重庆和贵州；年均增速低于长江经济带平均水平的有 6 个省市，分别为安徽、江西、湖北、湖南、四川和云南，其中湖北最低，仅为 0.09%，湖南排名倒数第二，为 0.11%。这些省市常住人口占全国人口比例的下降幅度大于其余省市占比上升的幅度。

表 1　2010 年和 2020 年长江经济带各省市人口发展情况

区域	2020 年		2010 年		年均增长率（%）	占比变动（个百分点）
	人口（万人）	占比（%）	人口（万人）	占比（%）		
上海	2487.09	1.72	2301.92	1.72	0.78	0.00
江苏	8474.80	5.87	7866.09	5.87	0.75	0.00
浙江	6456.76	4.47	5442.69	4.06	1.72	0.41
安徽	6102.72	4.23	5950.05	4.44	0.25	-0.21
江西	4518.86	3.13	4456.75	3.33	0.14	-0.20
湖北	5775.26	4.00	5723.77	4.27	0.09	-0.27
湖南	6644.49	4.60	6570.08	4.90	0.11	-0.30
四川	8367.49	5.80	8041.82	6.00	0.40	-0.20
重庆	3205.42	2.22	2884.62	2.15	1.06	0.07
贵州	3856.21	2.67	3474.65	2.59	1.05	0.08
云南	4720.93	3.27	4596.60	3.43	0.27	-0.16
长江经济带	60610.03	41.99	57309.04	42.78	0.56	-0.78
全国	144349.74	100.00	133972.49	100.00	0.75	—

分上中下游来看，下游三省一市常住人口规模从 2.16 亿增长到 2.35 亿，十年间增长了 1960.62 亿，增幅达到 9.09%；中游三省常住人口规模从 1.68 亿增长到 1.69 亿，绝对数增加了 188.01 万，增长幅度为 1.12%；上游三省一市常住人口规模从 1.90 亿增加到了 2.02 亿，绝对值增加了 1152.36 万，增长幅度为 6.07%。上中下游省市占全国总人口的比例分别从 2010 年的 14.18%、12.50% 和 16.09% 变化为 13.95%、11.73% 和 16.29%。

表 2　2015～2019 年长江经济带各省市人口自然增长情况

单位：‰

年份	指标	上海	江苏	浙江	安徽	江西	湖北	湖南	四川	重庆	贵州	云南
2015	出生率	7.35	9.05	10.52	12.92	13.20	10.74	13.58	10.30	11.05	13.00	12.88
	死亡率	8.62	7.03	5.50	5.94	6.24	5.83	6.86	6.94	7.19	7.20	6.48
	自然增长率	-1.27	2.02	5.02	6.98	6.96	4.91	6.72	3.36	3.86	5.80	6.40
2016	出生率	9.04	9.76	11.22	13.02	13.45	12.04	13.57	10.48	11.77	13.43	13.16
	死亡率	8.54	7.03	5.52	5.96	6.16	6.97	7.01	6.99	7.24	6.93	6.55
	自然增长率	0.50	2.73	5.70	7.06	7.29	5.07	6.56	3.49	4.53	6.50	6.61

续表

年份	指标	上海	江苏	浙江	安徽	江西	湖北	湖南	四川	重庆	贵州	云南
2017	出生率	8.10	9.71	11.92	14.07	12.43	12.60	13.27	11.26	11.18	13.98	13.53
	死亡率	8.70	7.03	5.56	5.90	7.11	7.01	7.08	7.03	7.27	6.88	6.68
	自然增长率	-0.60	2.68	6.36	8.17	5.32	5.59	6.19	4.23	3.91	7.10	6.85
2018	出生率	6.70	9.32	11.02	12.41	13.43	11.54	12.19	11.05	11.02	13.90	13.19
	死亡率	8.60	7.03	5.58	5.96	6.06	7.00	7.08	7.01	7.54	6.85	6.32
	自然增长率	-1.90	2.29	5.44	6.45	7.37	4.54	5.11	4.04	3.48	7.05	6.87
2019	出生率	6.24	9.12	10.51	12.03	12.59	11.35	10.39	10.70	10.48	13.65	12.63
	死亡率	8.54	7.04	5.52	6.04	6.03	7.08	7.28	7.09	7.57	6.95	6.20
	自然增长率	-2.30	2.08	4.99	5.99	6.56	4.27	3.11	3.61	2.91	6.70	6.43

注：在9省2市中，上海和重庆的自然增长率统计口径是户籍人口，其他各省市为常住人口口径。虽然口径不同，但总体趋势一致，因而放在一起进行比较。

资料来源：各省市2016～2020年统计年鉴。

长江上中下游地区人口规模变动趋势的不同可从自然增长和机械增长两个方面来考察。从自然增长水平来看，自2015年以来各省市的死亡率都保持在较为平稳的水平，而出生率和自然增长率都经历了先升后降的过程。这表明，2014年的生育政策调整带来了短时间的反弹，但政策效应释放之后又回归到了之前的生育水平。不同省份政策效应的释放期有所不同，相对而言，上海、江苏、江西和重庆的释放期只有一年，浙江、安徽、湖北、四川、贵州和云南的释放期为两年，湖南出生率则始终处于下降通道。到2019年底，长江经济带11个省级地区里只有江苏、四川、贵州和云南四省的自然增长率略高于2015年，其余各省市均有不同程度的下降，湖南省的自然增长率甚至从2015年的6.72%下降到2019年的3.11%。从机械增长来看，下游的三省一市除安徽外均是人口净流入大户，上游的三省一市是人口净流出地区，中游三省人口流动状况则处于上下游之间。因此，总体而言，就形成了下游常住人口规模增长最快、上游次之、中游最慢，且上中游人口占全国人口占比下降而下游略有增长的特征。

2020年第七次人口普查数据公布之后，可以看到我国的人口发展趋势已经发生了根本性变化，长期的超低生育水平使得人口增长速度逐年降低，预计在2030年之前就可能出现总人口规模的下降。长江经济带的上游省市和下游的浙江省有着相对高的出生率，但下游其他省市和中游地区却非常低，再加上上中游地区人口的流出，这使得长江经济带的人口增长整体出现疲软态势，而这种人口发展态势不仅会对劳动力供给产生影响，也会对总消费产生影响。因此，采取措施营造有利于生育的社会环境、降低生育成本、提高生育服务水平是长江经济带促进社会长期、稳定、可持续发展的重要工作之一。

2. 人口城乡分布

根据第七次人口普查数据，2020年我国城镇常住人口有9.02亿人，城镇化率达到62.49%，较2010年提升了14.21个百分点。2020年长江经济带11省市的平均城镇化率为63.22%，超过全国平均水平，其中上游四省市平均城镇化率为56.50%，中游三省为60.62%，下游四省市为70.85%。

分省来看，全部11个省级地区有三个省市的城镇化率超过70%，均位于长江下游，分别为上海（89.30%）、江苏（73.44%）和浙江（72.17%），有五个省市的城镇化率仍未超过60%，包括1个下游省份、1个中游省份、3个上游省份，分别为安徽（58.33%）、湖南（58.76%）、四川（56.73%）、贵州（53.15%）和云南（50.05%），中游的江西（60.44%）、湖北（62.89%）和上游的重庆（69.46%）城镇化率为60%~70%。长江下游仍是长江流域中城镇化水平较高的区域，而上游地区的城镇化率还有较大提升空间。

表3　2020年长江经济带各省市人口城镇化率基本情况

单位：万人，%

区域	城镇常住人口	乡村常住人口	城镇化率
上海	2220.94	266.15	89.30
江苏	6224.24	2250.56	73.44
浙江	4659.85	1796.91	72.17
安徽	3559.51	2543.21	58.33
江西	2731.06	1787.80	60.44

续表

区域	城镇常住人口	乡村常住人口	城镇化率
湖北	3632.04	2143.22	62.89
湖南	3904.62	2739.87	58.76
四川	4746.59	3620.90	56.73
重庆	2226.41	979.01	69.46
贵州	2049.59	1806.62	53.15
云南	2362.86	2358.07	50.05
全国	90199.12	50978.76	62.49

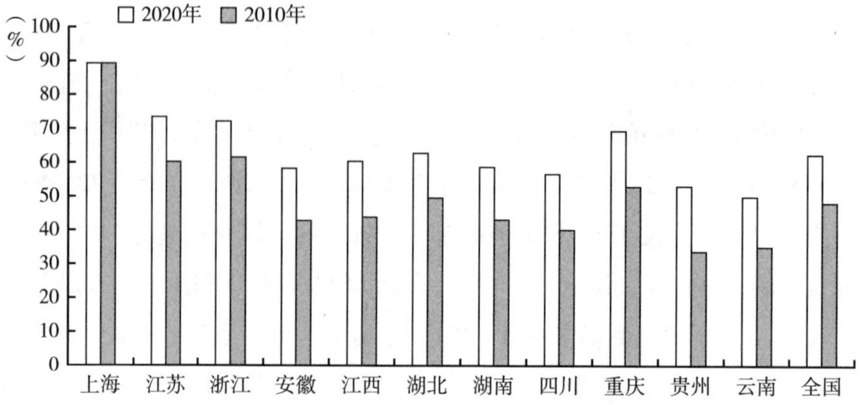

图1 2010年和2020年长江经济带各省市人口城镇化率对比

比较2010年和2020年各省的城镇化率，可以看到十年之间除上海外，其余省市的城镇化率均提升了十几个百分点，贵州甚至提升了近20个百分点。总体而言，上中下游各省市的城镇化进程仍处于不同阶段，而各个城市群发展对周边区域城镇化进程的带动作用也有明显差别。下游的长三角城市群是我国发展最好的城市群之一，不同等级的城市之间已经出现局部的有效互动和联系，经济、社会和生态发展都呈现向好趋势，虽然在区域一体化发展中仍面临行政壁垒的阻碍，一体化示范区建设的不同方面推进速度有快有慢，但总体而言仍是我国区域高质量协同发展的先行者。长江中游地区的湘鄂赣三省整体协同性较高，但无论是经济发展还是社会事业发展并没有呈现出快速提升的趋势，人口总量上升缓慢、社会事业发展稳健，影响了该区域的城镇化进程。但鉴于中游地区自然条件优越，以“九省通衢”的武汉为中心，长江中游城市群崛起明显，将对周边地区的城镇化发展起到越来越大的正向带动作用。而长江上游地区有成渝地区双城经济圈，2020 年《成渝地区双城经济圈建设规划纲要》审议通过，不仅为四川和重庆的未来发展绘制了蓝图，也成为我国中西部地区高质量发展的重要增长极和动力源，对云南和贵州的辐射力也将加强。但鉴于规划落实的时间滞后性，四川和重庆经济、社会等发展水平的快速提升可能在未来几年里才能显现。而云南和贵州两省，相对落后的经济发展水平和限制性较大的自然条件都在一定程度上决定了其在城市建设和城镇化发展方面任务会相对艰巨。

3. 人口素质发展

第七次人口普查数据还显示出长江经济带人口素质在过去十年里有了较为明显的提升。2020 年长江经济带全域大专及以上水平的常住人口有 9152.37 万人，占常住人口的 15.10%，低于全国平均水平的 15.13%。其中，上游四省市大专及以上水平的常住人口为 2574.10 万人，占比 12.77%；中游三省有 2246.06 万人，占比 13.26%；下游四省市有 4332.21 万人，占比 18.42%。与 2010 年相比，上游大专及以上水平的人口占比增加了 5.89 个百分点，中游增加了 5.11 个百分点，下游增加了 3.18 个百分点。从 15 岁及以上人口平均受教育年限来看，上海最高，达到 11.8 年，接近高中毕业，贵州最低，为 8.75 年，还不到初中毕业的水平。2020 年长江经济带有 7 个省市的平均受教育年限低于全国平均水平，而 2010 年时有 6 个，这表明在过去十年里长江经济带 11 个省市人口素质的整体提升速度低于全国平均水平。

（二）人民生活

1. 居民收入与消费水平

2020 年受新冠肺炎疫情影响，全国经济增速放缓，反映在人民生活方面，主要表现为人均可支配收入增长有限、人均生活消费支出甚至有所下降。

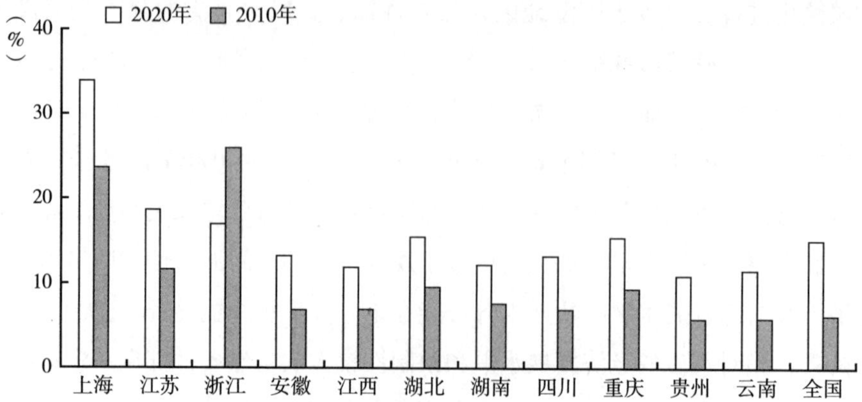

图 2　2010 年和 2020 年长江经济带各省市大专及以上水平人口占比变动

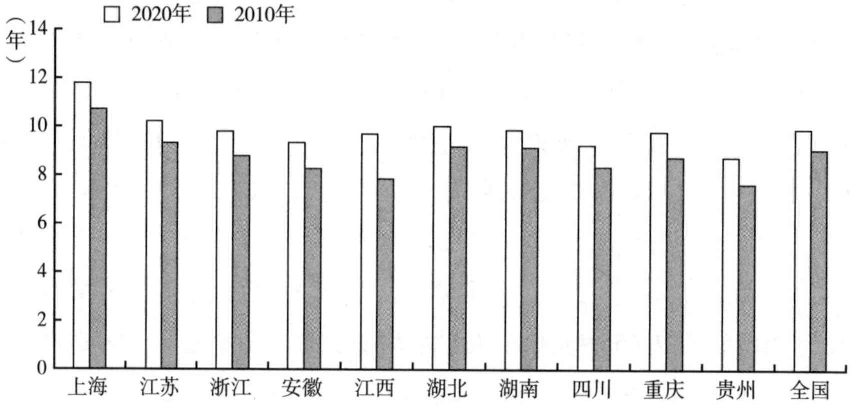

图 3　2010 年和 2020 年长江经济带各省市 15 岁及以上人口平均受教育年限

长江经济带 2020 年居民人均可支配收入的平均值为 35008 元，高于全国平均水平 32189 元，与 2019 年相比增幅为 4.95%，增幅高于全国平均水平；其中城镇居民人均可支配收入的平均值为 45500 元，高于全国城镇居民人均可支配收入 43834 元，与 2019 年相比增长了 4.03%，高于全国平均水平；农村居民人均可支配收入的平均值为 19482 元，高于全国平均水平 17131 元，与 2019 年相比增幅为 6.51%，略低于全国平均水平。

长江经济带 2020 年居民人均生活消费支出的平均值为 23302 元，高于全国平均水平 21210 元，与 2019 年相比仅增长了 0.50%，而全国为下降 1.62%；其中城镇居民人均生活消费支出的平均值为 27561 元，高于全国平均水平 27007 元，与 2019 年相比下降了 1.21%，下降幅度小于全国平均水平；农村居民人均生活消费支出的平均值为 15427 元，高于全国平均水平 13713 元，与 2019 年相比增幅为 3.07%，略高于全国平均水平。

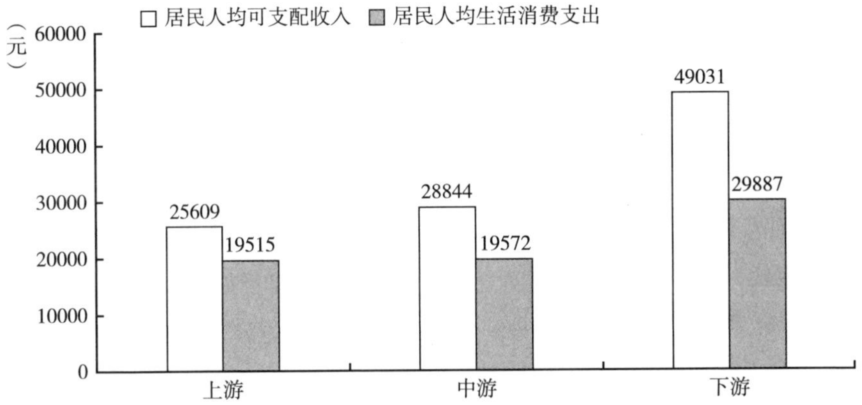

图 4　2020 年上中下游居民人均可支配收入与人均生活消费支出

分上中下游来看，下游地区无论是居民人均可支配收入还是人均生活消费支出都远高于中上游地区，而中上游地区在居民人均可支配收入方面略有差异而在居民人均生活消费支出方面基本一致。

表 4　2019 年和 2020 年分省市城乡居民人均可支配收入及城乡比

区域	城镇居民人均可支配收入（元）		农村居民人均可支配收入（元）		城乡比	
	2019 年	2020 年	2019 年	2020 年	2019 年	2020 年
上海	73615	76437	33195	34911	2.22	2.19
江苏	51056	53102	22675	24198	2.25	2.19
浙江	60182	62699	29876	31930	2.01	1.96
安徽	37540	39442	15416	16620	2.44	2.37
江西	36546	38556	15796	16981	2.31	2.27
湖北	37604	36706	16391	16306	2.29	2.25

续表

区域	城镇居民人均可支配收入(元)		农村居民人均可支配收入(元)		城乡比	
	2019 年	2020 年	2019 年	2020 年	2019 年	2020 年
湖南	39842	41698	15395	16585	2.59	2.51
四川	36154	38253	14670	15929	2.46	2.40
重庆	37939	40006	15133	16361	2.51	2.45
贵州	34404	36096	10756	11642	3.20	3.10
云南	36238	37500	11902	12842	3.04	2.92

从城乡均衡的角度来看，2019～2020 年长江经济带城乡居民人均可支配收入比总体有所下降，其中浙江的城乡比已经下降到 2 以下，云南的城乡比也下降到 3 以下。总体而言，长江 11 省市中，除贵州和云南外，其他省市的城乡比差异不大，浙江在城乡共同富裕推进方面即使在长江经济带全域也是较为出色的。

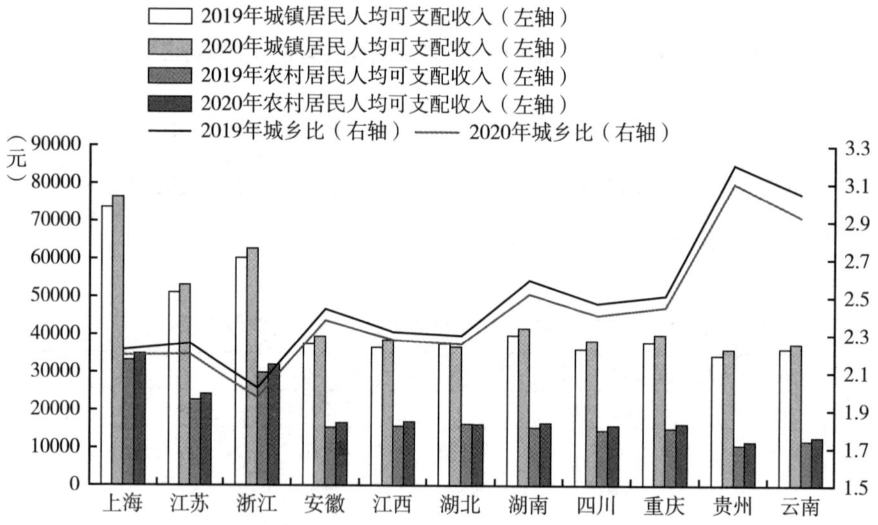

图 5　2019～2020 年分省市城乡居民人均可支配收入及城乡比

表 5　2019～2020 年分省市城乡居民人均生活消费支出及城乡比变动

区域	城镇居民人均生活消费支出(元)		农村居民人均生活消费支出(元)		城乡比	
	2019 年	2020 年	2019 年	2020 年	2019 年	2020 年
上海	48272	44839	22449	22095	2.15	2.03
江苏	31329	30882	17716	17022	1.77	1.81
浙江	37508	36197	21352	21555	1.76	1.68
安徽	23782	22683	14546	15024	1.63	1.51
江西	22714	22134	12497	13579	1.82	1.63
湖北	22885	22885	14473	14473	1.58	1.58
湖南	26924	26796	13969	14974	1.93	1.79
四川	25367	25133	14056	14953	1.80	1.68
重庆	25785	26464	13112	14140	1.97	1.87
贵州	21402	20587	10222	10818	2.09	1.90
云南	23455	24569	10260	11069	2.29	2.22

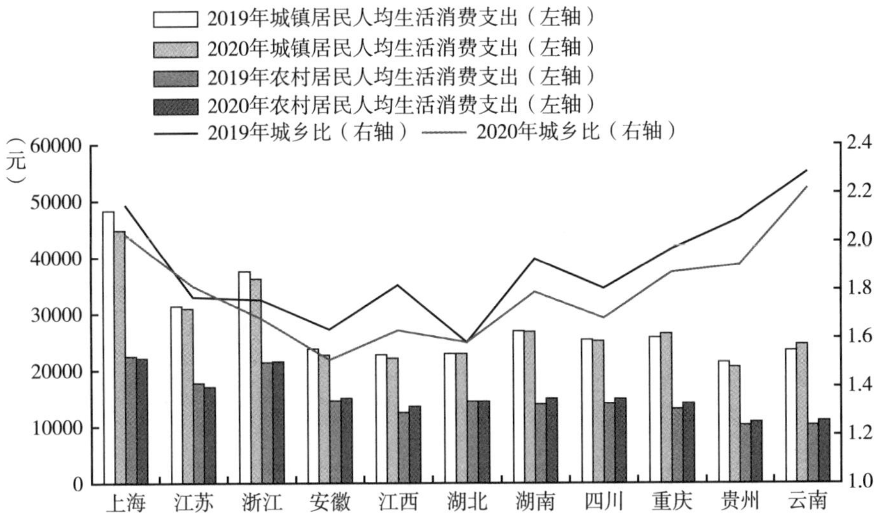

图 6　2019～2020 年分省市城乡居民人均生活消费支出及城乡比

相对于居民人均可支配收入，城乡居民人均生活消费支出的城乡比比较低，除上海、云南外，其余各省市基本都为 1.5～1.9。2019～2020 年，大部分省市城镇居民人均生活消费支出都有不同程度的下降，农村居民人均生活消费支出多数省市都有所上升，这是大部分省市居民人均生活消费支出城乡比基本上都出现一定程度的下降的原因。

2. 居民消费价格

居民消费价格变动，特别是衣食住行等基本生活需求的消费价格变动会直接影响居民的日常生活水平。

2020 年全年各省市 CPI 同比增幅较上一年有略微下降，消费者物价指数维持在较为合理的区间。居民消费品价格指数方面，云南最高，为 3.6%，四川居第二位，为 3.2%，上海最低，为 1.7%，其余省市都在 2.5% 左右波动。如果按七大类商品价格分类，可以看到食品烟酒价格的涨幅最大，四川和云南甚至超过 10%，上海这一类商品价格增幅也超过 5%；其次是教育文化娱乐价格和医疗保健价格，各省市这两类商品价格基本都有不同程度的上涨；交通和通信价格 11 省市全部下降，且下降幅度除重庆外都超过 3%。

表 6　2020 年长江经济带各省市城乡居民消费品价格增幅

单位：%

区域	居民消费价格指数	食品烟酒价格	衣着价格	居住价格	生活及服务价格	交通和通信价格	教育文化娱乐价格	医疗保健价格
上海	1.7	5.3	0.9	0.8	-0.2	-3.4	1.1	1.2
江苏	2.5	9.1	-0.3	-0.1	0.5	-3.5	1.4	0.1
浙江	2.3	7.4	0.5	-0.1	1.6	-3.5	1.8	1.5
安徽	2.7	8.4	0.3	-0.2	-0.2	-3.2	1.5	1.2
江西	2.6	8.8	-0.8	-0.6	-0.3	-3.7	2.1	-0.1
湖北	2.7	9.3	-0.3	-0.8	0.1	-3.5	0.9	2.2
湖南	2.3	8.3	0.2	-0.9	-0.1	-3.3	0.0	1.0
四川	3.2	11.0	-0.3	-1.1	-0.1	-3.6	1.2	0.7
重庆	2.3	7.9	-1.7	-0.5	0.0	-2.7	1.8	1.9
贵州	2.6	—	—	—	—	—	—	—
云南	3.6	11.6	0.4	0.1	-0.3	-3.1	1.0	0.6
全国	2.5	8.3	-0.2	-0.4	0.0	-3.5	1.3	1.8

商品价格的变动差异是受新冠肺炎疫情影响的直观体现。食品等是生活必需品，价格弹性小，人们的消费量很难因其价格上涨而下降，因而食品烟

酒价格的大幅上涨造成了恩格尔系数较高的农村居民人均生活消费支出水平有一定程度增加。交通和通信服务、生活服务等不是生活必需品，新冠肺炎疫情期间居民的相关行为被极大程度地限制，需求大幅下降，进而造成价格下降明显，而城镇居民这方面的支出占比较高，由此影响了城镇居民的人均生活消费支出水平。

总体而言，长江经济带居民的经济收入水平相对较高，但上中下游省市之间的差距较为明显，下游地区仍是我国最富庶的区域之一，从整个流域来看，城乡均衡发展相对较好，但经济发展水平相对落后的地区在城乡均衡发展方面具有更大的提升空间。2020 年是深受新冠肺炎疫情影响的一年，经济增长放缓直接导致了居民人均可支配收入增长有限和人均生活消费支出的下降，虽然整体居民消费价格涨幅并不大，但作为生活必需品的食品价格上升明显却是不争的事实，这直接影响了居民的生活质量，也让农村居民的人均可支配收入和人均生活消费支出的差额有所缩小。

（三）公共服务

2020 年长江经济带 11 省市的公共服务事业仍保持了稳步推进的态势，教育、医疗卫生资源有进一步增长，服务享有规模也有一定程度的扩大，长江上中下游地区之间的差距有所缩小。

1. 教育事业

2020 年，长江经济带各省市小学教育、初中教育、职业教育、高中教育和高等教育五个阶段的在校生人数分别达到 4370. 11 万、2087. 16 万、604. 07 万、1051. 64 万和 1406. 83 万，各个阶段的在校生人数均较上一年有不同程度的增长，占全国同教育阶段在校生人数的比例分别为 40. 75%、42. 47%、36. 32%、42. 16%和 42. 82%。其中职业教育的在校生人数占比最低，小学教育在校生人数占比次之，高等教育的在校生人数占比最高，这与长江经济带人口规模、人口结构及教育资源结构相关。

长江经济带整体出生水平较低，特别是长江下游的上海、江苏，中游的湖北、湖南，出生率呈现逐年下降趋势，这使得其小学在校生人数占全国的比例有一定程度的下降，而由于上海、南京和武汉是我国高等教育资源集中的城市，高等教育在校生人数占全国的比例相对较高。

在小学教育入学率方面，11 省市基本都达到全部入学标准，除安徽、四川、云南、贵州四省外，其他地区都在 99.99% 及以上。

表 7　2020 年长江经济带各省市教育各阶段在校生人数

单位：万人

项目	小学教育	初中教育	职业教育	高中教育	高等教育
全国	10725.4	4914.1	1663.4	2494.5	3285.3
长江经济带	4371.1	2087.2	604.1	1051.6	1406.8
上海	86.1	46.8	9.0	16.6	54.1
江苏	580.8	254.3	49.0	115.5	201.5
浙江	372.7	163.6	56.9	80.9	107.5
安徽	468.2	224.0	79.1	113.4	136.8
江西	406.3	220.4	44.6	110.5	142.2
湖北	380.9	170.8	42.0	89.2	161.7
湖南	534.3	252.0	68.3	127.3	151.0
四川	552.9	279.8	94.7	140.9	180.1
重庆	202.5	115.0	44.1	62.6	91.6
贵州	397.3	178.1	40.4	97.5	84.0
云南	389.2	182.4	75.9	97.2	96.4

在考察初中、高中和高等教育的入学情况及教育资源的时候，我们分别用了招生人数与毕业人数的比值、生师比等指标来衡量。需要说明的是，对于全国而言可以用高等教育毛入学率来考察高等教育的发展情况，但本报告关注省级行政范围或者流域范围，因而不适于此项指标。为了保证不同教育阶段之间情况的可比性，统一使用招毕比这一指标。

表 8　2020 年各省市高等教育招生人数和毕业人数及比值

区域	高等教育毕业人数(万人)	高等教育招生人数(万人)	招毕比
全国	786.50	967.50	1.23
上海	5.16	14.83	2.84
江苏	31.10	67.40	2.17

续表

区域	高等教育毕业人数(万人)	高等教育招生人数(万人)	招毕比
浙江	25.50	35.04	1.37
安徽	35.10	46.30	1.32
湖南	33.30	42.20	1.27
湖北	27.41	51.40	1.88
江西	38.60	48.90	1.27
四川	47.00	58.90	1.25
重庆	20.81	30.17	1.45
贵州	33.34	27.77	0.83
云南	28.37	34.57	1.22

表8数据表明，长江经济带是我国高等教育资源相对丰富的地区，除了云南和贵州外，其余各省市的高等教育招毕比均高于全国平均水平，其中上海、江苏和湖北分别达到了2.84、2.17和1.88。招毕比在一定程度上反映了地区高等教育资源的集中程度，而高等教育资源的集中程度会影响当地的人口素质提升、人才队伍培养等，进而影响经济和社会事业发展。

长江经济带各省市高中和初中的招毕比情况如表9所示。数据表明，我国的义务教育事业发展顺利，除个别省份外，绝大多数省份都能达到100%，长江上游和中游的大部分省市甚至超过100%，而长江下游的上海、江苏和浙江反而较低。这与三地非户籍人口占比较高有关。鉴于目前对非户籍人口尚未开放中考，有一部分小学毕业生会返回户籍所在地上初中，因而造成这三个省市的初中教育招毕比甚至低于社会经济发展水平相对落后的省市。与上一年相比，上海和江苏的初中招毕比没有明显变化，而浙江有近2个点的下降，这可能与过去一段时间浙江非户籍人口增长速度较快有关。在高中阶段，除上海和重庆这两个直辖市的高中教育招毕比高于0.6外，其余省市为0.55~0.59，与上一年相比整体水平没有明显变化。需要说明的是，这里的高中教育招毕比是指普通全日制高中，不包括初中毕业后流入中等职业学校的部分。表9数据表明我国的高中阶段普通高中和中等职业教育的比例较为稳定，已经形成了向普通高等教育机构和高等职业教育机构输送生源的成熟通道。

表9 2020年长江经济带各省市初中和高中教育招毕比

区域	初中教育毕业人数(万人)	高中教育招生人数(万人)	高中教育招毕比	小学教育毕业人数(万人)	初中教育招生人数(万人)	初中教育招毕比
全国	1535.30	876.40	0.57	1640.30	1632.10	1.00
上海	8.66	5.42	0.63	14.54	13.29	0.91
江苏	74.80	42.30	0.57	88.70	87.50	0.99
浙江	50.56	28.30	0.56	57.32	54.05	0.94
安徽	70.70	39.10	0.55	74.00	74.90	1.01
江西	68.70	38.50	0.56	68.20	68.60	1.01
湖北	52.68	31.32	0.59	57.93	58.11	1.00
湖南	78.70	44.90	0.57	81.30	82.40	1.01
四川	82.86	47.40	0.57	93.55	93.20	1.00
重庆	34.95	21.73	0.62	37.16	38.06	1.02
贵州	60.15	33.33	0.55	54.55	59.33	1.09
云南	62.51	36.00	0.58	60.80	60.40	0.99

相对而言，长江经济带的师资相对紧张，无论是小学、初中、高中还是高等教育阶段，生师比低于全国平均水平的都不到全部11省市的一半，其中小学专任教师与小学在校生的比低于全国平均水平的有5个省市，包括上海、江西、四川、重庆和云南；初中生师比低于全国平均水平的为上海、江苏、浙江三个省市；高中和高等教育生师比低于全国平均水平的为上海、江苏、浙江和湖北四个省市。也就是说，从教师资源来看，小学阶段长江上游地区较为富余，其他教育阶段长江下游地区和中游的湖北相对富余。从教育资源的角度来看，长江上游和中游区域有更多的发展空间。

表 10　2020 年长江经济带各省市各阶段专任教师人数

区域	小学阶段		初中阶段		高中阶段		高等教育阶段	
	专任教师数（万人）	生师比	专任教师数（万人）	生师比	专任教师数（万人）	生师比	专任教师数（万人）	生师比
全国	626. 91	17. 11	374. 74	13. 11	186. 12	13. 40	174. 01	18. 88
上海	5. 95	14. 47	4. 31	10. 86	1. 86	8. 95	4. 63	11. 68
江苏	33. 21	17. 49	20. 10	12. 65	9. 93	11. 63	12. 06	16. 71
浙江	21. 61	17. 25	19. 25	8. 50	9. 00	8. 99	6. 67	16. 11
安徽	25. 54	18. 33	16. 24	13. 79	8. 04	14. 10	6. 24	21. 92
江西	23. 85	17. 04	13. 66	16. 13	6. 05	18. 26	6. 02	23. 62
湖北	20. 98	18. 15	13. 50	24. 94	6. 85	13. 02	8. 88	18. 21
湖南	28. 71	18. 61	18. 83	13. 38	8. 44	15. 08	7. 65	19. 74
四川	33. 78	16. 37	21. 17	13. 22	10. 12	13. 92	8. 98	20. 06
重庆	12. 87	15. 73	8. 12	14. 16	3. 99	15. 70	4. 55	20. 12
贵州	21. 25	18. 70	12. 82	13. 89	6. 81	14. 32	3. 78	22. 23
云南	23. 08	16. 86	13. 38	13. 63	6. 25	15. 55	4. 15	23. 23

2. 医疗卫生事业

2020 年长江经济带医疗卫生事业推进顺利，虽然医院总数从 2019 年的 17330 所下降到 16449 所，但医疗机构床位数和执业医师等专业技术人员规模都有所扩大，其中医疗机构床位数从 388. 20 万张增长到 410. 55 万张，增幅为 5. 76%，执业医师数从 161. 59 万人增加到 169. 33 万人，增幅为 4. 79%。与常住人口规模占全国人口的比例相比，除了执业医师数占全国比例稍低外，医院数量、床位数、专业技术人员数的占比都相对较高。

分上中下游来看，上游和中游省市在硬件资源方面较为充足，每千人床位数明显超过下游省市，但上游和中游省市的医疗卫生人才资源相对不足，每千人专业技术人员数和每千人执业医师数都低于下游省市。

医疗卫生服务具有很强的专业性，与硬件资源相比，服务质量更多地取决于专业技术人员的规模和质量，因此长江经济带各省市的居民健康水平与各地区的医疗卫生人才资源有正向关联。

从表 12 的数据可知，长江经济带 11 省市居民健康水平整体高于全国平均水平。从平均预期寿命来看，有 5 个省市平均预期寿命低于全国平均水平，6 个高于或等于全国平均水平，其中最高的上海比全国平均水平高出 6.37 岁，而最低的贵州省比平均水平低了 2.71 岁；从婴儿死亡率来看，长江经济带 11 省市的婴儿死亡率均低于全国平均水平，其中有 5 个省市低于 3‰，浙江甚至低于 2‰；从孕产妇死亡率来看，长江经济带 11 省市也全部低于全国平均水平，最低的上海、浙江、江苏三省市甚至不到全国平均水平的三分之一。如果分省市来看，则专业技术人员规模较大的省市居民健康水平较高，长江下游省市明显好于上游和中游省市。

表 11 长江经济带各省市医疗卫生资源基本情况

区域	医院数量（所）	床位数（万张）	每千人床位数(张)	专业技术人员数(万人)	每千人专业技术人员数（人）	执业医师数(人)	每千人执业医师数（人）
全国	35000	911.00	6.31	1066.00	7.38	408.00	2.83
长江经济带	16449	410.55	6.77	470.21	7.76	169.33	2.79
上海	405	15.46	6.22	22.64	9.10	8.23	3.31
江苏	1996	53.50	6.31	66.50	7.85	26.80	3.16
浙江	1429	36.10	5.59	54.80	8.49	21.80	3.38
安徽	1388	40.80	6.69	41.20	6.75	16.30	2.67
江西	2452	26.50	5.86	28.60	6.33	10.50	2.32
湖北	1048	41.18	7.13	53.81	9.32	15.97	2.77
湖南	1654	48.40	7.28	50.00	7.53	19.10	2.87
四川	2435	65.00	7.77	63.30	7.56	19.60	2.34
重庆	859	23.55	7.35	23.75	7.41	8.87	2.77
贵州	1338	27.53	7.14	28.96	7.51	9.90	2.57
云南	1445	32.53	6.89	36.65	7.76	12.26	2.60

表 12 各省市居民主要健康数据

区域	平均预期寿命(岁)	婴儿死亡率(‰)	孕产妇死亡率(人/10 万)
上海	83.67	2.66	3.66
江苏	78.27	2.44	5.09
浙江	79.47	1.97	3.85
安徽	77.30	3.47	8.00
江西	77.20	4.20	5.94
湖北	76.95	2.87	11.10
湖南	77.10	3.30	9.49

续表

区域	平均预期寿命(岁)	婴儿死亡率(‰)	孕产妇死亡率(人/10万)
四川	77.34	5.22	16.84
重庆	78.15	2.92	9.52
贵州	74.59	5.01	15.90
云南	75.10	5.07	12.42
全国	77.30	5.60	17.80

过去，我国的医疗卫生体系中，医疗服务是重中之重，而新冠肺炎疫情突袭而至使得包括疾病防控在内的公共卫生事业受到了更多的关注，党和政府在疾病防控方面的投入大幅增长。2020 年长江经济带的疾病防控资源有了较为明显的增加。与 2019 年相比，2020 年长江经济带疾控中心数量从 1189 家增加到 1270 家，有 7 个省市机构数量有不同程度的上升，其中江西从 106 家增长到 152 家，增幅居首位，湖南从 123 家增加到 146 家，湖北从 105 家增加到 112 家，另外上海、江苏、贵州的机构数保持不变，仅云南从 153 家下降到 150 家。

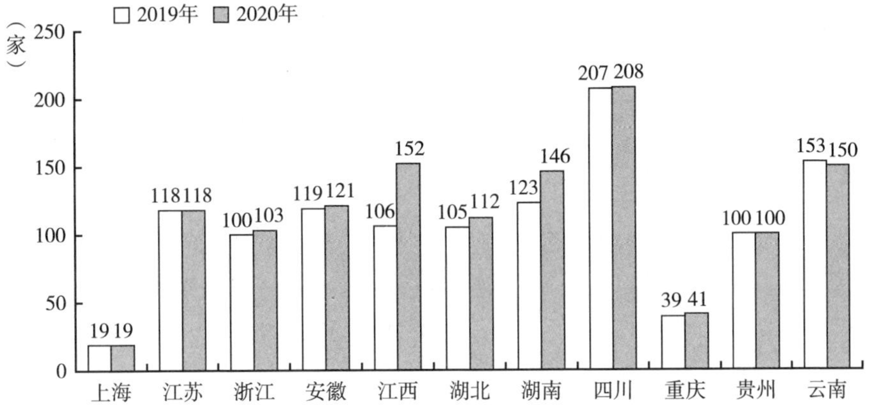

图 7　2019~2020 年长江经济带各省市疾控中心数量

总体而言，2020 年长江经济带各省市能够积极落实国家对于完善疾病防预防控制体系的部署，对新冠肺炎疫情保持时刻警惕，在尽可能不影响居民生产生活的情况下，严防严控新冠肺炎疫情，持续进行的核算检验、疫苗注射工作，有效的病例发现、溯源、阻断机制，充足的医疗生活物资保障，通畅透明的信息发布和舆情引导机制，都在抗击新冠肺炎疫情的过程中发挥了良好的作用。

（四）科技文化

1. 科技进步

长江经济带下游的长三角三省一市是我国科技创新的主要策源地，不仅经济高度发达、制造能力强、创新链条各环节分布均衡，而且高等教育机构和科研院所集聚，包括8所“双一流”大学（占全国的20%）和25所“211”高校、上海和合肥2个国家综合性科学中心、15项大科学装置、74家国家重点实验室、上千名两院院士，以及大量跨国公司研究机构、高端人才和国内知名高科技企业等，具有科技、资本、市场等资源优势，是科技与产业深度融合、创新能力较为突出的区域之一。除此之外，以武汉为中心的长江中游城市群、上游的成渝双城经济圈等都具有一定的科技创新的基础与能力。长江经济带沿江各省市秉持技术推进高质量发展的理念和政策，不断优化创新创业环境，推进科技创新事业发展，在科技投入、科技成果方面呈现出良好的发展势头。

比较2019～2020年的R&D投入数据，可以看到长江经济带各省市在经济增长普遍放缓的情况下，R&D投入增幅明显。11省市中有8省市投入增长幅度超过全国平均水平，其中四川省的R&D投入增长超过20%，湖南为14.16%，上海、江苏和湖北的增幅虽然相对较小，但也远高于其2020年GDP增长幅度。这使得2020年长江经济带11省市的R&D投入占GDP的比重均有不同程度的上升。

从技术市场交易和专利申请授予情况来看，2019～2020年长江经济带总体表现良好，技术合同交易规模、全年专利申请规模和全年专利授予规模都有明显增长，其中技术合同交易规模从10146.40亿元上升到10660.01亿元，增长5.06%，全年专利申请规模从198.86万件增加到232.35万件，增长幅度达到16.84%，全年专利授予规模从114.02万件增加到162.60万件，

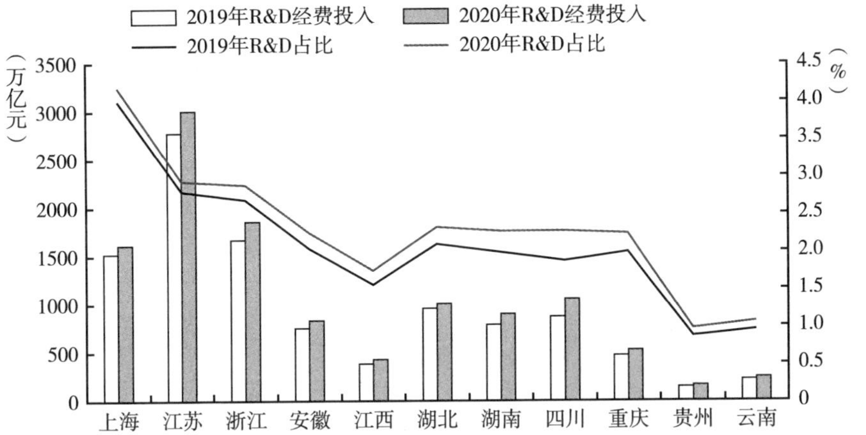

图 8　2019～2020 年各省市 R&D 投入及其占 GDP 比例

资料来源：国家统计局，全国科技经费投入统计公报（stats. gov. cn）。

增长 42.61%。分省市来看，有 8 省市的技术合同交易规模出现了上升，其中江苏、浙江、江西、湖南等增幅超过 30%；全年专利授予规模 11 省市均上升，其中最高的江苏上升幅度达到 58.92%，最低的重庆也有 26.20%。

表 13　2019～2020 年各省市专利申请、授予和交易情况

单位：亿元，万件

区域	技术合同交易规模		全年专利申请规模		全年专利授予规模	
	2019 年	2020 年	2019 年	2020 年	2019 年	2020 年
上海	1522. 20	1815. 21	17. 36	21. 46	10. 06	13. 98
江苏	1675. 60	2335. 81	59. 40	75. 20	31. 40	49. 90
浙江	1120. 50	1478. 24	43. 60	53. 10	28. 50	39. 20
安徽	1062. 70	672. 19	16. 70	—	8. 25	11. 97
江西	148. 60	233. 43	9. 15	9. 15	5. 91	5. 91
湖北	1449. 60	1686. 95	14. 21	16. 36	7. 13	11. 01
湖南	490. 70	735. 95	10. 61	13. 74	5. 47	7. 87
四川	1216. 20	1248. 78	13. 15	—	8. 21	10. 84
重庆	1150. 30	154. 23	6. 73	—	4. 39	5. 54
贵州	227. 18	249. 12	4. 43	—	2. 47	3. 49
云南	82. 82	50. 10	3. 52	4. 64	2. 23	2. 89
全国	22398. 00	28251. 51	438. 05	375. 62	259. 16	363. 90

正是看到了长江经济带，特别是下游地区在科技创新方面的巨大能量，国家科技部2020年12月29日发布了《长三角科技创新共同体建设发展规划》，长三角被定位为“高质量发展先行区、原始创新动力源、融合创新示范区、开放创新引领区”，未来将在协同提升自主创新能力、构建开放融合的创新生态环境、聚力打造高质量发展先行区、共同推进开放创新等方面制定措施并积极推进。

2. 文化发展

随着经济水平的不断提高，长江经济带的文化事业也随之发展，各省市人均公共文化财政支出水平总体上升。但2019～2020年受疫情影响，多地调整了财政预算支出，最终有6省市的人均公共文化财政支出增加，包括江苏、浙江、江西、湖北、四川和重庆，有5省市下降，包括上海、安徽、湖南、贵州和云南。总体而言，全流域人均公共文化财政支出平均水平仍是上升状态。

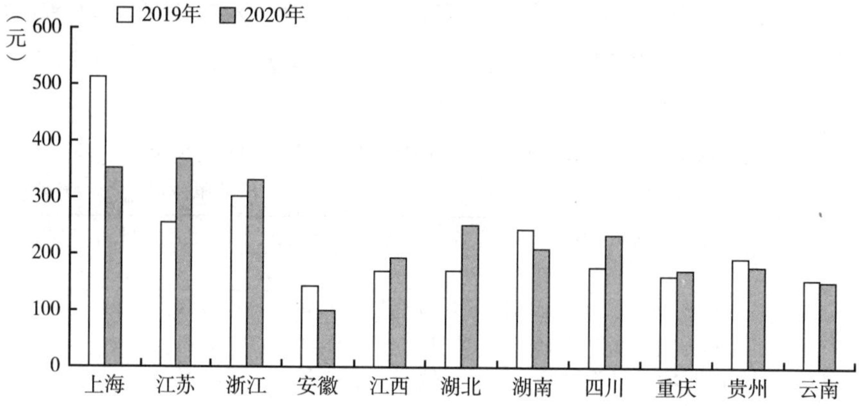

图9　2019～2020年各省市人均公共文化财政支出情况

在“三馆一站”建设方面，各省市严格推进公共文化发展举措，落实人均场馆面积要求，不断整合和调整场馆资源，力求不断丰富文化场所服务内涵，增加服务弹性，充分发挥文化市场作用，以人民群众喜闻乐见的文化表现形式，丰富基层群众文化生活，提升文化品质。

表 14　2020 年长江经济带各省市“三馆一站”建设情况

单位：个

区域	图书馆	博物馆	文化艺术表演馆
上海	23	98	242
江苏	117	345	244
浙江	105	376	101
安徽	127	219	240
江西	114	170	206
湖北	116	215	190
湖南	141	117	265
四川	207	251	207
重庆	43	105	90
贵州	98	91	99
云南	151	161	149

（五）就业与社会保障

党的十九大报告指出“就业是最大的民生”，要“实现更高质量和更充分就业”，“坚持在经济增长的同时实现居民收入同步增长”。社会保障制度则是保证人民在年老、失业、患病、工伤或者生育时基本生活不受影响的社会制度。这两者是提升人民生活质量、增进社会福利的重要方面。

2020 年新冠肺炎疫情对经济的冲击极为广泛，就业形势一度异常严峻，其中住宿和餐饮业，交通运输、仓储和邮政业，租赁和商务服务业，批发和零售业受到的冲击尤其严重。为了应对疫情对就业市场带来的冲击，国务院办公厅于 7 月发布了《关于支持多渠道灵活就业的意见》，长江经济带各省市纷纷制定具体措施，以空前力度应对危机，全力以赴保就业。

在促进就业方面，长江经济带各省市的做法不尽相同，但基本都针对各自的就业人群和就业市场的特点。例如，江苏省分别针对农民工、城镇失业人员、高校毕业生等制定了政策措施。为了帮助农民工返岗复工，以政府出资或补贴的方式提供专机、专列、专车运送服务，推动成规模、成批次和点对点的安全有序返岗；针对城镇失业人员，开展补贴性职业技能培训，帮助失业人员提升劳动技能或培养创业能力，帮助他们实现转岗再就业或创业；针对高校毕业生则通过招录“三支一扶”、创造就业见习岗位等缓解“就业难”的问题。上海则通过对符合条件的用人单位返还单位及其职工上年度实际缴纳失业保险费的措施来支持企业不裁员、少裁员，同时调整职工社会保险缴费年度（含职工医保年度），或者顺延缴费时间来减轻企业运营压力，鼓励其保留用工。

表15　2019～2020年各省市新增城镇就业人数

单位：万人，%

区域	2019年	2020年	同比降幅
上海	58.91	57.04	3.17
江苏	148.30	132.80	10.45
浙江	125.70	111.80	11.06
安徽	71.03	66.30	6.66
江西	54.30	46.20	14.92
湖北	92.15	75.18	18.42
湖南	80.83	72.42	10.40
四川	86.70	—	—
重庆	75.15	65.56	12.76
贵州	78.49	61.64	21.47
云南	53.43	49.35	7.64

通过各省市的努力，虽然长江经济带新增城镇就业人数有所下降，但最终仍保持了较为平稳的就业局面。根据各省市国民经济和社会事业发展统计公报的数据，2020年长江经济带10省市共新增城镇就业人数为738.29万人（缺四川数据，下同），占当年全国新增城镇就业人数的62.25%，其中江苏、浙江、湖北省居新增城镇就业人数的前三，分别达到132.80万、111.80万和75.18万。分上中下游来看，下游三省一市共新增城镇就业人数367.94万人，占现有10省市中的49.83%，中游三省新增城镇就业人数193.80万人，占26.24%，上游三省市新增人数176.55万人，占23.91%。与2019年数据相比，所有省市都出现了新增城镇就业人数下降的情况，其中贵州下降了21.47%，江苏、浙江、江西、湖北、湖南、重庆等省市的下降幅度均超过10%。

在社会保障方面，长江经济带11省市不断深化改革、夯实服务基础。首先，各类社会保障的覆盖面进一步扩大；其次，城乡居民养老保险待遇、城乡居民最低生活保障标准进一步提升；最后，长江下游三省一市的一体化进程加快，医疗保险一体化免备案就医试点启动、异地社保互通等已经开始实行。到2020年底，域内各省市的医疗、养老、失业、工伤、生育五类保险参保人数增加，社会保险的领取和报销服务流程不断优化，在社会保障方面取得了良好的成效。

表16　2020年长江经济带各省市五类社保参保基本情况

单位：万人

区域	城乡基本养老保险	城乡基本医疗保险	失业保险	工伤保险	生育保险
上海	1692.86	1944.40	984.86	1084.13	—
江苏	5940.70	7967.70	1887.00	2130.80	1987.10
浙江	4355.00	5557.00	1688.00	2547.00	2067.00
安徽	4773.60	6705.00	564.20	683.90	653.00
江西	3246.20	4779.90	291.90	553.40	372.20
湖北	4114.95	5582.98	651.31	752.43	645.88
湖南	5195.90	6732.00	640.90	820.00	633.80
四川	6054.30	8591.70	1045.80	1320.10	1128.80
重庆	2370.20	4033.72	548.48	729.90	505.79
贵州	2618.50	4195.33	297.93	471.84	349.61
云南	3151.52	4032.83	307.39	498.81	356.00

与此同时，各地积极开展形式多样、因地制宜的各类社保服务工作创新。例如，上海市推进“长护险”服务模式探索；江苏完善市级统筹社保服务体系和制度；湖南对农村及城镇低保适龄妇女开展“两癌”免费检查并基本消除村卫生室“空白村”；云南和贵州努力补齐养老服务和社区服务短板，一方面，夯实脱贫攻坚成果，另一方面，强化服务意识，积极应对日益加速的城镇化进程。这些努力和探索不断推进长江经济带各省市社会保障服务工作有序地向更高水平迈进。

二　2020年长江经济带11省市社会事业发展主要特点

（一）以城市群建设带动区域发展在长江经济带各省市达成共识，但仍面临诸多难题

城市群是我国新型工业化和新型城镇化发展到较高阶段的必然产物，自21世纪初成为我国参与全球竞争、国际分工的地理单元，其高质量发展关系到全域高质量发展和区域治理能力现代化，是区域发展的核心力量。以城市群建设带动区域发展成为长江经济带各省市的共识，上游地区成渝双城经济圈成为我国第四经济增长极，长江中游城市群正在争取成为我国的第五经济增长极，而下游的长三角城市群已经是我国最成熟的城市群，积极对标世界级城市群。

城市群发展的最直接表现是人口持续向经济发展态势较好的城市集中。第七次人口普查的数据表明，2010～2020年长三角城市群26个城市的常住人口规模从1.43亿增加到1.65亿，共计增长2159.13万，年均增长率1.50%，其中除江苏省的泰州、盐城和安徽的安庆、池州、宣城外，其余21个城市均实现了常住人口总规模的增长，且除安徽省以外，江浙沪三地地级市的增长速度均明显快于上海、南京和杭州。江苏省的无锡、苏州和常州增长率都超过10%，最高的无锡达到18.59%，几乎是省会南京的两倍；浙江省的湖州、嘉兴、金华、宁波增长率也都超过10%，其中最高的金华达到25.37%，高出省会杭州10.16个百分点；而三省省会城市的常住人口增长率为9%～16%，是上海常住人口增长率2.43%的数倍。与此同时，成都和重庆的常住人口规模也有非常明显的增长。在全国人口规模增长进一步放缓、主要城市人口自然增长率下降的同时，常住人口规模明显上升，表明区域外人口的大规模流入。人口向城市群集中，会通过改变地区劳动力规模和结构、重塑人口分配格局，促进人力资本积累，进而优化产业结构、促进科技创新及增加居民消费，由此在产业发展、科技创新、经济增长等方面形

成的合力将进一步推动城市群的高质量发展。

以城市群建设带动区域发展的作用在长江经济带已经初显端倪。长江下游三省一市紧扣“一体化”和“高质量”两个关键词，不断推动各项工作落地，在以往产业分工、经济联动的基础上，进一步尝试民生领域的一体化创新，包括疫情防控举措互认、异地社保互通、跨区域警务一体化合作、远程医疗会诊平台建设、职业教育一体化发展等。长江中游三省签署了《长江中游三省协同推动高质量发展行动计划》《长江中游省会城市深化合作方案》《九江市、黄石市、鄂州市、黄冈市人民政府关于深化跨江合作推进区域融合发展的框架协议》等一系列合作文件，力求加快推进由武汉城市群、长株潭城市群、南昌城市群及周边城市构成的长江中游城市群，加快城市群综合科技服务联盟建设，实现三省科技创新资源共享、创新服务跨区拓展、科技成果转移转化渠道拓宽。长江上游的成渝双城经济圈得到国家认可，被赋予“打造带动全国高质量发展的重要增长极和新的动力源”的定位，逐步向长三角、珠三角和京津冀三大城市群看齐。同血脉的巴蜀文化基础让成渝地区的融合发展较上游其他省份更具优势，证照异地互办互发、门诊医疗直接结算、住房公积金互认互通互贷、“公铁空水”战略大通道建设等都在2020年实现或落地。

但对长江经济带而言，城市群发展也面临着诸多难题：对长江下游长三角城市群而言，跨行政边界的事权不对等、统筹规划体制机制不顺等对社会事业发展的障碍越来越明显，生育水平极低、少子高龄化特征明显等造成人口发展潜力有限，对劳动力供给和消费需求都带来影响；对长江中游城市群而言，面积过大中心城市辐射力有限是大问题，产业协作方面竞争大于合作、战略结构松散等都是需要解决的问题；对长江上游省市而言，由于云南和贵州的城市规模与等级结构的两极分化，虽然成渝双城发展战略意图明显，云贵两省承接成渝外溢和辐射能力却很有限，这使得双城发展对周边地区带动力不足、城际关联性不强、外围城市边缘化等问题较为突出，城乡发展均衡性也受到影响。

（二）各省市社会事业发展仍具有明显阶梯式差异特征，上中下游发展目标不一致

长江经济带包含上中下游的11省市，沿江而上，从长三角城市群到长江中游城市群再到成渝城市群和云贵地区，无论是自然禀赋、经济基础、人口构成、文化特征等都存在巨大差异，同一时期流域内经济社会事业发展处于不同阶段。虽然各地通过大力推进社会事业的发展，再加上三年的脱贫攻坚战，长江上游地区（特别是云南和贵州）的教育、卫生资源有了明显的增加，社会保障水平有了明显的改善，人民生活质量有了明显的提升，但上游、中游和下游地区之间的阶梯式差异仍然存在，相应的发展目标也随之不同。

长江下游的三角洲地区历来是我国经济发展和社会治理水平最高的地区之一，产业齐备、资源充沛、居民富足，政府治理能力较强，省际的协作融合程度较好，区域内的城市群也发育到相对成熟的阶段。从前文所列的各类数据可以看到，上海、江苏、浙江在社会事业发展的各个领域都处于绝对领先的地位，安徽虽然与江浙沪有差距，但近年来的进步有目共睹。对下游三省一市而言，保持经济优势、提升科创能力、改善民生福利、推动一体化建设是该区域“十四五”期间的重要发展目标。自2019年底《长江三角洲区域一体化发展规划纲要》发布以来，江浙沪皖四地进一步加快了一体化建设步伐，在构建交通网络、加速人才流动、共建产业园区、联通社会保险、共享公共服务等各个方面进行了体制和机制上的探索，其中长三角生态绿色一体化示范区建设正是“共商、共建、共管、共享、共赢”理念的实践。随着上海浦东被作为社会主义现代化建设引领区、浙江被作为高质量发展建设共同富裕示范区，长江下游三省一市的发展定位有了进一步提升。

长江中游三省基本属于我国中等发达水平的地区。社会事业发展数据显示，与下游地区相比，除高等教育资源较为丰富外，其余指标虽优于上游省市，但与下游省市之间的差距还是很明显。与下游地区相比，中游三省之间的联系相对松散，文化基因也各不相同，因而区域融合性较弱。但在经历了快速的城市化过程后，以武汉为核心的中游城市群已初步发展起来，这将有

助于中游鄂、湘、赣三省的社会进步。

长江上游三省一市是长江经济带中经济发展较为薄弱的区域，其中四川、重庆和云南、贵州又有所不同。川渝两地是我国西南地区的中心，在经济发展和社会治理水平方面更接近长江中游三省，而云贵地区则由于自然禀赋的限制属于全国欠发达区域。但经过三年的脱贫攻坚战，在东西部对口帮扶等措施的帮助下，云贵地区在教育、医疗、文化设施等方面的发展水平有了明显提升，相应的公共服务能力也有所增强。长江上游地区的城乡发展不均衡的特征较为突出，基础设施等“硬资源”改善明显但人才等“软资源”仍很缺乏，因而社会事业发展水平还明显低于全国平均水平，与长江中下游之间存在阶梯式的差异。在未来，成渝双城经济圈的打造将是川渝两地的工作重点之一，而云贵地区将花大力气探索如何从脱贫攻坚向乡村振兴转变，从而巩固过去三年脱贫攻坚的成果。

总体而言，长江经济带 11 省市之间的巨大差异使得全流域的协同发展面临巨大难题，下游和上游之间在产业结构、技术水平、劳动力素质等方面均处于不同发展阶段，因而哪怕是从产业转移和产业对接的角度来看都存在问题。而社会事业发展是基于经济发展水平之上的，即使中游和上游地区有更快的发展速度，其要缩短与下游地区之间的差距仍需要更多的时间。

（三）防控疫情是各省市社会事业发展工作的核心内容之一，但如何做到防控疫情和其他社会事业发展兼顾仍值得探讨

社会事业是关系人民群众基本生活质量和共同利益的公共事业，主要包括教育、医疗卫生、劳动就业、社会保障、科技事业、文化事业、人口发展等多个方面。2020 年，新冠肺炎疫情突袭而至，抗击疫情、保护人民群众生命安全迅速成为全国上下的头等大事，2020 年第一季度全国的社会经济活动都几乎处于停摆状态，尤其是长江中游的湖北省。当疫情得到有效防控后，局部疫情仍时有反复。这使得 2020 年至今各地都将抗击疫情作为社会事业发展工作的核心内容之一。对于长江经济带而言，上中下游均有代表性的省市，上游的云南、中游的湖北和下游的上海都采取了不同的应对措施。

上游的云南与多国接壤，边境人员的流动使得疫情期间输入性风险较大。在全国范围内疫情得到有效防控后，云南省德宏州仍有多次疫情反复的情况发生。自2020年初，云南省多次发布工作方案、政策措施，在科学有效防控新冠肺炎疫情、阻断病毒传播链的同时，保经济、保就业。6月发布的《云南省人民政府办公厅关于应对新冠肺炎疫情影响进一步做好稳就业工作的若干意见》提出，大力实施就业优先政策，通过失业保险稳岗返还、阶段性减免缓缴延缴社会保险费、支持吸纳就业能力强的产业和项目、扶持创业带动就业、支持灵活就业和新就业形态等措施稳定就业。除此之外，还加大了对疾病防控机构和项目的财政投入，新增了疾病防控机构。

中游的湖北是受疫情影响最大的省份，全省尤其是武汉市一度陷入极大困境，封省封城，在全国医务工作者组队驰援的帮助下，在全市、全省人民的共同努力下，2020年4月下旬全省市县疫情登记评估降为低风险，5月初全省突发公共卫生应急响应级别下调至二级。5月开始，湖北省继续坚持“内防反弹、外防输出、严防输入”的策略，一方面落实和完善常态化疫情防控措施，以严防输入为重点严防反弹，落实落细常态监测、“人物地”同防、多点触发等措施；另一方面积极推动复工复产复商复市，着力解决企业资金、用工、用地、原材料等困难，千方百计保市场主体，精准实施减税降费、延期还本付息等规模性助企纾困措施，启动总投资2.3万亿元的疫后重振补短板强功能十大工程，扎实推进乡村振兴，守住了“三农”战略“后院”。以非常之举应对非常之难，2020年湖北省守住了民生和社会稳定底线。

下游的上海是人口近2500万的超大型城市，又是国际和国内交通枢纽，新冠肺炎疫情发生后是国外人口入境的主要口岸，是输入型病例发生的高风险地区，再加上本地人口密度高、人员流动快，面临极大的疫情扩散风险。为了将疫情影响控制在最小范围内，上海第一时间建立坚强有力、高效运转的决策指挥体系，率先派出援鄂医疗队，不断织密织牢覆盖全市1.3万个住宅小区、2.5万个村组的疫情防控网，持续统筹做好物资生产与保障、社会稳定、信息发布等工作；在疫情得到有效防控后，外防输入、内防反弹，因时因势调整优化防控策略，建立健全常态化防控机制强化人、物同防，注重科学精准防控，严格落实全流程闭环式管理，持续完善口岸检验检疫、进口货物及冷链食品疫情防控、隔离医学观察、应急处置、长三角区域联防联控等机制；与此同时，制定实施公共卫生“20 条”，开展新一轮公共卫生体系建设三年行动，加强疾病预防控制、应急科技攻关、应急物资保障等体系和人才队伍建设，开工建设市疾控中心新建工程，设立市重大传染病和生物安全研究院等科研机构，进一步提升超大城市抵御重大疫情风险的能力。在防控疫情的同时，上海紧抓经济社会发展，以自身发展的确定性对冲外部环境的不确定性，出台实施抗疫惠企“28 条”等一系列政策举措，稳就业促发展；制定实施扩大投资“20 条”、新基建“35 条”、促进消费“12 条”、稳定外贸“11 条”、利用外资“24 条”、中小企业平稳健康发展“22 条”等一系列政策，扩内需、稳外需；全力落实 26 项实事项目，进一步提高养老金、医保、低保等社保标准，进一步完善残疾人生活补贴护理补贴，向困难群众发放价格临时补贴，新增养老床位、改建认知障碍照护床位，新增普惠性托育点，教育“空中课堂”实现大中小学全覆盖，义务教育公办、民办学校同步招生全面推行，公立医院改革深入推进，成功举办各类大型文化体育重大活动。社会民生福祉得到持续增进。

总体而言，长江经济带在 2020 年受疫情影响严重的情况下仍保持了社会事业的平稳发展，但上中下游之间的应对措施和实施效果仍有较大差距。当疫情防控总体形势向好、局部地区疫情反复时，部分省市仍采用的封停措施，可能对恢复经济、保障民生、改善福利等造成一定负面影响。如何在疫情防控常态化下恢复原有的建设节奏是长江经济带各省市需要探讨和思考的问题。

三　长江经济带各省市社会事业发展建议

（一）借鉴发达国家城市群建设经验，从治理框架、协调机制和基础网络建设等方面提升城市群发展质量，带动长江经济带发展

第一，不断加快城市群治理框架的构建，尽快推进涉及城市群建设大原则、大方向的基本法出台，逐步出台涉及城市群协调制度、投融资制度、公

共服务管理等方面的专业法律法规，形成完整的法律治理体系，以此提升城市群规划与治理制度的权威性和严肃性；同时，需结合长江经济带上中下游城市群发展的现实水平与所处环境，借鉴国际经验构建多层次的城市群建设综合评价指标体系，利用信息技术建立长江经济带的城市群发展监测平台，实时动态监测各城市群人流、物流、经济流和信息流情况，提升城市群治理政策的精准性、科学性和有效性。

第二，继续完善灵活有效的跨区域协调机制，结合长江经济带各城市群的特点和自身条件，探索不同形式的城市群跨区域性行政协调与合作机制，以提升城市群跨区域治理的效率和效果。上海可率先进行淡化行政边界、削弱行政权力壁垒的尝试，强化与周边中小城市的统筹和合作，通过城市群联席会议、合作委员会等对城市群的资源进行统筹，基于紧邻的中小城市资源统一进行土地规划、设施建设和管护以及公共服务配给；在对重点领域的具体事项进行决策和执行的过程中，各城市群可尝试通过城市间的基础设施连接性、贯通性建设和一体化规划，推动中心城市非核心功能向周边城市的疏解，同时强化城市群内市政基础设施协调布局，统筹各类市政管网的合理衔接，完善城市群信息网络一体化布局，并推进公共服务共建共享，在城市群内实现公共服务同城化待遇。

第三，持续推进基础设施网络协同，优化城市群的交通基础设施和信息网络的空间布局，完善城市群综合运输通道和区际交通骨干网络，加强交通基础设施跨区域互联互通和共建共享，增强城市之间的交通联系和空间可达性，尤其要强化大数据、云计算和人工智能等智能技术在大城市群的应用和示范，通过建设智能建筑、智能社区、智能城镇等，打造智能城市群。要充分认识和预判新冠肺炎疫情对人们工作、学习模式的影响，并在城市群基础设施网络协同的建设过程中提前布局。

（二）重视人口发展对社会经济发展的重要影响，在进一步深化一体化建设的过程中营造良好的人口发展氛围

“十四五”时期，我国将构建以国内大循环为主体、国际国内双循环相

互促进的新发展格局，扩大内需是战略基点。无论从市场分工、产业专业化和多样化、技术创新，还是从人力资本、参与国际分工的角度来看，要提升城市群发展质量必须在相当长的时期内保持适度的人口规模增长、优化人口结构和人口分布，应围绕以下几个方面提前布局、及时调整社会政策。

第一，深入开展人口要素变动及影响的理论和实践研究，结合人口监测数据，做好长三角城市群人口形势的前瞻性研判。在前瞻性研判的基础上，提前调整社会经济政策，缓解由人口要素变动引起的对经济发展的冲击。

第二，积极落实《中共中央 国务院关于优化生育政策促进人口长期均衡发展的决定》，在长江经济带各省市已有社会公共资源的基础上，推进健全人口服务体系、发展普惠制托育服务体系等工作，进一步提高各地的优生优育服务水平，大力发展多种形式的普惠托育服务机构，通过提供更多便捷、平价的社会化服务营造更加有利于人口增长的社会氛围。

第三，继续加大教育、医疗、养老、住房等方面的公共支出，在地方财力允许的前提下逐步增进与降低个人生育、养育和教育成本有关的社会福利，在保证社会总消费持续增长的同时，提升居民的生育意愿。

第四，调整中心城市的人口调控政策，发挥中心城市自身产业和公共服务优势，营造吸引人口和人才的社会环境，降低现有人口特别是人才的外溢可能性。上海作为长江下游长三角城市群的核心城市，应以五大新城建设为契机，在全市范围内划定试点区域，探索人口调控管理的新思路；杭州、宁波、南京、合肥等中心城市也应以产业发展为抓手，努力彰显自身在人口吸引力方面的优势。

第五，继续关注重点人群的公共服务。为更好地应对下游地区的人口"老龄化"和"少子化"难题，应进一步提升全社会对"一老一小"两类重点对象的社会服务整体覆盖度、服务水平和服务能力。从人力保障到资源储备、从必要的制度安排到充足的资金支持，都要给予人口难题足够的重视，想方设法促进人口发展回到正常的轨道上来，通过各类手段、结合实际情况，妥善处理这一社会事业发展中的难题。

（三）继续强化基本公共服务建设，在巩固脱贫攻坚成果的同时，实现脱贫攻坚向乡村振兴的转变

经过三年的脱贫攻坚战，在其他省份的帮助下、在自身努力下，长江中上游地区的脱贫任务圆满完成，尤其是云贵地区，完成了全面脱离绝对贫困的任务。但这些地区自然资源缺乏、地理环境恶劣的条件并没有改变，未来仍会是经济社会事业发展中的障碍。必须继续强化基本公共服务建设，巩固这些地区的脱贫攻坚成果。

要继续强化边远、贫困地区的基本公共服务设施建设和人才培养，在教育、医疗、养老和社会救助方面，要协调各方下大力气、见真功夫，切实促进人民群众可以享受到高效、便捷、可靠的社会服务。中上游地区各级政府更要重视对内陆地区先进的社会治理理念和管理方法的学习，加强自身的治理体系和治理能力现代化建设。尤其是在基层组织的运行和维护能力建设方面，要尽早化解在经济发展初期可能出现的各类社会冲突和不确定的矛盾，落实一系列重要举措和相关政策，让发展的成果真正惠及普通百姓，促进广大中上游地区城乡经济社会高效、协调、可持续发展。

要在“共抓大保护、不搞大开发”这一长江经济带发展的基本共识之下，改变大面积的重复建设和同质化的城镇景观工程建设的现状，树立以产业赋能、促进新农村建设的理念，真正贯彻“以产业带发展、以产业兴农村”的愿景。唯有如此才能更好地实现城乡统筹、促进区域经济社会协调发展。

B.3
长江经济带生态发展报告（2020~2021）

尚勇敏　海骏娇*

摘　要： 2020年，长江经济带积极强化生态系统修复，打好污染防治攻坚战，提升环境监管能力，推动绿色低碳发展，加强长江岸线整治等，长江经济带生态环境发展水平进一步提升，长江经济带生态大保护形成广泛共识，长江环境质量持续向好，生态环境恶化趋势得到初步遏制，资源利用效率稳步提升。通过构建指标体系对长江经济带生态绿色发展水平进行评估发现，长江经济带绿色发展水平呈现出东中西部梯次分布特征，但各省市绿色发展水平差距总体缩小。西部地区绿色生态领域具有优势，东部地区绿色生产领域优势明显，东中西部绿色生活领域水平较为接近而绿色生产领域区域差异较大。长江经济带需要进一步完善生态环境共保机制，推动高标准保护，实现高质量发展。

关键词： 生态发展　生态系统保护修复　绿色低碳发展　长江经济带

长江经济带生态大保护是实现中华民族伟大复兴和可持续发展的根本和

---

* 尚勇敏，区域经济学博士，博士后，上海社会科学院生态与可持续发展研究所副研究员，主要从事区域创新与区域可持续发展研究；海骏娇，区域经济学博士，上海社会科学院信息研究所助理研究员，主要从事长江经济带绿色发展研究。

灵魂。[①] 自长江经济带上升为国家战略以来，生态环境部等部门及长江经济带九省二市深入贯彻落实习近平总书记重要讲话精神，坚持共抓大保护、不搞大开发，走生态优先、绿色发展之路，正确把握生态环境保护和经济发展的关系，不断推动长江经济带生态环境持续改善，经济社会发展全面绿色转型。2020 年 11 月 14 日，习近平总书记在江苏省南京市主持召开全面推动长江经济带发展座谈会，并指出要推动长江经济带高质量发展，使长江经济带成为我国生态优先绿色发展主战场。2020 年 12 月 26 日通过《中华人民共和国长江保护法》，并于 2021 年 3 月 1 日起实施，实现了将长江经济带"生态优先、绿色发展"的战略定位和"共抓大保护、不搞大开发"的战略导向，提升到法律层面予以贯彻落实，这标志着长江进入全面依法保护和发展的新阶段，更标志着推动长江经济带绿色高质量发展进入了新阶段。[②]

2021 年是谱写美丽中国建设新篇章、实现生态文明建设新进步重要的一年，也是加快实现碳达峰碳中和目标的开局之年。面对更高质量发展要求，以及碳达峰碳中和目标要求，长江经济带各省市生态发展任务十分艰巨。由于过去 40 多年经济粗放式增长，生态环境面临的形势依然复杂，在加强生态环境系统保护修复、加快推动绿色低碳发展等方面的压力依然巨大。为此，有必要了解长江经济带当前生态发展的现状与问题，分析长江经济带推动生态发展的行动与成效，评估长江经济带生态发展的水平与格局，提出长江经济带生态发展的策略与建议，对于"十四五"期间推动长江经济带高质量发展具有重要意义。

一　长江经济带生态发展的现状与问题

党中央、国务院高度重视长江生态环境保护工作，长江经济带各省市扎

---

① 文传浩、林彩云：《长江经济带生态大保护政策：演变、特征与战略探索》，《河北经贸大学学报》2021 年第 5 期。

② 吴晓华、王继源：《完整准确全面理解〈长江保护法〉推动长江经济带绿色高质量发展》，https：//www.ndrc.gov.cn/xxgk/jd/wsdwhfz/202104/t20210406_ 1271770_ ext.html，2021 年 4 月 6 日。

实推进长江经济带生态发展。2020 年，长江经济带各省市生态大保护共识不断加深，环境质量持续向好、生态恶化态势得到初步遏制，资源利用效率稳步提升，长江经济带生态环境与经济发展矛盾得到缓解，较好地实现了在发展中保护、在保护中发展的目标愿景。

（一）长江生态大保护形成广泛共识

自习近平总书记于 2016 年 1 月在推动长江经济带发展座谈会上提出“生态优先、绿色发展”的战略定位和“共抓大保护、不搞大开发”的战略导向以来，中共中央、国务院及相关部委、沿江各省市积极贯彻落实新发展理念，推进长江大保护。2019 年生态环境部、发展改革委联合印发《长江保护修复攻坚战行动计划》（以下简称《计划》）。《计划》以改善长江生态环境质量为核心，坚持污染防治和生态保护“两手发力”，推进“三水共治”，突出“四源齐控”，深化“五江共建”，着力解决突出生态环境问题。依据《计划》还建立了由国务院有关部门、沿江 11 省市、相关司局参与的定期调度机制。2021 年 3 月 1 日起施行的《中华人民共和国长江保护法》既是长江专属的法律文件，也是我国首部流域法。该法明确了各部门各地区的法律责任，并明确健全执法监督机制，加强执法力度，实现监测数据共享。在地方各省市层面，围绕中共中央、国务院有关工作要求和各地生态环境问题，积极出台相关政策法规，推进长江生态大保护各项工作任务落实。笔者通过北大法宝数据库以“长江”“生态”字段进行检索发现，国家层面和各省市层面分别出台了 47 条和 67 条相关法律法规，长江生态大保护从中央到地方的法律法规体系基本建立。同时，流域内各地方政府加强统筹协调、协同推进生态保护修复和流域环境协同治理，长江生态大保护成为各层级、各主体、各领域的共同认识和积极推进的共同任务，长江共抓大保护局面深入人心。

（二）长江环境质量持续向好

国家及地方生态环境部门积极落实党中央、国务院工作部署，始终把长

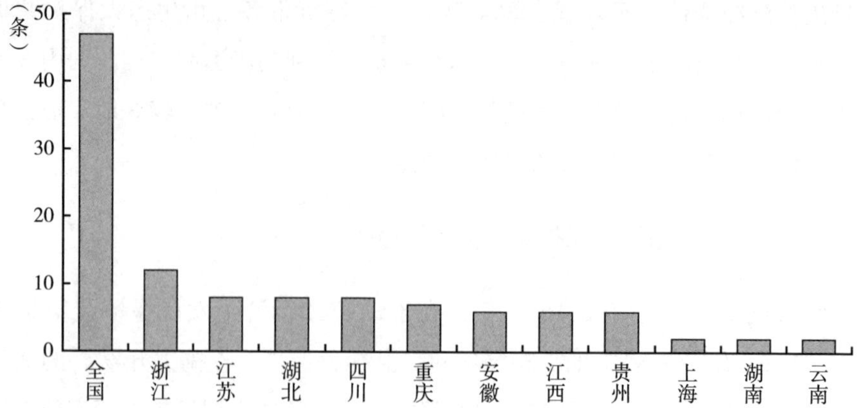

图1　国家及沿江各省市长江生态保护相关法律法规数量

资料来源：通过“北大法宝”数据库（https：//www. pkulaw. com/）检索所得。

江的保护修复攻坚战作为打好污染防治攻坚战的重中之重，积极推动生态环境系统治理，长江经济带水环境、大气环境、土壤环境质量持续改善。

一是水环境质量持续改善。长江流域全面落实“水十条”和《重点流域水污染防治规划（2016—2020 年）》，切实推进《长江保护修复攻坚战行动计划》落实。经过中央和地方各级部门的共同不懈努力，长江经济带水生态环境质量发生了转折性变化，水环境质量得到明显改善，长江流域首次全面消除劣Ⅴ类水质，干流首次全面达到了Ⅱ类水质。2020 年长江流域监测的 510 个断面中，Ⅰ～Ⅲ类水质断面占 96.6%，比 2019 年提升了 4.9 个百分点；长江流域 451 条主要支流中，Ⅰ～Ⅲ类水质断面占 96.3%，跨界断面Ⅰ～Ⅲ类水质占 99.9%，分别较 2019 年上升 5.6 个百分点和 1.6 个百分点。总体上，2020 年导致长江流域污染的主要指标依然是化学需氧量、高锰酸盐指数和五日生化需氧量等。从各省市地表水质达标情况看，浙江、江西、湖北、重庆、四川、贵州地表水质达标率达到 90% 以上，江苏、湖南、云南相对较低，而上海、安徽最低分别仅为 74.1% 和 76.4%，长江上中游省市水质总体优于下游地区；而劣Ⅴ类水体主要分布在云南、安徽、湖南，螳螂川、沱江、岷江、南淝河、乌江等支流以及太湖、巢湖等主要湖泊污染物存在超标现象。从海洋环境质量看，随着沿江污染物减少、生态环境质量改善，长江口近岸海域环境质量也相应有所改善，但污染水平仍然以Ⅳ类、劣Ⅳ类为主，主要污染物为无机氮、活性磷酸盐等。

表 1　2020 年长江流域水质状况

水体	断面数（个）	比例(%)					
		Ⅰ类	Ⅱ类	Ⅲ类	Ⅳ类	Ⅴ类	劣Ⅴ类
流域	510	8.2	67.8	20.6	2.9	0.4	0
干流	59	10.2	89.8	0	0	0	0
主要支流	451	8.0	65.0	23.3	3.3	0.4	0
跨界断面	60	8.3	78.3	13.3	0	0	0
水体	断面数（个）	比 2019 年变化(个百分点)					
		Ⅰ类	Ⅱ类	Ⅲ类	Ⅳ类	Ⅴ类	劣Ⅴ类
流域	510	4.9	0.8	-0.8	-3.8	-0.6	-0.6
干流	59	3.4	-1.7	-1.7	0	0	0
主要支流	451	5.1	1.2	-0.7	-4.3	-0.7	-0.7
跨界断面	60	5.0	-3.4	0	-1.7	0	0

资料来源：2020 中国生态环境状况公报。

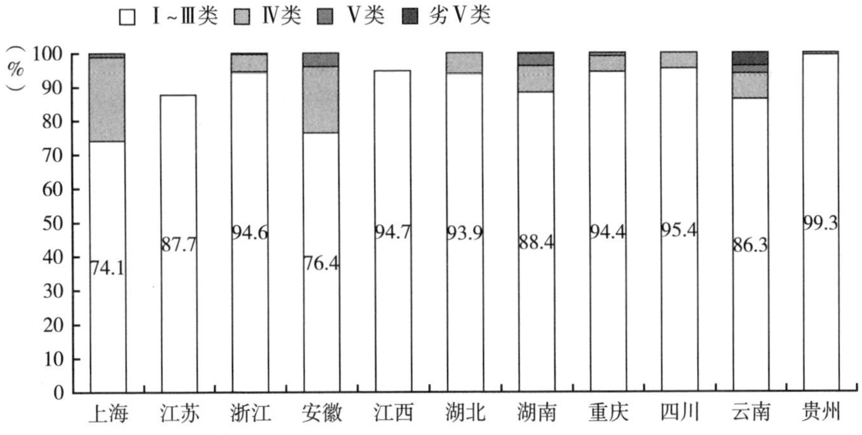

图 2　2020 年长江经济带各省市地表水质达标情况

注：江苏、江西仅发布了Ⅰ~Ⅲ类水质的比重。
资料来源：2020 年各省市生态环境状况公报。

二是环境空气质量总体向好。长江经济带占据我国经济半壁江山，2021年第一季度，长江经济带以全国21.5%的面积，创造了全国46.5%的经济总量，比2020年第一季度提高了1个百分点。长江经济带也是我国规模最大的产业走廊，汇集了我国汽车、电子、装备、石化、建材等工业的大部分精华，但也造成空气污染物的大量排放，2017年，长江经济带二氧化硫、氮氧化物、烟尘粉尘的排放量分别为321.96万吨、441.01万吨、227.49万吨，分别占全国排放量的36.78%、35.03%、28.57%。[①] 从长江经济带九省二市六项污染物年均值看，2020年，SO_2、PM_{10}、$PM_{2.5}$、CO总体优于全国平均水平，NO_2、O_3与全国基本在同一水平。从区域特征看，江西、贵州SO_2污染物排放平均浓度较高，重庆、上海、江苏等NO_2排放浓度较高，湖南、安徽、江苏、湖北PM_{10}及$PM_{2.5}$浓度较高，江苏、上海、重庆、安徽等O_3排放浓度较高，各省市CO浓度总体较为接近。从各省市环境空气质量来看，贵州、云南环境空气质量较优，环境空气质量优良率达到99%左右，远优于其他省市，江西、湖南、重庆、四川、湖北、上海、浙江等省市总体优于全国平均水平，均在87%以上；安徽、江苏环境空气质量相对较差，优良率分别仅为82.9%和81.0%。总体上，上中游省市环境空气质量优于下游省市。

表2　2020年长江经济带各省市六项污染物年均值状况

地区	SO_2（微克/立方米）	NO_2（微克/立方米）	PM_{10}（微克/立方米）	$PM_{2.5}$（微克/立方米）	CO（毫克/立方米）	O_3（微克/立方米）	降水pH平均值
上海	6	37	41	32	1.1	152	5.38
江苏	8	30	59	38	1.1	164	5.71
浙江	6	29	45	25	0.9	145	5.16
安徽	8	29	61	39	1.1	148	5.81
江西	13	22	51	30	1.2	138	5.28
湖北	8	22	57	35	1.3	139	6.92
湖南	8	21	61	35	1.2	126	5.08
重庆	8	39	53	33	1.1	150	5.82

① 截至2020年8月，长江经济带各省市大气污染排放数据更新至2017年。

续表

地区	SO_2（微克/立方米）	NO_2（微克/立方米）	PM_{10}（微克/立方米）	$PM_{2.5}$（微克/立方米）	CO（毫克/立方米）	O_3（微克/立方米）	降水 pH 平均值
四川	8	25	49	31	1.1	135	6.06
云南	8	15	33	21	1.0	119	6.33
贵州	10	15	33	22	0.9	110	6.52 ~ 7.29
全国	11	27	63	36	1.4	148	4.39 ~ 8.43

注：贵州、全国仅发布降水 pH 年均值范围。

资料来源：2020 年各省市生态环境状况公报。

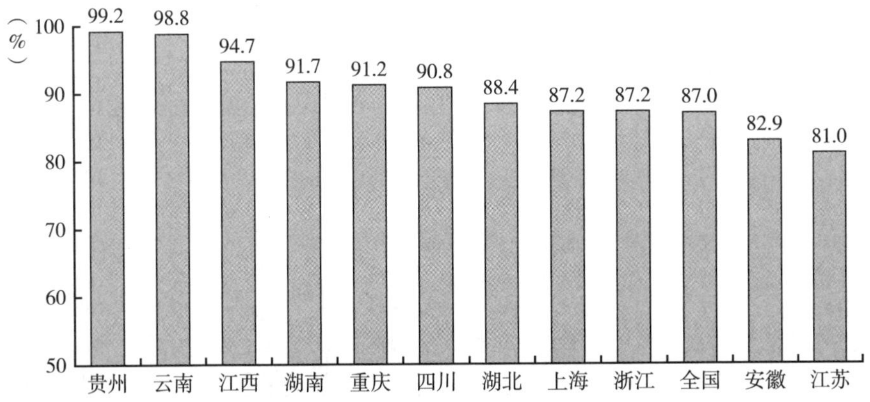

图 3　2020 年长江经济带各省市空气质量优良率

资料来源：2020 年各省市生态环境状况公报。

三是固废污染得到一定控制。长江经济带钢铁、电力、有色金属开采与冶炼、石油化工等工业企业密集分布，燃煤、矿产开采、冶炼等生产活动产生了大量的矿渣、粉煤灰、炉渣等工业固体废物。2019 年长江经济带各省市产生工业固体废物 102644 万吨，[①] 约占全国的 24.72%，平均综合利用率为 65.3%；由于全国未公布 2019 年工业固体废物综合利用数据，根据 2017

① 截至 2021 年 8 月，长江经济带各省市固废产生量数据更新至 2019 年，其中江苏、安徽、湖南、重庆、四川五省市仅更新至 2018 年。

年数据显示，2017 年全国工业固体废物综合利用率仅 53.3%，长江经济带远高于全国平均水平。生活垃圾清运量为 9625.4 万吨，约占全国的 39.76%。总体上，相较于在全国经济、人口中的比重而言，长江经济带工业固废产生量、生活垃圾清运量均低于全国平均水平，工业固废利用和生活垃圾无害化处理情况均优于全国平均水平。

表 3　2019 年长江经济带各省市工业废物及生活垃圾综合利用情况

单位：万吨，%

区域	工业固体废物产生量	工业固体废物综合利用量	工业固体废物综合利用率	生活垃圾清运量	生活垃圾无害化处理率
上海	1826	1673	91.65	750.6	100.0
江苏	11810*	11110*	94.07	1809.6	100.0
浙江	5315	5013	94.32	1530.2	100.0
安徽	13077*	11756*	89.90	646.1	100.0
江西	11665	4970	42.61	542.6	100.0
湖北	8472	5599	66.09	980.0	100.0
湖南	4592*	3886*	84.61	775.4	100.0
重庆	2455*	823*	33.52	601.8	88.8
四川	13789*	5236*	37.97	1168.6	99.8
云南	11126	7247	65.14	364.6	96.6
贵州	18517	9683	52.29	455.9	99.8
全国	415269	—	—	24206.2	99.2

注：“*”为 2018 年数据。

资料来源：2019 年和 2020 年各省市统计年鉴。

（三）长江生态恶化态势得到初步遏制

随着一系列国家重大政策文件陆续出台、长江生态系统保护修复工作持续深化，长江经济带生态保护取得较为明显的成效。长江生态复绿、岸线清理有序推进，栖息地恢复、生态调度、江湖连通等水生态修复工程大力开展；长江“十年禁渔”全面实施，水生生物资源逐步恢复，长江生态恶化势头得到初步遏制。国家和地方政府积极推进生态系统保护修复，加强植树造林，2020 年，长江经济带各省市累计完成造林面积 266.47 万公顷，占全国造林面积的37.71%，高于上年在全国造林面积中的比重（35.13%），也远高于其国土面积占比。其中，四川、湖南、重庆、贵州、云南等中上游省市造林面积居长江经济带前列。长江经济带九省二市平均森林覆盖率为44.89%，除上海以外，各省市森林覆盖率均高于全国平均水平。其中，江西、浙江、云南森林覆盖率高达60%以上。2020年，各省市生态环境状况指数总体保持稳定，且均高于全国平均水平。其中，湖南、江西、四川三省位居前列，生态环境状况指数在70以上，上海、江苏相对较低。

表4　2020年长江经济带造林面积、森林覆盖率及生态环境状况指数

区域	全年完成造林面积(万公顷)	森林覆盖率(%)	生态环境状况指数
上海	0.60	18.50	62.5
江苏	4.60	24.00	66.1
浙江	4.97	61.15	69.2
安徽	5.96	29.80	68.6
江西	7.32	63.10	76.11
湖北	24.86	41.84	70.5
湖南	58.10	59.96	77.8
重庆	44.00	52.40	67.9(2016)
四川	62.65	40.00	71.9
云南	25.41	65.00	优44.19%;良55.81%
贵州	28.00	60.00	优8.9%;良84.6%;一般6.5%
全国	706.70	22.96	51.3

注：①江苏森林覆盖率数据为林木覆盖率；②重庆2017年后未公开发布生态环境状况指数，云南、贵州仅发布2019年生态环境状况各等级的占比。

资料来源：2020年各省市国民经济统计公报、生态环境状况公报。

长江经济带是我国乃至全球生物多样性的热点地区之一，近年来，生态系统逐步得到修复恢复，生态环境状况不断改善。2019年，长江经济带完成造林面积248.23万公顷，约占全国造林总面积的35.13%，远高于国土面积占比，其中四川、重庆、贵州、湖南、湖北等中上游省市造林面积位居前列；长江经济带各省市森林覆盖率平均值为44.93%，高出全国平均水平约1倍，其中江西、云南、浙江、贵州、湖南、重庆等上中游省市居前6

位，森林覆盖率均高于50%。生态环境状况指数是评价区域生态环境质量的综合指数，2019 年，湖南、江西两省生态环境状况指数大于 75，生态环境状况指数级别为优，其余省市均为 62.40 ~ 71.90，生态环境状况指数级别为良，云南、贵州的生态环境状况指数优良率占比分别为 100% 和 93.50%，以上省市均远高于全国平均水平。

随着国家及地方政府积极推进退耕还林、水土保持等工程，长江经济带水土流失情况总体好转。水利部 2020 年全国水土流失动态监测成果显示，2020 年长江经济带水土流失面积为 38.9 万平方公里，占长江经济带面积的 18.88%，占全国水土流失总面积的 14.55%，水土流失面积较 2019 年减少 0.62 万平方公里，减幅是全国平均水平的 2.33 倍。其中，三峡库区水土流失面积减少了 1.04%。从不同河段输沙量情况看，长江经济带上游地区输沙量快速下降，而中下游省市输沙量仍保持较高水平。2020 年，上游河段输沙量与近 10 年平均输沙量相比明显下降，由于 2020 年长江流域发生全流域性大洪水，中下游河段输沙量与近 10 年平均输沙量相比明显增加。

表 5　2020 年长江干流主要水文控制站实测水沙特征值比较

单位：亿吨，%

指标	直门达	石鼓	攀枝花	向家坝	朱沱	寸滩	宜昌	沙市	汉口	大通
近 10 年平均年输沙量	0.127	0.345	0.064	0.218	0.654	0.968	0.196	0.326	0.794	1.19
2020 年输沙量	0.197	0.628	0.021	0.013	0.982	1.87	0.468	0.587	0.886	1.64
2020 年与近 10 年平均对比	55	82	-67	-94	50	93	139	80	12	38

资料来源：《长江泥沙公报 2020》。

（四）资源利用效率得到稳步提升

长江经济带是我国人口、产业活动密集区域，能源资源消费需求也比较大。2019 年，长江经济带能源消费总量达 17.57 亿吨，约占全国能源消费总量的 39.3%。从各省市能源消费来看，江苏、浙江、四川能源消费总量排名前列，均达2亿吨标准煤以上，重庆、江西、云南能源消费量相对较低；从能源消费强度看，长江经济带平均能耗强度为0.385吨标准煤/万元，低于全国平均水平0.456吨标准/万元，其中，长江经济带中下游省市单位GDP能耗明显低于上游省市，长江经济带能耗强度“西高东低”特征明显。同时，长江经济带用电量总体较为平稳，呈现缓慢增长特征，且增幅略低于全国平均水平。在水资源利用效率方面，长江经济带各省市积极推进节水型社会建设，2019年用水量总体保持稳定，上海、浙江、安徽等省市用水量较上年有所下降，用水量增幅低于全国平均水平。总体上，长江经济带资源利用效率不断提升，但也呈现一定的区域差异，经济发展水平较高、产业结构较合理的省市，资源利用效率也相对较高。

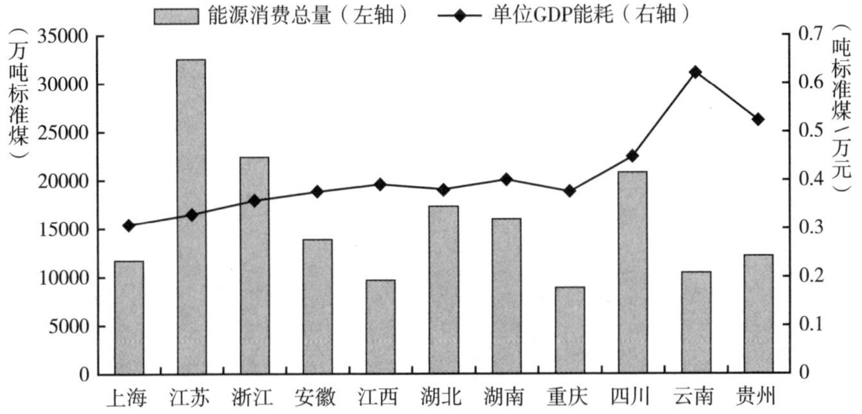

图4　2019年长江经济带各省市能源消耗情况

资料来源：《中国能源统计年鉴2020》。

表6　长江经济带单位GDP能耗水耗情况

区域	用水总量（亿立方米）	单位GDP用水量（立方米/万元）	用水总量增长（%）	单位GDP用电量（千瓦时/万元）	单位GDP用电量变化（%）
上海	100.9	0.27	-2.48	407.2	-1.38
江苏	619.1	0.63	4.38	620.5	-2.28
浙江	165.8	0.27	-4.83	747.5	-0.79

续表

区域	用水总量（亿立方米）	单位 GDP 用水量（立方米/万元）	用水总量增长（%）	单位 GDP 用电量（千瓦时/万元）	单位 GDP 用电量变化（%）
安徽	277.7	0.75	-2.92	627.6	0.51
江西	253.3	1.03	0.99	633.2	1.71
湖北	303.2	0.67	2.08	493.6	1.26
湖南	333.0	0.83	-1.20	461.8	-1.19
重庆	76.5	0.32	-0.92	474.6	-3.45
四川	252.4	0.54	-2.65	589.6	3.70
云南	108.1	0.64	1.20	889.7	-3.16
贵州	154.9	0.67	-0.52	826.1	5.86
全国	6021.4	0.61	0.10	741.9	0.54

注：用水总量及单位 GDP 用水量为 2019 年数据，用电量为 2020 年数据。

资料来源：国家统计局数据库（http://www.stats.gov.cn/tjsj/）。

尽管长江经济带生态发展取得积极进展，但我们也要清醒地认识到，长江经济带生态环境保护形势依然严峻，依然存在一定的问题，主要表现在：长江经济带中下游地区人类干扰强度增加，生态系统质量和功能服务存在下降和退化风险，生态安全面临挑战，水生态保护修复仍需要加强；局部地区水环境质量依然较差，污染物超标和富营养化问题严重，部分城市空气质量相对较差，近岸海域、土壤重金属污染等问题依然不容乐观；能源资源消耗依然呈现增长趋势，仍未越过拐点，资源节约循环利用水平依然有待提升，碳达峰碳中和目标实现依然艰巨。

二　长江经济带生态发展的行动与成效

长江经济带各地区各部门始终把长江生态环境修复放在突出位置，扎实推进长江经济带生态系统修复，打好污染防治攻坚战，提升环境监管能力，推进绿色低碳发展，加强长江岸线整治，取得了显著成效。

（一）严格国土空间管控，强化生态系统修复

长江经济带生态地位突出，国家和地方严格做好生态空间管控，维护生

态系统安全。首先，自然资源部于2021年组织编制《长江经济带（长江流域）国土空间规划（2021—2035年)》，科学有序统筹安排长江经济带（长江流域）生态、农业、城镇等功能空间，划定生态保护红线、永久基本农田、城镇开发边界，优化国土空间布局，统筹长江经济带（长江流域）国土空间利用任务，以空间利用方式转变推进长江经济带绿色发展；开展长江经济带国土空间用途管制试点，构建差别化的自然生态空间用途管制规则；以空间规划统筹水资源利用、水污染防治、岸线利用、航运发展等。其次，国家层面积极制定环境分区管控方案和生态环境准入清单，长江经济带各省市也编制印发“三线一单”①，基本建成信息共享系统。如上海市于2020年5月发布《上海市“三线一单”生态环境分区管控的实施意见》，积极开展生态保护红线评估评估、自然保护地整合优化等工作，将上海全市共划分为优先保护、重点管控、一般管控三大类293个单元，实施“一单元一策”的精细化环境准入和管控要求。最后，自然资源部积极探索建立长江经济带国土空间综合管控机制，加强现有规划、政策等与《长江经济带发展负面清单指南（试行)》进行衔接，建立负面清单管理制度体系，制定长江岸线准入条件，细化准入清单，加强岸线准入管理，明确产业发展、岸线开发等的管控要求。

（二）强化工业污染治理，打好污染防治攻坚战

国家和地方层面均牢固树立生态优先、绿色发展的理念，扎实推进工业污染治理，一以贯之打好水土气污染防治攻坚战，以实际行动助力长江经济带高质量发展。

一是强化工业污染治理。截至2021年6月初，长江经济带共完成城镇人口密集区危化品生产企业搬迁改造558家，完成率97.2%，完成沿江化工企业“搬改关”228家，沿江1公里范围内落后化工产能全部淘汰。上海市全面推动一类污染物排放企业规范化整治，开展园区外化工企业、纳管工

① “三线一单”：生态保护红线、环境质量底线、资源利用上线和生态环境准入清单。

业企业废水处理合规性评估，持续开展河道周边工业企业巡查。2020～2021年，国家层面发布和实施《绿色化工园区评价通则》《化工园区应急事故设施（池）建设标准》《化工园区开发建设导则》《化工园区综合评价导则》等政策与规范标准，积极推动长江经济带化工园区规范发展和合理布局。长江经济带各省市积极加强工业园区环境管理，实现省级及以上工业园区全部建成污水集中处理设施。浙江积极推进工业园区零直排管理，实现264个重点工业园区建成“污水零直排区”；沿江省市积极开展“三磷”排查整治专项行动，深入推进尾矿库综合治理，推进完成干流及主要支流岸线周边尾矿库闭库，共完成1618座尾矿库污染治理。

二是持续打好碧水保卫战。各省市积极制订水污染防治行动计划，持续开展中小河道综合整治，依托水污染防治推进机制，对重点断面水质波动情况及重点项目推进情况开展动态跟踪，强化水质分析、项目进度调度和断面巡查通报机制，调动各方治水主动性。首先，各省市积极提升污水处理能力，提升污水处理设计规模，新建污水收集管网。其中，2020年浙江共完成污水处理厂清洁排放技术改造49个、城镇污水管网建设改造1882公里，实现入河排污口监测全覆盖、入海排污口在线监测设施全覆盖；上海污水处理厂全部执行一级A及以上排放标准。其次，持续推进河道综合整治，2020年，上海开展了1096条断头河整治，安徽实现全省231条城市建成区黑臭水体基本消除黑臭。最后，强化跨界水体联防联控，生态环境部及各省市生态环境部门积极推进流域管理制度与协作机制完善，推进流域水生态环境统一监测，建立流域内跨部门跨区域水生态环境监测体系，探索建立跨区域联合执法体系，推进建立跨部门、跨区域水资源保护与水污染防治协作机制。同时，进一步推进地表水断面生态补偿，安徽省建立了沱湖流域生态补偿机制，四川与重庆、云南、甘肃等7个周边省市签署了河流管理保护合作协议，挂牌成立“川渝河长制联合推进办公室”，互派人员开展工作，开展立法协同、联防联治。

三是坚决打赢蓝天保卫战。首先，大力推进石化、化工、钢铁、建材等重点行业污染深度治理，积极推进工业污染控制，推进重点钢铁行业超低排放改造、工业炉窑综合治理和 VOCs 深化治理等专项。2020 年，上海市出台了 VOCs 综合治理方案（2.0 版），累计完成工业 VOCs 综合治理 822 家，完成工业炉窑治理 91 台；湖北省累计实施大气污染重点治理项目 1800 余个，实现全省单机装机容量 20 万千瓦以上燃煤机组超低排放改造，完成钢铁行业超低排放改造项目 64 个。其次，加强移动源污染防治，强化移动源监管，全面落实机动车排放检验与维护（1/M）制度，各省市积极建立健全机动车排放检验与维护制度，强化机动车排放检验机构监督管理，湖北省还划定高排放非道路移动机械禁用区；上海市围绕柴油货车污染统筹推进“车油路”治理，严格实行城市车辆和重型燃气车国六 a 排放标准，通过核发补贴等方式推进国三柴油车提前报废，积极推进非道路移动机械远程在线监控设备联网、加油站油气回收在线监控联网等。最后，强化大气污染防治联防联控，长三角地区早在 2014 年就启动区域大气污染防治协作机制，在长三角区域一体化框架下，长三角各省市进一步深化大气污染防治联防联控。2020 年，国家有关部委、三省一市联合印发《长三角地区 2020 -2021 年秋冬季大气污染综合治理攻坚行动方案》，成渝地区开展大气污染联防联控技术与集成示范相关研讨会。在城市层面，上海市嘉定区、江苏省昆山市、太仓市签署《大气污染联防联控合作协议》，形成了大气污染联防联控的良好态势。

四是扎实推进净土保卫战。生态环境部及各省市生态环境部门积极推进土壤污染防治工作，以确保土壤环境安全为重点，推进土壤污染状况调查、耕地土壤与农产品重金属污染加密调查，推进受污染耕地安全利用和严格管控。截至 2021 年 6 月初，已完成 989 个涉农县域耕地土壤环境质量类别划分，推进建设用地中污染地块风险管控，完成《土壤污染防治行动计划》确定的受污染耕地安全利用率达到 90% 左右和污染地块安全利用率达到 90% 以上的目标。

五是深入开展“清废行动”。2018 年以来，生态环境部连续 3 年组织开展长江经济带“清废行动”，对长江经济带各省市固废倾倒情况进行全面排摸整治，3 年多来，通过遥感技术共排查长江经济带 129 个地级市、州约 103 万平方公里，排查点位 9839 个，确认问题点位 3525 个；共整改完成

3221 个，整改完成率达 99%，清理固废 5676.1 万吨。[①] 各省市也积极推进危废专项整治三年行动、安全生产专项整治三年行动等，加大对违法处置固体废物行为的处罚力度。各省市积极提升危险废物环境风险防范能力，推进长江上游地区、长三角地区分别建立区域危险废物联防联治机制；长三角地区通过统一固废危废防治标准、推动固废区域转移合作、建立跨区域固废危废处置补偿机制等，有效推动解决固废危废处置的邻避效应问题。

（三）完善环境基础设施，提升环境监管能力

长江经济带生态环境保护取得了积极进展，但部分地区环境基础设施仍存在较多短板。近年来，国家和地方政府大力推进环境基础设施建设。2019 年，长江经济带共完成工业污染治理投资 227 亿元，约占全国的 36.9%；地方财政环境保护支出达 2691.3 亿元，占地方财政一般预算支出比重达 3.10%，远高于全国平均水平 1.87%。各省市围绕生活污水收集处理、生活垃圾处理处置、饮用水源地保护积极开展工作，为完善环境基础设施提供了重要支撑。

一是完善生活污水收集处理设施。长江经济带积极推进集中式污水处理设施建设，长江沿岸城市基本实现集中式污水处理设施全覆盖。二是推进生活垃圾处理处置，沿江城市生活垃圾基本实现全收集全处理，上海、南京、武汉、重庆、成都等 28 个城市基本建成垃圾分类处理系统。三是切实加强饮用水源地保护，截至当前，长江经济带 1474 个县级以上集中式饮用水水源地 3161 个问题全部整治完成；同时，各省市根据国家要求，积极优化沿江取水口布局，不断优化应急水源布局，实现地级及以上城市基本完成应急水源地建设。四是不断提升环境监管能力，积极推进生态环境信息化建设，推进生态环境事务“一网通办”和“一网统管”，开展生态环境监测网络建设，各省市积极构建了涵盖大气、水、噪声、固废、核与辐射、自然生态、

---

① 《生态环境部：长江经济带“清废行动”已清理各类固体废物 5676.1 万吨　新增复绿面积 99.4 万平方米》，http://env.people.com.cn/n1/2021/0712/c1010-32155559.html，2021 年 7 月 12 日。

污染源监测等的生态环境数据资源平台，在省级层面构建了生态环境监测、生态环境保护督察及信息管理、城乡环境基础设施管理等平台；进一步完善环境标准，区域标准统一工作取得积极进展，2020 年，长三角环境标准一体化不断深化，沪苏浙围绕长三角生态绿色一体化示范区，就挥发性有机物、固废污染源废气、环境空气质量预报等领域联合发布生态环境统一标准，为全国提供环境标准统一的经验。

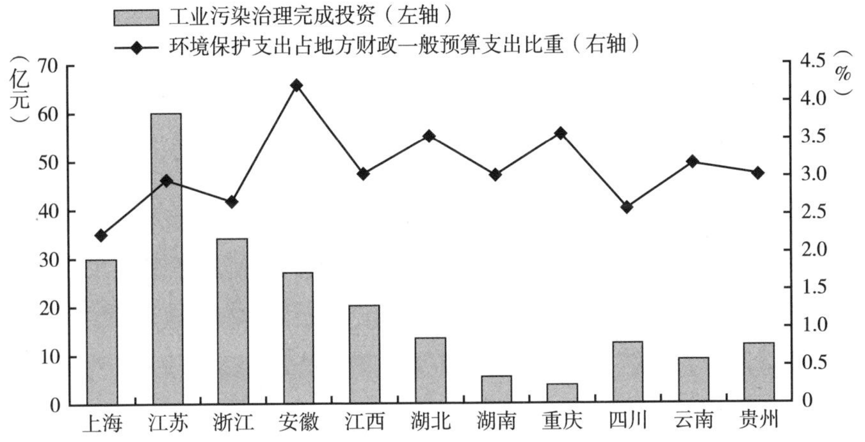

图 5　2019 年长江经济带各省市工业污染治理和环境保护支出情况

资料来源：2020 年各省市统计年鉴。

（四）积极应对气候变化，推进绿色低碳发展

在 2020 年 9 月召开的联合国大会上习近平总书记做出我国将力争于 2030 年前实现碳达峰、2060 年前实现碳中和的目标承诺。国家有关部委及长江经济带各省市围绕碳达峰碳中和目标要求，推动绿色低碳发展。首先，积极制定碳达峰碳中和规划部署，在 2021 年全国及长江经济带各省市“十四五”规划和 2035 年远景目标中，均把碳达峰碳中和放在重要位置，提出加快实现碳达峰目标。各省市总体上提出到 2030 年前实现碳达峰，支持有条件的地方提前实现碳达峰，其中，上海、浙江提出到 2025 年率先实现碳

达峰。各省市正加快编制碳达峰行动方案，明确碳达峰时间表、路径图和技术路线图。2021 年 6 月 18 日，浙江省印发《浙江省碳达峰碳中和科技创新行动方案》，这也是国内首个省级碳达峰碳中和行动方案。其次，积极推进碳减排工作，开展碳排放报送、碳排放核查、低碳试点示范等。如 2020 年，浙江省组织开展全省 1600 多家重点企事业单位碳排放报送及核复查，江西省完成全省重点企业温室气体排放情况线上直报，湖北推进武汉、十堰两个国家气候适应型城市试点建设，上海持续推进低碳发展实践区、低碳社区和低碳园区建设，开展近零排放示范。最后，持续推进碳排放交易工作，各省市积极推进本地碳排放权交易企业进行碳排放监测、报告、核查和复核管理，生态环境部发布《碳排放权交易管理办法（试行）》等多项政策法规，各地结合自身实际出台相关实施意见。上海积极发挥全国碳交易市场建设的引领作用，大力推进全国碳交易市场建设，完成全国碳排放权交易系统建设，积极推进全国碳排放权交易机构设立。2021 年 7 月 16 日，全国碳排放权交易开市，成为全球覆盖碳排放规模最大的碳市场。

表 7　全国碳市场每周成交数据

时间	全国碳市场碳排放配额(CEA)总成交量(吨)	总成交额(元)	收盘价(元/吨)	大宗协议交易周成交量(吨)	周成交额(元)	全国碳市场碳排放配额(CEA)累计成交量(吨)	累计成交金额(元)
2021 年 7 月 19 ~ 23 日	729000	39466744	56.97	100000	5292000	4832953	249696797
2021 年 7 月 26 ~ 30 日	1118984	49888591	54.17	800000	3278400	5951937	299585388
2021 年 8 月 2 ~ 6 日	187027	10116849	52.96	—	—	6138964	309702237
2021 年 8 月 9 ~ 13 日	379868	19572284	54.00	279856	14100694	6518832	329274521
2021 年 8 月 16 ~ 20 日	1422012	64212464	49.00	1400000	63100000	7940844	393486985

资料来源：上海环境能源交易所网站（https://www.cneeex.com/）。

（五）加强长江岸线整治，严格航运污染治理

长江经济带沿岸省市积极推进长江岸线整治与保护修复。首先，全面启动长江干流、主要支流、太湖入河排污口排查，依靠“无人机航测＋实地核查”实现高精度排污口核查全覆盖，在全面排查基础上同步开展排污口水质水量监测。同时，各地还积极探索建立排污口排查整治工作规范体系和长效机制。其次，沿江省市积极出台严格控制长江岸线开发的相关工作方案，加强长江岸线违规利用整治，截至2020年10月，长江经济带共完成清理2414个涉嫌违法违规的长江干流岸线利用项目，整改完成率为98.9%，腾退长江岸线158公里。2021年6月，交通运输部发布《长江保护法》的贯彻实施意见，并提出强化岸线管理，严格管控长江干线港口岸线资源，促进港口岸线合理高效利用。最后，大力推动沿江非法码头整治，积极完善港口码头环境基础设施，加强船舶污染防治，推进建立健全港口污染防治长效机制；四川积极创建“绿色港口”，完成长江主要支流380座非法码头整治。积极提升港口船舶新能源、清洁能源使用率，截至2020年，累计沿江港口岸电设施覆盖泊位4700个，岸电使用量较2019年提升了一倍。

三　长江经济带生态发展评价

长江经济带各省市始终坚持以“共抓大保护、不搞大开发”为导向，积极推进绿色生态、绿色生产、绿色生活协同发展，长江经济带生态发展水平不断提升。本部分通过构建长江经济带绿色发展指数指标体系，对长江经济带九省二市2019年度的生态发展水平进行评价，分析长江经济带生态发展特征，反映长江经济带生态发展水平，为长江经济带下一阶段的生态绿色发展政策制定提供依据。

（一）评价方法

长江经济带绿色发展指数指标体系包括3个一级指标、7个二级指标、

21个三级指标，采用层次分析法和专家打分法确立各级指标权重，并通过极差标准化进行数据预处理（指标体系及权重方案详见“B.4 长江经济带绿色发展指数报告（2021）”附表1）。相关指标资料来源包括：2020年中国统计年鉴、中国城市建设统计年鉴、中国环境统计年鉴、全国科技经费投入统计公报、各省市统计年鉴，以及土地调查、中国环境监测总站等各级政府及相关部门公开数据。

表8　2019年长江经济带省级绿色发展指数得分及排名

项目	上海	江苏	浙江	安徽	江西	湖北	湖南	重庆	四川	贵州	云南
绿色发展	62.70 (2)	50.44 (8)	62.85 (1)	49.96 (10)	54.58 (4)	53.61 (6)	53.99 (5)	56.22 (3)	50.11 (9)	53.19 (7)	44.24 (11)
绿色生态	36.54 (9)	22.95 (11)	65.20 (3)	34.54 (10)	63.91 (4)	42.99 (7)	56.82 (5)	41.38 (8)	53.39 (6)	76.31 (1)	72.63 (2)
自然禀赋	1.58 (11)	19.11 (10)	62.05 (6)	46.79 (9)	89.40 (1)	60.33 (8)	75.95 (5)	61.44 (7)	76.81 (4)	81.77 (3)	89.31 (2)
环境质量	59.84 (4)	25.51 (11)	67.30 (2)	26.38 (10)	46.92 (5)	31.44 (8)	44.06 (6)	28.01 (9)	37.78 (7)	72.68 (1)	61.52 (3)
绿色生产	96.15 (1)	55.83 (2)	53.01 (5)	43.68 (8)	33.65 (9)	55.80 (3)	45.31 (7)	54.52 (4)	46.20 (6)	31.59 (10)	19.18 (11)
节能减排	92.30 (1)	56.40 (8)	56.60 (7)	57.46 (6)	50.01 (9)	76.82 (3)	71.17 (4)	70.66 (5)	77.04 (2)	49.42 (10)	29.81 (11)
绿色科技	100.00 (1)	55.26 (2)	49.43 (3)	29.90 (6)	17.29 (8)	34.78 (5)	19.46 (7)	38.37 (4)	15.37 (9)	13.76 (10)	8.56 (11)
绿色生活	44.27 (11)	70.74 (5)	73.62 (2)	73.76 (1)	73.15 (4)	61.31 (7)	62.74 (6)	73.34 (3)	52.05 (9)	58.87 (8)	49.26 (10)
污染治理	80.66 (2)	54.91 (10)	81.22 (1)	70.29 (5)	54.91 (9)	78.89 (3)	72.29 (4)	62.80 (7)	31.29 (11)	64.23 (6)	57.22 (8)
城市绿化	0.00 (11)	77.23 (3)	60.17 (7)	72.29 (4)	86.81 (1)	32.23 (10)	44.78 (8)	78.59 (2)	62.39 (6)	63.38 (5)	36.58 (9)
环境压力	60.00 (9)	89.41 (1)	85.33 (2)	83.63 (5)	82.35 (6)	84.31 (3)	79.53 (7)	83.90 (4)	72.91 (8)	39.11 (11)	58.68 (10)

注：括号中的数字为九省二市在该领域的得分排名。

表 9　2019 年长江经济带东中西三大区域绿色发展指数得分及排名

项目	东部地区		中部地区		西部地区	
	得分	排名	得分	排名	得分	排名
绿色发展	56.49	1	54.06	2	50.94	3
绿色生态	39.81	3	54.57	2	60.93	1
自然禀赋	32.38	3	75.22	2	77.33	1
环境质量	44.76	2	40.81	3	49.99	1
绿色生产	62.17	1	44.92	2	37.87	3
节能减排	65.69	2	66.00	1	56.73	3
绿色科技	58.65	1	23.84	2	19.02	3
绿色生活	65.60	2	65.73	1	58.38	3
污染治理	71.77	1	68.70	2	53.89	3
城市绿化	52.42	3	54.61	2	60.23	1
环境压力	79.60	2	82.06	1	63.65	3

注：东部地区包括上海、江苏、浙江、安徽四省市，中部地区包括江西、湖北、湖南三省，西部地区包括重庆、四川、贵州、云南四省市。

（二）评价结果

2019 年，长江经济带各省市及东中西部三大区域绿色发展指数各级指标测算结果及排名如表 8、表 9 所示，总体呈现如下特征。

1. 分区域评价结果

从区域划分来看，长江经济带各省市绿色发展综合水平区际差距逐渐缩小，东中西区域间梯次布局逐渐弱化，区域内部排名呈现分化，东部区域领先优势减弱。

第一，从东中西三大区域的绿色发展综合得分来看，长江经济带东部绿色发展水平依然最高，中部、西部位列其后，但是区域间得分差距已经显著缩小。2018 年度三大区域综合得分分别为 57.65、51.05 和 45.41，东部区域与中部区域、西部区域的得分差值分别为 6.60 和 12.24；2019 年度三大区域综合得分分别为 56.49、54.06 和 50.94，东部区域与中部区域、西部区域的得分差值分别缩小到 2.43 和 5.55。

第二，长江经济带各省市绿色发展综合得分差距整体缩小，浙江绿色发展综合指数首次超越上海，排名第一位。2018 年度各省市综合水平的变异系数为 14.4%，而 2019 年度该数据降至 9.7%。其中，浙江是九省二市中各领域得分排名较为均衡的地区，2019 年度生态、生产、生活三大领域排名分别为第 3、第 5 和第 2 位，没有显著短板；而上海虽然继续保持着在绿色生产领域的优势地位，但绿色生活领域排名进一步下降，从第 8 位退后至第 11 位，导致整体优势减弱，被浙江赶超。

第三，长江经济带各省市发展速度具有差异，三大区域内部均出现相对优势地区和劣势地区。绿色发展综合得分排名第 2 至第 4 位的省市分别为上海、重庆、江西，分布广泛；得分排名后三位的省市为云南、安徽、四川，区域布局同样较为分散。2019 年度东部、中部、西部区域绿色发展水平整体提升较快的代表省市分别为浙江（排名上升 1 个位次）、江西（排名上升 2 个位次）和贵州（排名上升 3 个位次）。

2. 分领域评价结果

从领域划分来看，长江经济带东中西部在绿色生态、绿色生产、绿色生活领域的优势各异，各领域区域差异总体呈缩小趋势，绿色科技仍然是区域间差异最大的领域。

第一，在绿色生态领域，西部地区的贵州、云南具有整体优势。总体而言，西部区域绿色生态指数得分高于中、东部地区，在自然禀赋、环境质量两个细分领域得分均位居榜首。从省市层面来看，贵州、云南的绿色生态指数仍然在九省二市中排名前两位，均超过 70 分，属于第一梯队。浙江、江西分别居第 3、第 4 位，且 2019 年度该领域的排名均有所提升，属于第二梯队。同属西部区域的四川和重庆在绿色生态领域并不具有比较优势，仅分别居第 6 位、第 8 位，尤其是大气环境和水环境质量提升空间较大。从细分领域来看，自然禀赋方面得分最高的地区依次为江西、云南和贵州；环境质量方面得分最高的地区依次为贵州、浙江和云南。虽然西部区域在绿色生态领域各评价指标中整体较为优异，但是土壤侵蚀度严重，对生态环境质量产生较大影响。

第二，在绿色生产领域，东部地区以上海为引领，具有较大优势。总体而言，东部区域绿色生产指数得分显著高于中、西部地区，在绿色科技方面得分遥遥领先，在节能减排方面排名第二位。从省市层面来看，上海的绿色生产指数在九省二市中排名首位，得分超过90，远高于其他省市；江苏、湖北、重庆、浙江分别居第2至第5位，得分均为55左右，同属第二梯队；东部区域的安徽在绿色生产领域排名靠后，仅居第8位。从细分领域来看，节能减排方面得分最高的地区依次为上海、四川和湖北；绿色科技方面得分最高的地区依次为上海、江苏和浙江。相对而言，东部地区在绿色生产领域单位工业增加值用水量、资源集约利用水平有待继续提高。

第三，在绿色生活领域，东中西三大区域发展水平相对接近，中东部地区得分稍高于西部地区。总体而言，污染治理方面得分最高的是东部地区，城市绿化方面得分最高的是西部地区，环境压力方面得分最高的是中部地区，各地区优势各异。从省市层面来看，绿色生活指数排名居前的地区为安徽、浙江、重庆、江西，四省市同属第一梯队，得分相近；湖南、湖北分别排名第6、第7位，水平居于中游，在污染治理方面表现较好，而城市绿化水平有待提高；上海市得分排名末位，虽然污染治理水平相对较高，但是在建成区绿化覆盖率、人均公园绿地面积、人口密度等方面与其他省市存在较大差距，绿色宜居程度存在提升空间。从细分领域来看，污染治理方面得分最高的地区依次为浙江、上海、湖北；城市绿化方面得分最高的地区依次为江西、重庆、江苏；环境压力方面得分最高的地区依次为江苏、浙江、湖北。

第四，长江经济带绿色发展各领域水平总体趋于均衡，绿色生活领域的区域差异最小，绿色生产领域的区域差异相对较大。具体而言，九省二市2019年度绿色生态、绿色生产、绿色生活指数的变异系数分别为31.7%、38.4%、16.4%，除了绿色生态指数的变异系数较上一年度略有提高（增加1个百分点）外，绿色生活和绿色生产指数的变异系数均出现较大降幅。从细分领域来看，省际差异最大的领域是绿色科技，变异系数高达72.5%，远高于其他领域。变异系数降低幅度最大的领域是污染治理，2019年度变异系数仅为21.9%，比上年度降低12.5个百分点。从具体评价指标来看，变异系数最高的三个指标依次为人均GDP、土壤侵蚀度、$PM_{2.5}$年均浓度，对应变异系数分别为108.2%、77.9%、75.7%；变异系数最低的三个指标分别为人口密度、生活垃圾无害化处理率、农田与水域面积占比，对应数值分别为32.1%、33.1%、35.5%。上一年度变异系数最高的指标为人均环保经费投入，2019年该指标变异系数排名降至第4位，同时污染治理领域下的各指标变异系数均相对较低，这在一定程度上表明各地在区域经济基础和自然禀赋差异、政府的环保投入力度和规制水平等方面趋于相似，绿色发展的区域共识日益深化，这也是长江经济带区域绿色发展均衡程度不断提高的重要基础之一。

四　提升长江经济带生态发展水平的对策建议

长江经济带各省市绿色发展综合水平和均衡程度不断提高，绿色发展的区域共识逐步深化。2020年11月，习近平总书记主持召开深入推动长江经济带发展座谈会，在总结长江经济带绿色发展成就的基础上，明确提出长江经济带是我国生态优先绿色发展主战场，要成为引领我国经济高质量发展的主力军。为此，下一阶段长江经济带需要继续坚持生态优先、绿色发展理念，不断完善生态共保机制体制，更加注重生态创新引领绿色发展，以科技赋能区域率先实现“双碳”目标。

（一）完善生态共保机制，实现高标准保护

首先，完善流域生态共保的组织协调体系。强化推动长江经济带发展领导小组职能，贯彻深化中央统筹、省负总责、市县抓落实的管理体制。九省二市聚焦重大跨界环境问题、重大工程项目、重大发展事项，成立专题工作临时协调小组，形成有效沟通协商机制，加强跨区域、跨部门协作。围绕《长江保护法》及其实施意见，推进长江流域治理法治化，形成跨区域水利联合执法机制，形成流域山水林田湖草综合治理体系。

其次，建立健全生态补偿机制。以《支持长江全流域建立横向生态保护补偿机制的实施方案》为引领，发挥中央财政资金杠杆作用，落实地方配套资金，建立生态补偿项目专项基金，规范生态补偿 PPP 项目，形成财政资金与绿色金融互相补充的生态补偿融资机制。联合生态环境、水利、林草等部门，推进生态资产确权登记，制定统一的生态产品核算方法体系和技术规范，规范自然资源使用和环境质量监测体系。探索制定生态补偿机制法规条例，对生态补偿利益相关者的权力与责任、补偿标准与方式等内容进行规范，为生态补偿的执行形成长效保障。丰富生态补偿内涵，探索形成生态系统和经济系统相结合的补偿单元，采取对口帮扶、环保技术交流与人员培训、绿色产业扶持等多元化补偿形式，助力绿色发展和共同富裕。

最后，深化环保督查评估和绩效考核。继续完善中央、省市两级生态环境保护督察机制，适当拓展督察范围，建立环保督察整改长期跟踪机制，规范整改方式方法。畅通环保信访渠道。建立科学完善的环保绩效考核评估机制，重点严格执行区域碳减排考核目标任务，压实环保责任，对于环保考核不达标的责任干部予以问责查处。增加专题培训，帮助领导干部提升生态文明和绿色发展的思想觉悟和业务水平。

（二）科技赋能生态建设，实现高质量发展

首先，完善生态环境监测和预警体系。规划提升生态环境综合监测点位布局，增加优化监测点位数量，全面覆盖大气、水源（含地表水与地下水）、土壤、噪声、辐射等环境要素，加强工业点源、农业面源污染等各种污染源监测管理。以长江经济带水质监测质控和应急平台、长江流域水质监测中心为基础，扩展形成长江经济带生态环境综合数据平台，加强跨省、跨部门的数据信息资源共享，并制定数据报送、发布和使用规范。提高环境监测系统精度和风险预警水平，推动大数据、物联网、人工智能等信息技术在监测监控领域的深入应用。鼓励在学校、医院、社区、村庄、园区等处设立典型应用场景，实施高标准、高质量的环境健康监测系统，提高环境监测的市场应用度，提高居民对绿色生活的可知可感度。

其次，建立健全能源资源监测管理体系。提升自然资源监测技术，推进测绘地理信息领域信息化建设，加快国土资源基础数据建设，重点推进水资源分配管理和农村土地流转信息管理，形成山水林田湖草资源综合管理系统。大力支持智慧能源发展，建立基于互联网的区域能源监测大数据平台，长江经济带各地市应率先实现重点用能单位、机关办公建筑和公共建筑能耗监测系统全覆盖，倡导推进住宅节能和家居能源管理。将各地“双碳”规划与区域能耗管理平台相衔接，实现过程管理与实时评估反馈机制，确保“双碳”目标如期实现。

最后，大力发展节能减排技术创新。建立长江经济带绿色环保技术需求清单，引导绿色技术创新方向，积聚力量加强新能源、新材料以及碳融合等关键技术攻关。发挥下游区域科技、人才优势，支持各地环保科技资源共享。推进绿色技术银行建设，加快构建市场导向的绿色技术创新体系，做实做大绿色技术信息平台、转移转化平台和金融服务平台，不断完善绿色技术创新及成果转移转化服务网络。激发企业绿色创新积极性，开展绿色技术创新企业认定，支持企业创建绿色企业技术中心。

（三）多元参与环境保护，实现高水平治理

首先，扩大市场和社会组织的环保参与渠道。扶持静脉产业发展，鼓励产业园区进行循环化改造，开展环境污染第三方治理，为“无废城市”建设提供支撑。培育绿色消费市场，规范完善绿色产品认证制度，以需求拉动企业绿色化转型。鼓励企业和科研机构合作开展生态产品价值转换的实践与理论研究，畅通“绿水青山就是金山银山”的发展路径。鼓励环保社会组织发展，提高环保社会组织专业化水平，充分发挥其在环保监督、测评、宣传、交流等方面的作用。

其次，鼓励社会公众参与生态建设和监督。严格执行生态环境公报和资源公报制度，倡导并逐步规范企业社会责任报告制度，加大政府和企业环保信息公开力度，鼓励公众舆论监督区域环境建设。规范环保听证会制度，畅通公众参与环境决策的渠道。发挥群团组织在基层治理中的重要作用，鼓励

群团组织开展多种形式的生态环保倡议和主题活动。加强学校环保教育，帮助青少年儿童形成生态文明价值观，加大宣传引导力度，落实垃圾分类、绿色出行等理念，促进公众向绿色低碳生活方式和消费模式转型。

参考文献

《长江流域19省份完成“十三五”水环境质量指标》，http：//www. legaldaily. com. cn/government/content/2021－06/11/content_ 8526030. htm，2021年6月11日。

蔺秋生、董耀华：《长江水沙变化模式初探》，《人民长江》2008年第5期。

郭滕达、赵淑芳：《绿色技术银行：来自中国的探索》，《中国人口·资源与环境》2019年第12期。

《长江黄河对话互鉴高质量发展》，《经济参考报》2021年2月1日。

黄润秋：《国务院关于长江流域生态环境保护工作情况的报告》，http：//www. npc. gov. cn/npc/c30834/202106/459bf9e588354a669c9742fec4b29057. shtml，2021年6月7日。

《生态环境部：长江经济带“清废行动”已清理各类固体废物5676.1万吨　新增复绿面积99.4万平方米》，http：//env. people. com. cn/n1/2021/0712/c1010－32155559. html，2021年7月12日。

文传浩、林彩云：《长江经济带生态大保护政策：演变、特征与战略探索》，《河北经贸大学学报》2021年第5期。

吴晓华、王继源：《完整准确全面理解〈长江保护法〉推动长江经济带绿色高质量发展》，https：//www. ndrc. gov. cn/xxgk/jd/wsdwhfz/202104/t20210406_ 1271770_ ext. html，2021年4月6日。

《习近平主持召开全面推动长江经济带发展座谈会并发表重要讲话》，http：//www. gov. cn/xinwen/2020－11/15/content_ 5561711. htm，2020年11月15日。

指 数 篇

Index Reports

B.4
长江经济带绿色发展指数报告（2021）

海骏娇*

摘　要：本报告沿用上一年度长江经济带绿色发展指数指标评价体系框架，从绿色生态、绿色生产、绿色生活三个领域，对长江经济带126个地级及以上行政区2019年度的绿色发展水平进行了系统评价。通过对绿色发展综合指数和三大领域发展指数的测算和排名，在城市、城市群两个尺度上全面刻画了长江经济带绿色发展水平和空间格局。同时，对综合指数排前20位的领军城市发展情况进行了分类和重点介绍。

关键词：绿色发展　指标体系　长江经济带

* 海骏娇，上海社会科学院信息研究所长江经济带研究室助理研究员，主要研究方向为区域协调可持续发展。

长江经济带绿色高质量发展是社会主义生态文明建设的样板工程，需要沿江省份共谋共建，实现高水平生态、高质量生产、高品质生活的共兴共融。本报告通过构建长江经济带绿色发展指数指标体系，对长江经济带各城市的绿色发展进程进行年度评价和追踪。长江经济带绿色发展指数指标体系包括 3 个一级指标、7 个二级指标、21 个三级指标，具体指标框架及权重见附录。

一　长江经济带126个城市绿色发展综合指数

绿色发展综合指数包括绿色生态、绿色生产、绿色生活 3 个领域，2019 年度长江经济带城市绿色发展综合指数测算结果及排名如表 1 所示，东部区域存在一定的发展优势。在 126 个城市中，排名前 20 位的城市分别为：黄山、湖州、丽水、杭州、南通、吉安、扬州、恩施州、无锡、宁波、丽江、台州、鹰潭、景德镇、萍乡、长沙、绵阳、南京、株洲、合肥。在这些城市中，东部区域有 11 个城市入围，比上年度减少 4 个，包括江苏 4 个、浙江 5 个、安徽 2 个；中部区域有 7 个城市入围，比上年度增加 2 个，江西 4 个、湖南 2 个、湖北 1 个；西部区域新增 2 个城市入围，云南、四川各 1 个。

长江经济带各城市绿色发展综合指数得分总体差距不大，2019 年度变异系数为 9.33%，与上一年度基本持平。黄山市排名第一，综合得分为 68.40。得分 65 以上的城市有 4 个，均位于长三角区域。得分位于60～65 的城市有 33 个，比上年增加 12 个，东部城市占半数以上。得分位于 55～60 的城市有 40 个，东部、中部、西部城市数量基本持平，中部城市相对较多。得分位于 50～55 的城市有 36 个，多数西部城市位于该得分区间。得分 50 以下的城市有 13 个，集中在长江上游（见图 1）。

从城市群尺度来看，长江经济带上游成渝城市群、中游城市群、下游长

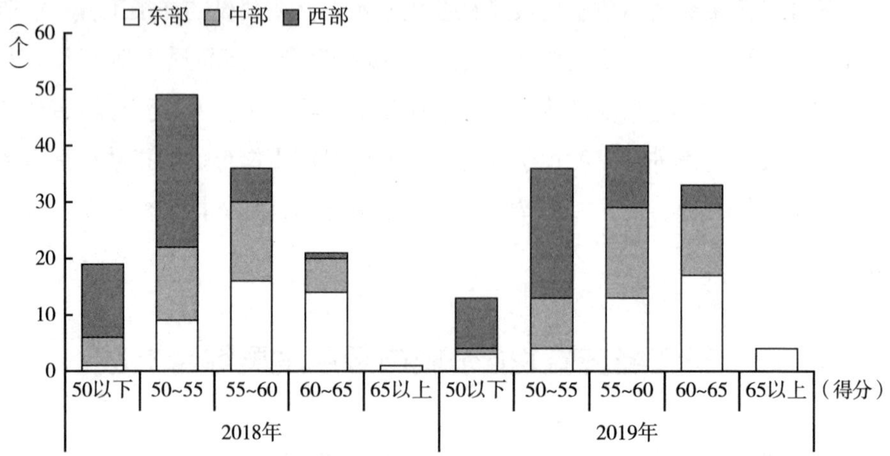

图1 2018年和2019年长江经济带绿色发展综合指数得分分布

三角城市群①的绿色发展综合指数平均得分依次递增。长三角城市群平均得分达到61.09，城市群内部得分变异系数为5.6%，在三大城市群中，区域绿色发展水平整体最高，区域内部差异最小。其中，综合得分最高的城市为安徽省黄山市，得分较低的城市为安徽省宿州市。长江中游城市群平均得分为57.89，城市群内部得分变异系数为7.1%，相较而言，区域绿色发展水平居中，内部差异相对较大；其中，综合得分最高的城市为江西省吉安市，得分较低的城市为湖北省黄冈市。成渝城市群平均得分为54.19，城市群内部得分变异系数为6.1%，相较而言，区域绿色发展水平相对较低；其中，综合得分最高的城市为云南省丽江市，得分较低的城市为云南省德宏州。

① 考虑数据的可得性，长三角城市群的统计范围为上海市，江苏省南京市、无锡市、常州市、苏州市、南通市、扬州市、镇江市、盐城市、泰州市，浙江省杭州市、宁波市、温州市、湖州市、嘉兴市、绍兴市、金华市、舟山市、台州市，安徽省合肥市、芜湖市、马鞍山市、铜陵市、安庆市、滁州市、池州市、宣城市全域；长江中游城市群统计范围为湖北省武汉市、黄石市、鄂州市、黄冈市、孝感市、咸宁市、襄阳市、宜昌市、荆州市、荆门市，湖南省长沙市、株洲市、湘潭市、岳阳市、益阳市、常德市、衡阳市、娄底市，江西省南昌市、九江市、景德镇市、鹰潭市、新余市、宜春市、萍乡市、上饶市、抚州市、吉安市全域；成渝城市群统计范围为重庆市，四川省成都市、自贡市、泸州市、德阳市、绵阳市、遂宁市、内江市、乐山市、南充市、眉山市、宜宾市、广安市、达州市、雅安市、资阳市全域。

表1　2019年长江经济带城市绿色发展综合指数得分及排名

排序	城市	得分	排序	城市	得分	排序	城市	得分
1	黄山（安徽）	68.40	35	滁州（安徽）	60.38	69	岳阳（湖南）	55.84
2	湖州（浙江）	67.62	36	黔南州（贵州）	60.32	70	德阳（四川）	55.78
3	丽水（浙江）	66.52	37	宜春（江西）	60.20	71	雅安（四川）	55.62
4	杭州（浙江）	65.53	38	盐城（江苏）	59.78	72	连云港（江苏）	55.54
5	南通（江苏）	64.84	39	新余（江西）	59.75	73	淮安（江苏）	55.35
6	吉安（江西）	64.75	40	镇江（江苏）	59.68	74	贵阳（贵州）	55.34
7	扬州（江苏）	64.62	41	永州（湖南）	59.64	75	宜宾（四川）	55.29
8	恩施州（湖北）	64.13	42	阿坝州（四川）	59.17	76	楚雄州（云南）	55.05
9	无锡（江苏）	63.93	43	温州（浙江）	59.17	77	亳州（安徽）	55.02
10	宁波（浙江）	63.68	44	咸宁（湖北）	58.91	78	大理州（云南）	54.78
11	丽江（云南）	63.47	45	宣城（安徽）	58.83	79	遂宁（四川）	54.73
12	台州（浙江）	63.37	46	常德（湖南）	58.65	80	宿迁（江苏）	54.51
13	鹰潭（江西）	63.32	47	玉溪（云南）	58.58	81	安顺（贵州）	54.49
14	景德镇（江西）	63.30	48	南昌（江西）	58.58	82	张家界（湖南）	54.46
15	萍乡（江西）	63.20	49	九江（江西）	58.55	83	泸州（四川）	54.43
16	长沙（湖南）	63.10	50	上饶（江西）	58.36	84	阜阳（安徽）	54.40
17	绵阳（四川）	62.95	51	金华（浙江）	58.33	85	昆明（云南）	54.36
18	南京（江苏）	62.92	52	绍兴（浙江）	58.27	86	湘西州（湖南）	54.31
19	株洲（湖南）	62.45	53	郴州（湖南）	57.83	87	巴中（四川）	54.24
20	合肥（安徽）	62.43	54	湘潭（湖南）	57.60	88	乐山（四川）	54.09
21	衢州（浙江）	62.28	55	邵阳（湖南）	57.59	89	资阳（四川）	54.06
22	苏州（江苏）	62.11	56	怀化（湖南）	57.33	90	黄石（湖北）	53.75
23	芜湖（安徽）	62.04	57	成都（四川）	57.32	91	荆门（湖北）	53.54
24	舟山（浙江）	61.88	58	襄阳（湖北）	57.29	92	保山（云南）	53.19
25	泰州（江苏）	61.83	59	益阳（湖南）	56.91	93	临沧（云南）	53.18
26	上海	61.52	60	广元（四川）	56.79	94	广安（四川）	53.02
27	嘉兴（浙江）	61.47	61	重庆	56.59	95	普洱（云南）	52.83
28	池州（安徽）	61.45	62	宜昌（湖北）	56.56	96	衡阳（湖南）	52.72
29	抚州（江西）	61.38	63	安庆（安徽）	56.49	97	随州（湖北）	52.59
30	常州（江苏）	61.04	64	鄂州（湖北）	56.45	98	荆州（湖北）	52.55
31	武汉（湖北）	60.73	65	马鞍山（安徽）	56.27	99	娄底（湖南）	52.42
32	赣州（江西）	60.71	66	六安（安徽）	56.04	100	眉山（四川）	52.31
33	十堰（湖北）	60.59	67	甘孜州（四川）	55.97	101	黔东南州（贵州）	52.28
34	遵义（贵州）	60.45	68	蚌埠（安徽）	55.85	102	黔西南州（贵州）	52.10

续表

排序	城市	得分	排序	城市	得分	排序	城市	得分
103	迪庆州(云南)	51.94	111	达州(四川)	50.83	119	黄冈(湖北)	48.31
104	孝感(湖北)	51.79	112	西双版纳州(云南)	50.58	120	内江(四川)	48.01
105	红河州(云南)	51.79	113	淮北(安徽)	50.41	121	凉山州(四川)	47.92
106	徐州(江苏)	51.75	114	铜陵(安徽)	49.96	122	六盘水(贵州)	47.68
107	铜仁(贵州)	51.51	115	淮南(安徽)	49.10	123	昭通(云南)	45.75
108	曲靖(云南)	51.12	116	宿州(安徽)	49.07	124	怒江州(云南)	45.63
109	自贡(四川)	51.12	117	文山州(云南)	48.84	125	攀枝花(四川)	41.80
110	南充(四川)	50.94	118	毕节(贵州)	48.65	126	德宏州(云南)	41.58

资料来源：《中国城市统计年鉴 2020》《中国城市建设统计年鉴 2020》，各省市 2020 年统计年鉴，国家、地方政府开放数据。

表 2　2018 年和 2019 年长江经济带三大城市群绿色发展综合指数得分及变异系数

项目	长三角城市群		长江中游城市群		成渝城市群	
	2018 年	2019 年	2018 年	2019 年	2018 年	2019 年
平均得分	59.90	61.09	55.09	57.89	52.61	54.19
变异系数(%)	5.1	5.6	7.9	7.1	6.4	6.1

资料来源：根据计算结果整理。

二　长江经济带126个城市绿色发展分项指数

（一）绿色生态指数得分及城市排名

绿色生态领域包括自然禀赋和环境质量两个二级指标，2019 年长江经济带城市绿色生态指数测算结果及排名如表 3 所示，西部区域具有总体优势。在 126 个城市中，排名前 20 位的城市分别为：丽水、迪庆州、黄山、怒江州、黔东南州、黔南州、甘孜州、普洱、丽江、恩施州、永州、文山州、阿坝州、吉安、德宏州、景德镇、雅安、大理州、邵阳、衢州。其中，黔南州、恩施州、文山州、吉安、德宏州、邵阳、衢州等 7 个州市首次进入前 20 位。从分布区域来看，东部区域有 3 个城市入围，位于浙江和安徽；

中部区域有5个城市入围，江西、湖南各2个，湖北1个；西部区域有12个城市入围，云南7个、四川3个、贵州2个。上海、重庆以及江苏的城市没有进入前二十。

从二级指标来看，自然禀赋方面得分与上年相比变动不大，分数最高的城市依然为甘孜州、怒江州和阿坝州；环境质量方面得分最高的城市分别为丽水、黄山和黔南州，丽水市以优异的环境质量保持第一位，黄山市和黔南州由于水质改善，排名均大幅提升。

表3　2019年长江经济带城市绿色生态指数得分及排名

城市	一级指标		二级指标			
	绿色生态		自然禀赋		环境质量	
	排序	得分	排序	得分	排序	得分
丽水(浙江)	1	71.39	6	59.47	1	79.34
迪庆州(云南)	2	67.49	4	67.50	7	67.48
黄山(安徽)	3	66.53	9	55.06	2	74.18
怒江州(云南)	4	65.49	2	69.86	18	62.58
黔东南州(贵州)	5	63.35	17	52.24	4	70.75
黔南州(贵州)	6	62.45	41	45.24	3	73.92
甘孜州(四川)	7	62.24	1	70.59	31	56.67
普洱(云南)	8	62.13	5	61.24	16	62.73
丽江(云南)	9	61.91	15	52.76	6	68.01
恩施州(湖北)	10	58.83	10	54.74	20	61.55
永州(湖南)	11	58.46	34	47.40	9	65.83
文山州(云南)	12	57.83	21	50.70	17	62.59
阿坝州(四川)	13	57.80	3	69.09	62	50.27
吉安(江西)	14	57.62	16	52.65	22	60.94
德宏州(云南)	15	56.61	8	56.93	34	56.40
景德镇(江西)	16	56.42	33	47.40	19	62.43
雅安(四川)	17	55.37	7	58.79	52	53.09
大理州(云南)	18	54.77	29	48.25	26	59.11
邵阳(湖南)	19	54.76	42	45.00	21	61.26
衢州(浙江)	20	54.09	36	47.00	27	58.82
保山(云南)	21	53.80	23	49.83	33	56.45
楚雄州(云南)	22	53.58	30	48.24	28	57.13

续表

城市	一级指标		二级指标			
	绿色生态		自然禀赋		环境质量	
	排序	得分	排序	得分	排序	得分
黔西南州(贵州)	23	53.48	24	49.14	35	56.37
怀化(湖南)	24	53.33	12	53.47	51	53.23
攀枝花(四川)	25	52.82	35	47.08	32	56.65
遵义(贵州)	26	52.60	38	46.03	29	56.98
张家界(湖南)	27	52.00	11	54.24	60	50.50
郴州(湖南)	28	51.56	27	48.95	50	53.30
金华(浙江)	29	51.41	61	38.76	24	59.84
湘西州(湖南)	30	51.02	20	51.22	58	50.89
湖州(浙江)	31	50.83	85	30.20	11	64.59
台州(浙江)	32	50.56	68	36.73	25	59.78
临沧(云南)	33	50.54	19	51.52	65	49.90
萍乡(江西)	34	50.28	53	42.23	39	55.65
广元(四川)	35	50.00	13	53.40	79	47.73
曲靖(云南)	36	49.50	55	40.90	42	55.23
宁波(浙江)	37	49.49	92	26.87	12	64.56
西双版纳州(云南)	38	49.32	25	49.10	67	49.47
温州(浙江)	39	49.16	63	38.37	36	56.35
杭州(浙江)	40	48.98	59	39.82	44	55.09
赣州(江西)	41	48.91	18	51.60	81	47.12
凉山州(四川)	42	48.70	37	46.72	64	50.02
池州(安徽)	43	48.61	26	48.99	73	48.35
宜春(江西)	44	48.58	45	44.45	57	51.32
新余(江西)	45	48.53	60	39.16	47	54.78
舟山(浙江)	46	48.39	101	20.41	8	67.05
巴中(四川)	47	48.13	28	48.52	78	47.87
抚州(江西)	48	47.90	22	50.66	86	46.06
宣城(安徽)	49	47.73	40	45.41	68	49.27
红河州(云南)	50	47.45	46	44.39	66	49.49
安顺(贵州)	51	47.35	76	34.80	38	55.71
绍兴(浙江)	52	46.69	82	32.49	37	56.15
昭通(云南)	53	46.42	64	38.16	55	51.92
昆明(云南)	54	46.11	80	33.18	48	54.72
株洲(湖南)	55	45.88	51	42.69	76	48.00

续表

城市	一级指标		二级指标			
	绿色生态		自然禀赋		环境质量	
	排序	得分	排序	得分	排序	得分
铜仁(贵州)	56	45.75	47	43.56	80	47.20
贵阳(贵州)	57	45.62	84	31.17	41	55.26
盐城(江苏)	58	45.42	110	17.26	13	64.19
十堰(湖北)	59	45.17	14	52.77	107	40.11
咸宁(湖北)	60	44.83	52	42.37	85	46.47
玉溪(云南)	61	44.66	43	44.89	91	44.51
嘉兴(浙江)	62	44.56	123	7.91	5	68.99
毕节(贵州)	63	44.22	65	38.16	74	48.27
上饶(江西)	64	44.09	44	44.85	97	43.59
六盘水(贵州)	65	44.02	78	34.10	59	50.63
娄底(湖南)	66	43.39	74	35.02	69	48.96
鹰潭(江西)	67	43.24	54	42.18	94	43.95
南通(江苏)	68	42.94	119	13.00	15	62.90
荆州(湖北)	69	42.64	96	24.24	45	54.91
益阳(湖南)	70	42.34	56	40.47	98	43.58
绵阳(四川)	71	42.08	39	45.93	108	39.50
乐山(四川)	72	41.96	32	47.69	114	38.13
马鞍山(安徽)	73	41.83	98	21.53	40	55.37
泰州(江苏)	74	41.66	117	13.47	23	60.46
岳阳(湖南)	75	41.48	71	35.73	87	45.30
安庆(安徽)	76	41.02	73	35.43	88	44.74
苏州(江苏)	77	40.63	125	5.41	14	64.11
湘潭(湖南)	78	40.59	83	31.19	82	46.86
九江(江西)	79	40.42	48	43.35	112	38.47
眉山(四川)	80	40.41	77	34.52	92	44.33
长沙(湖南)	81	40.34	79	33.77	89	44.72
芜湖(安徽)	82	40.20	100	20.46	49	53.36
上海	83	40.10	126	2.13	10	65.41
六安(安徽)	84	40.09	69	36.66	102	42.38
达州(四川)	85	40.01	50	42.78	113	38.16
衡阳(湖南)	86	39.91	75	34.83	100	43.30
荆门(湖北)	87	39.60	67	37.29	104	41.14
重庆	88	39.57	66	38.07	106	40.57

续表

城市	一级指标		二级指标			
	绿色生态		自然禀赋		环境质量	
	排序	得分	排序	得分	排序	得分
南昌(江西)	89	39.43	102	20.18	54	52.27
铜陵(安徽)	90	39.37	97	22.89	61	50.36
随州(湖北)	91	39.22	49	42.78	117	36.84
泸州(四川)	92	39.08	62	38.75	109	39.30
宜昌(湖北)	93	39.03	31	47.81	121	33.18
合肥(安徽)	94	38.97	106	18.75	53	52.45
扬州(江苏)	95	38.59	114	14.11	45	54.91
亳州(安徽)	96	38.52	104	18.77	56	51.70
滁州(安徽)	97	38.29	86	28.92	90	44.54
南京(江苏)	98	38.29	121	10.54	30	56.79
孝感(湖北)	99	37.89	94	24.72	84	46.68
常德(湖南)	100	37.83	70	36.65	111	38.62
遂宁(四川)	101	37.38	88	27.80	96	43.77
广安(四川)	102	37.25	91	27.32	95	43.88
蚌埠(安徽)	103	37.02	103	20.00	72	48.36
黄冈(湖北)	104	36.94	72	35.49	115	37.90
资阳(四川)	105	36.82	89	27.75	101	42.86
黄石(湖北)	106	36.49	87	28.84	103	41.59
宜宾(四川)	107	36.44	58	39.95	120	34.10
无锡(江苏)	108	35.57	124	6.14	43	55.19
鄂州(湖北)	109	35.53	111	16.93	77	47.92
阜阳(安徽)	110	35.43	112	15.27	70	48.88
淮安(江苏)	111	35.35	108	18.17	83	46.81
南充(四川)	112	35.29	81	32.73	116	36.99
襄阳(湖北)	113	35.04	57	40.11	123	31.67
镇江(江苏)	114	34.84	120	11.87	63	50.16
武汉(湖北)	115	34.52	115	14.07	75	48.15
淮南(安徽)	116	34.01	105	18.77	93	44.17
内江(四川)	117	33.30	95	24.67	110	39.05
宿迁(江苏)	118	33.25	109	18.10	99	43.35
常州(江苏)	119	33.01	122	9.58	71	48.64
德阳(四川)	120	32.84	90	27.65	118	36.30
连云港(江苏)	121	30.49	113	14.53	105	41.12

续表

城市	一级指标		二级指标			
	绿色生态		自然禀赋		环境质量	
	排序	得分	排序	得分	排序	得分
成都(四川)	122	29.87	99	20.53	119	36.10
宿州(安徽)	123	26.98	107	18.34	122	32.74
自贡(四川)	124	26.73	93	25.38	125	27.64
淮北(安徽)	125	23.35	116	13.87	124	29.67
徐州(江苏)	126	19.03	118	13.21	126	22.90

资料来源：《中国城市统计年鉴 2020》《中国城市建设统计年鉴 2020》，各省市 2020 年统计年鉴，国家、地方政府开放数据。

从城市群尺度来看，长江中游和长三角城市群的绿色生态指数平均得分相对较高，由于该领域的西部优势城市多数不包含在成渝城市群的范围内，成渝城市群平均得分相对最低。具体而言，长三角城市群平均得分为 43.23，比上一年度增长 4.71 分，进步幅度较大，城市群内部得分变异系数为 12.2%，区域内部差异相对较小；其中，综合得分最高的城市为浙江省丽水市，得分较低的城市为江苏省徐州市。长江中游城市群平均得分为 42.53，城市群内部得分变异系数为 13.6%，相较而言，绿色生态总体水平和区域内部差异均属于中等；其中，综合得分最高的城市为湖北省恩施州，得分较低的城市为湖北省武汉市。成渝城市群平均得分为 37.77，城市群内部得分变异系数为 16.2%，城市群绿色生态水平相对较低，区域内部差异相对较大；其中，综合得分最高的城市为云南省迪庆州，得分较低的城市为四川省自贡市。

表 4　2018 年和 2019 年长江经济带三大城市群绿色生态指数得分及变异系数

项目	长三角城市群		长江中游城市群		成渝城市群	
	2018 年	2019 年	2018 年	2019 年	2018 年	2019 年
平均得分	38.52	43.23	39.38	42.53	35.68	37.77
变异系数(%)	15.0	12.2	13.0	13.6	15.7	16.2

资料来源：根据计算结果整理。

（二）绿色生产指数得分及城市排名

绿色生产领域包括节能减排和绿色科技两个二级指标，2019年长江经济带城市绿色生产指数测算结果如表5所示。在126个城市中，排名前20的城市分别为：上海、长沙、无锡、武汉、合肥、苏州、南京、绵阳、杭州、常州、扬州、芜湖、鹰潭、宁波、湖州、南通、株洲、成都、镇江、泰州。其中，株洲、成都两市首次进入前20位。从分布区域来看，东部区域有14个城市入围，包括上海1个、江苏8个、浙江3个、安徽2个；中部区域有4个城市入围，湖南2个、江西和湖北各1个；西部区域有2个城市入围，都位于四川省。重庆以及贵州、云南的城市没有进入前二十。

从二级指标来看，节能减排方面得分最高的城市分别为自贡、常德和益阳，该方面的优势城市较多位于中西部区域，四川、湖南的城市表现优异；绿色科技方面得分最高的城市分别为上海、无锡和苏州，与上一年度排名相同，该方面的优势城市多数位于东部区域。

表5　2019年长江经济带城市绿色生产指数得分及排名

城市	一级指标		二级指标			
	绿色生产		节能减排		绿色科技	
	排序	得分	排序	得分	排序	得分
上海	1	78.83	23	91.12	1	66.53
长沙(湖南)	2	74.77	10	94.25	7	55.28
无锡(江苏)	3	74.66	78	83.25	2	66.08
武汉(湖北)	4	73.27	50	87.39	5	59.15
合肥(安徽)	5	71.51	37	88.87	9	54.15
苏州(江苏)	6	71.13	90	80.59	3	61.67
南京(江苏)	7	71.07	82	82.47	4	59.68
绵阳(四川)	8	70.91	12	92.62	13	49.20
杭州(浙江)	9	70.89	53	87.27	8	54.50
常州(江苏)	10	70.37	62	85.33	6	55.40
扬州(江苏)	11	69.87	22	91.27	14	48.47
芜湖(安徽)	12	69.56	59	86.43	10	52.70
鹰潭(江西)	13	68.09	13	92.38	17	43.80

续表

城市	一级指标		二级指标			
	绿色生产		节能减排		绿色科技	
	排序	得分	排序	得分	排序	得分
宁波(浙江)	14	67.86	63	85.26	11	50.46
湖州(浙江)	15	66.63	76	83.53	12	49.73
南通(江苏)	16	65.16	30	89.65	20	40.68
株洲(湖南)	17	65.13	11	93.28	24	36.98
成都(四川)	18	64.96	9	94.58	26	35.33
镇江(江苏)	19	64.70	61	85.97	18	43.44
泰州(江苏)	20	64.47	26	90.26	23	38.68
嘉兴(浙江)	21	63.73	92	79.73	15	47.74
襄阳(湖北)	22	62.90	4	95.35	40	30.46
舟山(浙江)	23	62.40	16	91.96	32	32.84
南昌(江西)	24	62.01	15	92.00	35	32.02
宜昌(湖北)	25	61.97	69	84.75	21	39.18
阿坝州(四川)	26	61.48	45	88.01	28	34.95
德阳(四川)	27	60.39	31	89.52	38	31.27
重庆	28	60.38	51	87.34	30	33.42
十堰(湖北)	29	60.33	25	90.31	41	30.36
台州(浙江)	30	60.23	54	87.07	31	33.40
湘潭(湖南)	31	59.97	24	90.33	43	29.62
连云港(江苏)	32	59.92	41	88.45	37	31.39
萍乡(江西)	33	59.68	56	86.95	33	32.41
玉溪(云南)	34	59.40	74	83.64	27	35.17
常德(湖南)	35	58.53	2	96.00	68	21.06
益阳(湖南)	36	58.26	3	95.93	72	20.60
咸宁(湖北)	37	58.15	17	91.65	56	24.66
盐城(江苏)	38	58.08	29	89.77	48	26.38
黄山(安徽)	39	57.69	71	84.48	39	30.89
岳阳(湖南)	40	57.54	18	91.64	61	23.44
恩施州(湖北)	41	57.20	6	94.80	77	19.59
滁州(安徽)	42	56.91	40	88.72	53	25.11
丽水(浙江)	43	56.46	77	83.30	42	29.63
昆明(云南)	44	56.21	100	76.24	25	36.19
徐州(江苏)	45	56.15	52	87.33	55	24.97
鄂州(湖北)	46	56.14	66	85.00	47	27.29

续表

城市	一级指标		二级指标			
	绿色生产		节能减排		绿色科技	
	排序	得分	排序	得分	排序	得分
池州(安徽)	47	56.10	91	80.54	36	31.67
甘孜州(四川)	48	55.89	27	89.92	64	21.86
宜宾(四川)	49	55.70	28	89.89	66	21.51
遂宁(四川)	50	55.64	7	94.77	82	16.51
温州(浙江)	51	55.47	55	86.97	60	23.98
荆门(湖北)	52	55.41	68	84.84	51	25.98
马鞍山(安徽)	53	55.35	115	66.65	16	44.05
淮安(江苏)	54	55.08	64	85.10	54	25.06
黄石(湖北)	55	54.73	89	80.67	46	28.78
随州(湖北)	56	54.69	8	94.71	95	14.68
自贡(四川)	57	54.07	1	96.76	105	11.38
宣城(安徽)	58	53.96	86	82.05	52	25.88
赣州(江西)	59	53.78	57	86.55	69	21.02
吉安(江西)	60	53.67	36	89.03	78	18.32
丽江(云南)	61	53.63	106	72.38	29	34.87
九江(江西)	62	53.42	67	84.90	63	21.94
荆州(湖北)	63	53.41	38	88.80	79	18.02
蚌埠(安徽)	64	53.24	84	82.15	59	24.32
衢州(浙江)	65	52.98	120	63.13	19	42.83
景德镇(江西)	66	52.84	65	85.08	71	20.60
抚州(江西)	67	52.34	70	84.71	73	19.98
贵阳(贵州)	68	52.32	101	75.84	45	28.80
宿迁(江苏)	69	52.17	81	82.82	65	21.52
孝感(湖北)	70	52.11	43	88.20	83	16.01
黔南州(贵州)	71	52.10	75	83.60	70	20.61
永州(湖南)	72	51.96	42	88.32	86	15.60
金华(浙江)	73	51.82	97	77.35	49	26.29
遵义(贵州)	74	51.81	33	89.16	96	14.47
怀化(湖南)	75	51.74	47	87.90	88	15.58
泸州(四川)	76	51.60	49	87.47	84	15.73
六安(安徽)	77	51.38	21	91.39	106	11.37
宜春(江西)	78	51.31	80	82.89	76	19.73
安庆(安徽)	79	51.07	58	86.53	85	15.60

续表

城市	一级指标		二级指标			
	绿色生产		节能减排		绿色科技	
	排序	得分	排序	得分	排序	得分
郴州(湖南)	80	50.80	73	84.01	80	17.59
黄冈(湖北)	81	50.79	39	88.73	101	12.86
新余(江西)	82	50.36	109	71.14	44	29.57
绍兴(浙江)	83	50.35	121	61.75	22	38.94
乐山(四川)	84	49.94	102	75.24	57	24.65
资阳(四川)	85	49.91	5	94.93	126	4.89
亳州(安徽)	86	49.77	35	89.10	110	10.45
南充(四川)	87	49.33	19	91.61	121	7.04
阜阳(安徽)	88	49.18	44	88.01	112	10.34
衡阳(湖南)	89	49.12	79	83.18	91	15.07
广元(四川)	90	49.11	34	89.14	115	9.09
邵阳(湖南)	91	49.07	32	89.24	116	8.91
上饶(江西)	92	49.02	72	84.11	99	13.93
巴中(四川)	93	48.85	14	92.22	124	5.48
张家界(湖南)	94	48.70	83	82.44	92	14.97
临沧(云南)	95	48.45	85	82.09	94	14.81
达州(四川)	96	48.32	20	91.57	125	5.06
大理州(云南)	97	48.16	99	76.39	74	19.94
淮北(安徽)	98	48.10	88	80.91	90	15.29
铜仁(贵州)	99	47.88	94	79.21	81	16.54
凉山州(四川)	100	47.87	46	87.99	119	7.76
宿州(安徽)	101	47.65	48	87.60	120	7.70
广安(四川)	102	47.29	60	86.41	118	8.17
眉山(四川)	103	46.64	87	81.12	103	12.15
娄底(湖南)	104	46.34	96	77.82	93	14.86
六盘水(贵州)	105	45.93	117	65.83	50	26.03
黔西南州(贵州)	106	45.88	113	70.59	67	21.17
楚雄州(云南)	107	45.02	93	79.62	111	10.41
湘西州(湖南)	108	44.35	95	77.99	108	10.71
淮南(安徽)	109	43.38	104	74.42	102	12.34
安顺(贵州)	110	43.26	111	70.91	87	15.60
铜陵(安徽)	111	43.07	123	53.98	34	32.15
保山(云南)	112	43.04	98	76.54	113	9.53

续表

城市	一级指标		二级指标			
	绿色生产		节能减排		绿色科技	
	排序	得分	排序	得分	排序	得分
西双版纳州(云南)	113	42.81	108	71.29	97	14.32
雅安(四川)	114	42.80	118	65.73	75	19.87
内江(四川)	115	42.64	105	73.93	107	11.35
黔东南州(贵州)	116	42.48	103	74.44	109	10.53
红河州(云南)	117	41.89	112	70.67	100	13.11
毕节(贵州)	118	41.45	107	71.39	104	11.51
迪庆州(云南)	119	41.16	114	68.05	98	14.26
文山州(云南)	120	40.27	110	71.05	114	9.50
曲靖(云南)	121	37.94	122	60.36	89	15.52
普洱(云南)	122	37.22	116	65.86	117	8.58
怒江州(云南)	123	36.24	124	49.56	62	22.92
昭通(云南)	124	35.55	119	65.62	123	5.49
攀枝花(四川)	125	35.20	125	45.96	58	24.44
德宏州(云南)	126	17.48	126	28.17	122	6.78

资料来源：《中国城市统计年鉴2020》《中国城市建设统计年鉴2020》，各省市2020年统计年鉴，国家、地方政府开放数据。

从城市群尺度来看，长三角城市群的绿色生产指数平均得分高于长江中游城市群和成渝城市群，领先优势有所减弱，具体而言，长三角城市群平均得分为62.79，城市群内部得分变异系数为13.6%，区域绿色生产整体水平较高；其中，综合得分最高的城市为上海市，得分较低的城市为安徽省铜陵市。长江中游城市群平均得分为57.19，城市群内部得分变异系数为12.1%，绿色生产水平整体进步较快，且区域内部差异有所降低；其中，综合得分最高的城市为湖南省长沙市，得分较低的城市为湖南省湘西州。成渝城市群平均得分为53.16，城市群内部得分变异系数为14.3%，城市群绿色生产水平相对较低，区域内部差异相对较大；其中，综合得分最高的城市为四川省绵阳市，得分较低的城市为云南省德宏州。

表6　2018年和2019年长江经济带三大城市群绿色生产指数得分及变异系数

项目	长三角城市群		长江中游城市群		成渝城市群	
	2018年	2019年	2018年	2019年	2018年	2019年
平均得分	62.55	62.79	54.15	57.19	52.13	53.16
变异系数(%)	13.3	13.6	13.9	12.1	12.7	14.3

资料来源：作者根据计算结果整理。

（三）绿色生活指数得分及城市排名

绿色生活领域包含污染治理、城市绿化、环境压力三个主题，2019年长江经济带城市绿色生活指数测算结果及排名如表7所示，中东部城市得分相对较高，江西各地市领先优势显著。在126个城市中，排名前20位的城市分别为：滁州、抚州、吉安、南通、湖州、上饶、黄山、景德镇、宜春、扬州、九江、新余、衢州、赣州、池州、萍乡、淮北、绍兴、台州、阜阳。其中，滁州、上饶、九江、池州、阜阳等5个城市首次进入前20位。从分布区域来看，东部长三角区域11个城市入围，包括安徽5个、浙江4个、江苏2个；中部区域9个城市入围，均位于江西省。西部区域没有城市入围，排名最高的城市为贵州省遵义市，排名第21位。此外，上海以及湖北、湖南两省的城市同样没有进入前二十位。

表7　2019年长江经济带城市绿色生活指数得分及排名

城市	一级指标		二级指标					
	绿色生活		污染治理		城市绿化		环境压力	
	排序	得分	排序	得分	排序	得分	排序	得分
滁州(安徽)	1	87.10	47	92.28	3	80.32	4	90.30
抚州(江西)	2	86.89	19	96.03	6	78.07	13	86.27
吉安(江西)	3	86.63	10	97.19	14	73.83	3	91.13
南通(江苏)	4	86.32	54	91.16	5	78.25	1	92.82
湖州(浙江)	5	85.73	3	98.52	9	76.03	42	79.56
上饶(江西)	6	85.08	28	94.96	11	74.38	10	86.71
黄山(安徽)	7	84.55	25	95.23	19	70.38	2	91.53

续表

城市	一级指标		二级指标					
	绿色生活		污染治理		城市绿化		环境压力	
	排序	得分	排序	得分	排序	得分	排序	得分
景德镇(江西)	8	84.12	57	90.99	4	80.05	47	78.50
宜春(江西)	9	83.66	9	97.21	17	71.48	36	80.93
扬州(江苏)	10	83.66	67	90.11	8	76.14	14	85.81
九江(江西)	11	83.52	8	97.34	18	71.40	39	80.13
新余(江西)	12	83.51	29	94.86	1	89.35	123	49.10
衢州(浙江)	13	82.88	4	97.86	24	67.11	22	84.44
赣州(江西)	14	81.75	51	91.36	22	68.71	7	88.58
池州(安徽)	15	81.43	22	95.59	16	71.86	88	72.27
萍乡(江西)	16	80.83	2	98.82	10	74.65	121	57.19
淮北(安徽)	17	80.53	35	93.87	12	74.30	115	66.33
绍兴(浙江)	18	80.43	24	95.25	36	63.37	20	84.91
台州(浙江)	19	80.37	12	96.97	42	61.11	16	85.71
阜阳(安徽)	20	80.34	20	95.75	25	66.22	55	77.76
遵义(贵州)	21	79.82	100	77.83	2	82.51	50	78.42
常德(湖南)	22	79.61	1	99.44	41	61.16	59	76.87
安庆(安徽)	23	79.21	45	92.36	30	63.95	26	83.42
宿迁(江苏)	24	78.89	65	90.18	32	63.75	12	86.59
恩施州(湖北)	25	78.66	75	88.43	26	65.37	15	85.73
徐州(江苏)	26	78.61	61	90.64	34	63.48	21	84.81
亳州(安徽)	27	78.51	5	97.84	68	55.15	11	86.60
泰州(江苏)	28	78.46	69	89.58	38	61.61	5	89.90
六安(安徽)	29	78.21	31	94.53	45	60.30	35	81.39
蚌埠(安徽)	30	78.16	26	95.13	59	56.90	9	86.75
丽江(云南)	31	78.15	63	90.52	21	69.28	97	71.16
无锡(江苏)	32	77.99	15	96.45	40	61.37	76	74.34
镇江(江苏)	33	77.83	76	87.83	20	70.08	81	73.37
鄂州(湖北)	34	77.79	30	94.60	29	64.01	91	71.76
鹰潭(江西)	35	77.04	50	91.77	62	56.49	6	88.71
资阳(四川)	36	76.84	18	96.22	47	59.56	86	72.63
南京(江苏)	37	76.67	90	84.97	23	67.12	44	79.15
常州(江苏)	38	76.62	39	93.16	58	56.97	28	82.83
安顺(贵州)	39	76.60	101	77.69	7	77.86	89	71.90
广安(四川)	40	76.43	62	90.59	31	63.85	82	73.27

续表

城市	一级指标		二级指标					
	绿色生活		污染治理		城市绿化		环境压力	
	排序	得分	排序	得分	排序	得分	排序	得分
盐城(江苏)	41	76.41	77	87.60	48	59.51	8	87.86
宣城(安徽)	42	76.41	70	89.37	43	60.91	33	81.51
十堰(湖北)	43	76.35	52	91.31	49	59.38	38	80.38
淮安(江苏)	44	75.71	68	89.68	50	58.69	31	81.78
株洲(湖南)	45	75.45	66	90.12	46	60.28	63	76.45
嘉兴(浙江)	46	75.38	6	97.54	72	54.77	87	72.28
丽水(浙江)	47	75.04	17	96.35	85	50.33	30	81.85
杭州(浙江)	48	74.93	16	96.44	75	52.51	61	76.76
连云港(江苏)	49	74.77	34	93.88	51	58.49	112	69.09
舟山(浙江)	50	74.66	93	84.46	28	64.34	68	75.72
成都(四川)	51	74.58	38	93.17	44	60.76	118	65.06
温州(浙江)	52	74.10	7	97.48	99	45.75	24	84.03
咸宁(湖北)	53	73.99	58	90.87	73	54.54	45	79.15
金华(浙江)	54	73.93	13	96.60	86	49.31	53	77.81
芜湖(安徽)	55	73.85	74	88.55	70	54.86	29	82.42
广元(四川)	56	73.82	44	92.38	84	50.40	25	83.52
合肥(安徽)	57	73.78	88	85.25	64	56.42	18	85.57
宜宾(四川)	58	73.60	23	95.49	79	51.72	78	73.59
泸州(四川)	59	73.53	49	91.93	67	55.16	80	73.49
郴州(湖南)	60	73.48	98	79.75	37	63.19	32	81.53
绵阳(四川)	61	73.19	32	94.33	81	51.31	73	74.67
南昌(江西)	62	73.16	42	92.90	95	47.98	23	84.03
宿州(安徽)	63	73.05	37	93.19	89	49.00	37	80.88
雅安(四川)	64	72.98	111	71.25	15	73.13	66	76.12
德阳(四川)	65	72.56	72	89.13	60	56.83	100	70.86
宁波(浙江)	66	72.30	87	85.93	65	55.59	49	78.46
襄阳(湖北)	67	72.04	94	83.93	61	56.74	46	78.87
马鞍山(安徽)	68	71.92	60	90.66	27	64.92	124	48.47
淮南(安徽)	69	71.83	71	89.30	52	58.23	119	64.11
邵阳(湖南)	70	71.79	85	86.13	69	55.09	62	76.52
眉山(四川)	71	71.78	86	85.93	56	57.14	84	72.78
乐山(四川)	72	71.74	91	84.95	55	57.15	74	74.50
苏州(江苏)	73	71.57	41	92.93	80	51.44	111	69.13

续表

城市	一级指标		二级指标					
	绿色生活		污染治理		城市绿化		环境压力	
	排序	得分	排序	得分	排序	得分	排序	得分
自贡(四川)	74	71.55	84	86.30	54	57.48	107	70.21
湘潭(湖南)	75	71.45	55	91.08	83	50.45	77	74.17
玉溪(云南)	76	71.41	80	86.99	63	56.46	108	70.15
永州(湖南)	77	71.07	11	97.17	109	41.70	56	77.63
湘西州(湖南)	78	70.87	43	92.60	101	45.37	51	78.41
遂宁(四川)	79	70.86	82	86.32	66	55.37	99	70.92
衡阳(湖南)	80	70.31	95	83.37	71	54.81	71	75.20
曲靖(云南)	81	70.31	48	92.19	91	48.78	109	69.59
长沙(湖南)	82	70.29	56	91.06	92	48.28	85	72.76
武汉(湖北)	83	70.22	21	95.62	108	41.88	67	76.07
楚雄州(云南)	84	69.90	64	90.28	88	49.05	101	70.83
内江(四川)	85	69.88	73	88.76	74	53.99	120	63.90
铜陵(安徽)	86	69.74	116	67.00	13	74.04	114	66.63
黄石(湖北)	87	69.69	92	84.63	57	57.05	117	65.10
益阳(湖南)	88	69.67	27	95.02	110	40.94	64	76.44
娄底(湖南)	89	69.57	33	94.19	107	42.17	72	75.11
红河州(云南)	90	69.32	97	80.27	53	57.87	106	70.30
黔南州(贵州)	91	69.15	83	86.30	90	48.95	69	75.25
贵阳(贵州)	92	69.08	108	73.68	35	63.47	98	71.10
怀化(湖南)	93	68.78	36	93.30	113	36.06	19	85.18
南充(四川)	94	68.76	107	74.59	39	61.41	90	71.80
重庆	95	68.54	118	66.22	33	63.53	27	83.22
岳阳(湖南)	96	67.94	103	77.11	78	52.02	34	81.45
巴中(四川)	97	67.53	78	87.53	104	44.12	75	74.37
宜昌(湖北)	98	66.86	99	77.94	87	49.29	41	79.84
保山(云南)	99	66.12	53	91.24	111	38.86	105	70.42
孝感(湖北)	100	65.28	79	87.43	112	37.38	60	76.78
达州(四川)	101	65.02	96	82.76	106	43.00	79	73.57
荆门(湖北)	102	64.99	112	70.73	77	52.02	43	79.44
张家界(湖南)	103	64.61	14	96.56	122	25.72	48	78.49
普洱(云南)	104	64.32	104	77.06	93	48.16	95	71.20
大理州(云南)	105	63.62	106	76.18	97	47.60	104	70.54
随州(湖北)	106	63.16	40	92.97	124	22.12	17	85.58

续表

城市	一级指标		二级指标					
	绿色生活		污染治理		城市绿化		环境压力	
	排序	得分	排序	得分	排序	得分	排序	得分
毕节(贵州)	107	62.67	105	76.69	103	44.27	93	71.45
西双版纳州(云南)	108	62.19	114	68.81	82	51.07	96	71.18
临沧(云南)	109	62.13	81	86.84	116	33.12	102	70.70
铜仁(贵州)	110	62.11	109	72.20	100	45.47	70	75.22
荆州(湖北)	111	61.32	113	69.96	102	44.45	54	77.79
昆明(云南)	112	60.15	115	68.26	96	47.93	113	68.36
上海	113	59.85	46	92.29	117	31.84	122	50.99
黔西南州(贵州)	114	59.02	120	62.88	94	48.03	83	73.27
德宏州(云南)	115	58.70	89	85.04	121	26.41	103	70.62
昭通(云南)	116	58.68	102	77.50	115	34.61	110	69.19
阿坝州(四川)	117	57.46	124	57.97	98	47.14	58	77.08
黄冈(湖北)	118	56.37	59	90.72	126	11.18	52	78.08
黔东南州(贵州)	119	54.28	117	66.99	114	35.79	116	65.85
六盘水(贵州)	120	53.69	110	71.79	105	43.96	126	36.97
文山州(云南)	121	51.26	123	58.08	118	30.00	40	80.12
迪庆州(云南)	122	50.78	121	62.62	119	28.50	92	71.65
甘孜州(四川)	123	49.80	122	58.85	120	27.10	57	77.11
凉山州(四川)	124	47.20	119	66.15	125	13.68	65	76.34
攀枝花(四川)	125	39.59	126	27.19	76	52.39	125	38.81
怒江州(云南)	126	38.29	125	37.29	123	22.72	94	71.43

资料来源：《中国城市统计年鉴 2020》《中国城市建设统计年鉴 2020》，各省市 2020 年统计年鉴，国家、地方政府开放数据。

从二级指标来看，污染治理方面得分最高的城市分别为常德、萍乡和湖州，优势城市集中在浙江、江西两地；城市绿化方面得分最高的城市分别为新余、遵义和滁州，优势城市集中在江西、安徽两地；环境压力领域得分最高的城市分别为南通、黄山和吉安，优势城市集中在江苏、安徽、江西三省。

从城市群尺度来看，长三角城市群、长江中游城市群、成渝城市群的绿色生活指数平均得分依次递减。具体而言，长三角城市群平均得分为

76.69，城市群内部得分变异系数为7.2%，区域绿色生活整体水平较高，但是内部差异略有增加；其中，综合得分最高的城市为安徽省滁州市，得分较低的城市为上海市。长江中游城市群平均得分为74.19，城市群内部得分变异系数为10.7%，绿色生活总体水平进步较大，区域内部差异有所降低；其中，综合得分最高的城市为江西省抚州市，得分较低的城市为湖北省黄冈市。成渝城市群平均得分为71.99，城市群内部得分变异系数为4.0%，绿色生活水平整体相对较低，区域内部差异较小；其中，综合得分最高的城市为贵州省遵义市，得分较低的城市为云南省怒江州。

表8　2018年和2019年长江经济带三大城市群绿色生活指数得分及变异系数

项目	长三角城市群		长江中游城市群		成渝城市群	
	2018年	2019年	2018年	2019年	2018年	2019年
平均得分	77.72	76.69	72.04	74.19	70.19	71.99
变异系数(%)	5.3	7.2	11.8	10.7	7.5	4.0

资料来源：根据计算结果整理。

三　长江经济带绿色发展20强城市

根据绿色生态、绿色生产、绿色生活各分项指数得分排名，可以进一步将长江经济带绿色发展综合指数20强城市分为五个类别，如表9所示。

表9　2019年长江经济带绿色发展指数20强城市分类

类别	城市	特征
1	黄山(1);吉安(6);景德镇(14)	以绿色生态、绿色生活为优势
2	湖州(2);南通(5);扬州(7)	以绿色生产、绿色生活为优势
3	丽水(3);恩施州(8);丽江(11)	以绿色生态为优势
4	杭州(4);无锡(9);宁波(10);鹰潭(13);长沙(16);绵阳(17);南京(18);株洲(19);合肥(20)	以绿色生产为优势
5	台州(12);萍乡(15)	以绿色生活为优势

注：若某城市在某一领域排名前20位，则认为该城市在该领域具有优势。

第一类城市在绿色生态、绿色生活领域均表现出色，在绿色生产领域相对弱势。该类别包括三个城市，分别为：黄山，综合指数得分 68.40，排名第 1 位；吉安，综合指数得分 64.75，排名第 6 位；景德镇，综合指数得分 63.30，排名第 14 位。

其中，黄山市绿色发展水平在长江经济带 126 个州市中高居榜首。就一级指标而言，黄山市在绿色生活领域的表现相对更好，在绿色生态领域排名第 3 位，在绿色生活领域排名第 7 位，这反映了黄山自然生态基底优异，绿色生活宜居程度较高。就二级指标而言，黄山的优势集中在环境质量、环境压力和自然禀赋三个主题上，分别排名第 2、第 2 和第 9 位。就三级指标而言，农田和水域面积占比达到 96.20%，林木覆盖率达到 76.43%，分别排名第 3、第 5 位。此外，其考核断面水环境质量、人均水资源量、人均环保经费投入、建成区绿化覆盖率、单位 GDP 能耗等指标也具有相对优势。

吉安和景德镇两市在绿色生活领域的表现相对更好。其中，吉安市的绿色发展综合指数得分排名第 6 位，在环境压力、污染治理两个主题上分别位列第 3 位和第 10 位，城市绿化和自然禀赋也分别列第 14、第 16 位，环境宜居特色鲜明。景德镇的城市绿化主题得分尤其高，排名第 4 位；环境质量也相对较高。就具体指标而言，吉安的单位 GDP 能耗约为 0.298 吨标煤/万元，列第 5 位，人均水资源量、考核断面水环境质量和一般工业固体废弃物综合利用率也表现较好。景德镇的建成区绿化覆盖率达到 48.13%，在全部城市中居第 2 位，其余指标均排名第 20 位以后（见表 10）。

表 10　2019 年长江经济带绿色发展指数 20 强城市得分及排名（第一类别）

指标	黄山		吉安		景德镇	
	得分	排名	得分	排名	得分	排名
绿色发展	68.40	1	64.75	6	63.30	14
绿色生态	66.53	3	57.62	14	56.42	16
自然禀赋	55.06	9	52.65	16	47.40	33
环境质量	74.18	2	60.94	22	62.43	19

续表

指标	黄山		吉安		景德镇	
	得分	排名	得分	排名	得分	排名
绿色生产	57.69	39	53.67	60	52.84	66
节能减排	84.48	71	89.03	36	85.08	65
绿色科技	30.89	39	18.32	78	20.60	71
绿色生活	84.55	7	86.63	3	84.12	8
污染治理	95.23	25	97.19	10	90.99	57
城市绿化	70.38	19	73.83	14	80.05	4
环境压力	91.53	2	91.13	3	78.50	47

资料来源：作者根据计算结果整理。

第二类城市在绿色生产、绿色生活领域均表现出色，而绿色生态是显著短板。该类别包括三个城市，分别为：湖州，综合指数得分 67.62，排名第 2 位；南通，综合指数得分 64.84，排名第 5 位；扬州，综合指数得分 64.62，排名第 7 位。

其中，湖州、南通两个城市得分结构更为相似，在绿色生活领域排名明显优于绿色生产领域。具体而言，湖州在污染治理、城市绿化两个主题上分别列第 3 和第 9 位；南通的环境压力指标得分列第 1 位，城市绿化得分列第 5 位。在具体指标方面，湖州的一般工业固体废弃物综合利用率达到 100%，在 126 个州市中居首位，人均环保经费投入达到 800 元，在长江经济带中属于较高水平；南通的单位 GDP 能耗、人均公园绿地面积、土壤侵蚀度、单位工业增加值二氧化硫排放量等指标得分均进入前 10 位。

扬州的绿色生活和绿色生产排名相对均衡，分别居第 10、第 11 位，就具体指标而言，人均公园绿地面积达到 19.57 平方米，指标得分排名第 8 位；单位 GDP 能耗也具有相对优势（见表 11）。

表 11　2019 年长江经济带绿色发展指数 20 强城市得分及排名（第二类别）

指标	湖州		南通		扬州	
	得分	排名	得分	排名	得分	排名
绿色发展	67.62	2	64.84	5	64.62	7

续表

指标	湖州		南通		扬州	
	得分	排名	得分	排名	得分	排名
绿色生态	50.83	31	42.94	68	38.59	95
自然禀赋	30.20	85	13.00	119	14.11	114
环境质量	64.59	11	62.90	15	54.91	45
绿色生产	66.63	15	65.16	16	69.87	11
节能减排	83.53	76	89.65	30	91.27	22
绿色科技	49.73	12	40.68	20	48.47	14
绿色生活	85.73	5	86.32	4	83.66	10
污染治理	98.52	3	91.16	54	90.11	67
城市绿化	76.03	9	78.25	5	76.14	8
环境压力	79.56	42	92.82	1	85.81	14

资料来源：笔者根据计算结果整理。

第三类城市在绿色生态领域优势显著，而绿色生产和绿色生活水平相对落后。该类别包括三个城市，分别为：丽水，综合指数得分66.52，排名第3位；恩施，综合指数得分64.13，排名第8位；丽江，综合指数得分63.47，排名第11位。这些城市自然生态条件优越，自然资本开发潜力大。除了丽水之外，恩施州和丽江市的综合得分均在本年度取得较大幅度提升，首次进入前20强。

丽水、恩施、丽江分属于长江经济带东部、中部、西部区域，虽然自然生态环境同样良好，但在细分领域上各具特色。其中，丽水市的环境质量尤为出色，在长江经济带各州市中继续保持首位；自然禀赋较好，排名第6位，其森林覆盖率、农田与水域面积占比均达到较高水平。此外，工业污染治理力度较大、水平较高。恩施州的优势在于节能减排领域，排名第6位，其单位工业增加值废水排放量得分在126个州市中高居榜首；自然禀赋同样相对较好，排名第10位；然而，环境质量相对弱于丽水和丽江，虽然水环境质量高，但是空气质量相对较差，2019年度$PM_{2.5}$年均浓度为27.58微克/立方米，在长江经济带州市中仅排名第43位，土壤侵蚀度也较高。丽江市的环境质量和自然禀赋分别列第6、第15位，其优势在于空气质量和政府环保经费投入力度，2019 年度丽江市 $PM_{2.5}$ 年均浓度为 12.50 微克/立方米，仅次于四川甘孜州，居第 2 位，人均环保经费投入达到 1283 元，同样处于第 2 位，仅次于四川阿坝州（见表 12）。

表 12　2019 年长江经济带绿色发展指数 20 强城市得分及排名（第三类别）

指标	丽水		恩施		丽江	
	得分	排名	得分	排名	得分	排名
绿色发展	66.52	3	64.13	8	63.47	11
绿色生态	71.39	1	58.83	10	61.91	9
自然禀赋	59.47	6	54.74	10	52.76	15
环境质量	79.34	1	61.55	20	68.01	6
绿色生产	56.46	43	57.20	41	53.63	61
节能减排	83.30	77	94.80	6	72.38	106
绿色科技	29.63	42	19.59	77	34.87	29
绿色生活	75.04	47	78.66	25	78.15	31
污染治理	96.35	17	88.43	75	90.52	63
城市绿化	50.33	85	65.37	26	69.28	21
环境压力	81.85	30	85.73	15	71.16	97

资料来源：笔者根据计算结果整理。

第四类城市在绿色生产领域优势显著，而绿色生态和绿色生活水平相对落后。该类别城市数量最多，包括九个城市，分别为：杭州，综合指数得分 65.53，排名第 4 位；无锡，综合指数得分 63.93，排名第 9 位；宁波，综合指数得分 63.68，排名第 10 位；鹰潭，综合指数得分 63.32，排名第 13 位；长沙，综合指数得分 63.10，排名第 16 位；绵阳，综合指数得分 62.95，排名第 17 位；南京，综合指数得分 62.92，排名第 18 位；株洲，综合指数得分 62.45，排名第 19 位；合肥，综合指数得分 62.43，排名第 20 位。这些城市均为省会或区域中心城市，经济基础雄厚，绿色生产转型力度较大、水平较高，但是由于人口和经济活动密集，生态和人居环境状况有待加强。

按照得分结构进行划分，这九个城市可以进一步分为两个子类。第一个子类城市为无锡、南京、杭州、合肥、宁波，这五个城市均处于长三角区域，在绿色科技方面存在极大优势，排名分别为第 2、第 4、第 8、第 9、第 11 位。在除此之外的其他方面，这些城市整体表现不佳，其中，只有无锡和杭州的污染治理、宁波的环境质量、合肥的环境压力等主题排名进入前二十位，其他主题得分均有很大提升空间。在三级指标方面，五个城市的人均 GDP、全社会研发经费占 GDP 比重、单位工业增加值二氧化硫排放量等三项指标得分整体较高，其中无锡、苏州、南京的人均 GDP 在长江经济带 126 个州市中分列前三位。此外，除了合肥的单位 GDP 能耗指标排名第 6 位外，其他城市的其他指标均未进入前十名（见表 13）。

表 13　2019 年长江经济带绿色发展指数 20 强城市得分及排名（第四类别 A）

指标	杭州		无锡		宁波		南京		合肥	
	得分	排名	得分	排名	得分	排名	得分	排名	得分	排名
绿色发展	65. 53	4	63. 93	9	63. 68	10	62. 92	18	62. 43	20
绿色生态	48. 98	40	35. 57	108	49. 49	37	38. 29	98	38. 97	94
自然禀赋	39. 82	59	6. 14	124	26. 87	92	10. 54	121	18. 75	106
环境质量	55. 09	44	55. 19	43	64. 56	12	56. 79	30	52. 45	53
绿色生产	70. 89	9	74. 66	3	67. 86	14	71. 07	7	71. 51	5
节能减排	87. 27	53	83. 25	78	85. 26	63	82. 47	82	88. 87	37
绿色科技	54. 50	8	66. 08	2	50. 46	11	59. 68	4	54. 15	9
绿色生活	74. 93	48	77. 99	32	72. 30	66	76. 67	37	73. 78	57
污染治理	96. 44	16	96. 45	15	85. 93	87	84. 97	90	85. 25	88
城市绿化	52. 51	75	61. 37	40	55. 59	65	67. 12	23	56. 42	64
环境压力	76. 76	61	74. 34	76	78. 46	49	79. 15	44	85. 57	18

资料来源：笔者根据计算结果整理。

第二个子类城市为鹰潭、长沙、绵阳和株洲，这四个城市均为中西部区域性中心城市，在绿色科技和节能减排两个主题上的排名相对均衡，基本均居第 10 位前后。就具体指标而言，绵阳和鹰潭的全社会研发经费占 GDP 比重分别高达 6. 52% 和 4. 56%，在长江经济带各州市中处于前两位；长沙的单位工业增加值用电量、单位工业增加值二氧化硫排放量分别为 482. 04 千瓦时/万元、0.80 吨/万元，均排名第 3 位，单位工业增加值废水排放量排名第 9 位；株洲的单位工业增加值用电量指标得分也排前 10 名。

表 14　2019 年长江经济带绿色发展指数 20 强城市得分及排名（第四类别 B）

指标	鹰潭		长沙		绵阳		株洲	
	得分	排名	得分	排名	得分	排名	得分	排名
绿色发展	63.32	13	63.10	16	62.95	17	62.45	19
绿色生态	43.24	67	40.34	81	42.08	71	45.88	55
自然禀赋	42.18	54	33.77	79	45.93	39	42.69	51
环境质量	43.95	94	44.72	89	39.50	108	48.00	76
绿色生产	68.09	13	74.77	2	70.91	8	65.13	17
节能减排	92.38	13	94.25	10	92.62	12	93.28	11
绿色科技	43.80	17	55.28	7	49.20	13	36.98	24
绿色生活	77.04	35	70.29	82	73.19	61	75.45	45
污染治理	91.77	50	91.06	56	94.33	32	90.12	66
城市绿化	56.49	62	48.28	92	51.31	81	60.28	46
环境压力	88.71	6	72.76	85	74.67	73	76.45	63

资料来源：笔者根据计算结果整理。

第五类城市在绿色生活领域的表现相对突出，且绿色生产、绿色生态领域排名相对均衡。该类别有两个城市，分别为：台州，综合指数得分 63.37，排名第 12 位；萍乡，综合指数得分 63.20，排名第 15 位。

就一级指标而言，台州在绿色生活、绿色生产、绿色生态领域的排名分别为第 19、第 30 和第 32 位，萍乡在三大领域排名分别为第 16、第 33 和第 34 位，总体表现尚可，但也没有绝对优势领域。就二级指标而言，萍乡的污染治理水平优异，排名第 2 位，城市绿化得分也相对较高，排名第 10 位；台州的污染治理和环境压力分别排第 12、第 16 位，具有比较优势。就三级指标而言，台州没有指标进入前十位；萍乡的污水处理厂集中处理率为 98.88%，排名第 3 位。此外，单位工业增加值废水排放量、一般工业固体废弃物综合利用率、建成区绿化覆盖率等指标的排名在第 5 至第 10 名（见表 15）。

表 15　2019 年长江经济带绿色发展指数 20 强城市得分及排名（第五类别）

指标	台州		萍乡	
	得分	排名	得分	排名
绿色发展	63.37	12	63.20	15
绿色生态	50.56	32	50.28	34
自然禀赋	36.73	68	42.23	53
环境质量	59.78	25	55.65	39
绿色生产	60.23	30	59.68	33
节能减排	87.07	54	86.95	56
绿色科技	33.40	31	32.41	33
绿色生活	80.37	19	80.83	16
污染治理	96.97	12	98.82	2
城市绿化	61.11	42	74.65	10
环境压力	85.71	16	57.19	121

资料来源：笔者根据计算结果整理。

附录：

长江经济带绿色发展指数评价方法

本报告沿用上一年度长江经济带绿色发展指数指标评价体系框架，包括3个一级指标、7个二级指标、21个三级指标。通过层次分析法和专家打分法对各级指标进行赋权（见附表1）。

在综合指数的计算中，首先，对各指标原始数据进行极差标准化，其中，$PM_{2.5}$年均浓度、土壤侵蚀度、单位工业增加值用电量、单位工业增加值用水量、单位工业增加值废水排放量、单位工业增加值二氧化硫排放量、单位GDP能耗、人口密度等8个指标为逆指标；其次，根据权重对各级指标依次加权求和。

附表1　长江经济带绿色发展指数指标体系

一级指标		二级指标		三级指标		
名称	权重	名称	权重	序号	名称	权重
绿色生态	0.3	自然禀赋	0.4	1	林木覆盖率	0.3
				2	农田与水域面积占比	0.2
				3	人均水资源量	0.3
				4	人均耕地面积	0.2
		环境质量	0.6	5	考核断面水环境质量	0.3
				6	$PM_{2.5}$年均浓度	0.4
				7	土壤侵蚀度	0.3
绿色生产	0.4	节能减排	0.5	8	单位工业增加值用电量	0.25
				9	单位工业增加值用水量	0.25
				10	单位工业增加值废水排放量	0.25
				11	单位工业增加值二氧化硫排放量	0.25
		绿色科技	0.5	12	人均GDP	0.3
				13	全社会研发经费占GDP比重	0.4
				14	人均环保经费投入	0.3

续表

一级指标		二级指标		三级指标		
名称	权重	名称	权重	序号	名称	权重
绿色生活	0.3	污染治理	0.4	15	生活垃圾无害化处理率	0.2
				16	污水处理厂集中处理率	0.4
				17	一般工业固体废弃物综合利用率	0.4
		城市绿化	0.4	18	建成区绿化覆盖率	0.5
				19	人均公园绿地面积	0.5
		环境压力	0.2	20	单位 GDP 能耗	0.6
				21	人口密度	0.4

指标资料来源广泛。其中，人均 GDP、水资源总量、工业用电量、工业废水排放量、工业二氧化硫排放量、一般工业固体废弃物综合利用率等指标数据主要来源于《中国城市统计年鉴 2020》，城市生产用水量、城市生活垃圾无害化处理率、污水处理厂集中处理率、建成区绿化覆盖率、人均公园绿地面积等指标数据主要来源于《中国城市建设统计年鉴 2020》，常住人口数量、工业增加值等指标数据主要来源于各省市 2020 年统计年鉴，耕地面积、林地面积、水域面积等指标资料来源于土地调查，地方一般公共预算节能环保经费支出、$PM_{2.5}$年均浓度、考核断面水环境质量等指标数据广泛来源于 2019 年度国家和地方专项统计公报与政府开放数据。部分空缺数据采用全省平均值或插值法进行替代或估算。

数据评价时期为 2019 年。

B.5
长江经济带科技创新驱动力指数报告（2021）

杨 凡*

摘 要： 科技创新驱动力已成为长江经济带高质量发展的主导因素。基于投入—产出—载体—绩效的科技创新驱动力系统框架构建指标体系，对长江经济带110个城市科技创新驱动力及其系统内部耦合协调发展进行定量评估，结果表明：长江经济带城市科技创新综合驱动力呈现金字塔形等级结构，具有上游地区 <中游地区 <下游地区的梯度化空间分异特征；投入驱动力与综合驱动力存在相似的空间分布特征，产出和载体驱动力比投入驱动力的集聚性更强，绩效驱动力的空间分布相对均衡；长江经济带科技创新驱动力系统内部的耦合协调性总体偏低，但科技创新综合驱动力较强的城市耦合协调度相对更优，科技创新驱动力存在两极化趋势。与前期研究结果相比，总体而言，长江经济带城市科技创新驱动力不断提升，科技创新综合驱动力强的城市不断弥补短板，应更大程度发挥综合性优势，在协同创新中发挥引领作用；而科技创新综合驱动力较弱城市也在积蓄力量锻造长板，这可能导致了城市科技创新驱动力系统内部的耦合协调性下降，但从长江经济带整体而言，中小城市应聚焦地方优势，增强有特色的科技创新力量，积极参与区域协同创新，从而化解内部系统不完善问题。

---

* 杨凡，上海社会科学院信息研究所长江经济带研究室助理研究员，主要研究方向：科技创新、区域发展。

关键词：长江经济带　科技创新驱动力　空间分布　耦合协调　协同发展

依托黄金水道推动长江经济带发展，是关系国家区域发展全局的重大战略。[①] 作为支撑我国经济发展的重要轴线，长江经济带意在打造成为具有全球影响力的科技创新走廊。加快长江经济带发展的创新驱动步伐，建设创新型城市群对于长江经济带可持续发展具有重要意义。[②] 根据国家战略部署，通过科技创新促进长江经济带产业转型升级和环境承载力提升，从而实现长江经济带高质量发展是当前的主要任务。科技创新驱动的作用及其效果将成为解析长江经济带空间结构演变趋势的新视角，以及进行长江经济带空间组织和布局规划等政策制定的出发点与落脚点。[③] 因此，作为区域实现创新驱动发展必须要有的创新动能，科技创新驱动力已成为长江经济带国家大战略实施和未来区域发展的主导因素。

科技创新驱动力可具体分解为两大动力：一是研发创新力，即支撑区域经济的核心竞争力和基础动力；二是产业创新力，当研发创新力有效转化为产业创新力，将成为区域经济发展的核心动力和基本保障。[④] 长江经济带覆盖上海、江苏、浙江、安徽、江西、湖北、湖南、重庆、四川、云南和贵州9省2市，区域发展在科技创新驱动力方面的不平衡问题表现得尤为突出。一方面，科技创新综合发展水平存在区域势差；另一方面，基于区域创新系

① 张学良、吴传清、梁本凡等：《长江经济带：热点有玄机 改革传媒发行人、编辑总监王佳宁深度对话六位知名学者》，《改革》2015年第6期。

② 方创琳、周成虎、王振波：《长江经济带城市群可持续发展战略问题与分级梯度发展重点》，《地理科学进展》2015年第11期。

③ 樊杰、王亚飞、陈东等：《长江经济带国土空间开发结构解析》，《地理科学进展》2015年第11期。

④ 王振、卢晓菲：《长三角城市群科技创新驱动力的空间分布与分层特征》，《上海经济研究》2018年第10期。

统及其空间界定,[①] 在区域科技创新驱动力系统内部，投入、产出、载体和绩效等分系统之间的相互作用及协调发展程度也存在区域差异。其中，投入分系统是区域内研发人员、经费及其他相关资源的投入建设系统，载体分系统是区域内集聚科技创新要素的平台运行系统，产出分系统是区域内科研成果的生产与转化系统，绩效分系统是科技创新及其驱动经济发展的效率系统。只有充分认识长江经济带科技创新驱动力的区域差异，才能更准确地制定区域协同创新发展路径。

近年来，长江经济带的创新研究聚焦科技创新水平的评估、创新与绿色经济发展的互动、空间差异、协同创新等议题。[②] 已有不少研究针对长江经济带科技创新发展水平进行测度分析，主要涉及科技创新综合能力、[③] 协同发展能力、[④] 科技创新投入、[⑤] 科技创新产出、[⑥] 科技创新绩效。[⑦] 研究结论基本表明，长江

---

① Cooke P., "Regional Innovation Systems, Clusters, and the Knowledge Economy, Industrial and Corporate Change," *Industrial and Corporate Change*, 2001, 10 (4); Edquist C., *Systems of Innovation: Perspectives and Challenges*, Fagerberg J., Mowery D. C., The Oxford Handbook of Innovation, Oxford: Oxford University Press, 2006.

② 王丰龙、曾刚:《长江经济带研究综述与展望》,《世界地理研究》2017 年第 2 期；王圣云、魏博通等著《长江经济带创新发展报告（2018）》，经济科学出版社，2018；吴传清、宋子逸:《长江经济带创新发展研究进展（2014 ~2018）》,《长江大学学报》（社会科学版）2019 年第 4 期。

③ 王振:《长江经济带发展报告（2018 ~2019）》，社会科学文献出版社，2020；邵汉华、齐荣:《长江经济带城市创新驱动发展水平测度》,《城市问题》2019 年第 9 期；曾刚、杨舒婷、王丰龙:《长江经济带城市协同发展能力研究》,《长江流域资源与环境》2018 年第 12 期。

④ 肖泽磊、朱威鹏、范斐等:《城市群创新投入的空间格局与创新绩效研究——以长江经济带所辖城市群为例》,《人文地理》2017 年第 3 期。

⑤ 张建伟、石江江、王艳华等:《长江经济带创新产出的空间特征和时空演化》,《地理科学进展》2016 年第 9 期。

⑥ 丁军、黄茹、吕拉昌:《基于专利授权数的长江经济带创新差异的多尺度分析》,《长江流域资源与环境》2016 年第 6 期；武晓静、杜德斌、肖刚等:《长江经济带城市创新能力差异的时空格局演变》,《长江流域资源与环境》2017 年第 4 期；徐维祥、杨蕾、刘程军等:《长江经济带创新产出的时空演化特征及其成因》,《地理科学》2017 年第 4 期；刘刚、杨蕾、刘程军:《创新活度的空间分异特征及其门槛效应——以长江经济带为例》,《华东经济管理》2017 年第 1 期；朱贻文、曾刚、邹琳等:《长江经济带区域创新绩效时空特征分析》,《长江流域资源与环境》2017 年第 12 期。

⑦ 易明、程晓曼:《长江经济带城市绿色创新效率时空分异及其影响因素》,《城市问题》2018 年第 8 期；祝影、王飞:《基于耦合理论的中国省域创新驱动发展评价研究》,《管理学报》2016 年第 10 期。

经济带科技创新发展水平存在显著的区域差异，呈现以省会、直辖市和经济发达城市为主的单极化现象，而且科技创新发展水平的重心整体向东移动，表明长三角地区与上中游地区的科技创新发展水平差距有持续扩大趋势。还有研究考察了区域科技创新系统与外部关联系统之间的耦合协调性，包括区域发展、① 经济发展、② 可持续发展、③ 绿色发展、④ 产业转型、⑤ 城市功能⑥和城市化⑦。总体而言，现有研究关于长江经济带科技创新驱动力的综合测度分析还相对不足，特别是在城市广度和指标精度上仍有待进一步提升。同时，长江经济带的科技创新绩效总体偏低，表明科技创新资源的产出效率及其跨区域优化配置能力有待提升，也说明科技创新驱动力系统内部的耦合协调性存在问题。揭示科技创新驱动力系统内部的耦合协调特征有助于识别地区科技创新驱动力的长板，从而促进地区间优势互补和协同发展，但此类研究还比较少⑧。为此，本报告基于投入—产出—载体—绩效的科技创新驱动力系统框架构建指标体系，对长江经济带科技创新驱动力综合指数和分系统指数进行测度分析，并运用耦合协调模型考察科技创新驱动力分系统之间的互动关系及发展水平，从而为长江经济带科技创新协同发展提供有益的科学指导。

---

① 蒋天颖、刘程军：《长江三角洲区域创新与经济增长的耦合协调研究》，《地域研究与开发》2015 年第 6 期。

② 李二玲、崔之珍：《中国区域创新能力与经济发展水平的耦合协调分析》，《地理科学》2018 年第 9 期；赵传松、任建兰、陈延斌等：《中国科技创新与可持续发展耦合协调及时空分异研究》，《地理科学》2018 年第 2 期。

③ 滕堂伟、孙蓉、胡森林：《长江经济带科技创新与绿色发展的耦合协调及其空间关联》，《长江流域资源与环境》2019 年第 11 期。

④ 王伟、孙雷：《区域创新系统与产业转型耦合协调度分析——以铜陵市为例》，《地理科学》2016 年第 2 期。

⑤ 徐维祥、张凌燕、刘程军等：《城市功能与区域创新耦合协调的空间联系研究——以长江经济带 107 个城市为实证》，《地理科学》2017 年第 11 期。

⑥ 马海涛、卢硕、张文忠：《京津冀城市群城镇化与创新的耦合过程与机理》，《地理研究》2020 年第 2 期。

⑦ 刘海滨、牛秀红、周佳宁：《中国区域绿色创新系统内部耦合协调分析》，《技术经济与管理研究》2018 年第 6 期。

⑧ 刘海滨、牛秀红、周佳宁：《中国区域绿色创新系统内部耦合协调分析》，《技术经济与管理研究》2018 年第 6 期。

一 研究方法与资料来源

（一）科技创新驱动力指标体系

以长江经济带110个地级以上城市单元为研究样本。如表1所示，从科技创新投入、科技创新载体、科技创新产出、科技创新绩效4个方面，选取与之对应的35个指标，构建城市科技创新驱动力指标体系。城市科技创新驱动力指数和相关指标的权重基于D－S证据合成理论，将主观性较强的AHP和客观性较强的熵值法相结合确定综合权重。① 指标体系中使用的统计资料来源于中国城市统计年鉴、中国区域经济统计年鉴、各省市统计年鉴和统计公报、清科数据库、Web of Science科技论文检索系统，以及科技部、各省科技厅、各市科技局等相关政府部门网站。需要说明的是，从近5年跟踪研究看，长江经济带科技创新驱动力的城市等级分布比较稳定，因此本报告不考虑时序变动情况，基于数据可得性，选取2019年数据进行分析。

表1 科技创新驱动力指标体系

目标层	准则层	指标层	单位	AHP权重	熵值法权重	D－S权重
科技创新投入	科技研发投入	研发经费	亿元	0.1123	0.0295	0.1516
		研发强度	%	0.0376	0.0066	0.0113
		科技经费占地方财政支出比重	%	0.0168	0.0100	0.0077
	人力资源投入	研发人员数	人	0.1044	0.0230	0.1100
		每万人从业人口中研发人员数	人	0.0466	0.0090	0.0193
		每十万城市人口中的在校研究生数量	人	0.0156	0.0417	0.0297
	创新基础投入	人均GDP	元	0.0128	0.0085	0.0050
		地方财政支出	亿元	0.0128	0.0288	0.0169
		人均教育投入	元/人	0.0128	0.0095	0.0055
		信息化水平	户/百人	0.0032	0.0074	0.0011

① 孙才志、于广华、王泽宇等：《环渤海地区海域承载力测度与时空分异分析》，《地理科学》2014年第5期。

续表

目标层	准则层	指标层	单位	AHP权重	熵值法权重	D－S权重
科技创新载体	科技研发载体	高等院校	所	0.0434	0.0289	0.0574
		国家工程技术中心、国家级企业技术中心	家	0.0072	0.0372	0.0123
		国家级重点实验室	家	0.0072	0.0672	0.0222
		国家重大科学装置	家	0.0072	0.0977	0.0322
		规上工业企业中设立研发机构企业占比	%	0.0191	0.0061	0.0053
		独角兽企业数	家	0.0072	0.0916	0.0302
	高新产业载体	国家级园区面积	平方公里	0.0209	0.0219	0.0210
		国家级大学科技园区	家	0.0026	0.0579	0.0069
	创新培育载体	国家级科技企业孵化器	家	0.0045	0.0298	0.0061
		国家级众创空间	家	0.0045	0.0353	0.0073
		风险投资机构	家	0.0011	0.0705	0.0035
科技创新产出	科技研发成果	国内授权发明专利总量	件	0.0703	0.0309	0.0995
		每万人国内授权发明专利数	件	0.0703	0.0163	0.0524
		科技论文发表总量	篇	0.0234	0.0584	0.0626
		每万人科技论文发表量	篇/万人	0.0234	0.0393	0.0421
	成果转化与产业化	技术合同交易额总量	亿元	0.0188	0.0404	0.0347
		人均技术合同交易额	元	0.0188	0.0186	0.0160
		高新技术产业产值总量	亿元	0.0750	0.0173	0.0593
		人均高新技术产业产值	元	0.0750	0.0108	0.0371
科技创新绩效	投入产出绩效	每亿元研发投入产生的国内授权发明专利数	件	0.0111	0.0063	0.0032
		每亿元研发投入形成的高新技术产业产值	亿元	0.0111	0.0041	0.0021
		每亿元科技经费产生的科技论文数	篇	0.0028	0.0220	0.0028
	驱动转型绩效	高新技术产业产值占工业总产值比重	%	0.0600	0.0054	0.0147
		从业人员人均规上工业增加值	元	0.0200	0.0077	0.0071
		生产性服务业占服务业比重	%	0.0200	0.0045	0.0041

注：①研发强度等于研发经费占 GDP 的比重；②信息化水平指标采用人均互联网宽带接入用户数衡量；③高等院校指标采用 1 所一流大学和一流学科建设大学分别折算为 4 所和 2 所普通高校的统计方法；④国家级重点实验室指标采用 1 家国家实验室折算为 3 家国家级重点实验室的统计方法；⑤独角兽企业数指标根据科技部发布的中国独角兽企业榜单整理；⑥国家级园区包括国家级高新区和国家级经济技术开发区；⑦科技论文采用 SCI 和 SSCI 论文口径进行统计；⑧生产性服务业占服务比重指标采用生产性服务业的从业人数占服务业总从业人数的比重表示，生产性服务业包括交通运输、仓储和邮政业，信息传输、计算机服务和软件业，金融业，租赁和商务服务业，科学研究、技术服务和地质勘查业。

（二）指数测度模型

根据指标体系及测度模型得到综合指数和分系统指数。为消除数据量纲差异过大对测度结果的影响，在指数测度中采用极值法对原始数据进行标准化处理，使其取值范围为0～1。同时，计算科技创新驱动力二级指数，即准则层中确定的各项指数，根据其包含的具体指标的综合权重计算，计算公式如下：

$$TNI_e = \Sigma_{i=1}^{n} X_i W_i \quad (1)$$

式中，X_i为单项指标的标准化数值；n为二级指数所包含的单项指标的个数；TNI_e为二级指数。

根据二级指数，继续采用加权求和法可得到科技创新驱动力分系统指数，即目标层中确定的各项指数，进一步根据分系统指数最终得到科技创新驱动力综合指数，计算公式如下：

$$TNI_s = \Sigma_{i=1}^{n'} (TNI_e)_i W'_i \quad (2)$$

$$TNI = \Sigma_{i=1}^{n''} (TNI_s)_i W''_i \quad (3)$$

式中，$(TNI_e)_i$和$(TNI_s)_i$分别为二级指数值和分系统指数值，W'和W''分别为准则层和目标层各要素的权重，n'和n''分别为分系统指数和综合指数所包含的单项指标的个数；TNI_s和TNI分别为分系统指数和综合指数。

通过计算城市科技创新驱动力综合指数和分系统指数（包括科技创新投入指数、科技创新载体指数、科技创新产出指数、科技创新绩效指数），根据自然断裂点法按指数值的大小设置分级标准（见表2）。

表2　科技创新驱动力分级标准

科技创新驱动力登记		弱	较弱	中等	较强	强
综合指数		<0.080	0.080～0.142	0.142～0.213	0.213～0.407	>0.407
分系统指数	科技创新投入指数	<0.075	0.075～0.140	0.140～0.260	0.260～0.420	>0.420
	科技创新载体指数	<0.037	0.037～0.068	0.068～0.120	0.120～0.400	>0.400
	科技创新产出指数	<0.032	0.032～0.079	0.079～0.184	0.184～0.407	>0.407
	科技创新绩效指数	<0.202	0.202～0.270	0.270～0.318	0.318～0.386	>0.386

（三）耦合协调模型

耦合是指两个或两个以上系统通过各种相互作用而彼此影响的现象，耦合度用来反映各系统之间相互作用和彼此影响的强度。但耦合度并不能表征各系统之间是在高水平上相互促进还是在低水平上相互制约，为此，引入耦合协调模型以测度系统间协调发展水平。

基于区域创新系统与耦合理论，科技创新驱动力具有系统性，是各子系统的有机结合。根据上述指标体系，科技创新驱动力可分为投入驱动、载体驱动、产出驱动、绩效驱动四个分系统，彼此存在相互促进、相互胁迫的耦合互动关系，共同促进科技创新综合驱动力提升。参考相关研究成果，[①] 构建科技创新驱动力分系统耦合协调模型测算耦合度和耦合协调度，计算公式如下：

$$C = 4 \times \left\{ \frac{(TNI_s)_1 \times (TNI_s)_2 \times (TNI_s)_3 \times (TNI_s)_4}{[(TNI_s)_1 + (TNI_s)_2 + (TNI_s)_3 + (TNI_s)_4]^4} \right\}^{1/4} \tag{4}$$

$$D = a\sqrt{C \times TNI} \tag{5}$$

式中，$(TNI_s)_1$、$(TNI_s)_2$、$(TNI_s)_3$、$(TNI_s)_4$分别为科技创新投入、科技创新载体、科技创新产出、科技创新绩效的指数值；TNI 为式（3）计算得到的科技创新驱动力综合指数；C 为科技创新驱动力分系统之间的耦合度；D 为科技创新驱动力分系统的耦合协调度；C 和 D 的取值范围均为0 ~ 1。

参考通用划分标准并结合本研究实际，耦合度划分为低度耦合（$0 < C < 0.7$）和良好耦合（$0.7 < C < 1$）两种类型；耦合协调度划分为失调和协调两种类型，其中，失调包括严重失调（$0 < D < 0.2$）和中度失调（$0.2 < D < 0.4$），协调包括基本协调（$0.4 < D < 0.5$）、中度协调（$0.5 < D < 0.8$）

① 王成、唐宁：《重庆市乡村三生空间功能耦合协调的时空特征与格局演化》，《地理研究》2018 年第 6 期。

和高度协调（$0.8<D<1$）。根据上述对 C、D 的等级划分，可构建城市科技创新驱动力系统的类型矩阵（见表3）。

表3 基于耦合协调度的城市科技创新驱动力类型矩阵

项目	失调(中度、严重)	协调(基本、中度、高度)
良好耦合	驱动力分系统之间存在相互制衡与配合,但驱动力分系统各自的驱动能力较弱,导致综合驱动力也较弱,因此即便分系统之间有较强的相互作用,也只是低水平的互动	驱动力分系统之间存在相互制衡与配合,同时所有驱动力分系统的能力都较强,从而共同推动综合驱动力提升,因此驱动力分系统之间存在高水平的良性互动关系
低度耦合	由于某驱动力分系统的能力很弱,彼此存在抑制作用,进而导致科技创新驱动力系统无法运转,分系统驱动力和综合驱动力提升都受到限制	某驱动力分系统的能力相对偏弱,并对其他驱动力分系统产生了一定的抑制作用,但由于其他驱动力分系统的表现较好,促进作用大于抑制作用,综合驱动力表现依然较强

二 实证结果与分析

（一）长江经济带科技创新驱动力总体评价

长江经济带110个地级以上城市科技创新驱动力综合指数的平均值为0.13，与上年相比上升0.02个点。综合指数排名前5位的城市依次为上海（0.615）、武汉（0.549）、南京（0.451）、苏州（0.420）和杭州（0.401），排名最后5位城市的是保山（0.040）、普洱（0.036）、昭通（0.032）、临沧（0.024）、巴中（0.021），与上年相比，排名前5和后5位的城市没有变化，排名略有变动，武汉超过南京上升至第2位，后5位城市的得分提升幅度都较大，但科技创新驱动力综合指数在城市之间的差距有所缩小，最高得分是最低得分的30倍，而上年是245倍。

根据科技创新驱动力分级标准将城市分为强驱动力、较强驱动力、中等驱动力、较弱驱动力及弱驱动力5组，各组综合指数平均值依次为0.487、0.280、0.160、0.099、0.059，强驱动力城市组平均得分是弱驱动力城市组平均得分的25倍，科技创新驱动力综合指数的组间差距非常显著。同时，从组内城市数量看，长江经济带科技创新驱动力的城市等级呈金字塔形结构（见表4）。

表4　长江经济带110个城市科技创新综合驱动力的等级分布

组别	城市
强驱动力	上海、武汉（湖北）、南京（江苏）、苏州（江苏）、杭州（浙江）
较强驱动力	长沙（湖南）、合肥（安徽）、成都（四川）、无锡（江苏）、宁波（浙江）、重庆、芜湖（安徽）、南通（江苏）、常州（江苏）、嘉兴（浙江）、南昌（江西）
中等驱动力	扬州（江苏）、镇江（江苏）、昆明（云南）、贵阳（贵州）、湘潭（湖南）、绍兴（浙江）、徐州（江苏）、湖州（浙江）、绵阳（四川）、温州（浙江）、泰州（江苏）、株洲（湖南）、襄阳（湖北）、台州（浙江）、马鞍山（安徽）、舟山（浙江）、常德（湖南）、宜昌（湖北）、蚌埠（安徽）、金华（浙江）、盐城（江苏）
较弱驱动力	铜陵市（安徽）、鹰潭市（江西）、连云港市（江苏）、淮安市（江苏）、滁州市（安徽）、黄石市（湖北）、岳阳市（湖南）、宣城市（安徽）、自贡市（四川）、衢州市（浙江）、德阳市（四川）、新余市（江西）、衡阳市（湖南）、萍乡市（江西）、益阳市（湖南）、郴州市（湖南）、赣州市（江西）、池州市（安徽）、荆门市（湖北）、九江市（江西）、丽水市（浙江）、景德镇市（江西）、遵义市（贵州）、咸宁市（湖北）、吉安市（江西）、攀枝花市（四川）、宜春市（江西）、永州市（湖南）、娄底市（湖南）、怀化市（湖南）
弱驱动力	孝感市（湖北）、玉溪市（云南）、淮北市（安徽）、眉山市（四川）、黄山市（安徽）、雅安市（四川）、宿迁市（江苏）、宜宾市（四川）、随州市（湖北）、邵阳市（湖南）、十堰市（湖北）、南充市（四川）、安庆市（安徽）、上饶市（江西）、抚州市（江西）、乐山市（四川）、铜仁市（贵州）、荆州市（湖北）、六安市（安徽）、鄂州市（湖北）、内江市（四川）、阜阳市（安徽）、亳州市（安徽）、安顺市（贵州）、泸州市（四川）、淮南市（安徽）、遂宁市（四川）、资阳市（四川）、六盘水市（贵州）、毕节市（贵州）、广安市（四川）、广元市（四川）、丽江市（云南）、宿州市（安徽）、曲靖市（云南）、黄冈市（湖北）、张家界市（湖南）、达州市（四川）、保山市（云南）、普洱市（云南）、昭通市（云南）、临沧市（云南）、巴中市（四川）

资料来源：根据指标测算得到，详细排名与得分见附录。

长江经济带科技创新驱动力总体呈现上游地区 < 中游地区 < 下游地区的梯度化空间分异特征。上、中、下游地区科技创新驱动力的平均指数值分别为0.086、0.118、0.177，下游地区的科技创新驱动力明显强于上、中游地区。长江上、中游地区科技创新驱动力较强的城市主要集中在成渝城市群和长江中游城市群，黔中和滇中城市群的科技创新驱动力整体较弱。三大城市群之间的比较结果与上述区域等级差异一致，成渝城市群（0.105）和长江中游城市群（0.128）的科技创新综合驱动力明显弱于长三角核心城市群（0.225）。位于金字塔顶端的16个较强和强驱动力城市中，长三角城市群有11个之多，长江中游城市群以武汉和长沙为首，成渝城市群以成都和重庆为首。

（二）长江经济带科技创新驱动力分系统评价

投入驱动力、载体驱动力的城市排名情况与综合驱动力类似，长江下游核心城市排名靠前，中西部核心城市在产出驱动力方面跻身前列，而绩效驱动力的城市排名情况与综合驱动力的差异稍大，部分中小城市的排名大幅提升。在科技创新分系统驱动力的城市排名中，排名靠后的几乎都是长江中上游地区经济发展水平相对较低的中小城市，排名居前的则主要是长三角地区城市。投入驱动力排前5位的城市是上海（0.677）、武汉（0.579）、苏州（0.468）、杭州（0.396）和长沙（0.393），载体驱动力排前5位的城市是上海（0.759）、南京（0.479）、合肥（0.472）、武汉（0.458）、苏州（0.409），产出驱动力排前5位的城市是武汉（0.685）、上海（0.635）、南京（0.529）、苏州（0.471）、长沙（0.432），绩效驱动力排前5位的城市是常德（0.512）、长沙（0.490）、南京（0.422）、武汉（0.394）、杭州（0.360）。

城市科技创新驱动力分系统的空间分布也存在与综合驱动力相似的上中下游梯度性差异。投入驱动力与综合驱动力的空间格局最为相似，投入驱动力较强的城市主要集中在长三角地区，以及长江中上游城市群的省会城市，但高投入并不一定带来高产出，产出驱动力的高值区相较于投入驱动力而言更为集聚，主要集中在长江经济带的核心节点城市。与投入与产出驱动力相比，载体驱动力的空间集中度更高，受区域经济发展水平和行政因素的影响，科技创新资源具有天然的区域非均衡性，主要集中在省会城市。绩效驱动力的空间格局则相对均衡，相较于长江中游和成渝城市群，长三角城市群的绩效优势并不明显，一方面是因为一些科技创新投入较低的城市，其产出的边际值较大，另一方面也表明在持续高投入背景下，上海、重庆、宁波、无锡、南通等城市已显现科技创新的边际产出下降趋势。

（三）长江经济带科技创新驱动力分系统的耦合协调评价

长江经济带绝大多数城市的科技创新驱动力分系统都处于耦合状态（$C>0.6$），表明分系统之间的相互作用力较强，低耦合度城市（$C<0.6$）主要集中在四川、云南、贵州和湘西地区。长江经济带有近一半的城市为高耦合度城市（$C>0.8$），主要集中在长三角省市、江西、湖北等长江中下游地区，而中耦合度城市（$0.6<C<0.7$）和较高耦合度城市（$0.7<C<0.8$）主要分布在四川、湖南等长江中上游地区。因此，耦合度并不能完全反映城市科技创新驱动力，但总体而言，高耦合度城市的科技创新综合驱动力普遍较强，而科技创新驱动力较弱的城市几乎都处于低水平耦合状态，表明长江经济带城市科技创新驱动力分系统之间普遍存在较强的相互作用，而且这种相互作用对总体科技创新表现的影响是积极的。这相较于此前研究结果有较大改善，当高耦合度城市的科技创新综合驱动力较弱，表明城市科技创新驱动力分系统之间是低水平耦合，而中耦合度和较低耦合度城市的科技创新综合驱动力较强，表明尽管分系统的相互作用程度一般，但由于分系统自身实力都较强，这种积极作用大于互动关系偏弱所带来的抑制作用，而推动科技创新综合驱动力提升的效率受限。

为了克服耦合度的局限性，更客观、准确地揭示城市科技创新驱动力分系统之间的耦合效应，进一步考察耦合协调度指标。根据指标值的划分类型标准，长江经济带目前没有高度协调城市（D＞0.8），表明城市的科技创新驱动力分系统之间没有呈现高效的协同关系。耦合协调度与耦合度的空间分布格局基本相似，这与此前研究中表现出的存在明显的反向关系有很大不同。科技创新综合驱动力较强的城市基本处在中度协调阶段，其中，上海（0.768）、武汉（0.733）、南京（0.668）、苏州（0.641）、杭州（0.632）、长沙（0.621）、合肥（0.605）、成都（0.598）、无锡（0.529）、宁波（0.520）、重庆（0.511）处于中度协调阶段，南通（0.484）、芜湖（0.461）、常州（0.465）、芜湖（0.461）、南昌（0.443）、嘉兴（0.438）、扬州（0.435）、镇江（0.426）、贵阳（0.412）、绍兴（0.407）、徐州（0.406）、昆明（0.403）处于基本协调阶段，而其他城市处在中度或严重失调阶段。根据累计循环因果关系，对于科技创新综合驱动力原本就强的城市而言，科技创新驱动力分系统的协调发展，将进一步推动科技创新综合驱动力提升，而对于科技创新综合驱动力原本就弱的城市而言，科技创新驱动力分系统的失调将进一步阻碍科技创新综合驱动力提升，表明长江经济带城市科技创新驱动力的两极化将进一步加剧。

（四）基于耦合协调的长江经济带城市科技创新驱动力类型划分

基于2018年和2019年长江经济带城市科技创新驱动力系统内部耦合度和协调度的计算结果，采用上文设置的基于耦合协调度的城市科技创新驱动力类型矩阵，可将长江经济带110个城市落于不同的象限，划分为4种科技创新驱动力类型进行比较分析（见图1）。①

类型Ⅰ：低度耦合—协调城市。这类城市的分系统发展存在短板，即某一分系统的能力相对其他分系统而言偏弱，偏弱的分系统对其他分系统产生一定的抑制作用，但由于其他分系统能力较强，城市的科技创新综合

① 之所以与2018年进行比较分析，是因为根据持续追踪研究发现2018年以前的结果比较相似，而2019年结果与此前研究存在较大差异。

驱动力表现依然强劲。从 2018 年的结果看，类型Ⅰ城市包括上海、苏州、无锡、常州、镇江。而 2019 年，长江经济带已没有类型Ⅰ城市，原有类型Ⅰ城市主要通过在科技创新载体和绩效方面进行补短板，跃升至类型Ⅱ城市。

类型Ⅱ：良好耦合—协调城市。这类城市的科技创新综合驱动力表现优异，同时各项分系统能力较强且发展均衡，因此城市的科技创新驱动系统处于较为有序状态。根据累积因果关系，科技创新驱动力分系统之间的良性互动关系，将有益于城市科技创新综合驱动力的表现。2018 年，类型Ⅱ城市包括南京、武汉、杭州、长沙、合肥、成都、重庆、宁波、南通、芜湖，这些城市在第一象限中基本都沿着分界线分布，表明尽管这些城市科技创新驱动力分系统的耦合度高于类型Ⅰ城市，但大部分还未达到 0. 8 以上的高耦合状态。而 2019 年，类型Ⅱ城市数量从 10 个增加至 22 个，新增城市中除了类型Ⅰ跃升至类型Ⅱ外，还有从类型Ⅲ跃升至类型Ⅱ的城市，包括扬州、南昌、嘉兴、徐州、贵阳、昆明、绍兴。同时，这些城市在 2019 年基本都达到了高耦合状态。

类型Ⅲ：良好耦合—失调城市。类型Ⅲ的城市基数最大，表明长江经济带的多数城市的科技创新综合驱动力水平较低，尽管科技创新驱动力分系统之间存在较强相互作用，但由于分系统各自的驱动力偏弱，这种相互作用是低水平的相互抑制关系。与往年相比，2019 年类型Ⅲ的城市数量有所下降，表明长江经济带城市科技创新驱动力整体上升显著。同时也发现，2018 年，南昌、徐州、昆明、嘉兴、扬州、泰州、绍兴、贵阳的耦合协调度大于 0. 35，接近中度协调水平，如能进一步提升综合驱动力表现，将是潜在的良好耦合—协调城市，特别是昆明、贵阳、南昌的发展将推动长江上中游地区形成更多元的增长极。如前文所述，在 2019 年长江经济带科技创新驱动力分系统耦合协调矩阵中，这些城市中除泰州外，无一例外地跻身良好耦合—协调城市，而泰州也十分接近实现城市类型跃升，协调度达到 0. 391。

类型Ⅳ：低度耦合—失调城市。2018 年这类城市数量较少，仅包括铜仁、丽江、临沧、资阳、昭通、巴中，属于长江经济带中经济发展水平偏低的西部地区城市，科技创新基础普遍薄弱、科技创新综合驱动力水平不高，而且科技创新驱动力分系统不仅发展水平低，而且综合系统发育不健全，分系统间未能有效建立互动关系。类型Ⅳ与类型Ⅲ城市在本质上类似，科技创新分系统驱动力都较弱，导致科技创新综合驱动力发展受限。而2019年，类型Ⅳ城市数量激增至31个，这些城市大多分布在长江中上游地区。从图1可以看出，一方面，类型Ⅱ、Ⅲ城市数量增长，反映了长江经济带城市内部科技创新驱动力分系统的耦合—协调性出现两极分化态势；但另一方面，这也表明长江经济带城市科技创新驱动力不断增强，城市从类型Ⅲ向类型Ⅳ迁移的现象说明这些城市的科技创新综合驱动力虽然仍较弱，但在个别分系统上已有明显进步，导致与其他分系统出现了低耦合状态。

三　结论与建议

本报告基于投入—产出—载体—绩效的科技创新驱动力系统框架，对长江经济带110个城市的2019年科技创新驱动力进行了测度分析，并揭示其系统内部的耦合协调性，进而对城市科技创新驱动力的发展类型进行识别和划分，主要结论如下：（1）从科技创新综合驱动力看，长江经济带城市间科技创新驱动力差异较大，城市等级呈金字塔形结构，并存在上游地区＜中游地区＜下游地区的梯度化空间分异特征，科技创新驱动力较强的城市主要集中分布在长三角城市群、长江中游城市群和成渝城市群；（2）从科技创新分系统驱动力看，投入驱动力呈现与综合驱动力相似的空间分布特征，产出和载体驱动力的空间分布比投入驱动力更为集中，而绩效驱动力的空间分布则相对均衡，部分高投入城市的科技创新边际产出已显现下滑趋势；（3）从耦合协调度看，城市科技创新驱动力分系统大多处于低水平耦合状态，并没有高度协调城市，同时科技创新综合驱动力较强的城市耦合协调度也优于其他城市，表明长江经济带科技创新驱动力发展

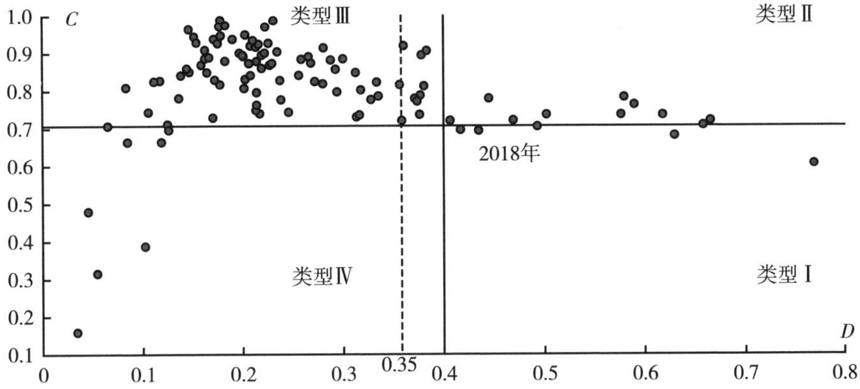

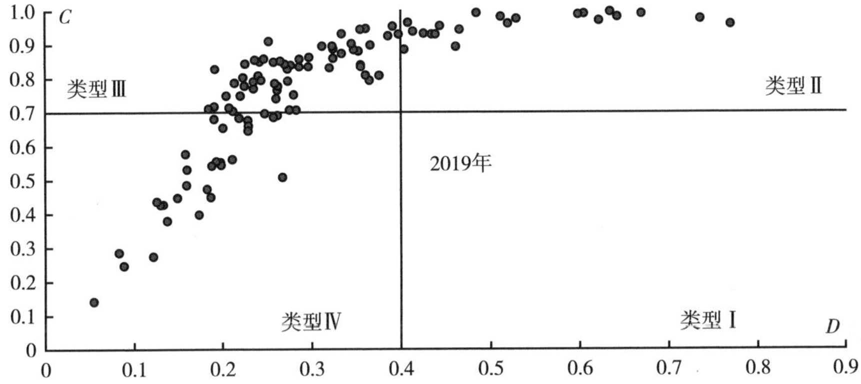

图1　2018年和2019年长江经济带科技创新驱动力分系统耦合协调矩阵

存在马太效应；（4）从城市科技创新驱动力类型看，大部分城市为良好耦合—失调型，表明城市科技创新驱动力系统已建立良好互动关系，但仍需进一步提升能力，也反映了长江经济带区域协同创新的基础还比较薄弱，低度耦合—失调城市则需首先建立和完善科技创新驱动力系统，低度耦合—协调城市的科技创新驱动力系统内部存在明显短板，良好耦合—协调城市的科技创新驱动力系统比较成熟，但仍有较大提升空间。重要的是，与前期研究结果相比，良好耦合—失调型城市有同时向良好耦合—协调和低度耦合—失调跃迁的趋势，反映了长江经济带城市科技创新驱动力不断提升，科技创新综合驱动力强的城市不断弥补短板，更大程度地发挥综合性优势，而科技创新综合驱动力较弱城市也在积蓄力量锻造长板，尽管可能会造成城市内部科技创新驱动力分系统之间的低度耦合现象，但从长江经济带整体而言，中小城市聚焦地方优势，打造有特色的科技创新力量，龙头城市发挥引领作用，共同推动区域协同创新，是推动长江经济带科技创新发展的正确路径。

基于本研究，长江经济带科技创新驱动力的城市间差异较大并有进一步扩大趋势，为此头部城市的科技创新引领作用尤为关键。上海等头部城市集聚了大量的科技创新资源，并且已出现边际产出下降而影响科技创新绩效的状况，表明头部城市的科技创新资源亟须向周边区域溢出，不仅是为了提升区域整体的科技创新资源均衡性，也是为了缓解资源过度集聚导致的低效益问题。头部城市可以通过加强高校、科研机构及大型科技基础设施等科技创新资源的区域共享共建，并构建利益共享机制推动跨区域合作创新，尤其是向绩效表现较好的邻近城市转移部分已饱和的科技创新资源，提升科技创新溢出效应和本地科技创新产出效益。同时，城市科技创新驱动力较强且系统内部比较协调的城市，尽管依靠自身就能形成良好的科技创新驱动力发展条件，但研究也发现这些城市的科技创新驱动力系统内部仍有不足之处，在区域一体化及协同发展战略下，仍应通过加强区域合作，在补短板的同时也要充分发挥引领作用。而在科技创新驱动力的某些方面有明显短板的城市则更应该加强区域协同创新，通过发挥长板效应形成错位发展和区域科技创新一体化。此外，多数科技创新驱动力还较弱的城市，首要举措是加强自身科技创新驱动力系统建设，并积极参与区域协同创新，通过引进、吸收外部资源来提升本地科技创新驱动力。因此，为推动长江经济带创新转型和区域绿色发展，不同类型城市的科技创新发展方向、合作模式及协同路径需要区别对待，并且有待进一步明确，这也是下一步研究需要深入探讨的。

附录

附表 1　2019 年长江经济带 110 个城市科技创新驱动力综合指数及排名

排名	城市	综合指数	排名	城市	综合指数
1	上海市	0.615	33	常德市（湖南）	0.140
2	武汉市（湖北）	0.549	34	宜昌市（湖北）	0.137
3	南京市（江苏）	0.451	35	蚌埠市（安徽）	0.135
4	苏州市（江苏）	0.420	36	金华市（浙江）	0.134
5	杭州市（浙江）	0.401	37	盐城市（江苏）	0.130
6	长沙市（湖南）	0.397	38	铜陵市（安徽）	0.127
7	合肥市（安徽）	0.370	39	鹰潭市（江西）	0.123
8	成都市（四川）	0.362	40	连云港市（江苏）	0.122
9	无锡市（江苏）	0.287	41	淮安市（江苏）	0.120
10	宁波市（浙江）	0.280	42	滁州市（安徽）	0.119
11	重庆市	0.266	43	黄石市（湖北）	0.116
12	芜湖市（安徽）	0.238	44	岳阳市（湖南）	0.112
13	南通市（江苏）	0.235	45	宣城市（安徽）	0.108
14	常州市（江苏）	0.228	46	自贡市（四川）	0.106
15	嘉兴市（浙江）	0.206	47	衢州市（浙江）	0.105
16	南昌市（江西）	0.206	48	德阳市（四川）	0.104
17	扬州市（江苏）	0.203	49	新余市（江西）	0.102
18	镇江市（江苏）	0.194	50	衡阳市（湖南）	0.098
19	昆明市（云南）	0.184	51	萍乡市（江西）	0.097
20	贵阳市（贵州）	0.181	52	益阳市（湖南）	0.096
21	湘潭市（湖南）	0.174	53	郴州市（湖南）	0.095
22	绍兴市（浙江）	0.172	54	赣州市（江西）	0.095
23	徐州市（江苏）	0.171	55	池州市（安徽）	0.094
24	湖州市（浙江）	0.169	56	荆门市（湖北）	0.091
25	绵阳市（四川）	0.166	57	九江市（江西）	0.091
26	温州市（浙江）	0.161	58	丽水市（浙江）	0.089
27	泰州市（江苏）	0.160	59	景德镇市（江西）	0.089
28	株洲市（湖南）	0.160	60	遵义市（贵州）	0.088
29	襄阳市（湖北）	0.151	61	咸宁市（湖北）	0.088
30	台州市（浙江）	0.149	62	吉安市（江西）	0.086
31	马鞍山市（安徽）	0.149	63	攀枝花市（四川）	0.084
32	舟山市（浙江）	0.141	64	宜春市（江西）	0.082

续表

排名	城市	综合指数	排名	城市	综合指数
65	永州市(湖南)	0.081	88	内江市(四川)	0.063
66	娄底市(湖南)	0.079	89	阜阳市(安徽)	0.062
67	怀化市(湖南)	0.079	90	亳州市(安徽)	0.061
68	孝感市(湖北)	0.078	91	安顺市(贵州)	0.060
69	玉溪市(云南)	0.077	92	泸州市(四川)	0.059
70	淮北市(安徽)	0.077	93	淮南市(安徽)	0.058
71	眉山市(四川)	0.075	94	遂宁市(四川)	0.055
72	黄山市(安徽)	0.074	95	资阳市(四川)	0.054
73	雅安市(四川)	0.073	96	六盘水市(贵州)	0.053
74	宿迁市(江苏)	0.072	97	毕节市(贵州)	0.053
75	宜宾市(四川)	0.071	98	广安市(四川)	0.051
76	随州市(湖北)	0.071	99	广元市(四川)	0.049
77	邵阳市(湖南)	0.070	100	丽江市(云南)	0.049
78	十堰市(湖北)	0.070	101	宿州市(安徽)	0.048
79	南充市(四川)	0.070	102	曲靖市(云南)	0.047
80	安庆市(安徽)	0.070	103	黄冈市(湖北)	0.044
81	上饶市(江西)	0.069	104	张家界市(湖南)	0.043
82	抚州市(江西)	0.068	105	达州市(四川)	0.041
83	乐山市(四川)	0.067	106	保山市(云南)	0.040
84	铜仁市(贵州)	0.065	107	普洱市(云南)	0.036
85	荆州市(湖北)	0.065	108	昭通市(云南)	0.032
86	六安市(安徽)	0.065	109	临沧市(云南)	0.024
87	鄂州市(湖北)	0.064	110	巴中市(四川)	0.021

资料来源：笔者根据指标体系计算所得。

附表 2　2019 年长江经济带 110 个城市科技创新投入指数及排名

一级指标排序	城市	一级指标得分	二级指标		
			科技研发投入	人力资源投入	创新基础投入
1	上海市	0.677	0.803(1)	0.440(4)	0.901(1)
2	武汉市(湖北)	0.579	0.463(3)	0.768(1)	0.435(5)
3	苏州市(江苏)	0.468	0.480(2)	0.424(5)	0.531(2)
4	杭州市(浙江)	0.396	0.444(4)	0.334(8)	0.425(8)
5	长沙市(湖南)	0.393	0.266(14)	0.533(2)	0.368(9)

续表

一级指标排序	城市	一级指标得分	二级指标		
			科技研发投入	人力资源投入	创新基础投入
6	成都市(四川)	0.379	0.349(7)	0.445(3)	0.308(13)
7	南京市(江苏)	0.373	0.382(6)	0.302(11)	0.495(3)
8	宁波市(浙江)	0.338	0.330(8)	0.303(10)	0.427(7)
9	无锡市(江苏)	0.338	0.326(9)	0.303(9)	0.429(6)
10	合肥市(安徽)	0.322	0.410(5)	0.241(15)	0.308(14)
11	重庆市	0.316	0.271(12)	0.278(12)	0.482(4)
12	常州市(江苏)	0.273	0.261(15)	0.254(13)	0.336(10)
13	南昌市(江西)	0.258	0.163(30)	0.356(7)	0.251(21)
14	绍兴市(浙江)	0.246	0.266(13)	0.203(17)	0.294(16)
15	昆明市(云南)	0.242	0.134(39)	0.356(6)	0.230(26)
16	南通市(江苏)	0.237	0.251(16)	0.181(20)	0.320(11)
17	嘉兴市(浙江)	0.235	0.231(18)	0.204(16)	0.303(15)
18	芜湖市(安徽)	0.226	0.313(11)	0.143(28)	0.218(31)
19	镇江市(江苏)	0.224	0.226(19)	0.189(19)	0.292(17)
20	绵阳市(四川)	0.219	0.326(10)	0.161(23)	0.121(70)
21	贵阳市(贵州)	0.209	0.148(35)	0.250(14)	0.250(22)
22	扬州市(江苏)	0.194	0.191(23)	0.154(26)	0.277(20)
23	湖州市(浙江)	0.192	0.187(25)	0.152(27)	0.284(19)
24	温州市(浙江)	0.182	0.155(32)	0.179(21)	0.241(24)
25	泰州市(江苏)	0.179	0.205(20)	0.132(30)	0.221(27)
26	台州市(浙江)	0.177	0.164(29)	0.156(24)	0.247(23)
27	宜昌市(湖北)	0.174	0.155(33)	0.171(22)	0.219(29)
28	金华市(浙江)	0.171	0.152(34)	0.155(25)	0.240(25)
29	湘潭市(湖南)	0.170	0.158(31)	0.197(18)	0.139(60)
30	鹰潭市(江西)	0.167	0.243(17)	0.081(40)	0.187(39)
31	徐州市(江苏)	0.161	0.192(22)	0.102(33)	0.215(32)
32	盐城市(江苏)	0.159	0.176(27)	0.111(32)	0.221(28)
33	株洲市(湖南)	0.147	0.189(24)	0.101(34)	0.153(48)
34	马鞍山市(安徽)	0.141	0.184(26)	0.089(38)	0.158(46)
35	丽水市(浙江)	0.128	0.096(55)	0.080(41)	0.288(18)
36	襄阳市(湖北)	0.125	0.147(36)	0.072(44)	0.188(38)
37	舟山市(浙江)	0.124	0.075(65)	0.078(42)	0.313(12)
38	黄石市(湖北)	0.123	0.096(54)	0.141(29)	0.142(57)
39	铜陵市(安徽)	0.123	0.196(21)	0.057(53)	0.107(79)

续表

一级指标排序	城市	一级指标得分	二级指标		
			科技研发投入	人力资源投入	创新基础投入
40	蚌埠市(安徽)	0.121	0.175(28)	0.063(47)	0.132(63)
41	衢州市(浙江)	0.117	0.116(45)	0.068(45)	0.219(30)
42	连云港市(江苏)	0.113	0.137(38)	0.059(51)	0.175(40)
43	新余市(江西)	0.112	0.105(51)	0.090(37)	0.170(43)
44	景德镇市(江西)	0.112	0.112(47)	0.090(35)	0.152(51)
45	德阳市(四川)	0.111	0.134(40)	0.090(36)	0.107(81)
46	淮安市(江苏)	0.107	0.121(42)	0.059(50)	0.174(42)
47	宣城市(安徽)	0.106	0.142(37)	0.056(55)	0.134(61)
48	滁州市(安徽)	0.104	0.124(41)	0.055(56)	0.160(45)
49	宿迁市(江苏)	0.100	0.120(43)	0.054(57)	0.153(50)
50	十堰市(湖北)	0.097	0.090(57)	0.082(39)	0.142(56)
51	宜春市(江西)	0.095	0.117(44)	0.045(63)	0.153(49)
52	荆门市(湖北)	0.095	0.111(49)	0.072(43)	0.108(78)
53	赣州市(江西)	0.093	0.096(53)	0.041(67)	0.190(37)
54	雅安市(四川)	0.089	0.064(73)	0.114(31)	0.089(96)
55	九江市(江西)	0.088	0.083(62)	0.039(70)	0.198(33)
56	衡阳市(湖南)	0.085	0.102(52)	0.063(46)	0.095(89)
57	岳阳市(湖南)	0.082	0.112(48)	0.038(71)	0.113(75)
58	玉溪市(云南)	0.082	0.059(76)	0.058(52)	0.174(41)
59	鄂州市(湖北)	0.080	0.057(81)	0.045(64)	0.197(35)
60	孝感市(湖北)	0.080	0.108(50)	0.053(58)	0.078(101)
61	宜宾市(四川)	0.075	0.063(74)	0.051(59)	0.147(52)
62	萍乡市(江西)	0.075	0.086(59)	0.029(82)	0.147(53)
63	怀化市(湖南)	0.073	0.113(46)	0.023(89)	0.096(88)
64	安庆市(安徽)	0.072	0.083(60)	0.032(76)	0.132(64)
65	咸宁市(湖北)	0.072	0.057(80)	0.062(48)	0.123(68)
66	攀枝花市(四川)	0.072	0.054(82)	0.047(62)	0.158(47)
67	黄山市(安徽)	0.072	0.086(58)	0.035(74)	0.115(73)
68	吉安市(江西)	0.071	0.067(70)	0.040(69)	0.141(58)
69	荆州市(湖北)	0.070	0.071(69)	0.060(49)	0.086(100)
70	抚州市(江西)	0.070	0.082(63)	0.034(75)	0.116(71)
71	益阳市(湖南)	0.069	0.090(56)	0.043(65)	0.076(103)
72	六盘水市(贵州)	0.067	0.058(78)	0.026(85)	0.169(44)
73	自贡市(四川)	0.067	0.072(68)	0.049(60)	0.094(90)

续表

一级指标排序	城市	一级指标得分	二级指标		
			科技研发投入	人力资源投入	创新基础投入
74	遵义市(贵州)	0.067	0.039(91)	0.029(81)	0.198(34)
75	郴州市(湖南)	0.064	0.079(64)	0.023(91)	0.116(72)
76	淮北市(安徽)	0.064	0.059(77)	0.056(54)	0.089(95)
77	铜仁市(贵州)	0.063	0.042(89)	0.016(98)	0.196(36)
78	永州市(湖南)	0.062	0.074(67)	0.031(79)	0.103(83)
79	上饶市(江西)	0.062	0.065(72)	0.025(86)	0.130(65)
80	泸州市(四川)	0.062	0.044(88)	0.043(66)	0.134(62)
81	娄底市(湖南)	0.061	0.083(61)	0.026(84)	0.086(98)
82	六安市(安徽)	0.059	0.075(66)	0.022(92)	0.100(84)
83	池州市(安徽)	0.059	0.065(71)	0.026(83)	0.112(76)
84	毕节市(贵州)	0.056	0.058(79)	0.010(105)	0.143(55)
85	安顺市(贵州)	0.054	0.049(86)	0.017(97)	0.140(59)
86	淮南市(安徽)	0.052	0.063(75)	0.031(77)	0.071(107)
87	曲靖市(云南)	0.051	0.035(93)	0.029(80)	0.128(67)
88	乐山市(四川)	0.051	0.038(92)	0.035(73)	0.107(80)
89	眉山市(四川)	0.050	0.035(94)	0.041(68)	0.096(87)
90	丽江市(云南)	0.049	0.021(103)	0.047(61)	0.111(77)
91	黄冈市(湖北)	0.049	0.053(83)	0.021(93)	0.097(86)
92	常德市(湖南)	0.049	0.025(99)	0.035(72)	0.123(69)
93	阜阳市(安徽)	0.046	0.052(85)	0.017(96)	0.093(92)
94	内江市(四川)	0.043	0.022(101)	0.014(100)	0.144(54)
95	临沧市(云南)	0.039	0.017(106)	0.024(88)	0.115(74)
96	邵阳市(湖南)	0.039	0.046(87)	0.015(99)	0.075(104)
97	随州市(湖北)	0.038	0.052(84)	0.011(102)	0.066(109)
98	保山市(云南)	0.038	0.017(105)	0.031(78)	0.093(91)
99	遂宁市(四川)	0.037	0.033(95)	0.023(90)	0.075(105)
100	南充市(四川)	0.036	0.020(104)	0.025(87)	0.093(93)
101	亳州市(安徽)	0.036	0.042(90)	0.010(106)	0.078(102)
102	张家界市(湖南)	0.035	0.028(97)	0.011(103)	0.099(85)
103	宿州市(安徽)	0.034	0.032(96)	0.011(104)	0.086(99)
104	广安市(四川)	0.034	0.012(107)	0.007(109)	0.130(66)
105	广元市(四川)	0.031	0.022(102)	0.012(101)	0.088(97)
106	达州市(四川)	0.031	0.022(100)	0.018(95)	0.072(106)
107	普洱市(云南)	0.029	0.008(108)	0.020(94)	0.090(94)

续表

一级指标排序	城市	一级指标得分	二级指标		
			科技研发投入	人力资源投入	创新基础投入
108	昭通市(云南)	0.024	0.001(110)	0.009(108)	0.103(82)
109	资阳市(四川)	0.023	0.027(98)	0.010(107)	0.043(110)
110	巴中市(四川)	0.017	0.008(109)	0.002(110)	0.066(108)

注：括号中是二级指标排名。

资料来源：笔者根据指标体系计算所得。

附表3　2019年长江经济带110个城市科技创新载体指数及排名

一级指标排序	城市	一级指标得分	二级指标		
			科技研发载体	高新产业载体	创新培育载体
1	上海市	0.759	0.877(1)	0.356(5)	1.000(1)
2	南京市(江苏)	0.479	0.552(3)	0.292(7)	0.471(5)
3	合肥市(安徽)	0.472	0.624(2)	0.185(12)	0.206(12)
4	武汉市(湖北)	0.458	0.445(4)	0.477(2)	0.490(4)
5	苏州市(江苏)	0.409	0.199(10)	0.846(1)	0.677(2)
6	杭州市(浙江)	0.405	0.385(5)	0.377(4)	0.601(3)
7	重庆市	0.281	0.269(7)	0.295(6)	0.329(6)
8	成都市(四川)	0.277	0.312(6)	0.168(17)	0.322(7)
9	长沙市(湖南)	0.256	0.267(8)	0.243(9)	0.211(11)
10	昆明市(云南)	0.211	0.211(9)	0.213(10)	0.206(13)
11	南通市(江苏)	0.191	0.105(21)	0.415(3)	0.187(14)
12	无锡市(江苏)	0.186	0.177(11)	0.160(19)	0.303(8)
13	南昌市(江西)	0.161	0.154(13)	0.175(14)	0.175(16)
14	宁波市(浙江)	0.160	0.167(12)	0.117(27)	0.223(10)
15	贵阳市(贵州)	0.124	0.128(15)	0.122(26)	0.099(23)
16	盐城市(江苏)	0.120	0.119(18)	0.099(33)	0.178(15)
17	绍兴市(浙江)	0.119	0.099(24)	0.199(11)	0.044(30)
18	泰州市(江苏)	0.116	0.102(23)	0.158(20)	0.104(22)
19	徐州市(江苏)	0.115	0.123(16)	0.078(40)	0.149(18)
20	扬州市(江苏)	0.113	0.129(14)	0.063(45)	0.131(20)
21	常州市(江苏)	0.111	0.123(17)	0.020(76)	0.262(9)
22	宿迁市(江苏)	0.105	0.095(25)	0.167(18)	0.013(57)
23	宜昌市(湖北)	0.102	0.050(55)	0.254(8)	0.062(26)
24	镇江市(江苏)	0.101	0.114(19)	0.054(48)	0.134(19)

续表

一级指标排序	城市	一级指标得分	二级指标		
			科技研发载体	高新产业载体	创新培育载体
25	温州市(浙江)	0.100	0.114(20)	0.069(43)	0.093(24)
26	赣州市(江西)	0.095	0.071(36)	0.175(13)	0.050(29)
27	连云港市(江苏)	0.092	0.072(34)	0.169(16)	0.030(38)
28	淮安市(江苏)	0.092	0.086(28)	0.131(23)	0.028(40)
29	嘉兴市(浙江)	0.091	0.088(27)	0.075(41)	0.157(17)
30	金华市(浙江)	0.086	0.074(32)	0.142(21)	0.031(36)
31	芜湖市(安徽)	0.086	0.086(29)	0.102(31)	0.042(31)
32	湖州市(浙江)	0.083	0.072(35)	0.100(32)	0.114(21)
33	抚州市(江西)	0.078	0.103(22)	0.033(64)	0.027(42)
34	曲靖市(云南)	0.072	0.058(46)	0.129(24)	0.020(48)
35	马鞍山市(安徽)	0.071	0.082(30)	0.054(49)	0.040(32)
36	黄石市(湖北)	0.068	0.036(71)	0.172(15)	0.020(47)
37	蚌埠市(安徽)	0.068	0.090(26)	0.028(69)	0.021(44)
38	滁州市(安徽)	0.060	0.073(33)	0.042(57)	0.020(46)
39	宣城市(安徽)	0.060	0.049(58)	0.111(29)	0.005(72)
40	安庆市(安徽)	0.059	0.050(56)	0.097(34)	0.028(41)
41	萍乡市(江西)	0.058	0.071(37)	0.047(55)	0.003(82)
42	绵阳市(四川)	0.056	0.053(51)	0.061(46)	0.068(25)
43	池州市(安徽)	0.054	0.045(60)	0.094(35)	0.013(59)
44	吉安市(江西)	0.053	0.061(43)	0.048(54)	0.018(54)
45	舟山市(浙江)	0.053	0.081(31)	0.000(86)	0.005(78)
46	鹰潭市(江西)	0.052	0.070(38)	0.025(72)	0.004(79)
47	九江市(江西)	0.051	0.063(40)	0.025(71)	0.039(33)
48	宜春市(江西)	0.050	0.056(47)	0.050(53)	0.003(80)
49	铜陵市(安徽)	0.049	0.060(44)	0.033(63)	0.020(45)
50	新余市(江西)	0.049	0.041(64)	0.082(37)	0.018(51)
51	襄阳市(湖北)	0.049	0.054(49)	0.034(62)	0.055(27)
52	内江市(四川)	0.048	0.019(92)	0.139(22)	0.012(67)
53	衢州市(浙江)	0.048	0.061(42)	0.030(67)	0.011(69)
54	孝感市(湖北)	0.048	0.047(59)	0.066(44)	0.012(62)
55	十堰市(湖北)	0.044	0.054(48)	0.030(65)	0.015(55)
56	台州市(浙江)	0.044	0.065(39)	0.000(87)	0.019(50)
57	湘潭市(湖南)	0.043	0.041(65)	0.053(51)	0.035(35)
58	丽水市(浙江)	0.042	0.063(41)	0.005(83)	0.001(89)

续表

一级指标排序	城市	一级指标得分	二级指标		
			科技研发载体	高新产业载体	创新培育载体
59	自贡市(四川)	0.042	0.022(88)	0.103(30)	0.012(64)
60	宜宾市(四川)	0.041	0.031(77)	0.081(38)	0.005(73)
61	黄山市(安徽)	0.040	0.059(45)	0.000(89)	0.018(52)
62	景德镇市(江西)	0.040	0.049(57)	0.025(70)	0.020(49)
63	株洲市(湖南)	0.040	0.044(61)	0.029(68)	0.038(34)
64	上饶市(江西)	0.039	0.039(66)	0.054(50)	0.003(81)
65	荆州市(湖北)	0.039	0.053(50)	0.012(79)	0.013(60)
66	咸宁市(湖北)	0.038	0.011(103)	0.122(25)	0.001(90)
67	淮南市(安徽)	0.037	0.050(54)	0.016(78)	0.000(93)
68	玉溪市(云南)	0.037	0.051(52)	0.011(80)	0.005(74)
69	德阳市(四川)	0.035	0.037(69)	0.022(73)	0.055(28)
70	六安市(安徽)	0.035	0.044(62)	0.020(75)	0.013(58)
71	常德市(湖南)	0.035	0.028(80)	0.060(47)	0.013(61)
72	黄冈市(湖北)	0.034	0.038(68)	0.030(66)	0.012(63)
73	随州市(湖北)	0.034	0.023(86)	0.070(42)	0.012(68)
74	遵义市(贵州)	0.033	0.033(76)	0.040(58)	0.018(53)
75	阜阳市(安徽)	0.033	0.051(53)	0.000(90)	0.000(91)
76	安顺市(贵州)	0.030	0.015(99)	0.080(39)	0.003(83)
77	遂宁市(四川)	0.030	0.002(108)	0.113(28)	0.005(76)
78	衡阳市(湖南)	0.029	0.042(63)	0.008(81)	0.000(95)
79	泸州市(四川)	0.029	0.021(89)	0.051(52)	0.025(43)
80	益阳市(湖南)	0.029	0.026(83)	0.046(56)	0.005(77)
81	鄂州市(湖北)	0.029	0.031(78)	0.034(60)	0.000(108)
82	攀枝花市(四川)	0.028	0.027(82)	0.037(59)	0.012(65)
83	郴州市(湖南)	0.027	0.039(67)	0.005(84)	0.008(70)
84	岳阳市(湖南)	0.025	0.034(75)	0.001(85)	0.030(39)
85	永州市(湖南)	0.024	0.037(70)	0.000(95)	0.000(103)
86	亳州市(安徽)	0.023	0.035(73)	0.000(92)	0.005(75)
87	广安市(四川)	0.023	0.003(107)	0.084(36)	0.000(94)
88	宿州市(安徽)	0.023	0.035(72)	0.000(91)	0.000(98)
89	张家界市(湖南)	0.022	0.034(74)	0.000(94)	0.003(87)
90	荆门市(湖北)	0.021	0.019(91)	0.021(74)	0.030(37)
91	娄底市(湖南)	0.020	0.017(96)	0.034(61)	0.006(71)
92	丽江市(云南)	0.020	0.031(79)	0.000(108)	0.000(107)

续表

一级指标排序	城市	一级指标得分	二级指标		
			科技研发载体	高新产业载体	创新培育载体
93	乐山市(四川)	0.019	0.020(90)	0.018(77)	0.012(66)
94	淮北市(安徽)	0.018	0.027(81)	0.000(88)	0.000(92)
95	普洱市(云南)	0.017	0.025(84)	0.000(109)	0.003(86)
96	怀化市(湖南)	0.015	0.023(85)	0.000(96)	0.003(84)
97	昭通市(云南)	0.015	0.023(87)	0.000(107)	0.000(102)
98	六盘水市(贵州)	0.012	0.018(93)	0.000(103)	0.000(97)
99	南充市(四川)	0.012	0.018(94)	0.000(97)	0.000(99)
100	保山市(云南)	0.011	0.017(95)	0.000(106)	0.000(105)
101	雅安市(四川)	0.011	0.017(97)	0.000(100)	0.000(109)
102	邵阳市(湖南)	0.011	0.017(98)	0.000(93)	0.000(101)
103	铜仁市(贵州)	0.010	0.014(100)	0.000(105)	0.015(56)
104	毕节市(贵州)	0.009	0.013(101)	0.000(104)	0.000(106)
105	临沧市(云南)	0.009	0.013(102)	0.000(110)	0.000(110)
106	广元市(四川)	0.006	0.006(106)	0.008(82)	0.000(100)
107	眉山市(四川)	0.005	0.007(104)	0.000(98)	0.003(85)
108	达州市(四川)	0.004	0.006(105)	0.000(99)	0.003(88)
109	资阳市(四川)	0.001	0.001(109)	0.000(102)	0.000(104)
110	巴中市(四川)	0.000	0.000(110)	0.000(101)	0.000(96)

注：括号中是二级指标排名。
资料来源：笔者根据指标体系计算所得。

附表 4　2019 年长江经济带 110 个城市科技创新产出指数及排名

一级指标排序	城市	一级指标得分	二级指标	
			科技研发成果	成果转化与产业化
1	武汉市(湖北)	0.685	0.783(1)	0.586(5)
2	上海市	0.635	0.559(2)	0.710(2)
3	南京市(江苏)	0.529	0.547(3)	0.510(7)
4	苏州市(江苏)	0.471	0.198(8)	0.745(1)
5	长沙市(湖南)	0.432	0.216(7)	0.648(3)
6	杭州市(浙江)	0.431	0.372(4)	0.491(9)
7	成都市(四川)	0.422	0.231(5)	0.614(4)
8	合肥市(安徽)	0.366	0.219(6)	0.513(6)

续表

一级指标排序	城市	一级指标得分	二级指标	
			科技研发成果	成果转化与产业化
9	无锡市(江苏)	0.314	0.136(9)	0.491(10)
10	芜湖市(安徽)	0.303	0.099(15)	0.508(8)
11	宁波市(浙江)	0.303	0.129(12)	0.476(11)
12	南通市(江苏)	0.262	0.069(25)	0.454(12)
13	常州市(江苏)	0.256	0.094(16)	0.418(13)
14	嘉兴市(浙江)	0.220	0.071(24)	0.369(14)
15	重庆市	0.193	0.131(11)	0.255(19)
16	扬州市(江苏)	0.188	0.079(20)	0.298(17)
17	株洲市(湖南)	0.176	0.117(13)	0.235(22)
18	湘潭市(湖南)	0.171	0.032(35)	0.310(15)
19	徐州市(江苏)	0.170	0.075(22)	0.265(18)
20	镇江市(江苏)	0.167	0.133(10)	0.201(27)
21	舟山市(浙江)	0.159	0.074(23)	0.243(21)
22	襄阳市(湖北)	0.155	0.013(55)	0.298(16)
23	湖州市(浙江)	0.155	0.060(28)	0.251(20)
24	绍兴市(浙江)	0.149	0.092(19)	0.206(24)
25	南昌市(江西)	0.135	0.094(17)	0.176(30)
26	马鞍山市(安徽)	0.132	0.062(26)	0.201(26)
27	台州市(浙江)	0.125	0.077(21)	0.174(31)
28	贵阳市(贵州)	0.124	0.060(27)	0.187(29)
29	泰州市(江苏)	0.119	0.035(32)	0.202(25)
30	铜陵市(安徽)	0.117	0.019(46)	0.214(23)
31	蚌埠市(安徽)	0.112	0.034(33)	0.189(28)
32	温州市(浙江)	0.110	0.110(14)	0.111(43)
33	滁州市(安徽)	0.098	0.027(38)	0.169(32)
34	金华市(浙江)	0.093	0.056(29)	0.130(38)
35	淮安市(江苏)	0.087	0.031(36)	0.144(35)
36	宜昌市(湖北)	0.086	0.028(37)	0.144(34)
37	岳阳市(湖南)	0.086	0.009(74)	0.163(33)
38	绵阳市(四川)	0.084	0.045(30)	0.124(39)
39	宣城市(安徽)	0.079	0.022(43)	0.135(37)
40	黄石市(湖北)	0.073	0.009(72)	0.137(36)
41	昆明市(云南)	0.065	0.092(18)	0.039(82)
42	新余市(江西)	0.063	0.007(79)	0.119(40)

续表

一级指标排序	城市	一级指标得分	二级指标	
			科技研发成果	成果转化与产业化
43	攀枝花市(四川)	0.062	0.027(39)	0.097(49)
44	鹰潭市(江西)	0.061	0.004(92)	0.118(41)
45	荆门市(湖北)	0.061	0.011(61)	0.110(44)
46	萍乡市(江西)	0.059	0.008(76)	0.111(42)
47	连云港市(江苏)	0.059	0.025(41)	0.094(50)
48	盐城市(江苏)	0.058	0.037(31)	0.079(57)
49	池州市(安徽)	0.057	0.005(84)	0.109(45)
50	郴州市(湖南)	0.057	0.007(80)	0.108(46)
51	衢州市(浙江)	0.057	0.032(34)	0.082(56)
52	自贡市(四川)	0.056	0.011(62)	0.100(47)
53	常德市(湖南)	0.053	0.008(75)	0.098(48)
54	吉安市(江西)	0.050	0.010(70)	0.089(52)
55	益阳市(湖南)	0.049	0.005(85)	0.093(51)
56	德阳市(四川)	0.049	0.012(60)	0.086(54)
57	咸宁市(湖北)	0.048	0.011(65)	0.085(55)
58	九江市(江西)	0.048	0.006(81)	0.089(53)
59	衡阳市(湖南)	0.044	0.015(49)	0.074(58)
60	淮北市(安徽)	0.042	0.014(50)	0.070(63)
61	安顺市(贵州)	0.038	0.005(88)	0.072(60)
62	孝感市(湖北)	0.038	0.010(69)	0.067(65)
63	娄底市(湖南)	0.038	0.003(97)	0.074(59)
64	宜春市(江西)	0.038	0.005(86)	0.070(62)
65	丽水市(浙江)	0.038	0.026(40)	0.049(75)
66	鄂州市(湖北)	0.037	0.007(78)	0.068(64)
67	安庆市(安徽)	0.037	0.011(67)	0.064(66)
68	邵阳市(湖南)	0.037	0.002(103)	0.071(61)
69	遵义市(贵州)	0.037	0.021(44)	0.052(72)
70	赣州市(江西)	0.036	0.014(52)	0.059(68)
71	阜阳市(安徽)	0.035	0.016(47)	0.054(71)
72	黄山市(安徽)	0.031	0.011(63)	0.052(73)
73	随州市(湖北)	0.031	0.002(99)	0.059(67)
74	景德镇市(江西)	0.031	0.012(57)	0.049(74)
75	永州市(湖南)	0.030	0.002(100)	0.058(69)
76	上饶市(江西)	0.030	0.003(96)	0.057(70)

续表

一级指标排序	城市	一级指标得分	二级指标	
			科技研发成果	成果转化与产业化
77	十堰市(湖北)	0.029	0.013(54)	0.045(78)
78	宜宾市(四川)	0.029	0.014(51)	0.043(79)
79	亳州市(安徽)	0.026	0.013(53)	0.040(80)
80	遂宁市(四川)	0.026	0.003(94)	0.048(76)
81	广安市(四川)	0.023	0.001(105)	0.045(77)
82	六安市(安徽)	0.023	0.009(73)	0.037(85)
83	抚州市(江西)	0.023	0.006(82)	0.039(81)
84	淮南市(安徽)	0.023	0.015(48)	0.030(90)
85	荆州市(湖北)	0.022	0.013(56)	0.030(87)
86	怀化市(湖南)	0.021	0.004(90)	0.038(84)
87	六盘水市(贵州)	0.021	0.002(98)	0.039(83)
88	眉山市(四川)	0.021	0.011(64)	0.030(88)
89	南充市(四川)	0.020	0.009(71)	0.030(89)
90	宿州市(安徽)	0.019	0.012(58)	0.027(92)
91	资阳市(四川)	0.019	0.004(91)	0.033(86)
92	铜仁市(贵州)	0.018	0.024(42)	0.011(101)
93	内江市(四川)	0.017	0.012(59)	0.023(95)
94	泸州市(四川)	0.017	0.020(45)	0.014(100)
95	雅安市(四川)	0.017	0.011(66)	0.023(94)
96	黄冈市(湖北)	0.016	0.004(93)	0.028(91)
97	乐山市(四川)	0.015	0.006(83)	0.024(93)
98	广元市(四川)	0.013	0.010(68)	0.017(97)
99	宿迁市(江苏)	0.013	0.008(77)	0.018(96)
100	达州市(四川)	0.008	0.001(106)	0.015(99)
101	毕节市(贵州)	0.008	0.001(108)	0.016(98)
102	张家界市(湖南)	0.006	0.002(102)	0.010(103)
103	巴中市(四川)	0.006	0.001(107)	0.011(102)
104	玉溪市(云南)	0.003	0.005(87)	0.002(104)
105	保山市(云南)	0.002	0.004(89)	0.001(108)
106	曲靖市(云南)	0.002	0.003(95)	0.001(107)
107	普洱市(云南)	0.002	0.002(101)	0.002(105)
108	丽江市(云南)	0.001	0.002(104)	0.001(106)
109	昭通市(云南)	0.000	0.000(109)	0.000(109)
110	临沧市(云南)	0.000	0.000(110)	0.000(110)

注：括号中是二级指标排名。

资料来源：笔者根据指标体系计算所得。

附表 5　2019 年长江经济带 110 个城市科技创新绩效指数及排名

一级指标排序	城市	一级指标得分	二级指标	
			投入产出绩效	驱动转型绩效
1	常德市（湖南）	0.512	0.611（1）	0.446（17）
2	长沙市（湖南）	0.490	0.172（6）	0.701（1）
3	南京市（江苏）	0.422	0.232（4）	0.549（3）
4	武汉市（湖北）	0.394	0.101（17）	0.589（2）
5	杭州市（浙江）	0.360	0.115（11）	0.524（5）
6	上海市	0.348	0.092（22）	0.519（6）
7	合肥市（安徽）	0.346	0.062（30）	0.535（4）
8	成都市（四川）	0.331	0.108（14）	0.479（11）
9	扬州市（江苏）	0.331	0.112（13）	0.476（12）
10	绵阳市（四川）	0.321	0.046（35）	0.503（7）
11	湘潭市（湖南）	0.315	0.042（38）	0.497（9）
12	芜湖市（安徽）	0.309	0.024（65）	0.500（8）
13	自贡市（四川）	0.305	0.031（52）	0.487（10）
14	岳阳市（湖南）	0.284	0.024（64）	0.457（14）
15	贵阳市（贵州）	0.283	0.063（28）	0.430（21）
16	襄阳市（湖北）	0.283	0.011（87）	0.465（13）
17	重庆市	0.283	0.094（19）	0.409（25）
18	镇江市（江苏）	0.283	0.104（15）	0.402（27）
19	苏州市（江苏）	0.280	0.033（49）	0.446（18）
20	宁波市（浙江）	0.279	0.026（62）	0.447（16）
21	南昌市（江西）	0.279	0.102（16）	0.396（29）
22	株洲市（湖南）	0.279	0.021（68）	0.450（15）
23	益阳市（湖南）	0.273	0.014（79）	0.445（19）
24	无锡市（江苏）	0.272	0.052（32）	0.418（23）
25	郴州市（湖南）	0.269	0.018（74）	0.436（20）
26	衡阳市（湖南）	0.266	0.096（18）	0.380（36）
27	温州市（浙江）	0.265	0.142（9）	0.346（51）
28	马鞍山市（安徽）	0.265	0.029（57）	0.422（22）
29	眉山市（四川）	0.263	0.403（2）	0.170（101）
30	连云港市（江苏）	0.257	0.036（48）	0.404（26）
31	蚌埠市（安徽）	0.256	0.040（45）	0.400（28）
32	嘉兴市（浙江）	0.256	0.021（69）	0.412（24）
33	南充市（四川）	0.255	0.249（3）	0.259（80）
34	遵义市（贵州）	0.249	0.067（26）	0.371（41）

续表

一级指标排序	城市	一级指标得分	二级指标	
			投入产出绩效	驱动转型绩效
35	台州市(浙江)	0.247	0.030(55)	0.393(32)
36	徐州市(江苏)	0.246	0.093(21)	0.348(50)
37	昆明市(云南)	0.245	0.181(5)	0.288(70)
38	德阳市(四川)	0.245	0.027(58)	0.389(33)
39	池州市(安徽)	0.241	0.011(88)	0.395(31)
40	永州市(湖南)	0.241	0.008(100)	0.396(30)
41	泰州市(江苏)	0.240	0.025(63)	0.383(35)
42	湖州市(浙江)	0.240	0.030(54)	0.380(37)
43	南通市(江苏)	0.239	0.049(34)	0.366(44)
44	常州市(江苏)	0.238	0.051(33)	0.362(47)
45	怀化市(湖南)	0.237	0.010(93)	0.389(34)
46	滁州市(安徽)	0.231	0.011(89)	0.379(38)
47	舟山市(浙江)	0.229	0.066(27)	0.338(54)
48	娄底市(湖南)	0.229	0.007(103)	0.377(39)
49	邵阳市(湖南)	0.227	0.013(83)	0.370(42)
50	铜陵市(安徽)	0.226	0.007(104)	0.372(40)
51	萍乡市(江西)	0.225	0.010(90)	0.368(43)
52	玉溪市(云南)	0.223	0.013(81)	0.362(46)
53	咸宁市(湖北)	0.219	0.038(46)	0.340(53)
54	鹰潭市(江西)	0.219	0.001(110)	0.364(45)
55	乐山市(四川)	0.218	0.074(24)	0.314(62)
56	黄石市(湖北)	0.217	0.029(56)	0.342(52)
57	淮安市(江苏)	0.216	0.094(20)	0.297(67)
58	随州市(湖北)	0.216	0.017(77)	0.349(48)
59	衢州市(浙江)	0.215	0.016(78)	0.348(49)
60	淮北市(安徽)	0.209	0.131(10)	0.262(79)
61	盐城市(江苏)	0.207	0.022(66)	0.330(57)
62	资阳市(四川)	0.205	0.042(40)	0.314(61)
63	宣城市(安徽)	0.204	0.008(97)	0.335(55)
64	荆门市(湖北)	0.203	0.010(92)	0.332(56)
65	九江市(江西)	0.198	0.011(85)	0.323(58)
66	新余市(江西)	0.198	0.013(82)	0.321(59)
67	吉安市(江西)	0.197	0.031(53)	0.308(63)
68	铜仁市(贵州)	0.194	0.114(12)	0.247(82)

续表

一级指标排序	城市	一级指标得分	二级指标	
			投入产出绩效	驱动转型绩效
69	攀枝花市(四川)	0.193	0.042(39)	0.294(68)
70	雅安市(四川)	0.193	0.053(31)	0.286(71)
71	景德镇市(江西)	0.192	0.008(99)	0.314(60)
72	宜昌市(湖北)	0.190	0.022(67)	0.302(64)
73	亳州市(安徽)	0.190	0.027(59)	0.299(65)
74	金华市(浙江)	0.187	0.032(50)	0.290(69)
75	赣州市(江西)	0.186	0.019(73)	0.298(66)
76	内江市(四川)	0.177	0.071(25)	0.247(83)
77	黄山市(安徽)	0.176	0.017(75)	0.283(72)
78	广元市(四川)	0.174	0.041(42)	0.263(77)
79	上饶市(江西)	0.168	0.007(105)	0.276(73)
80	六安市(安徽)	0.166	0.008(101)	0.272(74)
81	孝感市(湖北)	0.163	0.008(98)	0.267(75)
82	宜春市(江西)	0.160	0.005(107)	0.264(76)
83	宜宾市(四川)	0.159	0.020(72)	0.252(81)
84	毕节市(贵州)	0.159	0.003(109)	0.263(78)
85	丽水市(浙江)	0.156	0.031(51)	0.239(85)
86	阜阳市(安徽)	0.154	0.042(41)	0.229(88)
87	遂宁市(四川)	0.152	0.027(60)	0.235(86)
88	泸州市(四川)	0.151	0.146(8)	0.154(103)
89	绍兴市(浙江)	0.151	0.017(76)	0.240(84)
90	荆州市(湖北)	0.150	0.044(36)	0.220(90)
91	丽江市(云南)	0.149	0.026(61)	0.231(87)
92	广安市(四川)	0.144	0.037(47)	0.216(91)
93	淮南市(安徽)	0.143	0.041(43)	0.211(93)
94	达州市(四川)	0.141	0.021(70)	0.221(89)
95	宿州市(安徽)	0.137	0.075(23)	0.179(99)
96	安顺市(贵州)	0.131	0.007(102)	0.214(92)
97	张家界市(湖南)	0.131	0.011(86)	0.211(94)
98	保山市(云南)	0.126	0.156(7)	0.106(109)
99	安庆市(安徽)	0.125	0.013(80)	0.199(96)
100	抚州市(江西)	0.125	0.010(91)	0.201(95)
101	六盘水市(贵州)	0.121	0.006(106)	0.197(97)
102	普洱市(云南)	0.118	0.040(44)	0.170(100)

续表

一级指标排序	城市	一级指标得分	二级指标	
			投入产出绩效	驱动转型绩效
103	十堰市(湖北)	0.117	0.063(29)	0.154(104)
104	鄂州市(湖北)	0.117	0.012(84)	0.186(98)
105	昭通市(云南)	0.108	0.020(71)	0.167(102)
106	黄冈市(湖北)	0.090	0.009(94)	0.143(105)
107	曲靖市(云南)	0.086	0.044(37)	0.114(108)
108	宿迁市(江苏)	0.084	0.009(96)	0.134(106)
109	巴中市(四川)	0.072	0.009(95)	0.114(107)
110	临沧市(云南)	0.052	0.004(108)	0.084(110)

注：括号中是二级指标排名。

资料来源：笔者根据指标体系计算所得。

参考文献

张学良、吴传清、梁本凡等：《长江经济带：热点有玄机 改革传媒发行人、编辑总监王佳宁深度对话六位知名学者》，《改革》2015 年第 6 期。

方创琳、周成虎、王振波：《长江经济带城市群可持续发展战略问题与分级梯度发展重点》，《地理科学进展》2015 年第 11 期。

樊杰、王亚飞、陈东等：《长江经济带国土空间开发结构解析》，《地理科学进展》2015 年第 11 期。

王振、卢晓菲：《长三角城市群科技创新驱动力的空间分布与分层特征》，《上海经济研究》2018 年第 10 期。

Cooke P. ,"Regional Innovation Systems, Clusters, and the Knowledge Economy, Industrial and Corporate Change," *Industrial and Corporate Change*, 2001, 10 (4) .

Edquist C. , *Systems of Innovation: Perspectives and Challenges*, Fagerberg J. , Mowery D. C. , The Oxford Handbook of Innovation, Oxford: Oxford University Press, 2006.

王丰龙、曾刚：《长江经济带研究综述与展望》，《世界地理研究》2017 年第 2 期。

王圣云、魏博通等著《长江经济带创新发展报告（2018）》，经济科学出版社，2018。

吴传清、宋子逸：《长江经济带创新发展研究进展（2014 ~ 2018）》，《长江大学学报》（社会科学版）2019 年第 4 期。

黄亮、王振、范斐：《基于突变级数模型的长江经济带 50 座城市科技创新能力测度与分析》，《统计与信息论坛》2017 年第 4 期。

王振：《长江经济带发展报告（2018～2019）》，社会科学文献出版社，2020。

邵汉华、齐荣：《长江经济带城市创新驱动发展水平测度》，《城市问题》2019 年第 9 期。

曾刚、杨舒婷、王丰龙：《长江经济带城市协同发展能力研究》，《长江流域资源与环境》2018 年第 12 期。

肖泽磊、朱威鹏、范斐等：《城市群创新投入的空间格局与创新绩效研究——以长江经济带所辖城市群为例》，《人文地理》2017 年第 3 期。

张建伟、石江江、王艳华等：《长江经济带创新产出的空间特征和时空演化》，《地理科学进展》2016 年第 9 期。

丁军、黄茹、吕拉昌：《基于专利授权数的长江经济带创新差异的多尺度分析》，《长江流域资源与环境》2016 年第 6 期。

武晓静、杜德斌、肖刚等：《长江经济带城市创新能力差异的时空格局演变》，《长江流域资源与环境》2017 年第 4 期。

徐维祥、杨蕾、刘程军等：《长江经济带创新产出的时空演化特征及其成因》，《地理科学》2017 年第 4 期。

刘刚、杨蕾、刘程军：《创新活度的空间分异特征及其门槛效应——以长江经济带为例》，《华东经济管理》2017 年第 1 期。

朱贻文、曾刚、邹琳等：《长江经济带区域创新绩效时空特征分析》，《长江流域资源与环境》2017 年第 12 期。

易明、程晓曼：《长江经济带城市绿色创新效率时空分异及其影响因素》，《城市问题》2018 年第 8 期。

祝影、王飞：《基于耦合理论的中国省域创新驱动发展评价研究》，《管理学报》2016 年第 10 期。

蒋天颖、刘程军：《长江三角洲区域创新与经济增长的耦合协调研究》，《地域研究与开发》2015 年第 6 期。

李二玲、崔之珍：《中国区域创新能力与经济发展水平的耦合协调分析》，《地理科学》2018 年第 9 期。

赵传松、任建兰、陈延斌等：《中国科技创新与可持续发展耦合协调及时空分异研究》，《地理科学》2018 年第 2 期。

滕堂伟、孙蓉、胡森林：《长江经济带科技创新与绿色发展的耦合协调及其空间关联》，《长江流域资源与环境》2019 年第 11 期。

王伟、孙雷：《区域创新系统与产业转型耦合协调度分析——以铜陵市为例》，《地理科学》2016 年第 2 期。

徐维祥、张凌燕、刘程军等：《城市功能与区域创新耦合协调的空间联系研究——以长江经济带 107 个城市为实证》，《地理科学》2017 年第 11 期。

马海涛、卢硕、张文忠：《京津冀城市群城镇化与创新的耦合过程与机理》，《地理研究》2020 年第 2 期。

刘海滨、牛秀红、周佳宁：《中国区域绿色创新系统内部耦合协调分析》，《技术经济与管理研究》2018 年第 6 期。

孙才志、于广华、王泽宇等：《环渤海地区海域承载力测度与时空分异分析》，《地理科学》2014 年第 5 期。

方创琳、王岩：《中国城市脆弱性的综合测度与空间分异特征》，《地理学报》2015 年第 2 期。

王成、唐宁：《重庆市乡村三生空间功能耦合协调的时空特征与格局演化》，《地理研究》2018 年第 6 期。

B.6 长江经济带产业转型升级指数报告（2021）

马　双*

摘　要：本报告从结构优化、质量提升、产业创新、环境友好四个维度，系统评价了长江经济带126个城市的产业转型升级水平。依据综合指数及四个专项指数，对126个城市进行了排名，并着重对长江经济带产业转型升级排名前20的重点城市进行了分析。

关键词：长江经济带　产业转型升级　产业创新

在高质量发展的大背景下，推动产业转型升级、实现新旧动能转换，是长江经济带各城市提升综合竞争力的重要手段。因此，对长江经济带各个城市的产业转型升级情况进行年度评价显得尤为必要。本报告沿用之前的包含4个领域（一级指标）、9个主题（二级指标）、23项具体指标的产业转型升级指数指标体系（详见附录），对2019年长江经济带范围内126个城市的产业转型升级情况进行全面评价，以期为相关研究和政府决策提供参考。

一　长江经济带126个城市产业转型升级综合指数

2019年长江经济带城市产业转型升级综合指数测算结果及排名如表1

* 马双，博士，上海社会科学院信息研究所副研究员，主要研究方向为区域经济与创新发展。

所示。在126个城市中，排名前20位的城市分别为：上海、武汉、杭州、长沙、南京、成都、苏州、无锡、金华、合肥、宁波、嘉兴、温州、常州、重庆、常德、台州、南昌、绵阳、舟山。其中，长三角地区有13个城市入围，包括上海占1席、江苏占4席、浙江占7席、安徽占1席；长江中游地区有4个城市入围，包括湖南占2席，湖北、江西各占1席；长江上游城市群有3个城市入围，包括重庆占1席、四川占2席；云南、贵州两省没有城市入围。

上海在长江经济带126个城市中处于龙头地位，其产业转型升级综合得分高达0.677，远远高于排名第2的武汉（0.565），领先优势十分明显，是当之无愧的产业转型升级的“领头羊”。杭州、长沙、南京、成都、苏州、无锡紧随其后，综合得分均在0.5以上，分别居第3名至第8名。这些城市具备雄厚的产业基础和强劲的创新发展动能，是长江经济带区域内重要的节点城市。金华、合肥、宁波、嘉兴、温州、常州、重庆、常德、台州、南昌、绵阳等11个城市的得分均在0.44以上，具备较强的产业转型升级基础，在长江经济带产业转型升级发展中起到了重要作用，其中，金华、宁波等非省会城市的产业转型升级表现显著强于其他非省会城市，对标上海等领军城市，存在巨大的产业转型升级空间。

从产业转型升级综合指数进入前50名的分省情况看，江苏省13个城市中除淮安排第57位、盐城排第70位、宿迁排第72位外，其他10个城市都进入前50；浙江省11个城市全部进入前50；安徽省16个城市中有6个城市进入前50，分别是合肥、滁州、黄山、芜湖、蚌埠、安庆；江西省11个城市中有4个城市进入前50，分别是南昌、九江、赣州、吉安；湖北省16个城市中只有4个城市进入前50，分别是武汉、咸宁、鄂州、襄阳；湖南省13个城市中有6个城市进入前50，分别是长沙、常德、湘潭、岳阳、株洲、张家界；四川省21个城市中有5个城市进入前50，分别是成都、绵阳、自贡、泸州、巴中；贵州省9个城市中只有贵阳1个城市进入前50，云南省16个城市中也只有昆明1个城市进入前50。

从空间分布来看，长江经济带126个城市的产业转型升级分布呈现出东高西低、组团集聚的空间特征。一方面，长三角沿长江上游至下游，城市的产业转型升级水平呈现递增的趋势，云南、贵州和四川各地级市的产业转型升级指数总体较低，中游的湖北、江西等地次之，长江下游城市的产业转型升级指数得分最高，尤其是以上海等为龙头的长三角地区城市。另一方面，各地区城市形成以各直辖市和省会城市为核心的组团集聚区域，这些集聚区域的产业转型升级指数得分很高，它们分布于长江经济带各个区域，并向周围城市辐射递减。相比2018年的产业转型升级分布情况，2019年各地区城市的产业转型升级指数极化现象依旧，但地区间差异有明显的缩小，发展更加均衡。

表1　2019年长江经济带城市产业转型升级综合指数及排名

排序	城市	得分	排序	城市	得分	排序	城市	得分
1	上海	0.677	24	衢州(浙江)	0.432	47	襄阳(湖北)	0.390
2	武汉(湖北)	0.565	25	绍兴(浙江)	0.429	48	巴中(四川)	0.390
3	杭州(浙江)	0.564	26	滁州(安徽)	0.428	49	徐州(江苏)	0.388
4	长沙(湖南)	0.564	27	镇江(江苏)	0.424	50	张家界(湖南)	0.388
5	南京(江苏)	0.558	28	黄山(安徽)	0.421	51	德阳(四川)	0.388
6	成都(四川)	0.528	29	南通(江苏)	0.421	52	萍乡(江西)	0.387
7	苏州(江苏)	0.518	30	湖州(浙江)	0.418	53	衡阳(湖南)	0.383
8	无锡(江苏)	0.515	31	连云港(江苏)	0.416	54	宣城(安徽)	0.383
9	金华(浙江)	0.499	32	芜湖(安徽)	0.415	55	益阳(湖南)	0.383
10	合肥(安徽)	0.496	33	赣州(江西)	0.413	56	阜阳(安徽)	0.382
11	宁波(浙江)	0.495	34	蚌埠(安徽)	0.411	57	淮安(江苏)	0.382
12	嘉兴(浙江)	0.470	35	扬州(江苏)	0.411	58	亳州(安徽)	0.382
13	温州(浙江)	0.462	36	自贡(四川)	0.407	59	永州(湖南)	0.380
14	常州(江苏)	0.461	37	湘潭(湖南)	0.407	60	十堰(湖北)	0.377
15	重庆	0.454	38	贵阳(贵州)	0.403	61	玉溪(云南)	0.377
16	常德(湖南)	0.449	39	安庆(安徽)	0.401	62	上饶(江西)	0.376
17	台州(浙江)	0.445	40	吉安(江西)	0.399	63	池州(安徽)	0.374
18	南昌(江西)	0.442	41	鄂州(湖北)	0.396	64	宜昌(湖北)	0.373
19	绵阳(四川)	0.440	42	泰州(江苏)	0.395	65	新余(江西)	0.373
20	舟山(浙江)	0.436	43	泸州(四川)	0.393	66	遵义(贵州)	0.372
21	九江(江西)	0.435	44	岳阳(湖南)	0.392	67	宜宾(四川)	0.371
22	丽水(浙江)	0.434	45	株洲(湖南)	0.391	68	鹰潭(江西)	0.370
23	咸宁(湖北)	0.433	46	昆明(云南)	0.391	69	怀化(湖南)	0.370

续表

排序	城市	得分	排序	城市	得分	排序	城市	得分
70	盐城(江苏)	0.369	89	六安(安徽)	0.343	108	六盘水(贵州)	0.275
71	铜陵(安徽)	0.367	90	广元(四川)	0.342	109	阿坝(四川)	0.266
72	宿迁(江苏)	0.367	91	孝感(湖北)	0.340	110	湘西(湖南)	0.264
73	宿州(安徽)	0.366	92	荆门(湖北)	0.336	111	攀枝花(四川)	0.264
74	娄底(湖南)	0.366	93	南充(四川)	0.335	112	凉山(四川)	0.263
75	眉山(四川)	0.365	94	毕节(贵州)	0.333	113	昭通(云南)	0.257
76	马鞍山(安徽)	0.365	95	保山(云南)	0.328	114	甘孜(四川)	0.256
77	抚州(江西)	0.364	96	安顺(贵州)	0.327	115	黔西南(贵州)	0.251
78	邵阳(湖南)	0.363	97	雅安(四川)	0.324	116	黔南(贵州)	0.251
79	郴州(湖南)	0.360	98	内江(四川)	0.322	117	普洱(云南)	0.249
80	随州(湖北)	0.357	99	乐山(四川)	0.320	118	恩施(湖北)	0.233
81	广安(四川)	0.355	100	黄石(湖北)	0.318	119	迪庆(云南)	0.218
82	资阳(四川)	0.354	101	淮南(安徽)	0.312	120	德宏(云南)	0.208
83	宜春(江西)	0.353	102	丽江(云南)	0.310	121	怒江(云南)	0.199
84	黄冈(湖北)	0.350	103	黔东南(贵州)	0.306	122	红河(云南)	0.198
85	淮北(安徽)	0.350	104	曲靖(云南)	0.295	123	西双版纳(云南)	0.197
86	景德镇(江西)	0.350	105	荆州(湖北)	0.290	124	楚雄(云南)	0.195
87	达州(四川)	0.347	106	铜仁(贵州)	0.287	125	文山(云南)	0.193
88	遂宁(四川)	0.344	107	临沧(云南)	0.281	126	大理(云南)	0.191

资料来源：《中国城市统计年鉴2020》、各省市2020年统计年鉴、2019年度国家和地方统计公报。

从省级尺度来看，平均得分从高到低依次为上海、浙江、江苏、重庆、湖南、安徽、江西、湖北、四川、贵州、云南（见表2）。首先，上海优势明显，超过第二名0.2个点以上。浙江、江苏、重庆三省市也有较大优势，省内平均得分分别达到0.462、0.433和0.433，远高于其他省份。其次，湖南、安徽、江西、湖北、四川得分处于中游，地理位置也基本位于长江经济带中部，这些省份平均得分均在0.35以上，是第三梯队。最后，贵州、云南两省平均得分相对较低，产业基础相对薄弱，产业转型升级压力很大。

表2　2019年长江经济带省级产业转型升级综合指数及排名

项目	上海	浙江	江苏	重庆	湖南	安徽	江西	湖北	四川	贵州	云南
排名	1	2	3	4	5	6	7	8	9	10	11
得分	0.677	0.462	0.433	0.433	0.390	0.388	0.386	0.368	0.351	0.312	0.255

资料来源：《中国城市统计年鉴2020》、各省市2020年统计年鉴、2019年度国家和地方统计公报。

二　长江经济带126个城市产业转型升级分项指数

产业转型升级综合指数包含结构优化、质量提升、产业创新、环境友好四个领域，各领域分项得分情况存在差异。

（一）结构优化指数及城市排名

结构优化领域包含产业结构和就业结构两个子领域，2019 年长江经济带城市结构优化指数测算结果及排名如表 3 所示。在 126 个城市中，排名前 20 位的城市分别为：上海、南京、苏州、金华、杭州、舟山、宁波、成都、衢州、无锡、长沙、武汉、嘉兴、合肥、昆明、丽水、常州、台州、温州、南昌。其中，长江下游长三角区域 15 个城市入围，包括上海占 1 席、浙江占 9 席、江苏占 4 席、安徽占 1 席；长江中游城市群 3 个城市入围，江西、湖北、湖南各占 1 席；长江上游城市群有 2 个城市入围，四川、云南各占 1 席。重庆、贵州二省市没有城市进入前 20。

表 3　2019 年长江经济带城市结构优化指数及排名

城市	结构优化		产业结构		就业结构	
	排序	得分	排序	得分	排序	得分
上海	1	0.870	1	0.796	1	0.982
南京（江苏）	2	0.728	8	0.597	2	0.924
苏州（江苏）	3	0.716	2	0.787	64	0.609
金华（浙江）	4	0.698	3	0.719	35	0.668
杭州（浙江）	5	0.693	7	0.607	3	0.821
舟山（浙江）	6	0.681	5	0.639	9	0.742
宁波（浙江）	7	0.674	4	0.660	17	0.695
成都（四川）	8	0.650	9	0.588	8	0.743
衢州（浙江）	9	0.645	17	0.534	4	0.812
无锡（江苏）	10	0.644	6	0.628	34	0.669
长沙（湖南）	11	0.638	18	0.528	6	0.802
武汉（湖北）	12	0.631	16	0.539	7	0.768
嘉兴（浙江）	13	0.619	10	0.587	36	0.668

续表

城市	结构优化		产业结构		就业结构	
	排序	得分	排序	得分	排序	得分
合肥(安徽)	14	0.615	15	0.551	13	0.711
昆明(云南)	15	0.608	19	0.523	12	0.737
丽水(浙江)	16	0.608	27	0.477	5	0.804
常州(江苏)	17	0.607	14	0.552	21	0.689
台州(浙江)	18	0.581	20	0.511	22	0.686
温州(浙江)	19	0.578	11	0.558	67	0.608
南昌(江西)	20	0.574	24	0.494	18	0.694
重庆	21	0.572	26	0.488	14	0.699
铜陵(安徽)	22	0.566	13	0.557	83	0.580
贵阳(贵州)	23	0.564	25	0.492	32	0.672
马鞍山(安徽)	24	0.564	28	0.474	15	0.698
镇江(江苏)	25	0.558	23	0.496	43	0.651
湖州(浙江)	26	0.553	21	0.505	55	0.625
绍兴(浙江)	27	0.547	12	0.557	108	0.531
芜湖(安徽)	28	0.533	29	0.473	57	0.622
黄山(安徽)	29	0.528	33	0.451	45	0.643
郴州(湖南)	30	0.524	41	0.414	20	0.689
池州(安徽)	31	0.522	66	0.375	10	0.742
湘潭(湖南)	32	0.521	38	0.426	38	0.665
淮北(安徽)	33	0.517	37	0.427	42	0.652
常德(湖南)	34	0.516	70	0.366	11	0.742
扬州(江苏)	35	0.515	32	0.461	77	0.596
新余(江西)	36	0.513	34	0.445	62	0.614
南通(江苏)	37	0.512	22	0.498	107	0.532
连云港(江苏)	38	0.512	50	0.391	19	0.693
鹰潭(江西)	39	0.510	30	0.464	84	0.578
岳阳(湖南)	40	0.506	49	0.392	30	0.677
泰州(江苏)	41	0.505	31	0.461	87	0.572
娄底(湖南)	42	0.503	57	0.386	28	0.680
株洲(湖南)	43	0.502	42	0.414	47	0.635
玉溪(云南)	44	0.502	48	0.399	40	0.656
淮安(江苏)	45	0.500	55	0.388	37	0.667
徐州(江苏)	46	0.499	44	0.412	50	0.630
九江(江西)	47	0.495	39	0.425	74	0.601

续表

城市	结构优化		产业结构		就业结构	
	排序	得分	排序	得分	排序	得分
景德镇(江西)	48	0.492	36	0.429	79	0.587
萍乡(江西)	49	0.490	35	0.432	86	0.576
攀枝花(四川)	50	0.488	75	0.349	16	0.696
张家界(湖南)	51	0.488	40	0.415	75	0.597
宿迁(江苏)	52	0.487	65	0.376	41	0.655
赣州(江西)	53	0.481	51	0.391	61	0.615
盐城(江苏)	54	0.481	58	0.384	53	0.626
淮南(安徽)	55	0.478	62	0.377	52	0.628
衡阳(湖南)	56	0.477	46	0.404	78	0.587
上饶(江西)	57	0.476	60	0.382	60	0.617
滁州(安徽)	58	0.473	52	0.391	76	0.597
宣城(安徽)	59	0.470	63	0.377	66	0.608
蚌埠(安徽)	60	0.470	71	0.360	48	0.635
宜昌(湖北)	61	0.468	64	0.376	69	0.605
咸宁(湖北)	62	0.468	89	0.330	31	0.675
遵义(贵州)	63	0.464	96	0.320	27	0.680
阜阳(安徽)	64	0.463	81	0.342	44	0.643
丽江(云南)	65	0.462	82	0.342	46	0.643
吉安(江西)	66	0.462	43	0.413	106	0.537
黄石(湖北)	67	0.462	45	0.408	102	0.543
自贡(四川)	68	0.461	99	0.313	23	0.684
眉山(四川)	69	0.461	98	0.315	29	0.679
邵阳(湖南)	70	0.459	78	0.344	49	0.632
十堰(湖北)	71	0.459	53	0.390	94	0.562
怀化(湖南)	72	0.458	73	0.350	59	0.620
安庆(安徽)	73	0.456	59	0.383	91	0.567
亳州(安徽)	74	0.454	84	0.340	54	0.626
德阳(四川)	75	0.454	72	0.354	70	0.603
益阳(湖南)	76	0.452	106	0.298	26	0.682
绵阳(四川)	77	0.449	61	0.381	98	0.552
襄阳(湖北)	78	0.447	68	0.368	92	0.566
宜宾(四川)	79	0.447	79	0.343	71	0.602
宜春(江西)	80	0.445	67	0.368	95	0.560
宿州(安徽)	81	0.445	93	0.322	51	0.628

续表

城市	结构优化		产业结构		就业结构	
	排序	得分	排序	得分	排序	得分
乐山(四川)	82	0.442	88	0.330	63	0.611
雅安(四川)	83	0.442	114	0.281	25	0.683
泸州(四川)	84	0.441	76	0.348	82	0.580
六盘水(贵州)	85	0.436	95	0.321	65	0.609
资阳(四川)	86	0.435	116	0.278	33	0.671
鄂州(湖北)	87	0.435	69	0.366	103	0.539
荆门(湖北)	88	0.427	87	0.331	88	0.570
抚州(江西)	89	0.424	85	0.338	97	0.553
巴中(四川)	90	0.422	105	0.299	68	0.607
孝感(湖北)	91	0.420	94	0.321	89	0.569
永州(湖南)	92	0.419	101	0.308	80	0.585
毕节(贵州)	93	0.417	122	0.254	39	0.661
普洱(云南)	94	0.417	123	0.239	24	0.683
安顺(贵州)	95	0.416	109	0.292	73	0.601
广元(四川)	96	0.413	119	0.272	56	0.625
六安(安徽)	97	0.413	83	0.341	110	0.521
广安(四川)	98	0.408	108	0.296	85	0.577
随州(湖北)	99	0.407	100	0.311	100	0.550
达州(四川)	100	0.402	113	0.282	81	0.583
内江(四川)	101	0.399	111	0.285	90	0.569
南充(四川)	102	0.398	121	0.263	72	0.601
遂宁(四川)	103	0.391	104	0.302	109	0.524
曲靖(云南)	104	0.390	112	0.283	99	0.551
昭通(云南)	105	0.388	117	0.276	96	0.557
荆州(湖北)	106	0.383	115	0.280	105	0.538
湘西(湖南)	107	0.383	56	0.387	111	0.375
黄冈(湖北)	108	0.379	118	0.273	104	0.538
保山(云南)	109	0.377	124	0.215	58	0.622
铜仁(贵州)	110	0.351	125	0.210	93	0.563
临沧(云南)	111	0.322	126	0.172	101	0.547
阿坝(四川)	112	0.320	103	0.305	112	0.342
凉山(四川)	113	0.311	110	0.290	114	0.342
甘孜(四川)	114	0.296	120	0.266	113	0.342
恩施(湖北)	115	0.276	74	0.350	115	0.167

续表

城市	结构优化		产业结构		就业结构	
	排序	得分	排序	得分	排序	得分
黔东南(贵州)	116	0.272	80	0.342	116	0.167
黔南(贵州)	117	0.266	86	0.333	117	0.167
黔西南(贵州)	118	0.264	91	0.328	118	0.167
迪庆(云南)	119	0.258	47	0.402	121	0.042
德宏(云南)	120	0.251	54	0.390	119	0.042
怒江(云南)	121	0.224	77	0.345	120	0.042
红河(云南)	122	0.215	90	0.330	124	0.042
文山(云南)	123	0.212	92	0.325	125	0.042
西双版纳(云南)	124	0.208	97	0.319	126	0.042
楚雄(云南)	125	0.201	102	0.307	123	0.042
大理(云南)	126	0.195	107	0.298	122	0.042

资料来源：《中国城市统计年鉴2020》、各省市2020年统计年鉴。

从省级尺度来看，平均得分从高到低依次为上海、浙江、重庆、江苏、安徽、湖南、江西、湖北、四川、贵州、云南（见表4）。从区域尺度来看，东部地区41个城市的平均得分为0.560，中部地区38个城市的平均得分为0.470，西部地区47个城市的平均得分为0.387。

表4　2019年长江经济带省级结构优化指数及排名

项目	上海	浙江	重庆	江苏	安徽	湖南	江西	湖北	四川	贵州	云南
排名	1	2	3	4	5	6	7	8	9	10	11
得分	0.870	0.625	0.572	0.559	0.498	0.489	0.487	0.435	0.425	0.383	0.327

资料来源：《中国城市统计年鉴2020》、各省市2020年统计年鉴。

（二）质量提升指数及城市排名

质量提升领域包含生产效率和投资效益两个子领域，2019年长江经济带城市质量提升指数测算结果如表5所示。在126个城市中，排名前20的城市分别为：长沙、重庆、九江、南昌、常德、鄂州、杭州、无锡、毕节、上海、巴中、赣州、黄山、南京、张家界、武汉、泸州、温州、吉安、绵阳。其中，长江下游长三角区域6个城市入围，包括上海占1席、江苏占2席、浙江占2席、安徽占1席；长江中游城市群9个城市入围，江西占4席、湖北占2席、湖南占3席；长江上游城市群有5个城市入围，重庆占1席、四川占3席、贵州占1席。云南省没有城市进入前20。

表5　2019年长江经济带城市质量提升指数及排名

城市	质量提升		生产效率		投资效益	
	排序	得分	排序	得分	排序	得分
长沙(湖南)	1	0.583	15	0.399	1	0.768
重庆	2	0.508	14	0.400	4	0.616
九江(江西)	3	0.469	13	0.402	11	0.537
南昌(江西)	4	0.468	4	0.451	20	0.485
常德(湖南)	5	0.455	16	0.396	14	0.513
鄂州(湖北)	6	0.426	29	0.322	12	0.530
杭州(浙江)	7	0.420	11	0.409	25	0.431
无锡(江苏)	8	0.409	1	0.503	68	0.316
毕节(贵州)	9	0.407	92	0.163	3	0.651
上海	10	0.405	8	0.419	34	0.390
巴中(四川)	11	0.402	102	0.127	2	0.678
赣州(江西)	12	0.399	30	0.321	21	0.476
黄山(安徽)	13	0.390	65	0.215	7	0.566
南京(江苏)	14	0.384	6	0.427	58	0.341
张家界(湖南)	15	0.383	72	0.203	8	0.562
武汉(湖北)	16	0.381	7	0.425	59	0.337
泸州(四川)	17	0.375	95	0.156	6	0.593
温州(浙江)	18	0.364	78	0.189	9	0.539
吉安(江西)	19	0.364	68	0.209	13	0.519
绵阳(四川)	20	0.363	25	0.356	41	0.370
金华(浙江)	21	0.362	17	0.387	61	0.336
安庆(安徽)	22	0.360	31	0.320	31	0.400
常州(江苏)	23	0.357	10	0.417	75	0.297
苏州(江苏)	24	0.355	3	0.469	84	0.241
衢州(浙江)	25	0.350	9	0.417	78	0.282
成都(四川)	26	0.349	52	0.259	23	0.439

续表

城市	质量提升		生产效率		投资效益	
	排序	得分	排序	得分	排序	得分
自贡（四川）	27	0.347	96	0.154	10	0.539
宁波（浙江）	28	0.344	21	0.372	67	0.316
玉溪（云南）	29	0.340	36	0.298	36	0.382
阜阳（安徽）	30	0.339	116	0.080	5	0.597
岳阳（湖南）	31	0.337	54	0.252	28	0.423
衡阳（湖南）	32	0.335	32	0.319	51	0.351
嘉兴（浙江）	33	0.335	2	0.483	93	0.187
蚌埠（安徽）	34	0.335	58	0.242	27	0.428
连云港（江苏）	35	0.331	19	0.387	79	0.275
襄阳（湖北）	36	0.328	46	0.276	37	0.380
永州（湖南）	37	0.326	91	0.164	18	0.488
合肥（安徽）	38	0.325	28	0.326	64	0.325
丽水（浙江）	39	0.324	40	0.287	46	0.360
湘潭（湖南）	40	0.322	39	0.294	53	0.349
宜昌（湖北）	41	0.321	34	0.314	63	0.328
广安（四川）	42	0.320	98	0.149	17	0.490
贵阳（贵州）	43	0.317	41	0.285	55	0.349
上饶（江西）	44	0.317	97	0.149	19	0.485
宿州（安徽）	45	0.313	103	0.126	16	0.501
德阳（四川）	46	0.311	44	0.281	56	0.342
荆门（湖北）	47	0.310	63	0.228	33	0.393
南通（江苏）	48	0.310	20	0.374	82	0.247
宣城（安徽）	49	0.309	67	0.210	30	0.408
绍兴（浙江）	50	0.309	33	0.315	72	0.303
池州（安徽）	51	0.309	74	0.196	29	0.421
邵阳（湖南）	52	0.304	100	0.141	22	0.467
南充（四川）	53	0.303	110	0.106	15	0.501
亳州（安徽）	54	0.302	43	0.281	65	0.323
娄底（湖南）	55	0.300	86	0.170	26	0.430
扬州（江苏）	56	0.299	26	0.354	83	0.245
新余（江西）	57	0.295	5	0.433	99	0.157
遵义（贵州）	58	0.293	18	0.387	90	0.199
萍乡（江西）	59	0.291	45	0.279	71	0.304
黄冈（湖北）	60	0.291	99	0.146	24	0.436

续表

城市	质量提升		生产效率		投资效益	
	排序	得分	排序	得分	排序	得分
台州(浙江)	61	0.284	59	0.239	62	0.329
益阳(湖南)	62	0.284	76	0.189	38	0.378
镇江(江苏)	63	0.282	23	0.358	89	0.205
安顺(贵州)	64	0.281	84	0.176	35	0.386
抚州(江西)	65	0.281	90	0.164	32	0.398
昆明(云南)	66	0.281	49	0.261	74	0.300
湖州(浙江)	67	0.280	50	0.260	73	0.301
达州(四川)	68	0.280	69	0.208	50	0.352
保山(云南)	69	0.280	56	0.247	69	0.313
宜宾(四川)	70	0.279	75	0.192	43	0.366
滁州(安徽)	71	0.278	47	0.268	76	0.289
十堰(湖北)	72	0.278	70	0.207	54	0.349
芜湖(安徽)	73	0.275	35	0.300	81	0.251
眉山(四川)	74	0.275	73	0.200	52	0.351
宿迁(江苏)	75	0.269	83	0.177	45	0.362
随州(湖北)	76	0.266	94	0.157	39	0.375
内江(四川)	77	0.266	87	0.170	44	0.362
怀化(湖南)	78	0.263	85	0.172	48	0.354
泰州(江苏)	79	0.262	37	0.297	87	0.228
郴州(湖南)	80	0.255	71	0.206	70	0.304
遂宁(四川)	81	0.253	101	0.136	40	0.371
广元(四川)	82	0.252	79	0.186	66	0.319
宜春(江西)	83	0.252	93	0.162	57	0.342
舟山(浙江)	84	0.250	24	0.357	103	0.143
淮安(江苏)	85	0.250	60	0.237	80	0.263
咸宁(湖北)	86	0.248	66	0.211	77	0.286
孝感(湖北)	87	0.247	104	0.126	42	0.367
马鞍山(安徽)	88	0.240	51	0.259	88	0.222
荆州(湖北)	89	0.240	106	0.124	47	0.356
铜仁(贵州)	90	0.237	38	0.294	95	0.181
乐山(四川)	91	0.237	61	0.233	85	0.241
资阳(四川)	92	0.237	109	0.120	49	0.354
普洱(云南)	93	0.233	12	0.402	125	0.064
徐州(江苏)	94	0.221	55	0.250	92	0.191

续表

城市	质量提升		生产效率		投资效益	
	排序	得分	排序	得分	排序	得分
株洲(湖南)	95	0.219	57	0.245	91	0.193
雅安(四川)	96	0.218	22	0.368	124	0.068
六安(安徽)	97	0.216	111	0.097	60	0.336
攀枝花(四川)	98	0.216	53	0.252	96	0.179
临沧(云南)	99	0.210	42	0.284	104	0.136
盐城(江苏)	100	0.205	48	0.263	102	0.148
曲靖(云南)	101	0.204	82	0.178	86	0.230
丽江(云南)	102	0.196	27	0.342	126	0.049
淮南(安徽)	103	0.191	64	0.227	101	0.156
景德镇(江西)	104	0.178	77	0.189	98	0.168
铜陵(安徽)	105	0.174	88	0.169	97	0.178
黄石(湖北)	106	0.168	80	0.180	100	0.156
鹰潭(江西)	107	0.166	62	0.232	107	0.099
淮北(安徽)	108	0.151	108	0.121	94	0.182
昭通(云南)	109	0.151	81	0.178	106	0.124
六盘水(贵州)	110	0.149	89	0.164	105	0.134
黔西南(贵州)	111	0.097	105	0.125	115	0.070
黔南(贵州)	112	0.097	107	0.123	114	0.070
黔东南(贵州)	113	0.083	112	0.096	113	0.070
阿坝(四川)	114	0.080	113	0.089	110	0.070
凉山(四川)	115	0.079	114	0.087	112	0.070
迪庆(云南)	116	0.078	115	0.086	118	0.070
湘西(湖南)	117	0.070	117	0.069	109	0.070
甘孜(四川)	118	0.068	118	0.065	111	0.070
楚雄(云南)	119	0.059	119	0.047	120	0.070
西双版纳(云南)	120	0.057	120	0.043	123	0.070
红河(云南)	121	0.054	121	0.038	121	0.070
大理(云南)	122	0.051	122	0.032	119	0.070
怒江(云南)	123	0.049	123	0.027	117	0.070
德宏(云南)	124	0.048	124	0.026	116	0.070
文山(云南)	125	0.042	125	0.013	122	0.070
恩施(湖北)	126	0.041	126	0.012	108	0.070

资料来源：《中国城市统计年鉴 2020》、各省市 2020 年统计年鉴。

从省级尺度来看，平均得分从高到低依次为重庆、上海、浙江、湖北、江苏、江西、安徽、四川、湖南、贵州、云南（见表6）。从区域尺度来看，东部地区41个城市的平均得分为0.309，中部地区38个城市的平均得分为0.303，西部地区47个城市的平均得分为0.214。

表6　2019年长江经济带省级质量提升指数及排名

项目	重庆	上海	浙江	湖北	江苏	江西	安徽	四川	湖南	贵州	云南
排名	1	2	3	4	5	6	7	8	9	10	11
得分	0.508	0.405	0.329	0.317	0.303	0.299	0.294	0.262	0.255	0.218	0.146

资料来源：《中国城市统计年鉴2020》、各省市2020年统计年鉴。

（三）产业创新指数及城市排名

产业创新领域包含创新投入、创新产出、成果转化三个子领域，2019年度长江经济带城市产业创新指数测算结果及排名如表7所示。在126个城市中，排名前20位的城市分别为：上海、武汉、杭州、南京、成都、合肥、重庆、苏州、无锡、绵阳、长沙、嘉兴、宁波、绍兴、芜湖、金华、台州、贵阳、昆明、温州。其中，长江下游长三角区域13个城市入围，包括上海占1席、江苏占3席、浙江占7席、安徽占2席；长江中游城市群2个城市入围，湖北、湖南各占1席；长江上游城市群有5个城市入围，重庆占1席、四川占2席、贵州占1席、云南占1席。江西省没有城市进入前20。

表7　2019年长江经济带城市产业创新指数及排名

城市	产业创新		创新投入		创新产出		成果转化	
	排序	得分	排序	得分	排序	得分	排序	得分
上海	1	0.756	21	0.364	2	0.821	1	1.000
武汉(湖北)	2	0.623	9	0.448	1	0.866	2	0.571
杭州(浙江)	3	0.435	6	0.538	5	0.385	4	0.396
南京(江苏)	4	0.424	19	0.373	3	0.687	6	0.266
成都(四川)	5	0.414	32	0.325	4	0.419	3	0.477
合肥(安徽)	6	0.378	5	0.574	8	0.230	5	0.343

续表

城市	产业创新		创新投入		创新产出		成果转化	
	排序	得分	排序	得分	排序	得分	排序	得分
重庆	7	0. 309	29	0. 330	6	0. 364	8	0. 251
苏州(江苏)	8	0. 290	11	0. 435	9	0. 181	7	0. 264
无锡(江苏)	9	0. 290	3	0. 608	12	0. 131	11	0. 171
绵阳(四川)	10	0. 273	1	0. 782	24	0. 053	28	0. 056
长沙(湖南)	11	0. 271	24	0. 355	7	0. 286	9	0. 197
嘉兴(浙江)	12	0. 235	2	0. 673	26	0. 044	34	0. 051
宁波(浙江)	13	0. 229	16	0. 394	13	0. 112	10	0. 192
绍兴(浙江)	14	0. 222	8	0. 530	20	0. 062	16	0. 110
芜湖(安徽)	15	0. 220	7	0. 536	23	0. 055	17	0. 108
金华(浙江)	16	0. 211	4	0. 594	27	0. 038	30	0. 053
台州(浙江)	17	0. 203	15	0. 399	25	0. 052	12	0. 169
贵阳(贵州)	18	0. 191	18	0. 374	14	0. 104	15	0. 118
昆明(云南)	19	0. 183	45	0. 263	11	0. 148	13	0. 149
温州(浙江)	20	0. 157	22	0. 363	17	0. 077	25	0. 064
常州(江苏)	21	0. 154	35	0. 310	18	0. 067	20	0. 103
株洲(湖南)	22	0. 153	37	0. 302	19	0. 065	18	0. 107
徐州(江苏)	23	0. 150	27	0. 337	15	0. 090	29	0. 055
湖州(浙江)	24	0. 149	23	0. 362	33	0. 026	21	0. 082
南通(江苏)	25	0. 144	31	0. 330	21	0. 061	23	0. 067
鹰潭(江西)	26	0. 140	10	0. 444	109	0. 001	53	0. 017
蚌埠(安徽)	27	0. 138	13	0. 416	39	0. 018	45	0. 020
南昌(江西)	28	0. 138	72	0. 199	10	0. 157	22	0. 078
镇江(江苏)	29	0. 137	33	0. 320	16	0. 087	38	0. 038
滁州(安徽)	30	0. 137	14	0. 414	38	0. 019	50	0. 018
咸宁(湖北)	31	0. 134	12	0. 428	92	0. 002	60	0. 013
湘潭(湖南)	32	0. 131	28	0. 330	32	0. 027	27	0. 059
马鞍山(安徽)	33	0. 131	25	0. 343	35	0. 025	35	0. 051
铜陵(安徽)	34	0. 125	20	0. 368	69	0. 006	39	0. 031
衢州(浙江)	35	0. 124	17	0. 376	46	0. 013	47	0. 019
襄阳(湖北)	36	0. 123	61	0. 226	48	0. 011	14	0. 130
德阳(四川)	37	0. 122	26	0. 340	61	0. 007	36	0. 045
宜昌(湖北)	38	0. 117	63	0. 221	29	0. 030	19	0. 105
扬州(江苏)	39	0. 116	41	0. 277	22	0. 057	37	0. 040
盐城(江苏)	40	0. 112	46	0. 261	28	0. 031	26	0. 059

续表

城市	产业创新		创新投入		创新产出		成果转化	
	排序	得分	排序	得分	排序	得分	排序	得分
连云港(江苏)	41	0.108	48	0.255	37	0.019	24	0.065
六盘水(贵州)	42	0.101	30	0.330	89	0.003	92	0.002
安庆(安徽)	43	0.099	34	0.313	60	0.007	81	0.008
泰州(江苏)	44	0.095	64	0.221	34	0.025	31	0.053
淮南(安徽)	45	0.094	40	0.283	42	0.015	61	0.011
遵义(贵州)	46	0.093	52	0.248	36	0.023	42	0.029
铜仁(贵州)	47	0.092	36	0.304	85	0.003	110	0.001
景德镇(江西)	48	0.092	38	0.286	59	0.008	63	0.010
赣州(江西)	49	0.091	50	0.252	31	0.029	51	0.017
宜宾(四川)	50	0.090	62	0.222	51	0.009	32	0.052
宣城(安徽)	51	0.090	43	0.269	52	0.009	56	0.015
丽水(浙江)	52	0.090	39	0.286	50	0.009	94	0.002
黄石(湖北)	53	0.087	67	0.215	65	0.006	33	0.052
怀化(湖南)	54	0.085	42	0.275	83	0.003	93	0.002
衡阳(湖南)	55	0.083	60	0.226	40	0.018	43	0.025
宜春(江西)	56	0.082	44	0.266	70	0.005	90	0.003
娄底(湖南)	57	0.082	51	0.252	96	0.002	55	0.015
抚州(江西)	58	0.081	49	0.253	91	0.002	66	0.010
自贡(四川)	59	0.080	58	0.228	54	0.009	44	0.023
萍乡(江西)	60	0.079	47	0.256	84	0.003	91	0.003
益阳(湖南)	61	0.078	54	0.245	77	0.004	69	0.009
亳州(安徽)	62	0.077	53	0.248	53	0.009	114	0.001
雅安(四川)	63	0.077	69	0.214	30	0.030	71	0.009
十堰(湖北)	64	0.074	68	0.215	63	0.006	49	0.018
曲靖(云南)	65	0.073	55	0.238	75	0.004	102	0.001
淮北(安徽)	66	0.073	59	0.227	72	0.005	82	0.008
攀枝花(四川)	67	0.073	65	0.220	49	0.010	73	0.009
永州(湖南)	68	0.072	56	0.235	90	0.002	112	0.001
安顺(贵州)	69	0.071	76	0.192	87	0.003	40	0.030
孝感(湖北)	70	0.070	70	0.213	58	0.008	67	0.010
毕节(贵州)	71	0.070	57	0.229	88	0.003	111	0.001
郴州(湖南)	72	0.070	71	0.204	82	0.003	48	0.019
宿迁(江苏)	73	0.067	66	0.219	68	0.006	122	0.000
玉溪(云南)	74	0.066	75	0.195	86	0.003	54	0.016

续表

城市	产业创新		创新投入		创新产出		成果转化	
	排序	得分	排序	得分	排序	得分	排序	得分
荆门(湖北)	75	0.065	79	0.187	66	0.006	46	0.019
吉安(江西)	76	0.064	74	0.197	81	0.003	65	0.010
九江(江西)	77	0.063	78	0.188	57	0.008	62	0.010
六安(安徽)	78	0.062	77	0.191	62	0.007	84	0.007
岳阳(湖南)	79	0.061	73	0.197	71	0.005	95	0.002
淮安(江苏)	80	0.060	81	0.182	41	0.017	101	0.001
泸州(四川)	81	0.060	84	0.173	45	0.015	72	0.009
新余(江西)	82	0.059	86	0.172	99	0.002	52	0.017
黄冈(湖北)	83	0.059	87	0.172	73	0.005	57	0.015
眉山(四川)	84	0.058	82	0.179	101	0.001	77	0.009
达州(四川)	85	0.056	85	0.173	79	0.004	76	0.009
阜阳(安徽)	86	0.056	83	0.174	47	0.012	108	0.001
广安(四川)	87	0.056	80	0.184	108	0.001	99	0.002
鄂州(湖北)	88	0.053	88	0.169	95	0.002	87	0.005
临沧(云南)	89	0.053	89	0.165	123	0.000	80	0.008
上饶(江西)	90	0.053	91	0.160	80	0.004	64	0.010
舟山(浙江)	91	0.052	94	0.142	43	0.015	59	0.013
宿州(安徽)	92	0.051	90	0.164	64	0.006	120	0.000
邵阳(湖南)	93	0.049	92	0.159	94	0.002	96	0.002
荆州(湖北)	94	0.049	109	0.109	44	0.015	41	0.029
池州(安徽)	95	0.048	93	0.147	98	0.002	83	0.008
遂宁(四川)	96	0.044	95	0.134	104	0.001	78	0.009
内江(四川)	97	0.043	98	0.123	55	0.008	74	0.009
随州(湖北)	98	0.040	97	0.129	112	0.001	88	0.004
保山(云南)	99	0.040	96	0.130	105	0.001	104	0.001
黄山(安徽)	100	0.038	99	0.115	93	0.002	85	0.007
乐山(四川)	101	0.038	100	0.111	76	0.004	75	0.009
德宏(云南)	102	0.037	107	0.110	100	0.001	68	0.010
南充(四川)	103	0.035	111	0.106	56	0.008	97	0.002
广元(四川)	104	0.034	110	0.108	74	0.004	98	0.002
黔东南(贵州)	105	0.034	115	0.092	78	0.004	58	0.013
西双版纳(云南)	106	0.034	103	0.110	114	0.001	109	0.001
文山(云南)	107	0.033	108	0.110	110	0.001	113	0.001
迪庆(云南)	108	0.033	101	0.110	107	0.001	116	0.000

续表

城市	产业创新		创新投入		创新产出		成果转化	
	排序	得分	排序	得分	排序	得分	排序	得分
红河(云南)	109	0.033	104	0.110	115	0.001	117	0.000
楚雄(云南)	110	0.033	102	0.110	117	0.001	118	0.000
大理(云南)	111	0.033	105	0.110	118	0.001	119	0.000
怒江(云南)	112	0.033	106	0.110	116	0.001	121	0.000
黔西南(贵州)	113	0.032	113	0.092	97	0.002	70	0.009
恩施(湖北)	114	0.029	116	0.092	120	0.000	89	0.003
丽江(云南)	115	0.029	112	0.095	126	0.000	106	0.001
湘西(湖南)	116	0.028	117	0.092	106	0.001	107	0.001
黔南(贵州)	117	0.028	114	0.092	103	0.001	123	0.000
资阳(四川)	118	0.027	121	0.079	113	0.001	79	0.009
昭通(云南)	119	0.026	118	0.083	125	0.000	105	0.001
巴中(四川)	120	0.025	120	0.082	111	0.001	100	0.002
张家界(湖南)	121	0.025	119	0.083	124	0.000	115	0.000
阿坝(四川)	122	0.022	122	0.073	119	0.000	124	0.000
甘孜(四川)	123	0.022	124	0.073	122	0.000	126	0.000
凉山(四川)	124	0.022	123	0.073	121	0.000	125	0.000
普洱(云南)	125	0.017	125	0.054	102	0.001	103	0.001
常德(湖南)	126	0.010	126	0.022	67	0.006	86	0.005

资料来源：《中国城市统计年鉴2020》、各省市2020年统计年鉴。

从省级尺度来看，平均得分从高到低依次为上海、重庆、浙江、江苏、湖北、安徽、湖南、江西、四川、贵州、云南（见表8）。从区域尺度来看，东部地区41个城市的平均得分为0.167，中部地区38个地区的平均得分为0.096，西部地区47个城市的平均得分为0.073。

表8　2019年长江经济带省级产业创新指数及排名

项目	上海	重庆	浙江	江苏	湖北	安徽	湖南	江西	四川	贵州	云南
排名	1	2	3	4	5	6	7	8	9	10	11
得分	0.756	0.309	0.192	0.165	0.117	0.114	0.086	0.086	0.080	0.079	0.047

资料来源：《中国城市统计年鉴2020》、各省市2020年统计年鉴。

（四）环境友好指数及城市排名

环境友好领域包含资源利用和环境保护两个子领域，2019 年度长江经济带城市环境友好指数测算结果及排名如表 9 所示。在 126 个城市中，排名前 20 位的城市分别为：黔东南、常德、自贡、温州、随州、舟山、资阳、益阳、泰州、南通、成都、淮安、台州、南昌、镇江、株洲、扬州、长沙、上海、杭州。其中，长江下游长三角区域 10 个城市入围，包括上海占 1 席、江苏占 5 席、浙江占 4 席；长江中游城市群 6 个城市入围，包括江西占 1 席、湖北占 1 席、湖南占 4 席；长江上游城市群有 4 个城市入围，包括四川占 3 席、贵州占 1 席。安徽、重庆、云南三个省市没有城市进入前二十。

表 9　2019 年长江经济带城市环境友好指数及排名

城市	环境友好		资源利用		环境保护	
	排序	得分	排序	得分	排序	得分
黔东南(贵州)	1	0.961	1	0.939	7	0.983
常德(湖南)	2	0.779	2	0.557	1	1.000
自贡(四川)	3	0.742	5	0.541	23	0.944
温州(浙江)	4	0.738	13	0.517	13	0.960
随州(湖北)	5	0.735	53	0.485	5	0.986
舟山(浙江)	6	0.733	7	0.534	30	0.933
资阳(四川)	7	0.733	3	0.545	35	0.921
益阳(湖南)	8	0.731	23	0.510	15	0.953
泰州(江苏)	9	0.728	41	0.499	14	0.956
南通(江苏)	10	0.728	25	0.510	21	0.945
成都(四川)	11	0.727	48	0.490	11	0.964
淮安(江苏)	12	0.726	12	0.519	29	0.934
台州(浙江)	13	0.726	26	0.510	24	0.943
南昌(江西)	14	0.725	30	0.508	25	0.942
镇江(江苏)	15	0.725	40	0.500	16	0.950
株洲(湖南)	16	0.721	45	0.495	19	0.946
扬州(江苏)	17	0.719	38	0.500	28	0.938
长沙(湖南)	18	0.718	65	0.452	6	0.983
上海	19	0.717	52	0.487	18	0.947

续表

城市	环境友好		资源利用		环境保护	
	排序	得分	排序	得分	排序	得分
杭州(浙江)	20	0.716	20	0.513	37	0.919
宁波(浙江)	21	0.716	50	0.489	22	0.944
蚌埠(安徽)	22	0.712	15	0.516	44	0.909
徐州(江苏)	23	0.711	18	0.514	46	0.908
永州(湖南)	24	0.710	39	0.500	36	0.921
阿坝(四川)	25	0.710	77	0.429	2	0.990
甘孜(四川)	26	0.710	79	0.429	4	0.990
凉山(四川)	27	0.710	78	0.429	3	0.990
绵阳(四川)	28	0.709	46	0.494	34	0.925
六安(安徽)	29	0.709	27	0.510	45	0.908
连云港(江苏)	30	0.709	36	0.502	39	0.916
遂宁(四川)	31	0.708	61	0.465	17	0.950
常州(江苏)	32	0.706	9	0.520	52	0.892
十堰(湖北)	33	0.706	76	0.430	10	0.982
盐城(江苏)	34	0.704	22	0.512	48	0.897
无锡(江苏)	35	0.704	42	0.498	42	0.909
亳州(安徽)	36	0.698	4	0.544	76	0.852
南京(江苏)	37	0.697	62	0.465	32	0.929
金华(浙江)	38	0.697	43	0.497	50	0.896
苏州(江苏)	39	0.695	57	0.479	40	0.912
鹰潭(江西)	40	0.694	66	0.449	27	0.939
吉安(江西)	41	0.693	8	0.522	66	0.864
湖州(浙江)	42	0.693	17	0.515	61	0.871
黄山(安徽)	43	0.691	35	0.503	57	0.880
合肥(安徽)	44	0.689	75	0.431	20	0.946
黄冈(湖北)	45	0.688	54	0.482	51	0.895
巴中(四川)	46	0.687	74	0.433	26	0.941
武汉(湖北)	47	0.686	6	0.538	85	0.834
萍乡(江西)	48	0.685	10	0.520	77	0.851
嘉兴(浙江)	49	0.685	31	0.507	69	0.863
怀化(湖南)	50	0.682	51	0.488	59	0.875
黔南(贵州)	51	0.682	101	0.380	9	0.983
黔西南(贵州)	52	0.682	100	0.380	8	0.983
抚州(江西)	53	0.681	49	0.489	60	0.874

续表

城市	环境友好		资源利用		环境保护	
	排序	得分	排序	得分	排序	得分
安庆(安徽)	54	0.681	37	0.501	70	0.861
泸州(四川)	55	0.681	21	0.512	78	0.850
丽水(浙江)	56	0.681	19	0.514	79	0.848
广元(四川)	57	0.678	68	0.447	41	0.910
宜宾(四川)	58	0.676	16	0.515	84	0.836
淮北(安徽)	59	0.675	47	0.491	71	0.859
咸宁(湖北)	60	0.673	69	0.438	43	0.909
德阳(四川)	61	0.669	84	0.411	33	0.927
九江(江西)	62	0.667	11	0.519	86	0.816
襄阳(湖北)	63	0.667	105	0.370	12	0.964
眉山(四川)	64	0.664	55	0.480	80	0.848
滁州(安徽)	65	0.663	60	0.474	75	0.853
恩施(湖北)	66	0.661	82	0.421	47	0.900
宣城(安徽)	67	0.658	56	0.480	82	0.837
赣州(江西)	68	0.656	14	0.516	91	0.795
阜阳(安徽)	69	0.653	34	0.504	89	0.803
达州(四川)	70	0.653	71	0.437	62	0.869
景德镇(江西)	71	0.650	72	0.436	67	0.863
宿州(安徽)	72	0.642	28	0.509	96	0.775
芜湖(安徽)	73	0.641	89	0.402	56	0.880
绍兴(浙江)	74	0.641	59	0.478	88	0.804
湘潭(湖南)	75	0.638	86	0.407	63	0.868
鄂州(湖北)	76	0.637	70	0.437	83	0.837
宜春(江西)	77	0.636	29	0.509	97	0.763
岳阳(湖南)	78	0.636	103	0.374	49	0.897
上饶(江西)	79	0.636	24	0.510	98	0.761
遵义(贵州)	80	0.631	109	0.345	38	0.916
孝感(湖北)	81	0.630	102	0.375	55	0.886
宿迁(江苏)	82	0.630	88	0.403	72	0.858
广安(四川)	83	0.627	90	0.389	64	0.865
重庆	84	0.625	104	0.372	58	0.878
邵阳(湖南)	85	0.623	91	0.382	68	0.863
衡阳(湖南)	86	0.615	106	0.365	65	0.865
湘西(湖南)	87	0.614	73	0.436	92	0.793

续表

城市	环境友好		资源利用		环境保护	
	排序	得分	排序	得分	排序	得分
保山(云南)	88	0.614	67	0.449	95	0.779
张家界(湖南)	89	0.608	32	0.506	111	0.710
铜陵(安徽)	90	0.601	83	0.419	94	0.782
新余(江西)	91	0.593	63	0.461	110	0.724
南充(四川)	92	0.586	118	0.243	31	0.929
池州(安徽)	93	0.576	58	0.479	113	0.673
内江(四川)	94	0.568	44	0.497	116	0.640
宜昌(湖北)	95	0.564	119	0.237	54	0.891
郴州(湖南)	96	0.560	115	0.264	73	0.855
黄石(湖北)	97	0.558	112	0.332	93	0.784
玉溪(云南)	98	0.557	108	0.355	99	0.759
临沧(云南)	99	0.556	107	0.361	100	0.752
雅安(四川)	100	0.555	116	0.256	74	0.854
德宏(云南)	101	0.553	92	0.381	102	0.724
怒江(云南)	102	0.553	99	0.381	109	0.724
迪庆(云南)	103	0.553	95	0.381	105	0.724
大理(云南)	104	0.553	98	0.381	108	0.724
楚雄(云南)	105	0.553	97	0.381	107	0.724
红河(云南)	106	0.553	96	0.381	106	0.724
文山(云南)	107	0.553	94	0.381	104	0.724
西双版纳(云南)	108	0.553	93	0.381	103	0.724
乐山(四川)	109	0.544	111	0.338	101	0.751
娄底(湖南)	110	0.542	64	0.457	117	0.627
衢州(浙江)	111	0.542	33	0.505	120	0.579
丽江(云南)	112	0.533	85	0.407	115	0.659
安顺(贵州)	113	0.517	110	0.341	112	0.693
荆门(湖北)	114	0.510	123	0.128	53	0.891
曲靖(云南)	115	0.509	87	0.405	118	0.612
贵阳(贵州)	116	0.504	122	0.195	87	0.814
马鞍山(安徽)	117	0.489	80	0.429	121	0.548
荆州(湖北)	118	0.467	124	0.089	81	0.845
淮南(安徽)	119	0.462	81	0.425	123	0.499
铜仁(贵州)	120	0.460	113	0.315	119	0.606
昭通(云南)	121	0.448	121	0.227	114	0.669

续表

城市	环境友好		资源利用		环境保护	
	排序	得分	排序	得分	排序	得分
昆明(云南)	122	0.438	125	0.077	90	0.798
六盘水(贵州)	123	0.398	114	0.292	122	0.503
毕节(贵州)	124	0.358	120	0.232	124	0.484
普洱(云南)	125	0.252	117	0.248	126	0.256
攀枝花(四川)	126	0.192	126	0.006	125	0.378

资料来源:《中国城市统计年鉴 2020》、各省市 2020 年统计年鉴。

从省级尺度来看，平均得分从高到低依次为上海、江苏、浙江、江西、湖南、四川、安徽、湖北、重庆、贵州、云南（见表 10）。从区域尺度来看，东部地区 41 个城市的平均得分为 0.676，中部地区 38 个城市的平均得分为 0.649，西部地区 47 个城市的平均得分为 0.589。

表 10　2019 年长江经济带省级环境友好指数及排名

项目	上海	江苏	浙江	江西	湖南	四川	安徽	湖北	重庆	贵州	云南
排名	1	2	3	4	5	6	7	8	9	10	11
得分	0.717	0.706	0.688	0.665	0.655	0.643	0.640	0.629	0.625	0.577	0.521

资料来源:《中国城市统计年鉴 2020》、各省市 2020 年统计年鉴。

三　长江经济带产业转型升级20强城市

根据前述综合指数得分，选择各个省会城市和相对较为发达的城市构成的 20 个重要城市进行分析，这 20 强城市可以进一步分为四个梯队（见表 11）。其中，上海进入 20 个重要城市的第一梯队，武汉、杭州、长沙、南京进入第二梯队，成都、苏州、无锡、金华、合肥、宁波进入第三梯队，嘉兴、温州、常州、重庆、常德、台州、南昌、贵阳、昆明位列 20 个重要城市的第四梯队。

表 11　2019 年长江经济带产业转型升级指数 20 强城市分类

类别	城市	综合得分
第一梯队	上海	0.677
第二梯队	武汉、杭州、长沙、南京	0.563
第三梯队	成都、苏州、无锡、金华、合肥、宁波	0.508
第四梯队	嘉兴、温州、常州、重庆、常德、台州、南昌、贵阳、昆明	0.438

资料来源：作者根据计算结果整理。

上海在长江经济带126 城市产业转型升级排名中位居榜首，为第一梯队之首，是长江经济带产业转型升级的重要引擎。从构成产业转型升级综合指数的四个一级指标来看，上海结构优化一级指标排名第一，得分为 0.870，远高于第二名的武汉，这主要得益于上海产业结构和就业结构表现突出。2019 年，上海第三产业增加值占比高达 72.7%，比第二名的武汉高出 12 个百分点。产业集聚度达到 2.31，是 126 个城市中唯一集聚度超过 2.0 的城市。先进生产性服务业从业人员占比达到 26.8%，也是 126 个城市中唯一超过 25% 的城市。质量提升一级指标位居第十，得分为 0.405，2019 年上海的人均 GDP 达 15.7 万元，排第四位，低于无锡（18.0 万元）、苏州（17.9 万元）和南京（16.6 万元），全员劳动生产率 25.2 万元/人，也名列前茅，但土地生产率、投资效益系数、工业企业资产利润率等指标相较而言表现一般。产业创新一级指标位居第一，得分为 0.756，与其后的武汉（0.623）、杭州（0.435）等城市相比保持了显著的领先水平，这主要得益于上海大量的研发经费投入、活跃的专利科技活动和高水平的成果转化能力，其中 R&D 研发经费投入强度达 4.0%、发明专利授权数达 2.3 万件、技术合同成交额近 1000 亿元、国家技术创新成果转化类基地和国家企业技术中心数量近 100 家，各项指标均列首位。但在研发人员投入强度和科技财政投入占比上，上海排名落后于杭州、南京等城市。环境友好排名较上年有显著上升，从第 40 位上升至第 19 位，得分为 0.717。上海在这一指标得分上升的原因主要是资源利用率和环境保护成效进一步凸显，单位工业增加值用电量、单位工业增加值烟粉尘排放量、单位工业增加值废气排放量等指标均有所改善（见表 12）。

表 12　2019 年上海产业转型升级一级指标

指标	上海		对比城市:武汉	
	得分	排名	得分	排名
结构优化	0.870	1	0.631	12
质量提升	0.405	10	0.381	16
产业创新	0.756	1	0.623	2
环境友好	0.717	19	0.686	47

资料来源：作者根据计算结果绘制。

武汉、杭州、长沙、南京这四个城市进入长江经济带 20 个重要城市的第二梯队，位列长江经济带产业转型升级综合排名的第 2 至第 5 名，4 个城市均为省会城市。

武汉作为湖北省省会，排名跃居第 2，综合得分 0.565，这得益于其产业创新一级指标排 126 个城市中的第 2 名，仅低于上海，尤其是武汉的创新产出得分达到 0.866，超过上海（0.821）位居第一。2019 年武汉授权发明专利数量 33202 件，排名第一，高水平期刊科技类论文发表数量 3019 篇，仅次于上海。此外，结构优化一级指标排名第 12，其中武汉的产业结构二级指标表现突出。2019 年武汉第三产业增加值占 GDP 比重达 60.8%，位居第 5，产业集聚度和外贸依存度分别为 1.59 和 103.76，均在前五位。武汉质量提升一级指标排名第 16，得分为 0.381，主要得益于武汉高效的生产效率和投资效益，两项二级指标均位居前列。其中，2019 年武汉人均 GDP 达到 14.6 万元，位居第 6；全员劳动生产率和投资效益系数分别达到 34.2 万元/人和 397.61，均处于前列。但武汉的建设用地生产率和工业企业固定资产利润率略有逊色，排名均在第 20 位之后。武汉环境友好一级指标仅排名第 47，得分仅为 0.686。其中表现较好的是单位工业增加值用电量达 17.96 元/千瓦时，排名前 20，表现一般的指标有单位工业增加值废气排放量、单位工业增加值烟粉尘排放量，排名均在第 50 名之后。

杭州是东部发达省份浙江的省会城市，产业转型升级排名第 3。从 4 个一级指标来看，结构优化排名第 5，质量提升排名第 7，产业创新排名第

3，环境友好排名第20，各一级指标排名较为均衡。结构优化一级指标中，第三产业增加值占GDP比重达66.2%，仅次于上海，先进生产性服务业从业人员比重为18.3%，排名第3，仅次于上海和南京。质量提升一级指标中，杭州的人均GDP、全员劳动生产率、投资效益系数分别达到15.2万元、24.1万元/人和515.77，均名列前茅。产业创新一级指标排名第3，主要得益于杭州的创新投入和创新产出转化两个二级指标。具体而言，R&D经费投入强度、科教支出占财政预算支出比重、授权发明专利数量、高水平期刊科技类论文发表数量等指标表现出色，其中2019年杭州R&D经费投入强度为3.45%，仅次于上海，科教支出占财政预算支出比重达26.2%，位居第3，授权发明专利数量达11748件，高水平期刊科技类论文发表数量达2298篇，表现亮眼。但杭州的成果转化二级指标表现一般，排名均在第10名之后，未来杭州应加强科技成果转化能力，加强转化平台建设，激发技术市场交易活力，提升区域产业转型升级水平。此外，杭州环境友好一级指标得分0.716，排名第20位，未来在工业污染排放物方面应有进一步的改善。

长沙是中部省会城市，产业转型升级排名第4。长沙的质量提升一级指标表现极好，得分达0.583，位居第1。其中投资效益二级指标排名首位，生产效率二级指标排名第15。2019年，长沙投资效益系数达455.6，工业企业固定资产利润率达29.6%，分别居第10位和第1位；人均GDP和全员劳动生产率分别达到14.0万元和30.2万元/人，在长江经济带126个城市中分列第9和第25位。长沙结构优化一级指标排第11位，其中就业结构二级指标排名第6，产业结构排名第18。2019年，长沙就业结构情况良好，非农产业从业人员比重和先进生产性服务业从业人员比重分别达到99.93%和17.5%，排长江经济带126个城市中的前二十位。长沙产业创新列第11位，二级指标创新投入、创新产出和成果转化分别列第24位、第7位和第9位，其中授权发明授权专利数量为5226件，位列第9，技术合同交易额也超过了200亿元。环境友好一级指标排名第18，主要得益于环境保护二级指标表现良好。2019年，长沙环境保护得分0.983，排名第6。单位工业增加值废水排放量、废气排放量和烟粉尘排放量分别为1.215吨、0.796吨和2.022吨，均位列前十。

表13　2019年武汉、杭州、长沙、南京产业转型升级一级指标

指标	武汉		杭州		长沙		南京	
	得分	排名	得分	排名	得分	排名	得分	排名
结构优化	0.631	12	0.693	5	0.638	11	0.728	2
质量提升	0.381	16	0.420	7	0.583	1	0.384	14
产业创新	0.623	2	0.435	3	0.271	11	0.424	4
环境友好	0.686	47	0.716	20	0.718	18	0.697	37

资料来源：作者根据计算结果绘制。

南京在长江经济带126个城市中的产业转型升级方面综合排名第5。从4个一级指标来看，南京在结构优化、质量提升和产业创新上均表现优异，但环境友好领域拖了后腿。具体而言，结构优化一级指标得分0.728，仅次于上海。2019年南京第三产业增加值占GDP比重高达62.0%，仅次于上海和杭州。就业结构中的非农产业从业人员比重和先进生产性服务业从业人员比重分别为99.96%和23.2%，均处于前五位。质量提升一级指标中，人均GDP达16.58万元，排126个城市中的第3位，仅次于无锡、苏州。此外，南京的投资效益系数、工业企业固定资产利润率等指标表现也较好，均名列前茅。产业创新一级指标得分0.424，排名第4，下属3个二级指标创新投入、创新产出、成果转化分别排名第19、第3和第6。其中，授权发明专利数量12392件，高水平期刊科技类论文发表数量超过3500篇，均排名第二，仅次于上海。科教支出占财政预算支出比重为23.32%，国家企业技术中心数量24家，技术合同交易额近400亿元，均位列前十。环境友好一级指标南京表现不太理想，得分仅为0.697，排名第37位。

成都等6个城市进入长江经济带20个重要城市产业转型升级的第三梯队。这6个城市可以分为两类，其一是沿江各省的省会或直辖市，包括成都、合肥，这些省会城市和其他城市相比，在产业创新一级指标上存在突出优势：一方面，创新产出成果丰富。得益于丰富的大学和科研院所等科技创新载体和较为雄厚的产业基础，成都、合肥的授权发明专利数量分别为9197件和5981件，高水平期刊科技类论文发表数量分别为2814篇和1459篇，仅次于第一梯队和第二梯队的各个城市。另一方面，成果转化成效显著。成都、合肥的技术合同交易额分别达到450.2亿元和234.5亿元，国家企业技术中心数量分别为41家和39家，两项指标在长江经济带126城市中均位居前十。此外，成都在结构优化和环境友好一级指标方面表现较好，排名分别为第8和第11，2019年成都第三产业增加值占GDP比重、非农产业从业人员比重、一般工业固体废弃物综合利用率、单位工业增加值废水和烟粉尘排放均名列前茅。合肥结构优化排名第14，其中2019年合肥产业集聚度达到1.21，在长江经济带126个城市中排名靠前，但质量提升和环境友好得分分别为0.325和0.689，仅分别排第38和第44位。

6个城市中除了省会城市，还包括4个江浙经济发达的地级市，即苏州、无锡、金华和宁波。这些地级市凭借雄厚的经济基础和产业基础，在产业转型升级方面具备一定优势。第一，生产效率极高，人均、地均产值达到高水平。2019年，苏州、无锡和宁波三个城市的人均GDP分别达到17.9万元、18.0万元和14.3万元，分别位列第2、第1和第8；苏州、金华、宁波三个城市的外贸依存度分别达到788.5、638.2和527.8，分别位列第1、第3和第5，4个城市产业集聚度均在1.2以上，名列前茅。此外，4个城市的就业结构进一步优化，非农产业从业人员比重超过99%，先进生产性服务业从业人员比重排名也有所提升，苏州和宁波的技术合同交易额均超过250亿元，均列前10位，无锡和金华的R&D人员投入强度分别达7.6%和7.8%，分别列第1和第2位。

江浙湘部分发达城市、重庆以及赣云贵三省的省会进入长江经济带产业转型升级20个重要城市的第四梯队。其中嘉兴、温州、常州、台州等是东部沿海较为发达的地级市，GDP排名基本位于省内的中上游水平，而重庆、南昌、贵阳和昆明则为内陆省市，凭借着发达的经济水平和优质的产业、就业结构，产业转型升级指数排名靠前。嘉兴等城市在结构优化、产业创新两项一级指标上表现相对较好，如2019年嘉兴技术合同交易额增速超过

20%，列长江经济带首位，这有赖于嘉兴近年来积极对接上海，全面融入长三角一体化，搭建多元化平台，共同推进技术成果在地转移转化。常州的人均 GDP 超过 15 万元，远高于重庆、贵阳和昆明三个省市。常德和温州的投资效益系数分别达到 562.0 和 665.5，也超过南昌、贵阳和昆明三市。在产业创新方面，重庆表现较好，R&D 人员投入强度达 3.86%，授权发明专利数量达 6988 件，技术合同交易额达 221.7 亿元，均列前十位。此外，常德的环境友好一级指标得分达到 0.779，列第 2 位，仅次于丽江。

表 14　2019 年长江经济带 20 个主要城市产业转型升级第三梯队一级指标

城市	结构优化		质量提升		产业创新		环境友好	
	得分	排名	得分	排名	得分	排名	得分	排名
成都	0.650	8	0.349	26	0.414	5	0.727	11
苏州	0.716	3	0.355	24	0.290	8	0.695	39
无锡	0.644	10	0.409	8	0.290	9	0.704	35
金华	0.698	4	0.362	21	0.211	16	0.697	38
合肥	0.615	14	0.325	38	0.378	6	0.689	44
宁波	0.674	7	0.344	28	0.229	13	0.716	21

资料来源：笔者根据计算结果绘制。

表 15　2019 年长江经济带 20 个主要城市产业转型升级第四梯队一级指标

城市	结构优化		质量提升		产业创新		环境友好	
	得分	排名	得分	排名	得分	排名	得分	排名
嘉兴	0.619	13	0.335	33	0.235	12	0.685	49
温州	0.578	19	0.364	18	0.157	20	0.738	4
常州	0.607	17	0.357	23	0.154	21	0.706	32
常德	0.516	34	0.455	5	0.010	126	0.779	2
台州	0.581	18	0.284	61	0.203	17	0.726	13
重庆	0.572	21	0.248	86	0.309	7	0.625	84
南昌	0.574	20	0.278	71	0.138	28	0.725	14
贵阳	0.564	23	0.317	43	0.191	18	0.504	116
昆明	0.608	15	0.281	66	0.183	19	0.438	122

资料来源：笔者根据计算结果绘制。

附录：

产业转型升级评价方法

本报告使用权重优化模型，运用层次分析法和熵值法对各子系统进行了综合权重分析，指标体系如附表1。首先，需要确定各级指标的具体权重，通过运用层次分析法（AHP）和熵值法（EVM）对各子系统进行了综合权重分析。该研究方法主要是为了尽可能避免出现指标权重的不确定性，以达到各指标赋权的主客观一致性，同时也确保各子系统内部权重之和为1。

附表1　产业转型升级指数指标体系

一级指标		二级指标		三级指标		
名称	权重	名称	权重	序号	名称	权重
结构优化	0.3	产业结构	0.6	1	第二产业增加值占GDP比重	0.2
				2	第三产业增加值占GDP比重	0.3
				3	产业集聚度	0.2
				4	外贸依存度	0.3
		就业结构	0.4	5	非农产业从业人员比重	0.5
				6	先进生产性服务业从业人员比重	0.5
质量提升	0.3	生产效率	0.5	7	人均GDP	0.4
				8	全员劳动生产率	0.3
				9	建设用地土地生产率	0.3
		投资效益	0.5	10	投资效益系数	0.5
				11	工业企业固定资产利润率	0.5
产业创新	0.2	创新投入	0.3	12	R&D经费投入强度	0.35
				13	R&D人员投入强度	0.35
				14	科教支出占财政预算支出比重	0.3
		创新产出	0.3	15	授权发明专利数量	0.5
				16	高水平期刊科技类论文发表数量	0.5
		成果转化	0.4	17	技术合同交易额	0.5
				18	国家企业技术中心数量	0.5

续表

一级指标		二级指标		三级指标		
名称	权重	名称	权重	序号	名称	权重
环境友好	0.2	资源利用	0.5	19	单位工业增加值用电量	0.5
				20	一般工业固体废弃物综合利用率	0.5
		环境保护	0.5	21	单位工业增加值废水排放量	0.4
				22	单位工业增加值废气排放量	0.3
				23	单位工业增加值烟粉尘排放量	0.3

B.7
长江经济带社会发展指数报告（2021）

杨 昕*

摘　要： 本报告基于长江经济带社会发展指数的分析方法，通过扩充样本数量、改进分析框架，对长江经济带全域范围内126个城市社会事业、社会保障、社会均衡和社会活力四个领域的发展成效进行综合评价。整体而言，长江经济带126个城市社会发展指数较往年有所进步，但得分仍有较大提升空间，区域差距也没有明显缩小。从分项指标看，长江经济带城乡发展相对均衡，社会事业发展相对较好，而社会保障事业尚有提升空间。本报告列示了长江经济带社会发展四大领域的标杆城市，并对比了14个重要节点城市社会领域的发展情况，发现上海、杭州和苏州在社会领域的发展较为均衡，部分城市在社会发展的细分领域仍明显滞后，需进一步采取针对性举措促进社会全面发展。

关键词： 长江经济带　社会发展　社会发展指数

2021年是我国开启全面建设社会主义现代化国家新征程的起始之年，长江经济带社会领域的发展也将迈入新的征程。为了便于对长江经济带社会发展领域的健康水平进行可对比的研究，本报告沿用2018年提出的长江经济带社会发展指标体系构建方法和分析工具，以长江经济带全域

* 杨昕，经济学博士，上海社会科学院信息研究所副研究员，研究方向为人口发展与社会政策。

范围内的126个城市和州为样本，构建了长江经济带社会发展综合指数和单一维度指数，以全面、系统地呈现长江经济带全域社会发展状况。与过去的研究领域和维度一致，本报告从长江经济带126个样本城市的社会事业、社会保障、社会均衡和社会活力四个方面入手进行分析，关注长江经济带社会发展的区域差距，并对其中14个重要节点城市社会领域的发展水平进行比较与评价，以期为呈现长江经济带社会发展成效、寻找长江经济带社会发展短板、推动长江经济带社会发展提供数据支持和决策参考。

一　指标体系构建

（一）指标选取

本报告将主要分析长江经济带各城市在社会事业、社会保障、社会均衡和社会活力等四个方面的综合情况。其中，社会事业领域主要涉及教育事业、卫生事业和文化事业发展概况；社会保障领域主要涉及各类保障水平和保障覆盖方面的发展水平；社会均衡领域主要关注生产效率与公平的良性互动，特别是收入水平、消费水平和城乡差距三个方面；社会活力领域主要涉及城市未来发展潜力，包括人力资源和经济基础两个方面。根据以上涵盖的内容，长江经济带社会发展指数指标体系包括4项一级指标、10项二级指标和30项三级指标（见表1）。

表1　长江经济带社会发展指数指标体系

一级指标	二级指标	三级指标	权重
社会事业	教育事业	人均教育投入①(元)	2.0
		万人教育行业从业人员数(人)	2.0
		义务教育生师比②	2.0
		高中生师比③	2.0
		万人在校大学生数(人)	2.0

续表

一级指标	二级指标	三级指标	权重
社会事业	卫生事业	人均医疗卫生投入(元)	3.0
		万人卫生机构床位数(张)	2.5
		万人卫生技术人员数(人)	2.5
	文化事业	人均文化体育与传媒投入(元)	3.0
		万人文化事业单位从业人员数(人)	2.5
		宽带网络普及率(%)	2.5
社会保障	保障水平	人均社会保障和就业投入(元)	5.0
		最低生活保障④(元/月)	5.0
	保障覆盖	城镇职工养老保险参保率⑤(%)	5.0
		城镇职工医疗保险参保率(%)	5.0
		城镇职工失业保险参保率(%)	5.0
社会均衡	收入水平	城乡居民人均可支配收入(元)	2.5
		职工平均工资(元)	2.5
		城乡居民人均可支配收入增长率(%)	1.5
		职工平均工资增长率(%)	1.5
	消费水平	城乡居民人均消费支出(元)	6.0
	城乡差距	城乡居民人均可支配收入比	5.0
		城乡居民人均消费支出比	5.0
社会活力	人力资源	大专及以上教育人口比重⑥(%)	3.5
		常住人口密度(人/平方公里)	3.5
		外来人口比重⑦(%)	3.0
		劳动参与率⑧(%)	3.0
	经济基础	GDP 增长率(%)	4.0
		人均 GDP(元)	4.0
		地均 GDP(万元/平方公里)	4.0

注：①人均教育投入 = 一般预算财政支出中教育经费支出额/常住人口。人均医疗卫生投入、人均文化体育和传媒投入、人均社会保障和就业投入，类同。②义务教育生师比 = （初中在校学生数 + 小学在校学生数）/（初中专任教师数 + 小学专任教师数）。③高中生师比 = 高中在校学生数/高中专任教师数。④为当地城市最低生活保障水平。⑤城镇职工养老保险参保率 = （城镇职工养老保险参保人数/各行业从业人口）×100%。城镇职工医疗保险参保率、城镇职工失业保险参保率，类同。⑥由于数据可得性较差，以城市所在省份的相应数据进行替换。⑦ 外来人口比重 = ［（常住人口 - 户籍人口）/常住人口］×100%。⑧ 劳动参与率计算方法：（从业人口/常住人口）×100%。

资料来源：《中国城市统计年鉴 2020》、各城市 2020 年统计年鉴、各城市 2020 年国民经济和社会发展统计公报，各城市 2021 年国民经济和社会发展计划执行情况与 2021 年国民经济和社会发展计划草案，以及各城市社会保障职能部门公开发布数据。

（二）指数计算

报告沿用极值化方法对各三级指标数据进行标准化处理，正向指标的标准化公式为：

$$x'_{ij} = \frac{x_{ij} - \min\{x_{ij}\}}{\max\{x_{ij}\} - \min\{x_{ij}\}}$$

其中，x_{ij} 代表二级指标 x 第 i 项三级指标中第 j 个城市的统计性原始数据；$\min\{x_{ij}\}$ 为三级指标 x_i 的最小值，$\max\{x_{ij}\}$ 为三级指标 x_i 的最大值；x'_{ij} 为标准化后的数据，x'_{ij}。

负向指标[①]的标准化公式为：

$$x'_{ij} = \frac{\max\{x_{ij}\} - x_{ij}}{\max\{x_{ij}\} - \min\{x_{ij}\}}$$

本研究中除义务教育生师比、高中生师比、城乡居民人均可支配收入比和城乡居民人均消费支出比使用负向指标标准化公式外，其余指标均使用正向指标标准化公式计算。

各二级指标、一级指标和社会发展指数得分为下一级指标得分的加权平均值。

二 长江经济带126个城市社会发展领域整体评价

（一）社会发展指数整体排名

根据指数计算结果，表2列示了长江经济带126个城市社会发展指数得分及排名情况。

① 负向指标为：义务教育生师比、高中生师比、城乡居民人均可支配收入比和城乡居民人均消费支出比。

表2 长江经济带126个城市社会发展指数得分及排名

排名	城市	指数	排名	城市	指数	排名	城市	指数
1	上海	78.19	31	宜昌	40.73	61	淮北	33.76
2	杭州	65.12	32	攀枝花	40.33	62	安庆	33.75
3	南京	62.51	33	湘潭	40.00	63	广元	33.57
4	苏州	61.45	34	萍乡	39.11	64	荆门	33.23
5	无锡	59.17	35	黄山	38.88	65	泸州	33.21
6	舟山	57.91	36	昆明	38.54	66	甘孜藏族自治州	32.70
7	宁波	57.71	37	阿坝藏羌自治州	38.49	67	衡阳	32.40
8	武汉	56.05	38	株洲	38.01	68	宜春	32.28
9	嘉兴	54.62	39	徐州	37.68	69	抚州	32.15
10	常州	53.31	40	新余	37.36	70	淮南	32.13
11	绍兴	53.29	41	淮安	37.08	71	滁州	32.04
12	湖州	53.20	42	黄石	36.55	72	蚌埠	31.99
13	成都	51.13	43	铜陵	36.35	73	内江	31.93
14	长沙	49.13	44	宣城	36.04	74	荆州	31.83
15	镇江	47.91	45	景德镇	35.86	75	岳阳	31.59
16	衢州	47.18	46	雅安	35.76	76	十堰	31.45
17	合肥	46.49	47	鄂州	35.69	77	遂宁	31.41
18	芜湖	46.18	48	连云港	35.21	78	眉山	30.99
19	丽水	45.86	49	绵阳	35.16	79	益阳	30.80
20	泰州	45.04	50	乐山	35.12	80	资阳	30.34
21	扬州	44.67	51	德阳	35.03	81	遵义	30.04
22	金华	44.46	52	池州	35.01	82	西双版纳	30.01
23	台州	44.42	53	九江	34.80	83	南充	29.98
24	温州	44.40	54	鹰潭	34.78	84	孝感	29.96
25	南通	43.42	55	宜宾	34.62	85	赣州	29.81
26	贵阳	42.71	56	襄阳	34.49	86	迪庆	29.80
27	重庆	41.98	57	自贡	34.36	87	郴州	29.63
28	马鞍山	41.63	58	常德	34.20	88	六安	29.53
29	盐城	41.49	59	宿迁	33.84	89	宿州	29.38
30	南昌	41.39	60	玉溪	33.78	90	咸 宁	29.14

续表

排名	城市	指数	排名	城市	指数	排名	城市	指数
91	凉山彝族自治州	29.11	105	黔南布依族自治州	27.26	117	临沧	25.14
92	丽江	29.10	106	怒江	27.09	118	红河	24.85
93	吉安	29.04	107	湘西土家族苗族自治州	27.09	119	昭通	24.82
94	巴中	28.86	108	怀化	27.09	120	安顺	24.60
95	娄底	28.81	109	恩施自治州	27.05	121	邵阳	24.12
96	楚雄	28.80	110	保山	26.86	122	黔东南苗族侗族自治州	23.63
97	广安	28.80	111	阜阳	26.69	123	六盘水	23.03
98	随州	28.75	112	亳州	26.56	124	文山	22.92
99	张家界	28.71	113	黄冈	26.28	125	毕节	22.05
100	达州	28.31	114	铜仁	26.26	126	德宏	21.98
101	普洱	28.28	115	大理	25.45			
102	上饶	28.19	116	黔西南布依族苗族自治州	25.15			
103	永州	28.18						
104	曲靖	27.34						

（二）社会发展水平综合评价

长江经济带社会发展整体水平较2019年略有提高，指数得分均值为35.81，高于2019年的32.03。在全部126个城市中，上海仍是社会发展水平最好的城市，综合指数得分为78.19，各省会及苏州、无锡、宁波等重要的节点城市的排名相对靠前。

表3　长江经济带126个城市社会发展指数得分统计信息

指数		均值	最大值	最小值	标准差	中位数
社会发展指数		35.81	78.19	21.98	10.15	33.40
一级指数	社会事业	11.18	19.61	6.24	2.70	11.04
	社会保障	5.81	22.15	1.70	3.94	4.33
	社会均衡	11.48	18.14	4.11	2.89	11.69
	社会活力	8.28	20.88	4.37	2.61	7.55

长江经济带126个城市的综合社会发展水平差距仍然明显，排名第一和倒数第一的城市分值相差56.21，最大值是最小值的3.56倍，标准差10.15，极差与标准差均较2019年有所拉大。在4项一级指数中，社会均衡和社会事业指数表现相对较好，均值分别为11.48和11.18，社会保障领域发展相对不足，均值为5.81。从中位数来看，综合指数和四个一级指数均有不同程度的提升，其中社会事业的提升最为明显。这表明2019～2020年，受新冠肺炎疫情影响，长江经济带经济增长速度有所放缓，这对社会活力和社会均衡的提升与改善带来了影响，但在社会事业发展和社会保障水平提升方面仍有较好的表现。

将社会发展指数以5分为区间进行分组，得到社会发展指数的各区间频次（见图1），可以看出长江经济带126个城市的社会发展指数表现出明显的偏态分布特征，综合指数得分低于40的有93个城市，占全部城市的73.81%，其中得分低于30的有44个，得分为30～40的有49个。与2019年相比，综合指数得分低于40的城市减少了18个，其中得分低于30的城市少了20个。这表明，虽然长江经济带中的大多数城市的社会发展水平仍不高，但过去一年中处于低社会发展水平的城市数量明显减少。

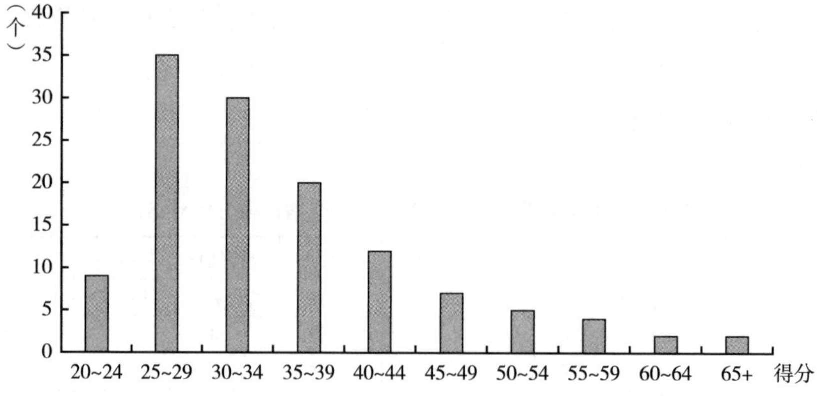

图1　长江经济带126个城市社会发展指数区间的频次分布

为了便于比较，本报告按照往年的分值划分标准，将长江经济带126个城市分为4个类别（见表4）。其中一级城市分值高于或等于50的，共计13个，分别为上海、杭州、南京、苏州、无锡、舟山、宁波、武汉、嘉兴、常州、绍兴、湖州和成都；二级城市分值区间为［40，50），共计20个，分别为长沙、镇江、衢州、合肥、芜湖、丽水、泰州、扬州、金华、台州、温州、南通、贵阳、重庆、马鞍山、盐城、南昌、宜昌、攀枝花、湘潭；三级城市分值区间为［30，40），共计49个；四级城市分值为低于30的，共计44个。与2019年相比，2020年处于社会发展四级水平的城市减少了15个，而一级和二级城市分别增加了8个和7个。

表4　长江经济带126个城市社会发展领域类别划分

城市组别	分值区间	指数得分均值	包含城市数量(个)
社会发展一级城市	≥50	58.74	13
社会发展二级城市	［40,50)	43.97	20
社会发展三级城市	［30,40)	34.19	49
社会发展四级城市	<30	27.12	44

（三）社会发展细分领域评价

从分项指标看，长江经济带126个城市的城乡均衡发展推进较为顺利，城乡差距、卫生事业和教育事业的发展也较为突出，这3个二级指数的均值满分达标率[①]分别达到67.10%、44.88%和43.40%。而长江经济带126个城市社会发展领域二级指数均值满分达标率为36.17%。其中，长江经济带126个城市城乡差距均值满分达标率低于2019年，但卫生事业和教育事业二级指数均值满分达标率均高出2019年约8个百分点（见表5、图2）。

① 均值满分达标率＝均值/权重。如城乡差距指数均值为7.56，权重为10，均值满分达标率为75.6%。

表 5　长江经济带 126 城市社会发展二级指数得分统计

二级指数	均值	最大值	最小值	标准差	中位数
教育事业	4.34(10)	7.62	1.52	0.86	4.25
卫生事业	3.59(8)	6.20	0.93	0.78	3.61
文化事业	2.32(8)	6.27	0.12	1.31	1.93
保障水平	1.74(10)	10.00	0.00	1.14	1.47
保障覆盖	4.06(15)	14.40	0.00	3.27	2.92
收入水平	3.19(8)	5.37	1.65	0.73	3.13
消费水平	1.61(6)	6.00	0.00	1.16	1.24
城乡差距	6.71(10)	9.58	1.85	1.76	6.99
人力资源	4.47(13)	11.06	2.51	1.33	4.08
经济基础	3.81(12)	9.82	1.00	1.42	3.47

注：括号内为每个二级指数的权重。

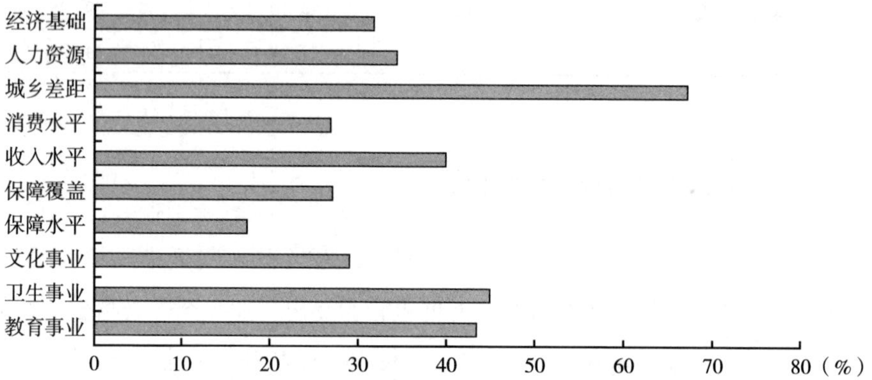

图 2　长江经济带 126 个城市社会发展二级指数均值满分达标率

（四）社会发展50强城市分布

长江经济带 126 个城市中，社会发展前 50 强城市中，有 29 个城市来自下游，占下游城市总数的 70.73%；有 12 个城市来自中游，占中游城市总数的 31.57%；有 9 个城市来自上游，占上游城市总数的 19.15%。与 2019 年相比，长江经济带社会发展 50 强城市中下游城市的占比进一步提高，中游城市占比略有下降，而上游城市的占比大幅下降。这表明 2019～2020 年长江下游地区的社会发展的速度要明显快于中游和上游地区（见图 3、图 4）。

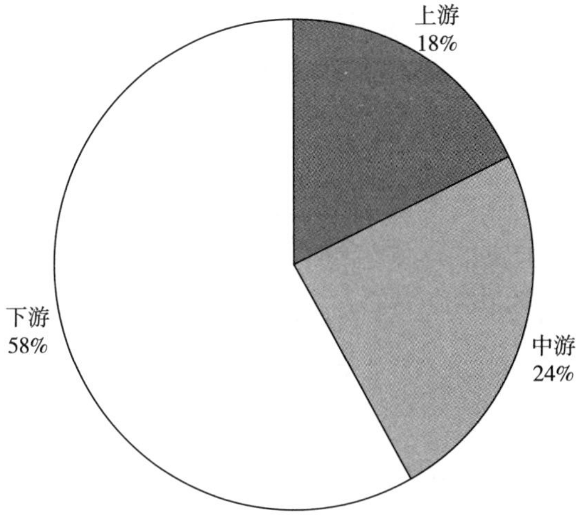

图 3　长江经济带社会发展 50 强城市流域分布

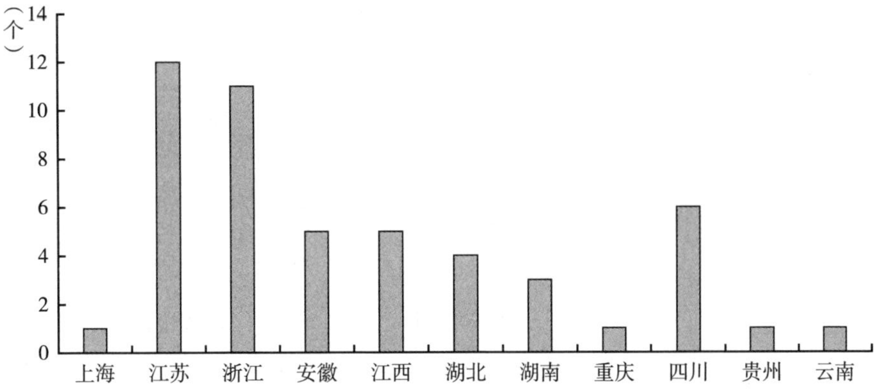

图 4　长江经济带社会发展 50 强城市省域分布

如果分省域来看，除上海和重庆这两个直辖市以外，长江经济带社会发展50强城市主要分布在下游的江苏、浙江两省，两省分别有12个和11个城市进入50强，分别占其城市总数的92.31%和100.00%。从数量上看，紧随苏浙两省之后的是川、皖、赣三省，分别有6个、5个和5个城市进入。

三　长江经济带126个城市社会发展四大领域分析

（一）社会事业领域

2019～2020年长江经济带126个城市的社会事业指数提升显著。在教育事业方面，人均教育投入由上年的1914.72元提升至2125.56元，提升幅度11.01%；万人教育行业从业人员数和万人在校大学生数分别从120.72人和166.50人增加到141.15人和171.59人，增加幅度分别为16.92%和3.06%。在卫生事业方面，人均医疗卫生投入达到1287.74元，万人卫生机构床位数达到65.86张，万人卫生技术人员数达到70.73人。在文化事业方面，人均文化体育与传媒投入达到190.702元，万人文化事业单位从业人员数达到20.31人，而宽带网络普及率达到86.04%。

长江经济带126个城市的社会事业领域十大优势城市分别为上海、杭州、丽水、南京、衢州、绍兴、阿坝藏族羌族自治州、舟山、湖州、宁波，除阿坝藏族羌族自治州外，均来自下游的沪、浙、苏三地。这其中上海、杭州、南京、阿坝藏族羌族自治州和舟山连续两年上榜。

社会事业领域十大优势城市中有7个城市为社会发展一级城市，分别为上海、杭州、南京、绍兴、舟山、湖州和宁波；2个社会发展二级城市，分别为丽水和衢州；1个社会发展三级城市，为阿坝藏族羌族自治州。相较而言一级城市在教育、卫生和文化等各项事业推进过程中保持了较为均衡的良好态势。二级城市中丽水在人均教育投入、义务教育生师比、万人卫生技术人员数和人均文化体育与传媒投入等指标上表现较好，衢州在义务教育生师比、万人卫生机构床位数、万人卫生技术人员数和人均文化体育与传媒投入等指标上表现突出。三级城市阿坝藏族羌族自治州能够进入前十位则主要得益于其在教育和卫生事业发展方面的大量投入。

进入社会事业发展前十位但社会发展整体水平相对落后的丽水、衢州和阿坝藏族羌族自治州普遍存在社会活力不足的问题，三者在社会活力领域的排名均在第50名之后，阿坝藏族羌族自治州在社会均衡发展领域的短板尤为突出。

表6　长江经济带社会事业领域优势城市

城市	社会事业指数得分	综合排名	城市类别	二级指标排名			
				社会事业	社会保障	社会均衡	社会活力
上海	19.61	1	一级	1	1	5	1
杭州	17.76	2	一级	2	2	1	6
丽水	17.41	19	二级	3	20	23	70
南京	17.05	3	一级	4	4	13	2
衢州	16.69	16	二级	5	14	25	54
绍兴	16.07	11	一级	6	13	9	16
阿坝藏族羌族自治州	16.02	37	三级	7	37	87	74
舟山	15.95	6	一级	8	10	3	5
湖州	15.82	12	一级	9	11	6	23
宁波	15.10	7	一级	10	7	4	8

（二）社会保障领域

2019～2020年长江经济带126个城市的社会保障顺利推进。人均社会保障和就业投入从上年的1430.72元提升至1642.69元，提升幅度为14.82%；最低生活保障达到616.93元/月。在城镇职工养老保险、城镇职工医疗保险和城镇职工失业保险参保率方面，分别达到了35.37%、29.04%和17.40%。

长江经济带126个城市的社会保障领域十大优势城市分别为上海、杭州、苏州、南京、无锡、武汉、宁波、成都、常州和舟山。除成都外，均来自下游的沪、浙、苏三地。这其中上海、杭州、苏州、南京、宁波、成都连续两年上榜。

社会保障领域十大优势城市全部都是社会发展一级城市，除无锡、武汉、成都和常州在社会事业领域的排名略靠后外，所有城市在其他领域的排名均在126个城市中列前二十位。

进入社会保障领域十大优势城市之列的各城市社会发展综合排名都处于前15名，但成都、武汉、常州和无锡的社会事业排名相对靠后。从具体指标来看，成都和武汉的人均教育投入和人均医疗卫生投入相对较少，是造成其社会事业排名靠后的主要原因。

表7　长江经济带社会保障领域优势城市

城市	社会保障指数得分	综合排名	城市类别	二级指标排名			
				社会事业	社会保障	社会均衡	社会活力
上海	22.15	1	一级	1	1	5	1
杭州	17.77	2	一级	2	2	1	6
苏州	17.20	4	一级	11	3	10	4
南京	16.43	3	一级	4	4	13	2
无锡	15.02	5	一级	23	5	7	3
武汉	15.01	8	一级	36	6	12	9
宁波	14.58	7	一级	10	7	4	8
成都	14.10	13	一级	51	8	16	14
常州	13.13	10	一级	28	9	15	7
舟山	13.00	6	一级	8	10	3	5

（三）社会均衡领域

2019～2020年长江经济带126个城市的社会均衡发展有所波动，平均分值为11.48，略低于上年的11.79。从收入水平来看，2019～2020年，长江经济带126个城市的城乡居民人均可支配收入为31786元，平均年增长率为6.41%，职工平均工资达到80831元，平均年增长率为6.81%。从消费水平来看，城乡居民人均消费支出为20583元。从城乡差距来看，城乡居民人均可支配收入比为2.24，而城乡居民人均消费支出比为1.78。总体而言，2019～2020年长江经济带126个城市的城乡居民人均可支配收入较上年增长超过15%，但城乡居民人均消费支出较上年下降幅度超过20%，这说明新冠肺炎疫情在一定程度上影响了城市发展，使得长江经济带的社会均衡水平出现波动。

长江经济带126个城市的社会均衡领域十大优势城市分别为上海、杭州、长沙、无锡、苏州、宁波、舟山、嘉兴、湖州和绍兴。除长沙外，均来自下游的沪、浙、苏三地。此十大优势城市也是上年的十大优势城市，仅位次有所变化。

表8　长江经济带社会均衡领域优势城市

城市	社会均衡指数得分	综合排名	城市类别	二级指标排名			
				社会事业	社会保障	社会均衡	社会活力
上海	18.14	1	一级	1	1	1	1
杭州	17.84	2	一级	2	2	2	6
长沙	17.45	14	二级	70	22	3	10
无锡	17.36	5	一级	23	5	4	3
苏州	17.25	4	一级	11	3	5	4
宁波	17.11	7	一级	10	7	6	8
舟山	16.83	6	一级	8	10	7	5
嘉兴	16.53	9	一级	12	12	8	13
湖州	16.48	12	一级	9	11	9	23
绍兴	16.33	11	一级	6	13	10	16

表8为社会均衡领域十大优势城市综合指数和二级指数的排名情况。数据显示社会均衡领域十大优势城市中，长沙是唯一的社会发展二级城市，其短板主要在社会事业方面，特别是人均教育投入和人均医疗卫生投入较少。

（四）社会活力领域

2019～2020年长江经济带126个城市的社会活力指数分值为8.28，略高于上年的7.80。2019~2020年，长江经济带126个城市的常住人口总规模为6.03亿人，常住人口密度为454.75人/平方公里，户籍人口规模为6.13亿人，户籍人口与常住人口规模之差占常住人口的比例为1.63%，这意味着长江经济带总体呈现户籍人口净流出的特征，但上中下游城市之间有巨大差异。上游城市的户籍人口流出占比很高，除6个城市外其余城市的户籍人口均低于常住人口，上游城市的常住人口密度也很低，一些少数民族聚居的城市常住人口密度甚至低于10人/平方公里。下游城市除安徽省的城市外，沪、苏、浙三省市均呈现出常住人口远超过户籍人口的特征，且常住人口密度较大。从劳动参与率来看，长江经济带126个城市的平均劳动参与率为60.43%，其中有20个城市的劳动参与率不到60%，有的甚至只有45%，相较而言，省会城市和一些户籍人口大量外流的城市的劳动参与率较低。从人口素质来看，长江经济带126个城市的常住人口中有15.04%的人接受过大专及以上程度的教育。从经济产出水平来看，2019~2020年长江经济带126个城市的GDP增长率为2.97%，人均GDP为7.83万元，而地均GDP为0.23万元/平方公里。

表9　长江经济带社会活力领域优势城市

城市	社会活力指数得分	综合排名	城市类别	二级指标排名			
				社会事业	社会保障	社会均衡	社会活力
上海	20.88	1	一级	1	1	5	1
南京	15.97	3	一级	4	4	13	2
无锡	15.69	5	一级	23	5	7	3
苏州	15.35	4	一级	11	3	10	4
舟山	14.01	6	一级	8	10	3	5
杭州	13.96	2	一级	2	2	1	6
常州	13.94	10	一级	28	9	15	7
宁波	13.17	7	一级	10	7	4	8
武汉	13.07	8	一级	36	6	12	9
长沙	12.77	14	二级	70	22	8	10

2019～2020 年，长江经济带社会活力领域十大优势城市是上海、南京、无锡、苏州、舟山、杭州、常州、宁波、武汉和长沙。十大优势城市中有 8 个城市位于下游的沪、苏、浙三省，2 个城市位于中游的鄂、湘两省，除长沙外，其他 9 个城市均为社会发展一级城市。社会活力领域十大优势城市的社会发展综合指数排名均在前 15 位，在社会保障和社会均衡领域的排名也都较靠前，但在社会事业领域，长沙、武汉的排名靠后。

四　长江经济带14个重要节点城市的社会发展情况

长江经济带有 14 个重要节点城市。这些重要节点城市具有较大的经济体量、对周边地区的经济辐射能力较强。这 14 个重要节点城市包括长江经济带上的 2 个直辖市、9 个省会城市，还有长江三角洲的区域中心城市——苏州、无锡和宁波。这 14 个重要节点城市中，重庆、成都、贵阳和昆明 4 个城市位于上游，武汉、长沙和南昌 3 个城市位于中游，上海、杭州、南京、苏州、无锡、宁波及合肥 7 个城市位于下游。

（一）综合指数及一级指数排名

在 14 个重点节点城市中，上海的社会发展指数得分最高，为 78.19。与上年相比，上海与排前 7 位城市的差距在缩小，但与排后 7 位城市的差距有一定程度的拉大。总体而言，上海在社会发展方面仍具有较大优势，其他城市社会发展水平的分层较模糊，下游重要节点城市中有 6 个排前 6 位，而上游城市中最高排位城市成都也仅列第 8。

从综合排名情况看，与上年相比，上海、杭州、南京、苏州、无锡和武汉排名相同，分别列第 1～5 位及第 8 位，仅分值有所上升；宁波从第 6 位下降到第 7 位，成都从第 9 位下降到第 13 位，长沙从第 13 位下降到第 14 位，贵阳从第 11 位下降到第 26 位，南昌从第 26 位下降到第 30 位，昆明从

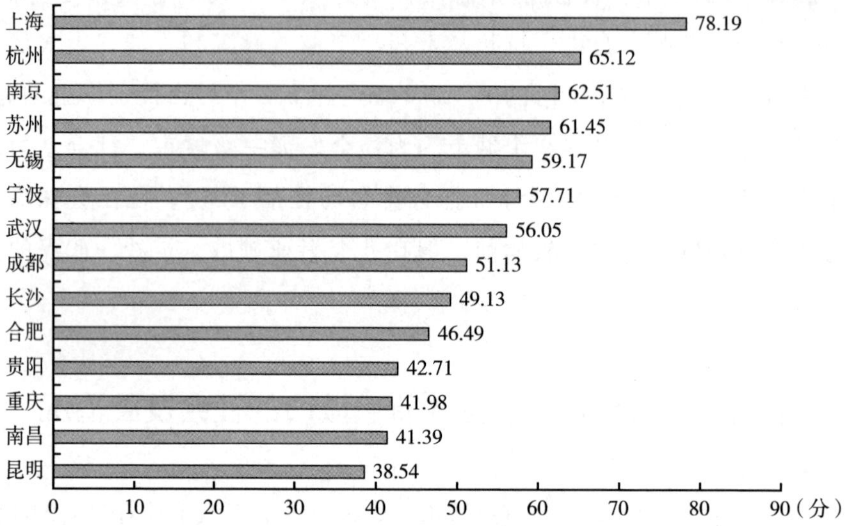

图5　长江经济带14个重要节点城市社会发展指数得分及排序

第27位下降到第36位；合肥从第28位上升到第17位，重庆从第30位上升到第27位。

表10　长江经济带14个重要节点城市社会领域发展排名

城市	综合排名	一级指标排名				城市类别
		社会事业	社会保障	社会均衡	社会活力	
上海	1	1	1	5	1	一级
杭州	2	2	2	1	6	一级
南京	3	4	4	13	2	一级
苏州	4	11	3	10	4	一级
无锡	5	23	5	7	3	一级
宁波	7	10	7	4	8	一级
武汉	8	36	6	12	9	一级
成都	13	51	8	16	14	一级
长沙	14	70	22	8	10	二级
合肥	17	13	29	34	12	二级
贵阳	26	62	21	55	19	二级
重庆	27	30	15	74	41	二级

续表

城市	综合排名	一级指标排名				城市类别
		社会事业	社会保障	社会均衡	社会活力	
南昌	30	35	43	66	18	二级
昆明	36	54	36	78	21	三级

从4个一级指标得分排名看，上海、杭州、南京和苏州是长江经济带社会发展最为均衡的城市，成都、长沙、贵阳和昆明在社会事业领域的发展相对欠缺，南昌和昆明需要增强社会保障，贵阳、南昌、昆明和重庆仍需进一步促进社会均衡，重庆还需要采取有效举措激发社会活力。

（二）对比分析

长江经济带14个重要节点城市是经济带中所有城市中的先进代表，但在教育、卫生、社会保障、城乡差距、人力资源方面的发展成效还是存在明显差异。

1. 教育方面

教育事业的发展水平可用人均教育投入、万人教育行业从业人员数、义务教育生师比、万人在校大学生数等指标进行衡量。从人均教育投入情况看，上海最高为4023.14元，其次为南京和杭州，人均教育投入分别为3289.35元和3045.91元。成都人均教育投入较低，为1377.37元，仅是上海人均经费的34.24%。从万人教育行业从业人员数来看，合肥最高为248.67人，其次为南京和南昌，分别为208.70人和206.71人，最低的是成都，仅115.48人。从义务教育生师比来看，排前三位的是上海、南京和重庆，分别为12.65∶1、13.13∶1和14.83∶1，南昌为18.52∶1。从万人在校大学生数来看，排前三位的是南昌、南京和武汉，分别达到1007.99人、942.49人和816.86人。

在14个重要节点城市中，教育事业发展综合水平最高的是南京，最低的是成都。南京的优势体现在经费投入、教育行业人力资源、义务教育发展和高等教育发展等方面都较为均衡，没有明显短板；而成都的主要问题是经费投入不足，教育行业人力资源水平也有待提升。上海在教育事业发展方面处于第二位，优势是人均教育投入水平较高，义务教育生师比较低，但在教育行业人力资源、高等教育发展等方面仍有提升空间。

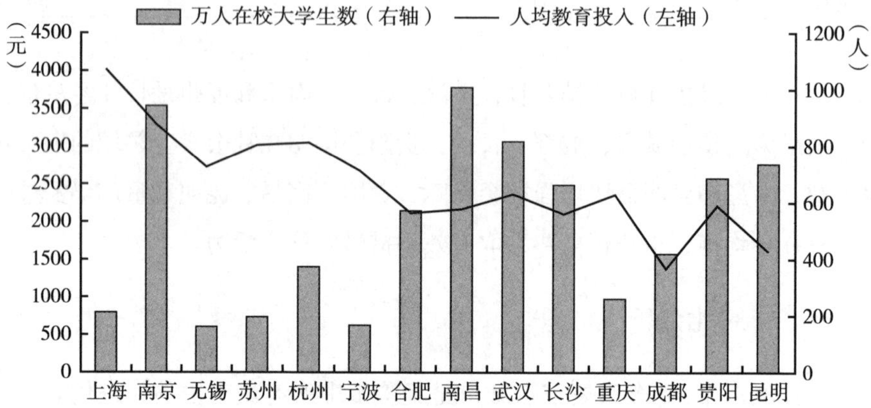

图 6　重要节点城市人均教育投入和万人在校大学生数情况

2. 卫生方面

卫生事业的发展水平可用人均医疗卫生投入、万人卫生机构床位数和万人卫生技术人员数等指标进行衡量。从人均医疗卫生投入来看，上海最高为 2189.31 元，其次为南昌和重庆，人均医疗卫生投入分别为 1491.93 元和 1355.36 元；成都人均医疗卫生投入较低，仅为 683.21 元，是上海人均经费的 31.21%。从万人卫生机构床位数来看，长沙最高为 82.80 张，其次为昆明和武汉，分别为 77.66 张和 76.10 张，最低的是南京，仅为 31.46 张。从万人卫生技术人员数来看，排前三位的是杭州、昆明和贵阳，分别为 114.78 人、109.69 人和 95.04 人，而南京为 41.55 人。

在 14 个重要节点城市中，卫生事业发展综合水平最高的是上海，最低的是南京。上海的优势体现在经费投入、床位数和卫生专技人员数等方面都较为均衡，单项指标的分数都处于上游水平，没有明显短板；而南京在卫生事业方面，财政投入、硬件设施、人力资源等都处于相对落后的水平，而其他城市在财政投入方面有进一步提升空间。

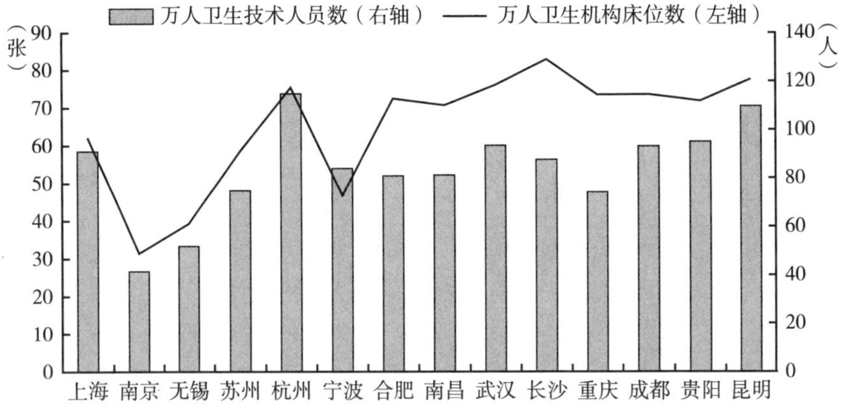

图7　长江经济带14个重要节点城市医疗卫生相关指标

3. 社会保障方面

社会保障发展水平可从人均社会保障和就业投入、城镇职工养老保险参保率、城镇职工医疗保险参保率、城镇职工失业保险参保率、最低生活保障等指标进行衡量。从人均社会保障和就业投入来看，上海最高为3944.45元，其次为重庆和武汉，分别为2966.13元和2760.56元；成都较低，仅为903.87元，是上海人均经费的22.91%。从城镇职工养老保险参保率来看，杭州、成都、贵阳列前三位，最低的是昆明。从城镇职工医疗保险参保率来看，前三位分别是苏州、南京和成都，最低的是昆明。从城镇职工失业保险参保率来看，前三位分别是苏州、杭州和上海，最低的是南昌。从最低生活保障来看，上海、杭州、苏州位列前三，其中上海达到2480元，杭州和苏州均超过1000元，最低的是贵阳。

在14个重要节点城市中，社会保障综合水平最高的是上海，最低的是南昌。上海的优势体现在人均社会保障和就业投入水平较高，且各基本社会保险的参保率都处于前列，没有明显短板；而南昌财政投入水平较低，且城镇职工失业保险参保率过低，需在这些方面努力提升。

4. 城乡差距方面

长江经济带126个城市的社会均衡水平在2019~2020年保持平稳，可

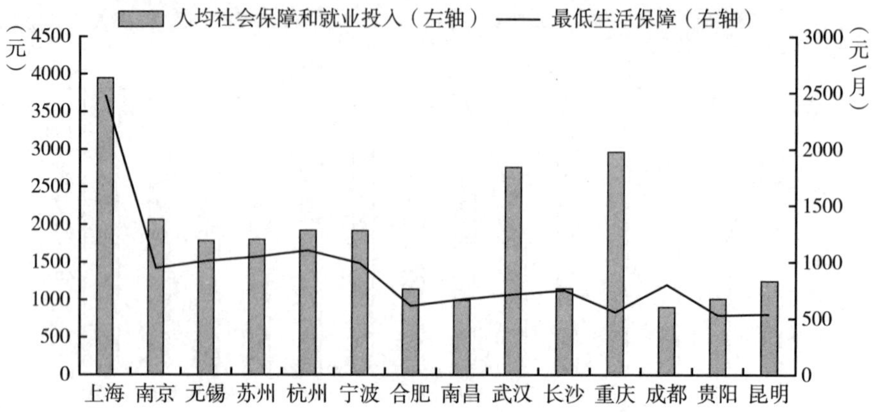

图8　长江经济带14个重要节点城市社会保障相关指标

用城乡居民人均可支配收入、城乡居民人均消费支出、城乡居民人均可支配收入比、城乡居民人均消费支出比等指标进行衡量。从城乡居民人均可支配收入角度看，上海最高为72232元，其次为苏州和杭州，分别为62582元和61879元。从城乡居民人均消费支出来看，列前三的同样是上海、杭州和苏州，分别达到42536元、38235元和34770元。从城乡居民人均可支配收入比来看，长沙、成都、宁波是比值最低的三个城市，昆明是比值最高的城市。从城乡居民人均消费支出比来看，长沙、杭州和宁波是比值最低的三个城市，上海和贵阳是比值最高的城市。

在14个重要节点城市中，城乡差距最小的是杭州，最低的是重庆。杭州的优势表现在城乡居民人均可支配收入、城乡居民人均消费支出都处于较高水平，而城乡差距较小；而重庆的短板在于城乡居民人均可支配收入和城乡居民人均消费支出处于重点节点城市的较低水平，虽然城乡居民的差距并不算很大，但在城乡居民人均可支配收入方面还是有较为明显的差距。

5. 人力资源方面

社会活力可从人力资源和经济基础两个角度来评价。在人力资源方面，人口结构和人口素质可能是相对人口规模更需要关注的。本报告对长江经济带重要节点城市人力资源的评价是基于外来人口比重和大专及以上教育人口

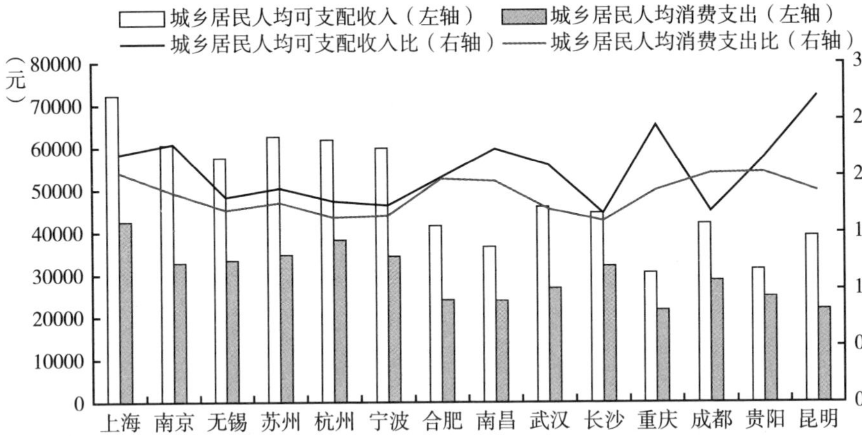

图 9　长江经济带 14 个重要节点城市城乡差距相关指标

比重等两个指标。前者可间接反映人口年龄结构、劳动力人口占比等情况，后者直接反映劳动力素质。在外来人口比重这一指标上，上海、苏州两市均超过 40%，远高于其他 12 个城市，而重庆户籍人口大于常住人口，成为唯一的人口净流出节点城市。在大专及以上教育人口比重这个指标上，南京、上海、武汉位列前三，均超过 30%，而重庆最低，仅有 15.41%。

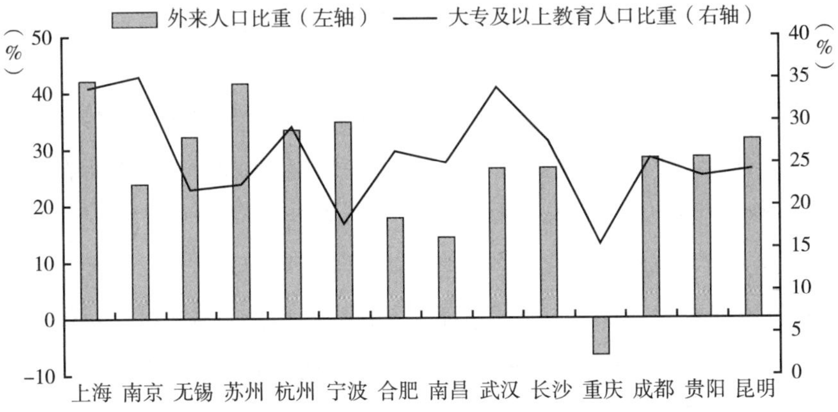

图 10　长江经济带 14 个重要节点人力资源相关指标

注：外来人口比重 = [（常住人口 - 户籍人口）/常住人口] ×100%。

在14个重要节点城市中，人力资源最优的是上海，南京和武汉紧随其后，相对提升空间较大的是重庆。外来人口优化了上海户籍人口的年龄结构，也使得上海不至于出现劳动力短缺的情况，且在基本社会保险基金可持续运行方面也做出了贡献。南京和武汉的外来人口比重均不到25%，远低于上海的42.14%，但凭借丰富的高等教育资源，其在常住人口素质方面具有巨大优势。而重庆，虽然是直辖市，但农村面积广大，农业人口占比较高，这使得其流出人口多于流入人口，且大专及以上教育人口比重也处于较低水平。

五　长江经济带上中下游城市社会发展水平的差异

在长江经济带126个城市中，共包含47个上游城市，38个中游城市和41个下游城市。整体来看，长江经济带上中下游城市社会发展水平差别较为显著。

综合得分方面。长江经济带上游城市社会发展指数综合得分均值为30.65，中游城市社会发展指数综合得分均值为33.40，下游城市社会发展指数综合得分均值为44.04。与上年相比，上游、中游和下游城市均值与长江经济带整体均值的差距均在拉大。这表明，过去一年里长江经济带城市的社会发展差距在拉大，长江下游城市的优势更加明显。

分项得分方面，从社会发展的四大领域看，长江经济带下游城市在全部领域都具有明显优势，分项得分均高于全部样本的均值，中游城市在社会均衡领域相对较好，高于全部样本均值，上游城市在所有领域均相对落后。对于长江经济带上游城市而言，在社会事业领域发展相对较好，但在社会保障领域提升空间较大；对于中游城市而言，在社会均衡领域发展相对较好，甚至高于全部样本的平均水平，但在社会事业发展方面尚有较大提升空间；对于下游城市而言，虽然各项得分均处于领先地位，但社会均衡发展方面可有进一步提升的空间。

城市类别方面，上游地区共包含1个一级城市、3个二级城市、17个三

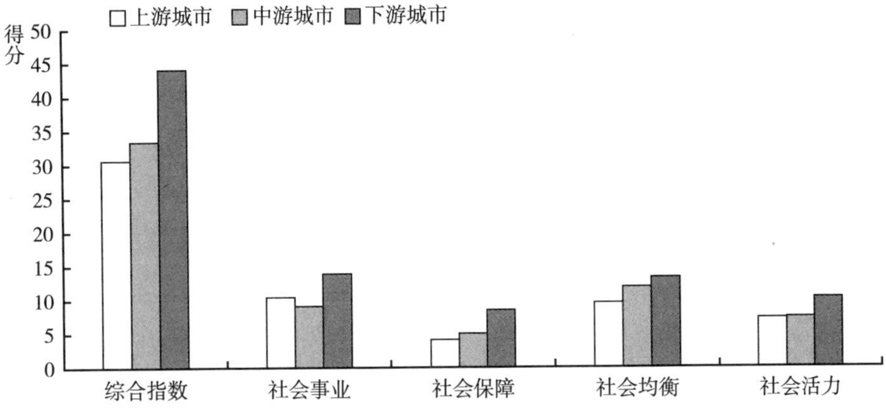

图 11　长江经济带上中下游城市社会发展指标得分情况

级城市和 26 个四级城市。中游地区共包含 1 个一级城市、4 个二级城市、20 个三级城市和 13 个四级城市。下游地区共包含 11 个一级城市、13 个二级城市、12 个三级城市和 5 个四级城市。

六　小结

本报告通过建立长江经济带社会发展指数指标体系，综合评价了长江经济带 126 个城市社会事业、社会保障、社会均衡和社会活力领域的发展状况。整体来看，长江经济带各城市社会领域的发展较上年整体有所进步，但仍有较大提升空间。从细分领域看，长江经济带 126 个城市城乡发展相对均衡，卫生事业和教育事业发展相对较好，社会保障事业发展方面需加大力度。从空间特征看，长江经济带社会发展呈现明显的空间差异，下游地区明显优于上游和中游地区。从重点城市看，14 个重要节点城市中，上海、杭州、苏州在社会发展各领域最为均衡，昆明、南昌、重庆、贵阳社会发展水平相对较低。部分城市在社会发展的某一细分领域明显滞后，需进一步采取针对性举措促进社会领域全面发展。

参考文献

王振主编《长江经济带发展报告（2018～2019）》，社会科学文献出版社，2020。

康珈瑜、梁留科、张忠良、索志辉：《长江经济带城乡收入差距时空演变及影响因素（2000～2015年）》，《华东经济管理》2017年第12期。

王维：《长江经济带城乡协调发展评价及其时空格局》，《经济地理》2017年第8期。

熊兴、余兴厚、蒲坤明：《长江经济带基本公共服务综合评价及其空间分析》，《华东经济管理》2019年第1期。

庄汝龙、宓科娜、陈阳、赵彪：《长三角地区社会福利与经济增长耦合协调时空分异》，《长江流域资源与环境》2017年第2期。

姜磊、周海峰、柏玲：《长江中游城市群经济—城市—社会—环境耦合度空间差异分析》，《长江流域资源与环境》2017年第5期。

李旭辉、朱启贵、胡加媛：《基于"五位一体"总布局的长江经济带城市经济社会发展动态评价研究》，《统计与信息论坛》2018年第7期。

B.8

长江经济带收入分配指数报告（2021）

乐　菡*

摘　要： 2021年8月17日中央财经工作会议就共同富裕问题做出部署，提出构建初次分配、再分配、三次分配协调配套的基础性制度，因此，本报告对2019年的收入分配指标体系做了进一步完善，在指标体系中选取了初次分配效率、再分配效率、初次分配公平、再分配公平以及其他分配公平五大指标，共筛选了16个测度指标，对长江经济带110个城市的收入分配指数进行分析评价。从2019年长江经济带110个城市的初次分配结果可以看出，长江经济带在健全收入分配制度方面仍有不少需要改善的地方，未来要进一步深化长江经济带区域协调发展机制，拓宽农村家庭财产性收入来源，提升东部地区的收入分配公平性，充分发挥三次分配的调节作用。

关键词： 长江经济带　收入分配　公平　效率

一　引言

2021 年 8 月 17 日中央财经工作会议就共同富裕问题做出部署，习近平在会上发表重要讲话强调，共同富裕是社会主义的本质要求，是中国式现代化的重要特征，要坚持以人民为中心的发展思路，在高质量发

* 乐菡，上海社会科学院信息研究所助理研究员，研究方向为人口经济学。

展中促进共同富裕，正确处理效率和公平的关系，构建初次分配、再分配、三次分配协调配套的基础性制度，加大税收、社保、转移支付等调节力度并提高精准性，扩大中等收入群体，增加低收入群体收入，合理调节高收入，取缔非法收入，形成中间大、两头小的橄榄形分配结构，促进社会公平正义，促进人的全面发展，使全体人民朝着共同富裕目标扎实迈进。

长江经济带收入分配指数报告自 2017 年开始，围绕 110 个城市的收入分配效率和公平进行了双维度的评价，构建了一套包含分配效率性和公平性的指标体系，对长江经济带 110 个城市的收入分配进行了科学、系统的评价。然而在共同富裕的发展目标下，过去的收入分配指数体系已经难以全面地评价长江经济带各城市的收入分配情况，为此本报告在过去的基础上，将居民可支配收入构成进一步细化，纳入指标评价体系，同时更新了 110 个城市 2019 年收入分配的相关数据，重新评估了长江经济带 110 个城市 2019 年收入分配格局的变动情况。本报告接下来的安排如下，第二部分对长江经济带 110 个城市的经济发展现状进行了描述性分析，第三部分对长江经济带 110 个城市的收入结构进行了分析，尤其是对城镇居民和农村居民人均可支配收入的构成情况进行了深入分析，第四部分进一步完善了 2019 年收入分配的评价指标体系，第五部分是 2019 年收入分配指标体系的评价结果，第六部分是结论与政策启示。

二　长江经济带经济发展现状

（一）地区间全员劳动生产率存在较大差异

全员劳动生产率反映了收入分配的成效，从 2019 年长江经济带 110 个城市的全员劳动生产率情况可以看出，长江经济带下游城市的全员劳动生产率排名依然较为靠前。与 2018 年相比，2019 年中西部地区越来越多的城市全员劳动生产率得到了显著提升，在排前 20 位的城市中，中部地区有 10 个城市，较上年长三角三省一市占据15个席位的状况改善了很多。由此可以看出，尽管我国地区之间的收入分配效率存在较大差距，但从纵向来看，初次分配的效率差距不断缩小。

表1 长江经济带部分城市全员劳动生产率情况

单位：元/人

排序	省份	城 市	全员劳动生产率	排序	省份	城 市	全员劳动生产率
1	江苏	无锡市	306253.2	91	安徽	芜湖市	69907.4
2	江苏	南京市	302392.2	92	四川	雅安市	69575.3
3	江苏	苏州市	277736.1	93	云南	曲靖市	66759.5
4	上海	上海市	277256.2	94	四川	达州市	61639.7
5	江苏	常州市	261797.0	95	四川	广安市	57284.3
6	湖北	武汉市	260347.0	96	四川	广元市	57011.4
7	江西	南昌市	240089.2	97	安徽	蚌埠市	56651.1
8	湖南	长沙市	231841.1	98	云南	保山市	56606.0
9	江苏	扬州市	218283.6	99	云南	丽江市	56235.9
10	江西	宜春市	215350.1	100	云南	普洱市	53895.9
11	浙江	杭州市	213513.9	101	云南	临沧市	48882.6
12	江苏	镇江市	211749.6	102	安徽	铜陵市	44734.4
13	江苏	南通市	207588.5	103	四川	资阳市	43722.6
14	浙江	宁波市	203449.4	104	四川	巴中市	43651.9
15	安徽	滁州市	200206.5	105	云南	昭通市	37633.6
16	湖北	宜昌市	196163.0	106	安徽	淮南市	33213.7
17	江西	上饶市	195245.1	107	贵州	安顺市	25559.8
18	贵州	六盘水市	190154.0	108	安徽	池州市	24695.8
19	江西	赣州市	189856.8	109	安徽	黄山市	19849.6
20	江西	吉安市	188910.0	110	安徽	淮北市	15513.0

资料来源：根据各省市统计年鉴、统计公报计算得出，下同。

（二）长江经济带区域间存在巨大的经济差距

对于经济增长与收入分配的关系尚未达成共识，在已有文献中，有学者认为经济增长有利于缩小区域间的收入差距，而有些学者则认为收入差距扩大有助于促进经济增长。从长江经济带各城市的结果来看，经济发展格局与地区收入分配格局密切相关。人均地区生产总值是地区经济发展水平的重要指证性指标，其与劳动生产率都是反映收入分配效率的。2019 年人均地区生产总值排名与人均可支配收入排名相似，排前 20 位的主要是江浙沪三地的城市，排后 20 名的主要是云贵川等地的城市。

表 2　长江经济带部分城市人均地区生产总值情况

单位：元

排序	省份	城市	人均地区生产总值	排序	省份	城市	人均地区生产总值
1	江苏	无锡市	180044	91	江西	上饶市	36839
2	江苏	苏州市	179174	92	湖北	黄冈市	36685
3	江苏	南京市	165681	93	云南	保山市	36548
4	上海	上海市	157279	94	云南	丽江市	36369
5	江苏	常州市	156390	95	四川	南充市	36073
6	浙江	杭州市	152465	96	湖南	张家界市	35767
7	湖北	武汉市	145545	97	四川	达州市	35625
8	浙江	宁波市	143157	98	四川	广元市	35262
9	湖南	长沙市	139877	99	安徽	宿州市	34773
10	江苏	镇江市	128981	100	安徽	六安市	33370
11	江苏	扬州市	128856	101	安徽	亳州市	33314
12	江苏	南通市	128294	102	云南	普洱市	33097
13	浙江	舟山市	116781	103	安徽	阜阳市	32855
14	安徽	合肥市	115623	104	湖南	怀化市	32453
15	浙江	绍兴市	114561	105	四川	资阳市	31019
16	浙江	嘉兴市	112751	106	云南	临沧市	29926
17	江苏	泰州市	110731	107	湖南	邵阳市	29339
18	湖北	宜昌市	107830	108	贵州	毕节市	28378
19	湖北	鄂州市	106678	109	四川	巴中市	22716
20	四川	成都市	103386	110	云南	昭通市	21255

（三）长江经济带下游城市群收入水平显著高于中上游城市群

区域间收入相对平衡是中国收入分配改革的重点内容之一，本研究尝试收集了 2019 年长江经济带 110 个城市的人均可支配收入情况以分析区域间收入分配的格局，受数据可得性的影响，仅有 83 个城市统计并公布了城镇家庭和农村家庭的人均可支配收入。从83个城市的人均可支配收入情况可以看出，长江经济带中上游城市，与长江经济带下游城市存在较大的差距，收入分配格局仍然困囿于东中西部经济差距的鸿沟中。

从城镇家庭人均可支配收入的排序来看，排前20名的城市中无一例外全是长江经济带中下游城市，其中长三角地区占据了绝大多数的席位。上海市以73615元的城镇家庭人均可支配收入傲居首位，比排名第二的苏州市要高4986元，比排第83位的湖南省邵阳市要高44113元。在后小康时代，区域间收入分配格局有待优化。

从农村家庭人均可支配收入的排序来看，排前20名的城市依然是长江经济带中下游城市，与城镇家庭人均可支配收入排前20名的城市相比变化不大，其中浙江省农村家庭人均可支配收入在长江经济带中排名靠前。

表3　长江经济带城镇家庭和农村家庭可支配收入排序前20名城市

单位：元

排序	省份	城市	城镇家庭人均可支配收入	省份	城市	农村家庭人均可支配收入
1	上海	上海市	73615	浙江	嘉兴市	37413
2	江苏	苏州市	68629	浙江	舟山市	36784
3	浙江	杭州市	66068	浙江	宁波市	36632
4	浙江	宁波市	64886	浙江	杭州市	36255
5	浙江	绍兴市	63935	浙江	绍兴市	36120
6	江苏	南京市	63472	江苏	苏州市	35152
7	浙江	嘉兴市	61940	浙江	湖州市	34803
8	江苏	无锡市	61915	江苏	无锡市	33574
9	浙江	舟山市	61479	上海	上海市	33195
10	浙江	温州市	60957	湖南	长沙市	32328
11	浙江	台州市	60351	江苏	常州市	30491
12	浙江	金华市	59348	浙江	台州市	30221
13	浙江	湖州市	59028	浙江	温州市	30211
14	江苏	常州市	58345	浙江	金华市	28511
15	湖南	长沙市	55211	江苏	南京市	27636
16	江苏	镇江市	52713	江苏	镇江市	26785
17	湖北	武汉市	51706	湖北	武汉市	24776

续表

排序	省份	城市	城镇家庭人均可支配收入	省份	城市	农村家庭人均可支配收入
18	江苏	南通市	50217	四川	成都市	24357
19	安徽	马鞍山市	49010	江苏	南通市	24303
20	浙江	丽水市	46437	安徽	马鞍山市	23473

（四）区域内部贫富差距依然明显

初次分配既要体现效率，也要注重公平，恩格尔系数是反映收入分配公平性的重要指标。从图 1 可以看出，2019 年长江经济带下游城市的恩格尔系数为 25% ~35%，中上游城市的恩格尔系数为 25% ~42%，与 2018 年的恩格尔系数相比几乎没有差异，由此可以看出，长江经济带各城市之间的贫富差距依然存在，且没有显著变化，尤其是长江经济带上游城市，其恩格尔系数的浮动范围较大，省内的收入分配公平性亟须加强。

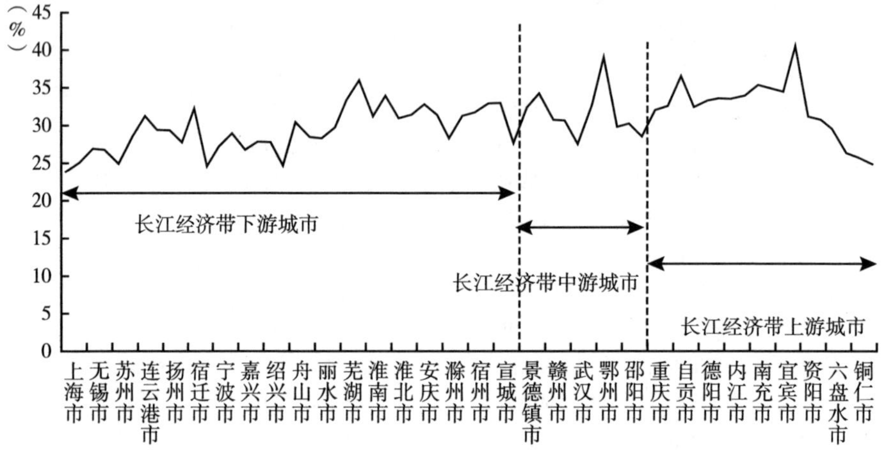

图 1　长江经济带主要城市恩格尔系数情况

三　长江经济带的收入结构

（一）工资性收入

从收入构成来看，居民收入分为工资性收入、经营净收入、财产净收入和转移净收入。2019 年，长江经济带 110 个城市中共有 71 个城市的统计年鉴中公布了城镇家庭和农村家庭可支配收入构成。城镇家庭中，工资性收入是居民收入的主要来源，2019 年，除了湖北省荆州市、江西省上饶市、湖北省咸宁市、四川省巴中市城镇家庭的工资性收入占可支配收入的比重低于 50% 外，其余城市的工资性收入占比均超过了 50%，其中安徽省铜陵市、湖北省黄冈市、江苏省无锡市的工资性收入占比最高，分别达到 70.13%、69%、66.8%。随着城镇化和工业化进程的加速，越来越多的农村剩余劳动力进入城市就业，农村家庭的工资性收入占比逐渐提高。2019 年长江经济带 70 个城市中，28 个城市的农村家庭的工资性收入占比超过 50%，余下 42 个城市均低于 50%，大多数城市农村家庭的工资性收入占比在 30% 左右，农村家庭的工资性收入仍有较大的提升空间。在乡村振兴战略的实施下，农村地区工业化渐成趋势，农民工进城务工的趋势暂未发生转变，农村居民获得工资性收入成为农民收入的重要来源，但是与城镇家庭相比，农村家庭的工资性收入远低于城镇家庭的工资性收入，造成了城乡居民收入存在巨大差距。

（二）经营净收入

经营净收入是农村居民收入的重要来源。农村居民主要通过农业生产经营获得经营净收入，从 2019 年长江经济带部分城市的经营净收入占比可以看出，农村家庭的经营净收入占比显著高于城市家庭，其中湖北省荆州市、安徽省阜阳市、湖北省荆门市农村家庭的经营性收入占可支配收入的比重最高，分别为 49.37%、46.69%、45.12%。而城镇家庭中经营净收入占比最高的城市分别是四川省巴中市、安徽省宣城市及贵州省毕节市，分别为30.38%、29.82%、29.18%，占比最低的城市是上海市、安徽省铜陵市、云南省昆明市，分别为2.98%、6.36%、7.24%。

（三）财产净收入

财产净收入是拉大我国城乡收入差距的重要原因。一般来说，农村家庭的财产性收入主要来源于宅基地或者农耕地的流转租售，而城镇家庭的财产性收入的来源更加多元，包括房产的租售及金融产品的交易等。近年来，随着房地产行业蓬勃发展，城镇家庭的财产也随之获得了更高的溢价，而农村地区的土地价格波动较小，导致城镇家庭财产净收入要远高于农村家庭，城镇家庭财产净收入占比也显著高于农村家庭。从城乡财产净收入的绝对值来看，71个城市的城镇家庭财产净收入均高于农村家庭，其中江苏省苏州市、上海市、浙江省温州市的城镇家庭财产净收入居前三名，分别达到了11931元、11064元、11038元，四川省成都市、湖北省荆门市、江苏省苏州市的农村家庭财产净收入居前三名，分别达到了3894元、3602元、3566元。从城乡财产净收入占可支配收入的比重来看，71个城市中，仅安徽省淮南市和湖北省荆门市农村家庭的财产净收入占比超过了城镇家庭，其余69个城市的农村家庭财产净收入占比均低于城镇家庭。2019年，浙江省温州市、云南省昆明市、江苏省苏州市城镇家庭的财产净收入占可支配收入比重最高，分别达到18.11%、18.03%、17.38%。71个城市中，仅9个城市农村家庭的财产净收入占比超过5%，其余城市的农村家庭的财产净收入占比处于较低水平，不足5%。党的十八大报告提出，要多渠道增加居民财产净收入，由此可见，为实现这一目标，还有较长的路程要走。

（四）转移净收入

转移净收入是缩小城乡收入差距的重要途径。从长江经济带71个城市2019年的收入结构来看，仅安徽省阜阳市、安徽省六安市农村家庭的转移净收入高于城镇家庭，其余城市的农村家庭转移净收入均低于城镇家庭，在缩小城乡收入差距中并没有发挥较大作用。从转移净收入的绝对值来看，上海市、浙江省杭州市、江苏省南京市城镇家庭的转移净收入居前三，分别达到了18031元、12329元、10652元，而农村家庭转移净收入居前三位的是安徽省合肥市、浙江省舟山市、湖北省武汉市，分别为6183元、6068元、5780元，与城镇家庭的转移净收入差距较大。

表4　长江经济带部分城市可支配收入结构

省份	城市	可支配收入	工资性收入	经营净收入	财产净收入	转移净收入	可支配收入	工资性收入	经营净收入	财产净收入	转移净收入
		城镇家庭					农村家庭				
上海	上海市	73615	42328	2192	11064	18031	—	—	—	—	—
江苏	南京市	64372	39928	6790	7002	10652	27636	18768	4285	1351	3232
江苏	无锡市	61915	41359	6068	5882	8606	33574	20984	5708	3055	3827
江苏	常州市	58345	36423	8063	4996	8863	30491	18647	6799	589	4456
江苏	苏州市	68629	43754	5250	11931	7694	35152	20781	6403	3566	4401
江苏	南通市	50217	29018	8434	4943	7822	24303	14177	5327	759	4040
江苏	连云港市	35390	19497	6524	3179	6189	18061	8439	5924	280	3418
江苏	淮安市	38952	22794	7531	3854	4773	18567	9838	4446	365	3918
江苏	扬州市	45550	27408	6463	4437	7242	23333	13631	5680	576	3446
江苏	镇江市	52713	33558	6493	5389	7273	26785	17094	5475	1040	3176
江苏	宿迁市	30614	16691	7480	1636	4807	18121	9004	5695	453	2969
浙江	杭州市	66068	37845	5849	10045	12329	36255	21601	9067	1574	4013
浙江	宁波市	64886	38147	11560	7538	7641	36632	22751	7982	1264	4635
浙江	温州市	60957	31248	10682	11038	7988	30211	17656	7305	1577	3672
浙江	嘉兴市	61940	39022	6935	5645	10338	37413	23808	8986	1516	3104
浙江	湖州市	59028	32590	11738	5796	8904	34803	22786	8639	1254	2125
浙江	绍兴市	63935	35449	12467	7552	8466	36120	20911	10491	1040	3678
浙江	金华市	59348	32835	8777	9466	8270	28511	16447	7645	1079	3340
浙江	舟山市	61479	40625	6642	5292	8920	36784	23305	5968	1443	6068
浙江	台州市	60351	35260	10359	7909	6824	30221	19709	6519	1576	2417
浙江	丽水市	46437	24554	7217	6407	8259	21931	11525	6494	671	3241
安徽	合肥市	45404	28399	5573	4231	7201	22462	8455	7276	548	6183

续表

省份	城市	可支配收入	工资性收入	经营净收入	财产净收入	转移净收入	可支配收入	工资性收入	经营净收入	财产净收入	转移净收入
		城镇家庭					农村家庭				
安徽	芜湖市	42064	23641	6978	2780	8665	22745	10874	6748	313	4810
安徽	蚌埠市	37028	21905	5117	1608	8397	19839	5452	8804	311	5272
安徽	淮南市	35825	22203	5270	1871	6480	15624	4820	5847	1720	3237
安徽	马鞍山市	49010	27011	8736	3299	9963	23473	12364	7581	642	2886
安徽	淮北市	36428	22362	4926	2317	6823	15218	6011	5203	324	3680
安徽	铜陵市	39256	27530	2497	2410	6819	15791	7669	3318	227	4577
安徽	安庆市	34041	20442	4914	2471	6214	14347	6057	3010	164	5116
安徽	黄山市	36658	20865	6362	2700	6731	19710	6561	8721	294	4134
安徽	滁州市	34091	—	—	—	—	14487	5192	6034	232	3029
安徽	阜阳市	32844	20752	5903	2653	3537	15849	3402	7400	116	4932
安徽	宿州市	32643	19088	6451	2239	4864	13213	4747	5324	148	2994
安徽	六安市	31788	19735	6243	2572	3237	13244	4444	5071	124	3605
安徽	池州市	33747	18411	6210			16099	6473	4366	304	4956
安徽	宣城市	39976	20669	11922	2817	4567	17542	8183	5631	185	3543
江西	南昌市	44136	25996	4553	6253	7334	19498	10679	4284	2152	2382
江西	景德镇市	40143	24728	4252	2925	8238	17984	7165	6171	545	4103
江西	萍乡市	38502	—	—	—	—	19536	—	—	—	—
江西	九江市	38076	24055	4034	3061	6923	15772	10003	1798	155	3816
江西	赣州市	34826	21952	3586	3107	6182	11941	5247	4624	125	1945
江西	上饶市	37456	17961	8190	2800	8505	14670	6988	2871	53	4758
湖北	武汉市	51706	30258	5215	6044	10189	24776	12039	5790	1167	5780
湖北	黄石市	40150	24962	4278	2576	8334	16516	8405	3417	552	4142
湖北	十堰市	33577	20448	5937	1674	5518	11378	4806	3680	94	2798
湖北	襄阳市	37297	20133	6643	3029	7493	18933	6235	8185	420	4093
湖北	鄂州市	34541	20059	4413	2043	8027	19313	7673	7760	217	3662
湖北	荆门市	36805	20962	6093	2658	7092	20556	7105	9274	3602	575
湖北	孝感市	32685	20101	3465	2353	6766	15988	5136	6407	330	4115
湖北	荆州市	35910	17788	6619	2571	8932	18893	5476	9328	394	3695
湖北	黄冈市	31812	21949	3358	1595	4910	14490	7591	4857	151	1891
湖北	咸宁市	33191	15634	8130	2706	6721	16591	6791	5874	598	3328
湖北	随州市	31961	18041	7187	1776	4957	18094	7223	7406	322	3143
湖南	长沙市	55211	30504	7913	7095	9597	32328	20109	9039	471	2707
湖南	株洲市	35160	20167	6328	3780	4885	16339	7500	5106	505	3229

续表

省份	城市	可支配收入	工资性收入	经营净收入	财产净收入	转移净收入	可支配收入	工资性收入	经营净收入	财产净收入	转移净收入
		城镇家庭					农村家庭				
湖南	邵阳市	29503	15426	4156	3232	6689	13055	6149	3203	255	3449
湖南	岳阳市	35116	22160	3978	2279	6699	16878	8438	4749	304	3386
重庆	重庆市	37939	22119	4361	2724	8734	15133	5317	5210	367	4240
四川	成都市	45878	—	—	—	—	24357	12192	5940	3894	2330
四川	自贡市	36622	19186	5062	1729	10644	17277	7707	4958	487	4125
四川	泸州市	37252	22445	5669	2214	6923	16531	7138	5586	293	3514
四川	德阳市	37222	20851	5757	2369	8246	18249	8297	6334	746	2871
四川	广元市	33481	21729	5597	1952	4203	13127	5370	4718	192	2846
四川	遂宁市	34854	17858	6859	3471	6666	16358	4882	5836	430	5211
四川	内江市	36059	22214	5416	1893	6537	16450	6498	5255	448	4249
四川	乐山市	36676	20575	5359	2726	8015	16728	8103	5195	384	3046
四川	广安市	36005	23872	5295	2044	4793	16445	7631	6606	426	1782
四川	巴中市	33663	14834	10227	2460	6143	13232	3683	5135	431	3983
贵州	贵阳市	38240	24151	4762	4312	5015	17275	9870	5856	377	1172
贵州	六盘水市	33048	20078	5368	3162	4440	11043	6133	2690	330	1892
贵州	遵义市	35352	18916	9765	2875	3796	13565	5711	5012	82	2760
贵州	毕节市	32638	16469	9524	2298	4347	10364	4618	3764	127	1855
贵州	铜仁市	32158	17072	8809	2974	3304	10259	5211	2925	29	2094
云南	昆明市	46289	25828	3350	8347	8763	16356	7955	6191	1110	1099

资料来源：根据各省市、各城市2020年统计年鉴、统计公报等公开数据整理和计算得出。

四　评价指标体系的完善

收入分配指数评价体系的构建，既要体现效率又要促进公平，既要考虑初次分配的效果又要考虑再分配、三次分配的调节作用，因此，本研究指标体系的构建在2017～2018年的基础上，基于数据的可衡量性原则进行了调整。一级指标依然是从效率和公平两个维度来衡量，二级指标在初次分配和再分配的基础上，将其他分配公平因素也纳入进来。三级指标进行了重点调整，一方面增加了专利申请授权总量增长率、就业总量增长率等体现要素生产使用效率的指标，另一方面，基于数据可得性，删除了养老金替代率指标，在分配公平中增加了城乡居民转移净收入比、财政教育支出占地区生产总值的比重、财政医疗支出占地区生产总值的比重、财政社会保障支出占地区生产总值的比重等体现再分配过程公平的指标。

指标性质分为正向指标和负向指标，其中正向指标是指该指标数值的变动方向与收入分配指数评价体系是一致的，该指标的数值增加与收入分配指数的提高方向一致，反之则为负向指标，即该指标的数值增加与收入分配指数的提高方向相反，具体的指标如表5所示。

表5　长江经济带收入分配指数评价体系

一级指标	二级指标	三级指标	单位	指标性质
效率	初次分配效率	劳动生产率	元/人	+
		专利申请授权总量增长率	%	+
		固定资产增长率	%	+
		国内生产总值增长率	%	+
		人均地区生产总值增长率	%	+
		就业总量增长率	%	+
	再分配效率	税收总额增长率	%	-
公平	初次分配公平	劳动报酬占国内生产总值的比重	%	+
		城乡居民人均可支配收入比	%	-
		恩格尔系数	%	-
	再分配公平	城乡居民转移净收入比	-	-
		城镇转移净收入占可支配收入比重	%	+
		农村转移净收入占可支配收入比重	%	+
	其他分配公平	财政教育支出占地区生产总值的比重	%	+
		财政医疗支出占地区生产总值的比重	%	+
		财政社会保障支出占地区生产总值的比重	%	+

本研究对2017年的收入分配指数评价体系做了进一步完善，剔除了养老金替代率指标，因此对各级指标的权重进行了重新调整。收入分配指数体系既要体现效率又要促进公平，因此一级指标权重不变，仍然保持各占50%的权重；二级指标的权重进行了调整，公平维度下的二级指标由原来的

初次分配过程公平、初次分配结果公平、再分配公平三类调整为初次分配公平、再分配公平、其他分配公平三类，其权重分别调整为0.7、0.2、0.1，相应的权重如表6所示，最终形成了衡量长江经济带各地区收入分配的指数值。

表6　长江经济带收入分配指数评价体系权重分配

一级指标		二级指标		三级指标	
指标名	权重	指标名	权重	指标名	权重
效率	0.5	初次分配效率	0.8	劳动生产率	0.2
				专利申请授权总量增长率	0.1
				固定资产增长率	0.1
				国内生产总值增长率	0.2
				人均地区生产总值增长率	0.2
				就业总量增长率	0.2
		再分配效率	0.2	税收总额增长率	1.0
公平	0.5	初次分配公平	0.7	劳动报酬占国内生产总值的比重	0.4
				城乡居民人均可支配收入比	0.3
				恩格尔系数	0.3
		再分配公平	0.2	城乡居民转移净收入比	0.6
				城镇转移净收入占可支配收入比重	0.2
				农村转移净收入占可支配收入比重	0.2
		其他分配公平	0.1	财政教育支出占地区生产总值的比重	0.4
				财政医疗支出占地区生产总值的比重	0.3
				财政社会保障支出占地区生产总值的比重	0.3

五　长江经济带收入分配指标体系的评价结果

（一）各指标现状

根据完善后的长江经济带收入分配指数体系，本研究利用2017～2018年的数据对长江经济带110个城市11项指标数据进行了描述性分析，具体来看2019年劳动生产率最高的城市仍然是江苏省无锡市，为306253元/人，无锡市已连续3年成为长江经济带的城市中劳动生产率最高的；人均GDP最高的城市也是江苏省无锡市；2019年专利申请授权总量增长率最高的是贵州省铜仁市，达到了53.63%，整体来看，长江经济带中上游城市专利申请授权总量增长率明显高于下游城市；2019年长江经济带固定资产增长率最高的城市是安徽省黄山市，达到102.9%；人均地区生产总值增长率最高的依然是云南省丽江市，为9.9%，不少城市的人均地区生产总值呈负增长；2019年就业总量增长率最高的是四川省绵阳市，为25.04%；税收总额增长率最低的城市是贵州省六盘水市，为-24.64%；劳动报酬占国内生产总值比重最高的城市为四川省巴中市，高达65.30%；城乡居民人均可支配收入比最低的城市为嘉兴市，城镇居民人均可支配收入是农村居民人均可支配收入的1.66倍，是长江经济带110个城市中城乡收入差距最小的城市；恩格尔系数最低的是云南省玉溪市，仅为7.91%；城乡居民转移净收入比最低的是安徽省阜阳市，城镇居民转移净收入是农村居民转移净收入的0.72倍；城镇转移净收入占可支配收入比重最高的城市是四川省成都市，高达29.06%；农村转移净收入占可支配收入比重最高的城市是安徽省安庆市，高达35.66%；财政教育支出占地区生产总值的比重最高的是云南省昭通市，为9.24%；财政医疗支出占地区生产总值的比重最高的是江西省，为9.88%；财政社会保障支出占地区生产总值的比重最高的是重庆市，为18.15%。

表7　长江经济带收入分配指数评价体系的描述性统计分析

指标	N	均值	最大值	最小值
劳动生产率	110	127596.29	306253.23	15513.02
人均地区生产总值增长率	110	69519.80	180044.00	21255.00
专利申请授权总量增长率	110	6.30	53.63	-76.10
固定资产增长率	110	10.23	102.90	-26.50
国内生产总值增长率	110	7.46	9.90	-1.74

续表

指标	N	均值	最大值	最小值
人均地区生产总值增长率	110	8.72	60.07	-38.39
就业总量增长率	110	1.08	25.04	-8.05
税收总额增长率	110	3.80	16.68	-24.64
劳动报酬占国内生产总值的比重	110	36.29	65.30	18.80
城乡居民人均可支配收入比	110	2.23	3.15	1.66
恩格尔系数	110	29.59	40.77	7.91
城乡居民转移净收入比	110	2.60	12.33	0.72
城镇转移净收入占可支配收入比重	110	17.37	29.06	10.18
农村转移净收入占可支配收入比重	110	18.15	35.66	2.80
财政教育支出占地区生产总值的比重	110	3.34	9.24	1.44
财政社会保障支出占地区生产总值的比重	110	13.84	18.15	9.90
财政医疗支出占地区生产总值的比重	110	8.48	9.88	6.03

资料来源：根据各省各城市 2018 年统计年鉴、统计公报等公开数据整理和计算得出。

（二）标准化处理及测算公式

评价指标的无量纲处理方法依然延续 2017 年的处理方法，采取 min-max 标准化方法来消除数据量纲的影响，具体的处理公式为：

$$y_i = \frac{x_i - \min\{x_j\}}{\max\{x_j\} - \min\{x_j\}}$$

其中，$\max\{x_j\}$ 为样本数据的最大值，$\min\{x_j\}$ 为样本数据的最小值。

（三）结果分析

从最终的体现效率、促进公平的收入分配指数体系来看，排名靠前的主要是长江经济带下游城市，排名靠后的则为长江经济带上游城市。具体来看，110 个城市的收入分配指数为 0.302 ~ 0.543，其中收入分配指数较高的 10 个城市是无锡市、阜阳市、苏州市、上海市、武汉市、成都市、宁波市、南京市、常州市、杭州市，都超过了 0.5，说明了长三角城市和中部省会城市等的收入分配的效率性和公平性方面都处于较高的水平。而达州市、十堰市、铜陵市、雅安市、保山市、曲靖市、普洱市、昭通市、临沧市、丽江市等城市的收入分配指数在长江经济带 110 个城市中排最后 10 名，都低于 0.4。

从一级指标的分值来看，长江经济带 110 个城市的效率指数的分值为 0.216 ~ 0.652，其中效率指数最高的 10 个城市分别是无锡市、南京市、苏州市、武汉市、上海市、常州市、杭州市、扬州市、宁波市、长沙市，主要是经济发展水平较高的长江经济带下游城市及中游省会城市等。公平指数的分值为 0.354 ~ 0.692，其中公平指数最高的 10 个城市分别是阜阳市、内江市、广安市、邵阳市、六安市、巴中市、亳州市、淮南市、黄冈市、宿州市，主要原因是受脱贫攻坚战、东西部协作等国家重大战略的助力，这些长江经济带中上游城市在再分配、其他分配方面取得了较好的成绩。

从二级指标的分值来看，初次分配效率和再分配效率的结果差异较大。初次分配效率为 0.200 ~ 0.734，其中分值较高的是江浙沪等经济发展水平较高的城市和中部地区的省份城市，而分值较低的城市主要分布在云南、四川、安徽等地，反映了初次分配效率与地方经济发展水平密切相关。而再分配效率指数只包含了税收总额增长率一个指标，且是负向指标，因此，长江经济带中上游城市该指标的分值较高。初次分配公平的分值范围为 0.276 ~ 0.684，尽管中部地区初次分配效率分值不是最高的，但其初次分配公平的分值整体水平较高。再分配公平的分值差异较大，最低值为湖北省荆门市，仅为 0.096，最高值为安徽省安庆市，为 0.860，再分配主要由政府主导，是对初次分配后的收入分配格局进行调整纠正，然而从 2017 年到 2019 年长江经济带的再分配公平结果来看，其调整作用微弱，再分配公平和其他分配公平的分值较高的城市主要分布在云贵川地区，然而对其最终的收入分配指数的调节作用并不显著，具体计算结果如表 8 所示。

表 8　长江经济带部分城市收入分配指数计算结果

省份	城市	初次分配效率	再分配效率	初次分配公平	再分配公平	其他分配公平	效率	公平	收入分配指数
上海	上海市	0.676	0.273	0.410	0.768	0.144	0.595	0.455	0.525
江苏	南京市	0.734	0.223	0.358	0.591	0.173	0.632	0.386	0.509
江苏	无锡市	0.729	0.346	0.424	0.613	0.144	0.652	0.434	0.543
江苏	徐州市	0.434	0.670	0.424	0.591	0.195	0.481	0.435	0.458
江苏	常州市	0.657	0.275	0.414	0.659	0.141	0.580	0.436	0.508
江苏	苏州市	0.692	0.287	0.433	0.617	0.160	0.611	0.442	0.527
江苏	南通市	0.545	0.351	0.364	0.678	0.161	0.506	0.406	0.456
江苏	连云港市	0.387	0.320	0.405	0.719	0.208	0.374	0.448	0.411
江苏	淮安市	0.410	0.305	0.403	0.707	0.179	0.389	0.441	0.415
江苏	盐城市	0.402	0.391	0.424	0.591	0.198	0.400	0.435	0.417
江苏	扬州市	0.562	0.484	0.365	0.662	0.153	0.546	0.403	0.475
江苏	镇江市	0.513	0.361	0.419	0.612	0.161	0.483	0.432	0.457
江苏	泰州市	0.504	0.346	0.424	0.591	0.143	0.472	0.429	0.451
江苏	宿迁市	0.376	0.329	0.436	0.695	0.207	0.366	0.465	0.416
浙江	杭州市	0.629	0.217	0.466	0.619	0.176	0.547	0.468	0.507
浙江	宁波市	0.615	0.248	0.492	0.629	0.162	0.542	0.486	0.514
浙江	温州市	0.407	0.265	0.551	0.613	0.215	0.378	0.529	0.454
浙江	嘉兴市	0.514	0.184	0.563	0.567	0.180	0.448	0.526	0.487
浙江	湖州市	0.492	0.159	0.520	0.493	0.181	0.426	0.481	0.453
浙江	绍兴市	0.489	0.273	0.499	0.595	0.171	0.446	0.486	0.466
浙江	金华市	0.436	0.289	0.548	0.603	0.197	0.406	0.524	0.465
浙江	衢州市	0.375	0.233	0.548	0.619	0.237	0.347	0.531	0.439
浙江	舟山市	0.535	0.257	0.528	0.690	0.189	0.480	0.527	0.503
浙江	台州市	0.409	0.363	0.544	0.535	0.202	0.400	0.508	0.454
浙江	丽水市	0.390	0.221	0.474	0.659	0.321	0.356	0.496	0.426
安徽	合肥市	0.541	0.290	0.376	0.788	0.460	0.491	0.467	0.479
安徽	芜湖市	0.409	0.376	0.376	0.766	0.465	0.402	0.463	0.433
安徽	蚌埠市	0.316	0.235	0.451	0.832	0.502	0.300	0.532	0.416
安徽	淮南市	0.247	0.311	0.567	0.739	0.544	0.259	0.599	0.429
安徽	马鞍山市	0.368	0.286	0.371	0.624	0.445	0.351	0.429	0.390
安徽	淮北市	0.243	0.226	0.482	0.762	0.510	0.240	0.541	0.390
安徽	铜陵市	0.200	0.279	0.460	0.796	0.490	0.216	0.530	0.373
安徽	安庆市	0.325	0.334	0.415	0.860	0.537	0.327	0.516	0.421

续表

省份	城市	初次分配效率	再分配效率	初次分配公平	再分配公平	其他分配公平	效率	公平	收入分配指数
安徽	黄山市	0.394	0.296	0.493	0.750	0.490	0.374	0.544	0.459
安徽	滁州市	0.581	0.217	0.422	0.750	0.488	0.508	0.494	0.501
安徽	阜阳市	0.412	0.229	0.684	0.779	0.578	0.376	0.692	0.534
安徽	宿州市	0.373	0.000	0.529	0.724	0.570	0.298	0.572	0.435
安徽	六安市	0.412	0.329	0.568	0.739	0.615	0.396	0.607	0.501
安徽	亳州市	0.415	0.099	0.568	0.739	0.579	0.352	0.604	0.478
安徽	池州市	0.325	0.438	0.402	0.739	0.500	0.348	0.480	0.414
安徽	宣城市	0.413	0.214	0.386	0.690	0.506	0.374	0.458	0.416
江西	南昌市	0.569	0.324	0.360	0.603	0.447	0.520	0.417	0.469
江西	景德镇市	0.452	0.139	0.484	0.765	0.531	0.389	0.545	0.467
江西	萍乡市	0.375	0.275	0.484	0.765	0.568	0.355	0.548	0.451
江西	九江市	0.436	0.259	0.370	0.758	0.521	0.401	0.463	0.432
江西	新余市	0.457	0.353	0.370	0.765	0.456	0.436	0.457	0.447
江西	鹰潭市	0.445	0.185	0.370	0.765	0.477	0.393	0.460	0.426
江西	赣州市	0.497	0.265	0.448	0.635	0.636	0.451	0.505	0.478
江西	吉安市	0.450	0.266	0.370	0.765	0.584	0.413	0.470	0.442
江西	宜春市	0.499	0.304	0.370	0.765	0.548	0.460	0.467	0.463
江西	抚州市	0.412	0.400	0.370	0.765	0.592	0.410	0.471	0.441
江西	上饶市	0.451	0.300	0.469	0.858	0.586	0.421	0.558	0.490
湖北	武汉市	0.666	0.348	0.352	0.772	0.354	0.602	0.436	0.519
湖北	黄石市	0.435	0.351	0.394	0.786	0.384	0.418	0.471	0.445
湖北	十堰市	0.394	0.261	0.276	0.734	0.405	0.367	0.380	0.374
湖北	宜昌市	0.537	0.367	0.276	0.734	0.348	0.503	0.375	0.439
湖北	襄阳市	0.474	0.365	0.356	0.762	0.365	0.453	0.438	0.445
湖北	鄂州市	0.534	0.315	0.287	0.760	0.352	0.490	0.388	0.439
湖北	荆门市	0.447	0.296	0.458	0.096	0.352	0.417	0.375	0.396
湖北	孝感市	0.383	0.304	0.458	0.803	0.398	0.367	0.521	0.444
湖北	荆州市	0.431	0.312	0.528	0.770	0.400	0.407	0.563	0.485
湖北	黄冈市	0.349	0.366	0.588	0.621	0.466	0.353	0.582	0.467
湖北	咸宁市	0.413	0.316	0.389	0.744	0.391	0.393	0.460	0.427
湖北	随州市	0.388	0.316	0.476	0.701	0.370	0.374	0.511	0.442
湖南	长沙市	0.616	0.210	0.452	0.564	0.356	0.535	0.465	0.500
湖南	株洲市	0.429	0.255	0.377	0.701	0.370	0.394	0.441	0.418
湖南	湘潭市	0.342	0.610	0.377	0.701	0.355	0.395	0.440	0.417

续表

省份	城市	初次分配效率	再分配效率	初次分配公平	再分配公平	其他分配公平	效率	公平	收入分配指数
湖南	衡阳市	0.381	0.271	0.377	0.701	0.410	0.359	0.445	0.402
湖南	邵阳市	0.384	0.180	0.565	0.813	0.499	0.343	0.608	0.476
湖南	岳阳市	0.393	0.298	0.456	0.734	0.358	0.374	0.502	0.438
湖南	常德市	0.419	0.277	0.456	0.701	0.371	0.390	0.496	0.443
湖南	张家界市	0.337	0.192	0.456	0.701	0.506	0.308	0.510	0.409
湖南	益阳市	0.348	0.279	0.456	0.701	0.427	0.334	0.502	0.418
湖南	郴州市	0.368	0.282	0.456	0.701	0.423	0.351	0.502	0.426
湖南	永州市	0.338	0.257	0.456	0.701	0.496	0.322	0.509	0.415
湖南	怀化市	0.361	0.254	0.456	0.701	0.524	0.340	0.512	0.426
湖南	娄底市	0.348	0.183	0.456	0.701	0.442	0.315	0.504	0.409
重庆	重庆市	0.420	0.543	0.297	0.820	0.530	0.444	0.425	0.435
四川	成都市	0.522	0.304	0.504	0.745	0.513	0.478	0.553	0.516
四川	自贡市	0.352	0.370	0.420	0.832	0.579	0.356	0.518	0.437
四川	攀枝花市	0.431	0.346	0.425	0.832	0.564	0.414	0.520	0.467
四川	泸州市	0.359	0.250	0.459	0.737	0.621	0.337	0.531	0.434
四川	德阳市	0.440	0.252	0.402	0.694	0.516	0.402	0.472	0.437
四川	绵阳市	0.388	0.275	0.449	0.832	0.544	0.365	0.535	0.450
四川	广元市	0.300	0.363	0.520	0.701	0.650	0.313	0.569	0.441
四川	遂宁市	0.344	0.198	0.469	0.843	0.587	0.315	0.556	0.435
四川	内江市	0.320	0.328	0.590	0.782	0.596	0.322	0.629	0.475
四川	乐山市	0.403	0.254	0.403	0.719	0.547	0.373	0.480	0.427
四川	南充市	0.345	0.204	0.406	0.719	0.631	0.317	0.491	0.404
四川	眉山市	0.346	0.226	0.455	0.719	0.581	0.322	0.520	0.421
四川	宜宾市	0.388	0.184	0.431	0.719	0.594	0.348	0.505	0.426
四川	广安市	0.309	0.234	0.623	0.580	0.687	0.294	0.621	0.457
四川	达州市	0.314	0.246	0.397	0.580	0.623	0.300	0.456	0.378
四川	雅安市	0.313	0.223	0.386	0.580	0.578	0.295	0.444	0.370
四川	巴中市	0.260	0.285	0.522	0.809	0.773	0.265	0.604	0.435
四川	资阳市	0.229	0.393	0.483	0.809	0.612	0.262	0.561	0.412
贵州	贵阳市	0.481	0.369	0.370	0.471	0.318	0.459	0.385	0.422
贵州	六盘水市	0.414	1.000	0.373	0.638	0.476	0.531	0.437	0.484
贵州	遵义市	0.429	0.365	0.381	0.679	0.385	0.416	0.441	0.428
贵州	安顺市	0.320	0.800	0.373	0.679	0.463	0.416	0.443	0.430
贵州	毕节市	0.327	0.401	0.469	0.641	0.588	0.342	0.515	0.428

续表

省份	城市	初次分配效率	再分配效率	初次分配公平	再分配公平	其他分配公平	效率	公平	收入分配指数
贵州	铜仁市	0.404	0.602	0.352	0.664	0.551	0.443	0.434	0.439
云南	昆明市	0.455	0.264	0.351	0.342	0.395	0.417	0.354	0.385
云南	曲靖市	0.293	0.281	0.423	0.342	0.517	0.291	0.416	0.354
云南	玉溪市	0.394	0.562	0.439	0.342	0.416	0.427	0.417	0.422
云南	保山市	0.322	0.365	0.397	0.342	0.531	0.331	0.399	0.365
云南	昭通市	0.278	0.292	0.363	0.342	0.762	0.281	0.399	0.340
云南	丽江市	0.217	0.260	0.361	0.342	0.580	0.225	0.379	0.302
云南	普洱市	0.242	0.604	0.379	0.342	0.556	0.315	0.389	0.352
云南	临沧市	0.258	0.278	0.372	0.342	0.652	0.262	0.394	0.328

资料来源：根据各省市、各城市2020年统计年鉴、统计公报等公开数据整理和计算得出。

六　体现效率、促进公平的收入分配的对策建议

从2019年长江经济带110个城市的初次分配指数结果可以看出，长江经济带在健全收入分配制度、完善收入分配制度方面取得了不错的成绩，但依然有不公平、不合理的地方需要进一步改善。

（一）深化长江经济带区域协调发展机制

从长江经济带收入分配指数体系可以看出，长江经济带上中下游区域差异较大，未来应该要进一步完善区域间的协调机制，充分发挥长江经济带下游地区的经济引领作用，带动中西部地区的经济增长，有效弥合东中西部地区之间的经济鸿沟，提高中西部地区的初次分配效率。

（二）拓宽农村家庭财产性收入来源

当前，农村家庭财产净收入处于较低的水平，与城镇家庭相比，也存在较大差距，在后小康时代，要努力提高长江经济带地区，尤其是中上游地区

的财产净收入水平，通过乡村振兴战略的部署和实施，深化农村土地的改革制度，实现农村资源、资产的自由流动和优化配置，提高农村家庭财产净收入。

（三）促进东部地区的收入分配公平性

东部地区在收入分配效率方面取得了较好的成绩，尤其是初次分配效率方面的劳动生产率、人均地区生产总值增长率等指标的分值为东部地区的较高的分配效率奠定了基础，然而在分配公平性方面，东部地区的分值较低，尤其是再分配公平和其他分配公平方面。未来应加大财政支出对教育、卫生、社会保障的投入，聚焦公共服务均等化，提升长江经济带各地区的收入分配公平性。

（四）充分发挥第三次分配的调节作用

中西部地区的经济发展水平存在较大的鸿沟，东部地区的初次分配效率显著高于中西部地区，中央财经小组最新的会议提出要构建初次分配、再分配、三次分配协调配套的制度，而再分配对其的调节作用微弱，因此，在“十四五”时期，要进一步发挥三次分配的调节作用，建立健全慈善捐款和慈善基金的监督机制，保障社会慈善等三次分配的健康运行。

参考文献

陈斌开、张鹏飞、杨汝岱：《政府教育投入、人力资本投资与中国城乡收入差距》，《管理世界》2010 年第 1 期。

陈忠暖、高权、王帅、杨嘉聪：《中国重工业化与城乡收入差距的实证分析》，《经济地理》2016 年第 7 期。

雷根强、蔡翔：《初次分配扭曲、财政支出城市偏向与城乡收入差距——来自中国省级面板数据的经验证据》，《数量经济技术经济研究》2012 年第 3 期。

王阳、谭永生、李璐：《收入分配评价指标体系重构研究——基于体现效率、促进公平的视角》，《经济纵横》2019 年第 3 期。

方毅、卫剑、陈煜之：《基于收入结构视角的我国城乡收入差距影响因素研究》，《浙江社会科学》2021 年第 7 期。

卢倩倩、许光建、许坤、佘欣艺：《中国居民收入分配体系：演变、特征与展望》，《宏观经济研究》2021 年第 7 期。

陆铭、陈钊：《城市化、城市倾向的经济政策与城乡收入差距》，《经济研究》2004 年第 6 期。

张车伟：《人力资本回报率变化与收入差距："马太效应"及其政策含义》，《经济研究》2006 年第 12 期。

习明明、张进铭：《教育对我国城乡收入不平等的影响：基于分位数回归分析》，《中国地质大学学报》（社会科学版）2012 年第 5 期。

余菊、刘新：《城市化、社会保障支出与城乡收入差距——来自中国省级面板数据的经验证据》，《经济地理》2014 年第 3 期。

向书坚、许芳：《中国的城镇化和城乡收入差距》，《统计研究》2016 年第 4 期。

姚洋、杨雷：《制度供给失衡和中国财政分权的后果》，《战略与管理》2003 年第 3 期。

万海远、李实：《户籍歧视对城乡收入差距的影响》，《经济研究》2013 年第 9 期。

叶志强、陈习定、张顺明：《金融发展能减少城乡收入差距吗？——来自中国的证据》，《金融研究》2011 年第 2 期。

钞小静、沈坤荣：《城乡收入差距、劳动力质量与中国经济增长》，《经济研究》2014 年第 4 期。

朱青、罗志红、吴武兰：《中国收入差距对经济增长的影响：基于变系数模型的估计》，《企业经济》2017 年第 2 期。

颜明杰、彭迪云：《农村金融精准扶贫成效的评价——基于江西农户的调查》，《江西社会科学》2018 年第 5 期。

产 业 篇

Industry Reports

B.9
长江经济带农业发展报告（2020～2021）

戴伟娟*

摘　要：长江经济带地区的农业用地面积只占全国的26%左右，但耕地资源相对丰富，农作物播种面积占全国的一半以上，聚集着全国一半以上的农业从业人口，第一产业增加值占比接近全国的一半。在农业结构方面，长江经济带与全国总体情况类似，以种植业和牧业为主。长江经济带还是我国谷物和油菜籽的重要产地。从粮食生产情况来看，该地区的粮食产量占全国的35%以上。长江经济带上游和中游地区农业基础较弱，但发展速度更快，尤其是上游地区，随着对农业用地的“宜机化”改造的深入，机械化和设施化水平明显提高，与中下游地区的差距持续缩小。从生产

* 戴伟娟，上海社会科学院城市与人口研究所助理研究员。

效率来看，长江经济带农业劳动生产率偏低，是农业现代化的短板。

关键词： 长江经济带 农业 现代农业

长江经济带11省市中包含了我国多个农业强省和农业大省，是我国农业生产及农业经济发展的重要功能区，在我国农业发展总格局中具有重要战略地位。

一 长江经济带农业发展总体概况

（一）农业投入

长江经济带横贯我国东、中、西三大自然和经济区域，跨越我国南北方分界线，覆盖温带、亚热带、热带、高原等多个温度带，地形地貌、土壤水文、气象气候、动植物资源等存在明显的地域差异，农业资源条件丰富而多样。仅从农业最基础的两大资源要素——土地和从业人口来看，长江经济带具有总量规模较大、占全国比重较高等特征。

1. 土地投入呈下降趋势

从农业用地面积来看，2017年，长江经济带11省市农用地总面积约168721千公顷，约占全国农用地总面积的26.2%。与2007年相比，长江经济带的农业用地面积略有增加，显著高于全国平均水平。但从近年来看，长江经济带的农业用地资源小幅下降，2017年占全国比重较2015年下降了0.4个百分点。

从农用地结构来看，2017年，长江经济带地区耕地面积、园地面积和牧草地面积分别约为44909千公顷、5477千公顷和11239千公顷，占全国总面积的比重分别为33.3%、38.5%和5.1%。相比2015年，2017年长江经济带耕地、园地、牧草地三类农业用地面积均有所减少，减少幅度分别为0.17%、0.48%和0.02%。

从农作物播种面积来看，2019 年长江经济带总面积为 65405 千公顷，与 2011 年相比，略有增加，增长率为 1.1%，除了长三角地区外，长江经济带其他地区都增加明显，但低于全国平均增长率（5.0%），长江经济带占全国比重由 2011 年的 58.5% 下降为 2019 年的 56.4%。

表 1　长江经济带地区农作物播种面积变化及全国比较

单位：千公顷，%

项目	2011 年	2019 年	增加幅度
长江经济带	64692.4	65405	1.1
全国	110572	116064	5.0
占全国比重	58.5	56.4	—

资料来源：《中国统计年鉴 2012》《中国统计年鉴 2020》；下文关于农作物总播种面积的数据，若无特殊注明，来源相同。

2. 承载的农业就业人口比例有所提高

近年来，长江经济带的农业就业人口仍然占全国的一半以上，为 53% ~ 54%，是我国农业从业人口的主要承载区。从绝对数量来看，近年来，长江经济带的农业从业人口逐年减少，但就业人员的总规模仍然较大。2019 年末，长江经济带共有第一产业从业人口约 1.04 亿人，近五年来减少了 1300 多万人。与上年相比，2019 年长江经济带承载的农业从业人口数量减少了 325 万人，占全国的比重小幅提高到 54%。

表 2　长江经济带第一产业从业人口及占全国比重变化

单位：万人，%

项目	2014 年	2015 年	2016 年	2017 年	2018 年	2019 年
长江经济带	12047	11756	11484	11110	10765	10440
全国	22790	21919	21496	20944	20258	19445
占全国比重	53	54	53	53	53	54

资料来源：全国及长江经济带各省市 2012 ~ 2020 年统计年鉴；下文关于农业从业人口的数据，若无特殊注明，来源相同。

从就业结构来看，近年来，长江经济带第一产业从业人口占全部就业人口的比重逐年下降，但仍然偏高，与全国平均水平有一定差距。2019 年底，长江经济带第一产业从业人口比重为 29.1%，较全国平均水平高出 4 个百分点（见图 1）。

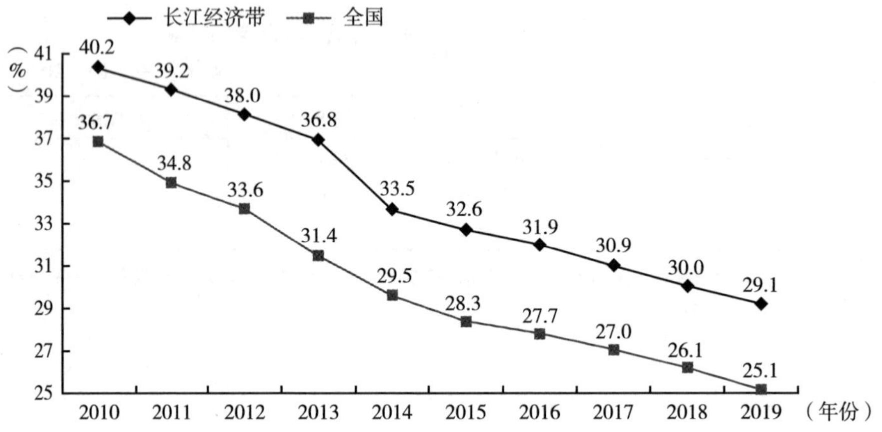

图 1　2010～2019 年长江经济带和全国第一产业从业人口比重

（二）农业规模

作为我国重要的农业产区，长江经济带是我国粮、棉、油等大宗农产品的主要生产区，也是我国茶叶、水产品、蚕桑、水果、中药材等特色农产品的主产区，为我国农产品供给提供了重要保障。

1. 对全国农业经济的贡献显著增加

近年来，长江经济带的农业经济总量持续增长。2020 年，11 省市共实现农业增加值约 34107 亿元，在全国农业经济总量中的比重为 48.4%，与上年相比，增长了 5 个百分点，对我国农业经济发展的支撑作用显著增强。

表 3　2017～2020 年长江经济带第一产业情况

单位：亿元，%

年份	长江经济带一产增加值	占全国比重	长江经济带一产增加值占比	全国一产增加值占比
2017	26944	43.4	7.3	7.6
2018	27828	43.0	6.9	7.2
2019	30604	43.4	6.7	7.1
2020	34107	48.4	7.2	7.1

资料来源：各省市数据来自国家统计局网站地区数据中的年度数据；全国数据来自国家统计局网站中的年度数据；下文有关第一产业增加值的数据，若无特殊注明，来源相同。

2017～2019 年，长江经济带的第一产业增加值占比持续下降，2020 年出现了反转，与上年同期相比，增加了 0.5 个百分点，达到 7.2%，接近 2017 年的水平。与全国平均水平相比，2020 年长江经济带的第一产业增加值提高较快，第一产业贡献度比全国平均水平高 0.1 个百分点。

2. 占全国农业经济的比重持续提高

无论从第一产业增加值的角度，还是从农业总产值来看，2020 年长江经济带农业经济占全国的比重均有所提高。2020 年长江经济带农业总产值保持了增长势头，达到 58291 亿元，占全国农业总产值的 42.3%，比上年提高 0.4 个百分点（见表 4）。

表 4　2017～2020 年长江经济带农业总产值及占全国比重情况

单位：亿元，%

项目	2017 年	2018 年	2019 年	2020 年
长江经济带	45702	47006	51925	58291
全国	109332	113580	123968	137782
占全国比重	41.8	41.4	41.9	42.3

资料来源：各省市数据来自国家统计局网站地区数据中的年度数据；全国数据来自国家统计局网站中的年度数据；下文有关农业总产值的数据，若无特殊注明，来源相同。

3. 粮食产量再创新高

2020 年，长江经济带的粮食总产量约 23914 万吨，比上年高出约 115

万吨。

近年来，长江经济带粮食总产量处于高位。2015 年，该地区和全国一样实现了粮食产量十二年连续增长，2016 年粮食产量有所下降，2017 年显著回调，并明显高于 2015 年的产量，2018 年和 2019 年的产量虽然持续下降，但仍处于高位，高于 2015 年的总产量，2020 年遏制了下降势头，与上年相比产量有所增加。

从占全国总产量的比重来看，近年来长江经济带粮食产量占全国总产量的比重一直在 35% ~37% 。2020 年，长江经济带粮食产量占全国总产量的比重为 35. 7% ，比上年下降 0. 2 个百分点。这说明长江经济带的粮食产量 2020 年虽然增长显著，但增长率低于全国平均水平。

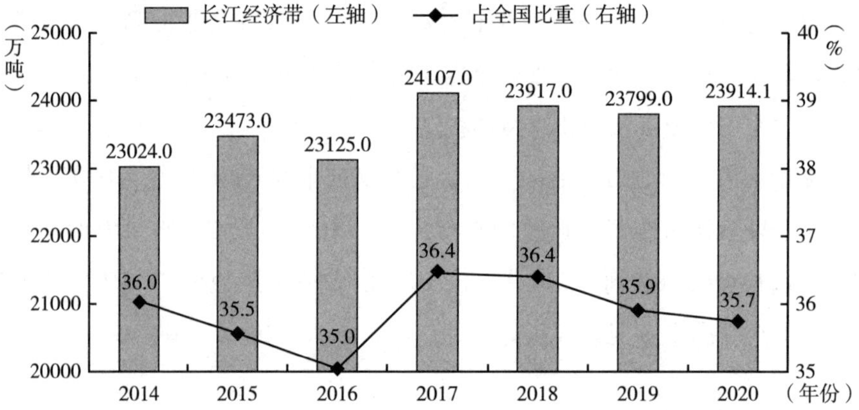

图 2　2014 ~2020 年长江经济带地区粮食总产量及占全国比重变化

资料来源：各省市数据来自国家统计局网站地区数据中的年度数据；全国数据来自国家统计局网站中的年度数据；下文有关粮食产量的数据，若无特殊注明，来源相同。

除粮食外，长江经济带也是我国棉花、油菜等其他大宗农作物，以及麻、茶叶、烟叶、柑橘等特色农产品的重要产区。

（三）农业结构

1. 畜牧业比重继续增加

2020 年，长江经济带的农业仍以种植业为主，除畜牧业外，种植业、林业、渔业和农林牧渔服务业的比重均有所下降，种植业所占比重首次低于50%。在农业总产值构成中，种植业占49.6%，比上年下降2.2个百分点；畜牧业占29.6%，比上年上升3.7个百分点；渔业占10.6%，比上年下降1个百分点；林业占5.2%，比上年下降0.4个百分点；农林牧渔服务业占5.0%，比上年下降0.2个百分点。

从全国平均水平来看，长江经济带的农业结构与全国相近，种植业占据半壁江山，其次是畜牧业，占比接近30%，渔业占一成以上，林业及农林牧渔服务业比重均在5%左右。

2. 渔业、林业和畜牧业比重高于全国平均水平

与全国平均水平相比，长三角地区的种植业所占比重较低，林业和渔业所占比重较高。2020年，长江经济带种植业和农林牧渔服务业所占比重低于全国平均水平，渔业和林业所占比重高于全国平均水平，畜牧业所占比重略高于全国平均水平。在长江经济带农业总产值构成中，种植业和农林牧渔服务业所占比重较全国平均水平分别低2.5个和0.1个百分点，渔业、林业和畜牧业所占比重较全国平均水平分别高1.3个、0.9个和0.4个百分点。

3. 除种植业外，其他行业对全国的贡献均有所提高

从各行业在全国的地位来看，2020年，长江经济带的第一产业中各个行业在全国的地位举足轻重，占全国总量的比重均超过40%，其中比重较高的是林业和渔业，分别占50.9%和48.3%。与上年相比，该地区种植业占全国种植业的比重下降了0.4个百分点，其他行业的贡献均有所提高，林业、畜牧业、渔业和农林牧渔服务业的比重分别提高了0.6个、2.2个、0.6个和0.2个百分点。

表5　2020年长江经济带农业总产值构成及全国比较

单位：亿元，%

项目	种植业	林业	畜牧业	渔业	农林牧渔服务业
长江经济带	28889	3035	17276	6166	2926
内部构成	49.6	5.2	29.6	10.6	5.0

续表

项目	种植业	林业	畜牧业	渔业	农林牧渔服务业
全国	71748	5962	40267	12776	7030
内部构成	52.1	4.3	29.2	9.3	5.1
占全国比重	40.3	50.9	42.9	48.3	41.6

资料来源：各省市数据来自国家统计局网站地区数据中的年度数据；全国数据来自国家统计局网站中的年度数据；长江经济带数据根据11省市的数据计算得到；若无特殊注明，下文有关农业总产值的数据来源相同。

二　长江经济带农业发展的地区比较

本报告对长江经济带各地区的比较主要基于农业发展基础、农业发展速度和农业现代化水平三个方面。从对农业现代化的衡量指标来看，目前在我国最常应用的是2013年《国家现代农业示范区建设水平监测评价办法（试行）》提出的“国家现代农业示范区建设水平监测评价指标体系”。考虑到数据可比性和可获得性等，本报告仅选择农业物质装备水平、农业生产效率等方面的几个指标对各地区的农业现代化水平进行简要分析比较。

（一）农业发展基础

长江经济带地区横跨11省市，各地农业禀赋、农业要素投入和农业在当地经济中的相对地位差别较大，比较各地农业发展水平需要以此为基础。

1. 上游地区农业用地资源丰富，下中游地区耕地面积占比较高

从要素禀赋来看，长江经济带多数的农业用地集中在上游和中游地区，分别占长江经济带的56.42%和28.14%，下游地区的农地资源较少，占15.43%。从11省市来看，四川和云南两省的农地资源比较丰富，其次是两湖地区、贵州和江西。

从农作物播种情况来看，长江经济带上、中、下游三个区段的比例比较接近，分别约占长江经济带总量的 38.93%、32.81%和 28.27%。从 11 省市情况来看，四川、湖北、湖南、安徽、江苏和云南的播种面积较大，占长江经济带的比重均超过 10%。

总体来看，虽然上游地区的农业用地资源丰富，但下游和中游地区的农作物播种面积较大，耕地资源较为丰富。

2. 农业劳动力集中在上游和中游地区

从农业劳动力投入情况来看，接近 45%的农业就业人员集中在长江经济带地区的上游地区，中、下游地区分别集中了长江经济带约 31%和 24%的农业劳动力。从 11 省市情况来看，上游的川滇黔、中游的两湖、下游的安徽等地区是农业劳动力集中的区域，占长江经济带的比重均超过 10%。

3. 农业产出以上游地区为主，粮食产量比例相当

与农地资源分布情况相比，长江经济带地区上、中、下游的农业增加值差距较小。2020 年，上、中、下游地区农业增加值占长江经济带的比重分别为 39.6%、31.1%和 29.3%。与上年相比，上游地区对长江经济带农业增加值的贡献有所提高，比重增加了 1.4 个百分点，中游地区与上年持平，下游地区有所下降。从 11 省市的情况来看，四川、江苏和两湖地区是长江经济带地区的农业大区。

表 6　长江经济带第一产业要素投入比较

区域	2017 年		2019 年			
	农地面积（千公顷）	农地比例（%）	播种面积（千公顷）	播种面积比例（%）	就业人数（万人）	就业比例（%）
上海	313	0.18	261	0.40	41	0.39
江苏	6470	3.77	7443	11.38	735	7.04
浙江	8589	5.00	2000	3.06	407	3.90
安徽	11122	6.48	8782	13.43	1347	12.90
江西	14412	8.40	5521	8.44	701	6.71

续表

区域	2017年		2019年			
	农地面积（千公顷）	农地比例（%）	播种面积（千公顷）	播种面积比例（%）	就业人数（万人）	就业比例（%）
湖北	15730	9.16	7816	11.95	1164	11.15
湖南	18167	10.58	8123	12.42	1409	13.50
重庆	7057	4.11	3346	5.12	451	4.32
四川	42133	24.55	9693	14.82	1716	16.44
贵州	14726	8.58	5482	8.38	1075	10.30
云南	32928	19.18	6939	10.61	1395	13.36
上游地区	96844	56.42	25460	38.93	4637	44.42
中游地区	48309	28.14	21460	32.81	3274	31.36
下游地区	26494	15.43	18486	28.27	2530	24.23
长江经济带	171647	100.00	65406	100.00	10440	100.00

注：上游地区包括重庆、四川、贵州和云南四省，中游地区包括江西、湖北、湖南三省，下游地区包括上海、江苏、浙江、安徽四个省市；如无特殊说明，下同。

从粮食产量来看，2020年长江经济带上、中、下游地区的粮食产量比较接近，分别占31.6%、33.0%和35.3%，粮食产量比重呈增加之势，长三角地区仍为粮仓。

表7　2020年长江经济带各省市第一产业情况

区域	第一产业增加值（亿元）	占比（%）	粮食产量（万吨）	占比（%）
上海	104	0.3	91	0.4
江苏	4537	13.3	3729	15.6
浙江	2169	6.4	606	2.5
安徽	3185	9.3	4019	16.8
江西	2242	6.6	2164	9.0
湖北	4132	12.1	2727	11.4
湖南	4240	12.4	3015	12.6

续表

区域	第一产业增加值(亿元)	占比(%)	粮食产量(万吨)	占比(%)
重庆	1803	5.3	1081	4.5
四川	5557	16.3	3527	14.8
贵州	2540	7.4	1058	4.4
云南	3599	10.6	1896	7.9
上游地区	13499	39.6	7562	31.6
中游地区	10614	31.1	7906	33.0
下游地区	9995	29.3	8445	35.3
长江经济带	34108	100.0	23913	100.0

（二）农业发展速度

近年来，上、中游农业增长势头较快。2020 年，长江经济带上游和中游的第一产业增加值增长较快，增长率分别为 16% 和 12%，下游增长相对较慢，增长率为 6%，与上年相比，上游地区的增速继续提升。从各省市来看，增长率较高的省市主要分布在上游和中游地区，增长较快的为云南，增长率达到 18%，其次为湖南、四川和重庆，增长率均达到 16%，贵州增长率为 11%，其他地区的增长率均低于 10%，下游地区只有安徽省的增长率较高，为 9%。

表 8　长江经济带第一产业增加值年增长率

单位：%

区域	2018 年	2019 年	2020 年	平均年增长率
上海	-6	0	0	-2
江苏	2	4	6	4
浙江	2	7	3	4
安徽	2	11	9	7
江西	2	10	9	7
湖北	1	7	8	5
湖南	3	18	16	12
重庆	8	13	16	12

续表

区域	2018 年	2019 年	2020 年	平均年增长率
四川	4	9	16	9
贵州	6	6	11	8
云南	7	22	18	15
上游地区	6	12	16	11
中游地区	2	12	12	8
下游地区	2	6	6	5
长江经济带	3	10	11	8

（三）农业现代化水平

农业现代化主要指农业生产和农业组织的现代化，最终体现为农业生产力的提高。

1. 上游地区农业机械化程度有所提高

考虑到数据可得性，本报告以农业机械总动力作为各地农业机械化程度的衡量指标。从农业机械总动力占全国的比重来看，2019 年，长江经济带上、中、下游地区分别为 11.04%、13.10% 和 13.40%，依次递增，与三个区域依次递减的农用地资源占全国比重正好相反，说明上游地区的农业机械化程度较低，下游地区较高，中游地区居中。

从长江经济带 11 省市的机械规模来看，农业机械总动力较高的是安徽省和湖南省，分别占我国农业机械总动力的 6.47% 和 6.30%，已超过 6400 万千瓦，江苏、湖北和四川的农业机械总动力也相对较高，超过 4000 万千瓦。

表 9 长江经济带各省市农业机械总动力比较

地区	2013 年（万千瓦）	2015 年（万千瓦）	2016 年（万千瓦）	2017 年（万千瓦）	2018 年（万千瓦）	2019 年（万千瓦）	每亩农地总动力（2017 年，千瓦）
上海	113	119	122	122	94	98	0.21
江苏	4406	4826	4907	4991	5018	5112	0.53
浙江	2462	2361	2137	2072	2009	1908	0.15
安徽	6140	6581	6868	6313	6544	6650	0.40

续表

地区	2013 年（万千瓦）	2015 年（万千瓦）	2016 年（万千瓦）	2017 年（万千瓦）	2018 年（万千瓦）	2019 年（万千瓦）	每亩农地总动力（2017 年，千瓦）
江西	2014	2261	2202	2310	2382	2471	0. 11
湖北	4081	4468	4188	4335	4425	4516	0. 19
湖南	5434	5894	6098	6255	6339	6472	0. 24
重庆	1199	1300	1319	1353	1428	1465	0. 14
四川	3953	4405	4267	4420	4604	4682	0. 07
贵州	2241	2575	2041	2181	2377	2485	0. 11
云南	3070	3333	3441	3535	2694	2714	0. 05
上游地区	10463	11613	11068	11489	11103	11346	0. 08
中游地区	11529	12623	12488	12900	13146	13459	0. 19
下游地区	13121	13887	14034	13498	13665	13768	0. 35
长江经济带	35113	38123	37588	37887	37914	38573	0. 15

资料来源：国家统计局网站地方年度数据。

从长江经济带 11 省市的单位农地面积的机械投入率来看，部分省份农业机械投入较大。从 2017 年的数据来看，每亩农地机械投入较高的为江苏省，为 0. 51 千瓦/亩，其次为安徽、上海和湖南，分别为 0. 38 千瓦/亩、0. 26 千瓦/亩和 0. 23 千瓦/亩。考虑到我国农用地控制严格，在缺乏最新数据的情况下，用 2019 年的机械投入和 2017 年的农用地面积计算，机械动力投入情况与 2017 年类似，其中，安徽的亩均机械投入有所提高，上海和湖南的亩均机械投入有所下降。

总体来看，下游地区单位农地的农业机械投入较大，上游地区单位农地的农业机械投入相对较小。与 2018 年相比，上游和中游地区农业机械投入较大，增幅均超过 2% 。

从主要农作物综合机械化水平来看，根据农业农村部的数据，2020 年全国小麦耕种收综合机械化率稳定在 95% 以上；水稻、玉米耕种收综合机械化率分别超 85% 、90% ，较上年均提高 2 个百分点左右。全国农作物耕种收机械化率达到 71% 。[①] 小麦、水稻、玉米三大粮食作物生产基本实现机

① 《农业农村部：2020 年全国农作物耕种收机械化率高达 71%》，https：//baijiahao. baidu. com/s？ id = 1686137027826211051&wfr = spider&for = pc，2020 年 12 月 15 日。

械化。[1]

长江经济带下游地区的机械化水平较高，明显超过全国平均水平。2019年上海市水稻机械化种植率达到86%，主要农作物耕种收综合机械化综合率达到95%，[2] 2020年江苏全省66个粮食主产县均实现全程机械化，预计2021年全省农作物耕种收综合机械化率达80%以上，设施农业、果菜茶、畜牧养殖、水产养殖和农产品初加工机械化率总体达56%；[3] 2017年浙江省粮食生产耕种收综合机械化水平就已经达到74.9%，[4] 安徽省2020年农作物耕种收综合机械化水平达到81%，小麦、水稻和玉米的耕种收综合机械化率分别达到96.8%、87.7%、88.6%，均基本实现全程机械化。[5] 中游地区的机械化水平也相对较高，如2017年江西省主要农作物综合机械化率为71.15%；[6] 2019年湖北省主要农作物综合机械化率接近70%，基本实现机械化。[7] 湖南省2019年主要农作物综合机械化水平首度迈上50%的台阶，其中水稻、油菜耕种收综合机械化率分别达76%、60%。[8] 而上游地区由于地势原因机械化程度较低，正在通过“宜机化”改造、完善特色农作物全程机械化体系等提高机械化水平。四川省、重庆市、云南省主要农作物耕种收综合机械化水平均低于全国平均水平。其中，四川省2020年农作物机械

① 许肖茜、于文静：《全国农作物耕种收综合机械化率超70%》，http：//www. gov. cn/shuju/2020-01/08/content_ 5467487. htm，2020年1月8日。

② 《上海农业机械化发展报告》，http：//nyncw. sh. gov. cn/2019fzbg/20200316/5de954f98b264842be22fcbc7fd256d2. html，2020年3月16日。

③ 《今年全省耕种收综合机械化率将达80%以上》，http：//www. jiangsu. gov. cn/art/2021/3/10/art_ 60095_ 9698378. html，2021年3月10日。

④ 《我省水稻耕种收综合机械化水平达74.9%》，http：//zjnews. zjol. com. cn/zjnews/zjxw/201804/t20180411_ 6997952. shtml，2018年4月11日。

⑤ 《三大主粮生产实现全程机械化》，http：//www. moa. gov. cn/xw/qg/202105/t20210517_ 6367880. htm，2021年5月18日。

⑥ 《江西省2017年全省农机化工作总结》，http：//www. amic. agri. gov. cn/nxtwebfreamwork/detail. jsp? articleId = ff808081607d4ae00160b5f1c6477779，2018年1月22日。

⑦ 《湖北基本实现农业机械化 综合机械化水平接近70%》，http：//www. hubei. gov. cn/zwgk/bmdt/201812/t20181207_ 1373567. shtml，2018年12月7日。

⑧ 刘勇、谢国政：《湖南省农作物机械化水平将首破50%》，《湖南日报》2019年12月11日。

化水平为63%，[①] 作为典型的丘陵山区的重庆市2018年耕种收综合机械化水平超过48.5%，2019年深入推进农田“宜机化”改造。[②] 云南省2019年农作物耕种收综合机械化率达到49.3%。[③] 贵州省和云南省都计划于2025年将主要农作物耕种收综合机械化率提高到55%以上。[④]

2. 中下游地区设施化水平较高，上游地区发展较快

从耕地灌溉面积比重来看，长江经济带超过一半的耕地为可灌溉耕地。2017年，长江经济带上、中、下游地区耕地的可灌溉比重分别为32.9%、65.0%和81.5%（可得的耕地面积数据最新为2017年）。与全国平均水平相比，中游地区和下游地区的有效灌溉面积比重较高，上游地区较低。

2019年，长江经济带地区有效灌溉面积为25291千公顷，与2015年相比增加了4.26%，其中，上、中、下游地区增长率分别为7.73%、1.75%和4.10%。上游地区的增幅更加明显，中游地区其次，下游地区增长率相对较低。

从11省市来看，长江经济带中、下游地区的耕地有效灌溉面积比重较高。根据2017年的数据，中、下游地区7省市的有效灌溉面积比重均超过全国平均水平。其中，上海市所有耕地基本均为可灌溉地，江苏省有效灌溉面积比重高于90%，安徽、湖南、浙江三省的比重也较高。而下游4个省份耕地的有效灌溉面积比重均低于全国平均水平，但最近几年增长较快。与2015年相比，2019年，除浙江省外，长江经济带其他省市的有效灌溉面积均有所增加，其中增幅较大的是云南、贵州和四川，分别为9.33%、8.36%和8.01%，其次为下游的江苏省，增幅为6.37%。

---

① 史晓露：《今年四川农作物综合机械化水平将提高2%》，https://baijiahao.baidu.com/s?id=1693841717167244285&wfr=spider&for=pc，2021年3月10日。

② 张勇：《重庆力争2025年主要农作物耕种收综合机械化率达到55%以上》，华龙网，2019年3月5日。

③ 《云南明确2020年农机化工作重点》，https://nync.yn.gov.cn/news14/20200324/7053211.shtml，2020年3月26日。

④ 参见云南省2019年发布的《云南省人民政府关于加快推进农业机械化和农机装备产业转型升级的实施意见》，以及贵州2020年发布的《贵州省人民政府关于加快推进农业机械化和农机装备产业发展的实施意见》。

表10 长江经济带各省市有效灌溉面积比较

单位：千公顷，%

地区	2015年	2019年	比2015年增长
上海	188	191	1.60
江苏	3953	4205	6.37
浙江	1432	1405	-1.89
安徽	4400	4581	4.11
江西	2028	2036	0.39
湖北	2899	2969	2.41
湖南	3113	3176	2.02
重庆	687	698	1.60
四川	2735	2954	8.01
贵州	1065	1154	8.36
云南	1758	1922	9.33
上游地区	6245	6728	7.73
中游地区	8040	8181	1.75
下游地区	9973	10382	4.10
长江经济带	24258	25291	4.26
全国	65873	68679	4.26

资料来源：根据国家统计局地区年度数据中的耕地面积和耕地灌溉面积计算。

总体来看，长江经济带下游和中游地区农田灌溉设施建设配套情况较好，抗自然风险能力较强。上游地区虽然配套水平较低，但耕地的有效可灌溉面积增速更快，与中下游地区的差距有缩小之势。

3. 农户组织化经营程度普遍偏低

根据第三次农业普查数据，长江经济带农户的规模化经营程度普遍较低，中游和下游地区规模经营户比例均为1.4%，上游地区仅为0.7%，全部低于全国平均水平（1.9%）。11省市中，只有湖北省高于全国平均水平。

表 11　长江经济带各省市农户规模经营情况

单位：万户，%

地区	农业经营户	规模农业经营户	规模经营户比例
上海	55.9	0.8	1.4
江苏	1028.0	15.0	1.5
浙江	674.1	10.2	1.5
安徽	1081.3	12.6	1.2
江西	748.2	9.3	1.2
湖北	872.1	18.4	2.1
湖南	1295.6	12.2	0.9
重庆	582.6	2.9	0.5
四川	1666.1	13.5	0.8
贵州	739.5	3.9	0.5
云南	840.8	8.0	1.0
上游地区	3829.0	28.3	0.7
中游地区	2915.9	39.9	1.4
下游地区	2839.3	38.6	1.4
长江经济带	9584.2	106.8	1.1
全国	20743.2	398.0	1.9

资料来源：2016 年第三次农业普查报告。

4. 中、上游地区农业劳动生产率与全国平均水平差距有所拉大

农业劳动生产率①是衡量农业生产效率的重要指标之一。如果按照每个农业从业人口创造的农业增加值来衡量，2019 年长江经济带的农业劳动生产率仍然低于全国平均水平。其中，下游地区稍高于全国平均水平，中、上游地区均低于全国平均水平。总体上，长江经济带上、中、下游地区的农业劳动生产率依次上升。

2019 年，上、中、下游地区农业劳动生产率分别为 2.52 万元/人、2.91 万元/人和 3.72 万元/人，中、上游地区低于全国平均水平（3.62 万元/人）。

① 根据国家核算方案，2012~2015 年全员劳动生产率为地区生产总值（以 2010 年价格计算）与全部就业人员的比值，依此口径，农业劳动生产率为第一产业增加值与第一产业就业人员的比值。

与上年相比，长江经济带上游、中游和下游地区的农业劳动生产率虽然均有所提高，但中、上游地区与全国平均水平的差距有所拉大，下游地区相对全国平均水平的优势有所减弱。

从11省市来看，农业劳动生产率处于较高梯队的仍是江苏省和浙江省，分别为5.85万元/人和5.13万元/人，处于第二梯队的仍是重庆市和湖北省，分别为3.44万元/人和3.27万元/人，处于第三梯队的是江西省、四川省和上海市，云南、安徽和贵州三省的劳动生产率较低，均低于2.2万元/人。与全国平均水平相比，长江经济带仍只有江苏和浙江省高于全国平均水平，其他省市的农业劳动生产率均低于全国平均水平。

表12　2019年长江经济带农业劳动生产率比较

地区	农业增加值(亿元)	农业从业人口(万人)	农业劳动生产率(万元/人)
上海	107	41	2.63
江苏	4297	735	5.85
浙江	2087	407	5.13
安徽	2916	1347	2.16
江西	2058	701	2.94
湖北	3809	1164	3.27
湖南	3647	1409	2.59
重庆	1551	451	3.44
四川	4807	1716	2.80
贵州	2281	1075	2.12
云南	3038	1395	2.18
上游地区	11677	4637	2.52
中游地区	9514	3274	2.91
下游地区	9407	2530	3.72
长江经济带	30598	10441	2.93
全国	70467	19445	3.62

注：此处农业增加值为第一产业增加值，农业从业人口为第一产业从业人口数，农业劳动生产率为每个农业从业人口实现的增加值。

5. 土地单产受地势特征影响，下游地区单产相对较高

农业土地生产率也是衡量农业生产效率的重要指标之一，其受自然条件

及设施投入水平等影响。总体来看，主要大宗农产品中，长江经济带的谷物和油菜籽的单产普遍较高，棉花和花生的单产普遍较低，但也有部分省份的单产较高（如安徽省和江苏省的花生）。

从谷物单产来看，长江经济带的单产普遍较高。2019 年，该地区 7 个省份的单产高于全国平均水平（6272 公斤/公顷）。其中，下游地区的单产较高，如单产最高的上海为 8214 公斤/公顷，在全国名列前茅，其次是江苏、浙江、湖南和重庆，每公顷产出均超过 6500 公斤，在全国排名靠前。相对来说，多山的云贵两省不是适宜的谷物产区，单位土地产出率较低，安徽和江西的单产则稍低于全国平均水平。

从棉花单产来看，2019 年长江经济带各省份的单产低于全国平均（1764 公斤/公顷），单位土地产出率相对较高的是中游地区的江西和下游地区的浙江两省。

从花生单产来看，长江经济带的土地效率普遍低于全国平均水平。2019 年，仍只有下游地区的安徽和江苏 2 个省份高于全国平均水平（3781 公斤/公顷），其中，安徽省的花生单产较高，为 4962 公斤/公顷，即便在全国来看其也属高产地区。

从油菜籽单产来看，长江经济带的土地效率相对较高。2019 年，长江经济带仍有 7 个省份单产高于全国平均水平（2048 公斤/公顷），其中，江苏省单产在全国名列前茅，为 2907 公斤/公顷。

表 13　2019 年长江经济带地区主要农产品单位产量比较

单位：公斤/公顷

地区	谷物	棉花	花生	油菜籽
全国	6272	1764	3781	2048
上海	8214	1311	2961	2865
江苏	7111	1350	4125	2907
浙江	6680	1449	3023	2198
安徽	6007	921	4962	2399
江西	6071	1539	2920	1428
湖北	6376	882	3518	2252

续表

地区	谷物	棉花	花生	油菜籽
湖南	6643	1299	2640	1676
重庆	6615	—	2193	1957
四川	6336	975	2583	2425
贵州	4982	928	2312	1733
云南	5011	500	1603	2074

资料来源：《中国统计年鉴 2020》。

总体来看，长江经济带谷物和油菜籽的单产较高，下游地区的单产相对较高。

三　结论与展望

（一）结论

长江经济带是我国重要的农业区域，其农业发展具有如下几个特点。

1. 长江经济带在我国农业发展中具有重要战略地位

虽然长江经济带的农业用地面积只占全国的26%左右，但耕地资源相对丰富，农作物播种面积占全国的一半以上，聚集着全国一半以上的农业从业人口，第一产业增加值的占比接近全国的一半。在农业结构方面，长江经济带整体情况与全国类似，以种植业和畜牧业为主。长江经济带还是我国谷物和油菜籽的重要产地。从粮食生产情况来看，该地区的粮食产量占全国的35%以上，对我国粮食安全战略和农业发展战略的实施具有重要作用。

2. 长江经济带上游和中游地区农业基础较弱，但发展速度更快

虽然长江经济带上、中游地区的农业耕作条件不如下游地区，但第一产业增加值增长相对较快，尤其是上游地区，随着对农业用地“宜机化”改造的深入，机械化和设施化水平明显提高，与下游地区的农业发展差距持续缩小。

3. 长江经济带地区农业现代化中存在短板

从农业生产效率来看，由于农作物单产受到土壤、地势和气候等外部因素的影响较大，主要分析农业劳动生产率和农户规模化经营程度这两个反映农业现代化水平的重要指标。从分析结果来看，长江经济带的现代农业发展存在明显短板。一方面农业劳动生产率普遍低于全国平均水平；另一方面规模经营农户比例也普遍低于全国平均水平。虽然浙江省和江苏省的农业劳动生产率较高，但其规模经营户比例仍低于全国平均水平，较高的农业劳动生产率可能更多的是依赖非农户经营主体。

（二）展望

2021 年是“十四五”规划开局之年、是全面建设社会主义现代化新征程的开启之年，2021 年 1 月发布的《中共中央 国务院关于全面推进乡村振兴加快农业农村现代化的意见》提出，要举全党全社会之力加快农业农村现代化，让广大农民过上更加美好的生活。2021 年，长江经济带各地区将继续以实施乡村振兴战略为总抓手，聚焦农业农村现代化，加快农村一二三产业融合发展，促进农业高质量发展。应继续关注重要农产品有效供给、粮食安全，以及农业的绿色发展和高效发展。

1. 继续保障重要农产品供给稳定

2021 年，各地将继续落实“米袋子”“菜篮子”责任制。坚持藏粮于地、藏粮于技，遏制耕地“非农化”、防止“非粮化”，稳定粮食播种面积和产量，稳定猪、油等居民必需农产品供给。如上海将落实粮食安全责任制，强化耕地保护，加强粮食生产和储备。浙江 2021 年积极开展耕地“非农化”“非粮化”整治，建设 100 片集中连片的永久基本农田 30 万亩，新建高标准农田 83 万亩，实施粮、油、猪、菜综合生产能力提升工程，粮食播种面积稳定在 1500 万亩以上、年末生猪存栏达到 722 万头，足额落实粮食和食用油储备任务，建立多渠道稳固的省外粮源。安徽省 2021 年将新建高标准农田 500 万亩，确保全年粮食播种面积 10940 万亩，并抓好生猪稳产保供，加强动物疫病防控，年末生猪存栏 1408 万头以上。江西省将完成国家下达的317万亩高标准农田建设任务，落实粮食种植面积5658.6万亩，确保粮食产量432.8亿斤以上，推动生猪产业稳定健康发展。湖北省将新建410万亩高标准农田，持续推进1800万亩优质特色稻生产区、1000万亩优质专用小麦优势区建设，抓好生猪恢复生产。四川省将新建高标准农田470万亩，确保粮食播种面积只增不减，加快建设国家优质粮油保障基地。贵州省将建设高标准农田250万亩，确保粮食播种面积和总产量只增不减。云南省将建设高标准农田480万亩，坚决守住6250万亩粮食播种面积底线。

2. 继续聚焦品牌、特色和绿色发展

2021年，长江经济带各省市农业发展将继续聚焦绿色生产，注重培育品牌和特色，实现农业高效发展。如浙江省2021年将建设省级特色农产品优势区30个、特色农业强镇20个。安徽2021年将新增“三品一标”农产品1000个，新建长三角绿色农产品生产加工供应示范基地100个。扩大农业保险覆盖面，特色农产品保险占比达23%。江西省将加快建设全国知名绿色有机农产品示范基地，开展农业巨灾和特色农业保险试点。湖北省将推进农产品品牌培育三年行动，支持潜江龙虾、黄冈蕲艾、恩施硒茶、随州香菇等区域公用品牌加快发展，做强“中国荆楚味、湖北农产品”。支持荆门创建国家农业高新技术产业示范区。湖南省将大力培育农业优势特色千亿级产业，推动品种培优、品质提升、品牌打造和标准化生产。重庆市将大力发展现代山地特色高效农业。贵州省将发展现代山地特色高效农业。纵深推进农村产业革命，按照市场化方式发展农业特色优势产业，提高农业标准化、规模化、品牌化水平。大力发展生态畜牧业，积极发展林业和林下经济。四川省聚焦十大优势特色产业和三大先导性产业，加快建设成渝现代高效特色农业带。

3. 继续提升农业现代化水平

2021年，长江经济带地区继续通过完善农业基础设施、提升机械化水平和组织化水平、培育现代种业等提升农业现代化水平。上海将新建8个绿叶菜机械化生产示范基地，大力提升农业科技装备水平。在提升机械化水平方面，湖北省2021年将补短板、强弱项、促协调，推动农业机械化向全程全面高质高效升级，力争主要农作物耕种收综合机械化水平达到72%以上。[①] 四川省农业农村厅公布了《四川省农业机械化2021年工作要点》，探索在丘陵山区，并且适宜丘陵山地作业的农机装备并不多的情况下提高农业机械化水平，预计2021年新增农机总动力60万千瓦，主要农作物综合机械化水平提高2个百分点。[②]江西省2021年发布《江西省全程机械化综合农事服务中心创建办法（试行）》，将创建一批全程机械化综合农事服务中心，促进机械化率提高。在提高农业经营组织化水平方面，浙江省2021年将加快培育新型职业农民，壮大农业新型经营主体。湖北省提出要发展多种形式适度规模经营。培育农业新型经营主体，加强农业经理人和新型职业农民队伍建设，要把农业产业化的增值收益和就业岗位尽量留给农民。在发展现代种业方面，浙江省2021年将加强种质资源保护和利用，做大做强现代种业企业。安徽省将加强种质资源保护和利用，开展良种重大科研联合攻关，有序推进生物育种产业化应用，支持种业龙头企业建立健全商业化育种体系，培育现代种业产业集群。江西省将深入实施现代种业提升工程，支持萍乡南繁、抚州宜黄制种产业发展。湖北省将全面实施现代种业提升工程，打造湖北优质种子品牌，建设“中国种都”。四川省将加强种质资源保护和利用，推进种子生产基地、良种繁育基地建设，建好邛崃天府种业园区、四川省种质资源库。贵州省将整合建设贵州种质资源库，加强种子基地建设。

4. 聚焦农业全产业链，深入推进一二三产业融合

2021年，长江经济带各省市将继续推进一二三产业融合发展，聚焦全产业链、产业链中的薄弱环节，补强农产品加工业、农产品流通等薄弱环节，加快龙头企业培育，并继续推动农业和旅游业结合发展。浙江省2021年将补强“冷链成网”、农产品精深加工等薄弱环节，健全农业保险制度。安徽省将以一二三产业融合发展示范园、科技示范园区建设推进一二三产业

① 湖北省农业农村厅农机化管理处：《湖北2021年农业机械化工作要点》，https://www.nongjx.com/news/detail/77943.html，2021年3月24日。

② 史晓露：《今年四川农作物综合机械化水平将提高2%》，https://baijiahao.baidu.com/s?id=1693841717167244285&wfr=spider&for=pc，2021年3月10日。

融合发展，聚焦农产品加工业，实施提升“五个一批”工程，2021年预计新增产值超10亿元龙头企业10家、产值超50亿元加工园区3家，新培育农村产业发展带头人1万名，同时将持续提升农村电商发展水平，农村产品网络销售额达800亿元。湖北省将推动粮油、蔬菜、畜禽、水产、茶叶等全产业链发展，加快培育100家细分行业领军龙头企业、1000家成长型龙头企业，建设10个省级农村产业融合发展示范园，推动乡村旅游和休闲农业转型升级。重庆将大力发展农产品加工业，2021年计划农产品加工业产值与农业总产值比达到2∶1。四川将高标准建设现代农业园区，培育壮大农产品精深加工企业，打造一批粮油、果蔬等产业集群，深入推进农业供给侧结构性改革，推动品种培优、品质提升、品牌打造和标准化生产，健全专业化市场服务体系，加快补上烘干仓储、冷链保鲜、农业机械等现代化农业物质装备短板。贵州将加强农产品清洗、分拣、储藏、保鲜、烘干、包装等能力建设，大力发展农产品初加工、精深加工和综合利用加工，农产品加工转化率提高到55%，认证一批特色农产品品牌，发展农村电商、冷链物流，建设一批农产品集散中心。

参考文献

戴伟娟：《长江经济带地区农业发展报告（2017～2018）》，载王振主编《长江经济带发展报告（2017～2018）》，社会科学文献出版社，2018。

《农业农村部：2020年全国农作物耕种收机械化率高达71%》，https：//baijiahao. baidu. com/s？id＝1686137027826211051&wfr＝spider&for＝pc，2020年12月15日。

《上海农业机械化发展报告》，http：//nyncw. sh. gov. cn/2019fzbg/20200316/5de954f98b264842be22fcbc7fd256d2. html，2020年3月16日。

《今年全省耕种收综合机械化率将达80%以上》，http：//www. jiangsu. gov. cn/art/2021/3/10/art_ 60095_ 9698378. html，2021年3月10日。

《我省水稻耕种收综合机械化水平达74.9%》，http：//zjnews. zjol. com. cn/zjnews/zjxw/201804/t20180411_ 6997952. shtml，2018年4月11日。

《三大主粮生产实现全程机械化》，http：//www. moa. gov. cn/xw/qg/202105/

t20210517_ 6367880. htm，2021 年 5 月 18 日。

《江西省 2017 年全省农机化工作总结》，http：//www. amic. agri. gov. cn/nxtwebfreamwork/detail. jsp? articleId = ff808081607d4ae0016 0b5f1c6477779，2018 年 1 月 22 日。

《湖北基本实现农业机械化 综合机械化水平接近 70%》，http：//www. hubei. gov. cn/zwgk/bmdt/201812/t20181207_ 1373567. shtml，2018 年 12 月 7 日。

刘勇、谢国政：《湖南省农作物机械化水平将首破 50%》，《湖南日报》2019 年 12 月 11 日。

史晓露：《今年四川农作物综合机械化水平将提高 2%》，https：//baijiahao. baidu. com/s? id = 1693841717167244285&wfr = spider&for = pc，2021 年 3 月 10 日。

《云南明确 2020 年农机化工作重点》，https：//nync. yn. gov. cn/news14/20200324/7053211. shtml，2020 年 3 月 26 日。

湖北省农业农村厅农机化管理处：《湖北 2021 年农业机械化工作要点》，https：//www. nongjx. com/news/detail/77943. html，2021 年 3 月 24 日。

B.10
长江经济带工业发展报告（2020~2021）

张美星*

摘　要：　2020年，受新冠肺炎疫情影响，长江经济带经济增速趋缓，但仍高于全国平均水平，工业投资增速持续降低，规上工业企业经济效益则显著提升，工业资产稳步增长，保持较高增速。从重点行业发展水平看，计算机、通信和其他电子设备制造业平稳发展，化学原料和化学制品制造业差异化发展明显，各省市电气机械和器材制造业均实现较快发展，汽车制造业发展速度趋缓。2021年是“十四五”开局之年，也是全面建设社会主义现代化国家新征程开启之年，长江经济带各省市将聚焦产业转型升级，积极推进产业数字化，提升产业链供应链稳定性和竞争力，持续推进经济转型升级，推动经济高质量发展。

关键词：　长江经济带　工业　经济效益　转型升级

2020 年是“十三五”规划收官之年，也是新中国历史上极不平凡的一年。作为畅通国内国际双循环的主力军，2020 年长江经济带 11 省市经济持续健康发展，区域生产总值占全国的 46.4%，产业转型升级持续向好，战略性新兴产业进一步集聚，现代产业体系逐步完善，工业经

---

* 张美星，经济学博士，上海社会科学院信息研究所助理研究员，研究方向为科技创新与宏观经济发展。

济效益显著提升。本报告将在分析长江经济带工业经济运行概况的基础上，充分把握工业生产、投资、效益等发展情况，深入研究地区及各省市重点行业发展态势，进一步对2021年长江经济带工业发展趋势进行展望。

一　2020年长江经济带工业经济运行概况

（一）工业经济平稳发展

长江经济带经济增速趋缓。2020年，长江经济带区域实现生产总值471582亿元，同比增长3.0%，较全国增速高0.7个百分点，与上年相比大幅度下滑4个百分点，经济发展步伐趋缓。长江经济带区域生产总值占全国的46.4%，较上年提高0.2个百分点。从区域角度分析，2020年上游地区增速最高，地区生产总值为115951亿元，同比增长5.2%，较长江经济带增速高2.2个百分点；中游地区生产总值为110917亿元，湖北省受新冠肺炎疫情影响较大，增速仅为-5.0%，较上年大幅度减少12.5个百分点；下游地区生产总值最高，总计244714亿元，占长江经济带的51.89%，同比增长3.1%，增速略高于长江经济带总体水平。区域内各省市经济总量差距较大，从总量上看，下游地区江苏、浙江及上游地区四川居前三位，2020年地区生产总值分别为102719亿元、64613亿元及48599亿元；从增速上看，除湖北、上海外，区域内其他省市增长速度较为相近，9省市增速为3.6%~4.5%，高于全国平均水平，其中贵州以4.5%的增速排名第一，而上海、武汉增速分别为1.7%、-5.0%，区域内排名靠后。

长江经济带工业增加值平稳增长。2020年，长江经济带实现工业增加值149331亿元，同比增长2.5%，增速较上年降低4.2个百分点，与全国总体增长速度基本持平，略高0.1个百分点。分区域看，2020年下游地区增速领先，实现工业增加值79622亿元，占长江经济带工业增加总值的53.3%，同比增长4.1%，较长江经济带区域增速高1.6个百分点，领先优势明显；上游地区以2.8%的增速位居第二，略快于区域整体增速0.3个百分点，2020年实现工业增加值31239亿元，占比20.9%；中游地区2020年工业增加值为38470亿元，同比下降0.8%，较上年增速大幅度下滑1.6个百分点。分省市看，2020年长江经济带中除湖北外，其他省市均实现工业增加值正增长。在工业增加值规模方面，江苏、浙江、湖北位居前三，分别实现41588亿元、16715亿元、15041亿元；上游地区的贵州、云南及重庆三省市工业增加值相对靠后，2020年工业增加值分别为4914亿元、5458亿元及7438亿元。在工业增加值增速方面，江苏、重庆、浙江增速最快，分别为6.1%、5.8%及5.4%；11省市中仅湖北、上海、云南增速低于长江经济带总体水平，2020年增速分别为-6.1%、1.4%、2.4%，其中上海增速较上年增长1.0个百分点，其余两省增速下降。

表1　长江经济带地区生产总值及工业增加值

单位：亿元，%

地　区	地区生产总值				工业增加值			
	规模	增速			规模	增速		
	2020年	2018年	2019年	2020年	2020年	2018年	2019年	2020年
全　国	1015986	6.6	6.1	2.3	313071	6.1	5.7	2.4
长江经济带	471581	7.4	7.0	3.0	149331	6.6	6.7	2.5
下游地区	244714	7.0	6.5	3.1	79622	5.9	5.6	4.1
中游地区	110917	8.0	7.6	0.5	38470	7.5	8.0	-0.8
上游地区	115951	7.9	7.5	5.2	31239	7.0	7.9	2.8
上　海	38701	6.6	6.0	1.7	9657	1.9	0.4	1.4
江　苏	102719	6.7	6.1	3.7	41588	5.1	6.2	6.1
浙　江	64613	7.1	6.8	3.6	16715	7.3	6.6	5.4
安　徽	38681	8.0	7.5	3.9	11662	9.2	7.5	5.1

续表

地区	地区生产总值				工业增加值			
	规模	增速			规模	增速		
	2020 年	2018 年	2019 年	2020 年	2020 年	2018 年	2019 年	2020 年
江　西	25692	8.7	8.0	3.8	8953	8.7	8.4	4.6
湖　北	43443	7.8	7.5	-5.0	15041	7.1	7.8	-6.1
湖　南	41782	7.8	7.6	3.8	14476	7.4	8.3	4.8
重　庆	25003	6.0	6.3	3.9	7438	0.5	6.2	5.8
四　川	48599	8.0	7.5	3.8	13429	8.1	7.9	3.9
贵　州	17827	9.1	8.3	4.5	4914	9.0	9.6	5.0
云　南	24522	8.9	8.1	4.0	5458	11.6	8.1	2.4

注：部分省份工业增加值数据由笔者根据最后公布年份数值及近年增速计算得到。
资料来源：国家统计局及各省统计公报。

2020 年长江经济带规模以上工业企业营业收入增速放缓。2020 年，中国规模以上工业企业营业收入为 1061434 亿元，同比增长 0.8%。长江经济带 11 省市完成规模以上工业企业营业收入 484578 亿元，占全国份额较上年增长 0.65 个百分点，占比 45.65%；同比增长 1.9%，增速大幅高于全国平均水平。分区域看，增速方面，2020 年上游地区规模以上工业企业营业收入为 91162 亿元，增速领先，同比增长 3%；下游地区紧随其后，完成规模以上工业企业营业收入 276423 亿元，较上年增长 2.5%，上游及下游地区增速均高于长江经济带总体水平；中游地区受疫情影响，2020 年规模以上工业企业营业收入同比下降 0.3%，仅完成 116993 亿元营业收入。在份额方面，2020 年下游地区营业收入以绝对优势占长江经济带总收入的 57.04%，较上年增加 0.3 个百分点；中游地区以 24.14% 居第二位，占比较 2019 年减少 0.5 个百分点；上游地区占比相应地增长 0.2 个百分点，2020 年占长江经济带的 18.81%。上、中、下游地区规模以上工业企业营业收入规模、占比差异明显，各省营业收入也存在较大差距。从规模以上工业企业营业收入规模看，下游地区江苏、浙江分别以 122207 亿元、77695 亿元列长江经济带前两位，上游地区四川以 45250 亿元位列第三，而区域内贵州、云南两省营业收入规模较小，排名倒数第一、第二位，分别仅完成8832亿元、14550亿元。从增长速度看，2020年长江经济带中共有7省市规模以上工业企业营业收入实现正增长，其中江西（7.9%）、重庆（6.6%）、四川（5.5%）增速位居前三，湖北、贵州、上海及云南4省市2020年营收同比下滑，增速分别为-9.1%、-2.8%、-1.7%、-0.1%。

表2　2016~2020年长江经济带规模以上工业企业营业收入

单位：亿元，%

地　区	规模	增速				
	2020年	2016年	2017年	2018年	2019年	2020年
全　国	1061434.0	4.9	11.1	8.5	3.8	0.8
长江经济带	484578.2	6.9	12.2	8.5	3.9	1.9
下游地区	276423.3	6.0	11.6	7.6	2.4	2.5
中游地区	116992.6	7.6	11.8	9.3	5.7	-0.3
上游地区	91162.3	9.2	15.1	10.4	6.5	3.0
上　海	38595.2	0.5	10.5	2.6	-2.6	-1.7
江　苏	122206.8	7.5	10.9	7.3	3.5	4.0
浙　江	77695.4	4.1	13.6	10.2	3.4	2.0
安　徽	37925.9	8.3	12.4	9.6	2.2	3.6
江　西	37909.2	8.6	11.1	12.0	6.6	7.9
湖　北	40743.5	6.8	11.7	8.2	4.8	-9.1
湖　南	38339.9	7.6	12.4	8.1	6.1	4.6
重　庆	22529.6	11.3	13.6	3.2	6.6	6.6
四　川	45250.1	8.4	14.2	13.8	9.2	5.5
贵　州	8832.3	12.8	18.7	6.3	-1.5	-2.8
云　南	14550.3	4.7	18.1	14.6	4.1	-0.1

资料来源：国家统计局及各省统计公报。

（二）工业投资增速持续放缓

长江经济带固定资产投资增速大幅度回落。2020年我国全社会固定资产投资527270亿元，比上年增长2.7%。其中，固定资产投资（不含农户）

518907亿元，增长2.9%。分区域看，东部地区投资比上年增长3.8%，中部地区投资增长0.7%，西部地区投资增长4.4%，东北地区投资增长4.3%。[①] 2020年长江经济带固定资产投资增速为1.9%，较上年大幅下滑6.7个百分点，比全国平均增速低1个百分点。长江经济带上、中、下游三大区域增速均不同程度下滑，其中，上游地区增速领先，2020年同比增长4.2%，较上年减少4.5个百分点；下游地区以3.4%的增速位居第二，比上年下降4个百分点；中游地区2020年固定资产投资增速同比下降2.2%，比上年大幅下降12.3个百分点。从各省数据看，除湖北省以外，长江经济带其他省市固定资产投资增速均正向增长，其中上海、江西、云南以10.3%、8.2%、7.7%的增速排名前三，四川、江苏、湖北增速排名靠后，分别为2.8%、0.3%、-18.8%。与2019年对比，11省市中仅上海、贵州增速跑赢上年，分别实现5.2个、2.2个百分点的增长，其余省市增速均存在不同程度的下滑，其中湖北、四川、江苏较上年分别下滑29.4个、5.8个、4.8个百分点，区域内下降幅度最大。

长江经济带工业投资增速持续放缓。2020年全国工业投资比上年增长0.1%，1~11月为下降0.8%，降幅收窄。其中，采矿业投资下降14.1%，降幅扩大4.9个百分点；制造业投资下降2.2%，降幅收窄1.3个百分点；电力、热力、燃气及水生产和供应业投资增长17.6%，增速提高0.1个百分点。2020年，长江经济带工业投资增速为3.9%，较上年大幅回落5.3个百分点。分三大区域分析，各区域工业投资增速差异较大。三大区域增速较上年均有不同程度下降，其中上游地区领跑，工业投资同比增长8.4%，较上年下滑1.7个百分点，比长江经济带总体增速快4.5个百分点；下游地区2020年工业投资增速为3.3%，较上年趋缓，下降3.2个百分点；中游地区中由于湖北省受疫情影响较大，地区工业投资同比下滑1.5%，较上年大幅度下降13.8个百分点。分省市分析，11省市中

① 《中华人民共和国2020年国民经济和社会发展统计公报》。

有8省市2020年工业投资实现正增长，增速均高于长江经济带及全国总体水平，其中上海、贵州、湖南增速领先，分别为15.9%、11.8%及11.4%；湖北、江苏、安徽2020年工业投资负增长，其中湖北增速为-23.9%，较上年大幅度下滑32个百分点。

表3　2017～2020年长江经济带固定资产投资及工业投资增速

单位：%

地区	固定资产投资				工业投资			
	2017年	2018年	2019年	2020年	2017年	2018年	2019年	2020年
全国	7.2	5.9	5.4	2.9	3.6	7.2	4.1	0.1
长江经济带	11.0	9.4	8.6	1.9	9.2	14.2	9.2	3.9
下游地区	8.6	7.4	7.4	3.4	8.1	12.0	6.5	3.3
中游地区	12.1	10.7	10.1	-2.2	11.3	20.2	12.3	-1.5
上游地区	13.6	10.9	8.7	4.2	8.5	8.9	10.1	8.4
上海	7.3	5.2	5.1	10.3	5.3	17.7	11.3	15.9
江苏	7.5	5.5	5.1	0.3	6.7	8.0	3.9	-5.1
浙江	8.6	7.1	10.1	5.4	6.1	5.0	9.7	6.7
安徽	11.0	11.8	9.2	5.1	12.7	24.8	8.7	-4.3
江西	12.3	11.1	9.2	8.2	14.6	13.1	10.9	8.0
湖北	11.0	11.0	10.6	-18.8	11.9	15.8	8.1	-23.9
湖南	13.1	10.0	10.1	7.6	7.4	32.7	18.4	11.4
重庆	9.5	7.0	5.7	3.9	8.9	7.3	8.8	5.8
四川	10.6	10.2	8.6	2.8	12.5	8.1	7.6	10.7
贵州	20.1	15.8	1.0	3.2	5.2	13.1	32.6	11.8
云南	18.0	11.6	8.5	7.7	-0.1	11.3	-0.1	5.4

注：长江经济带及上、中、下游地区工业投资增速为相应地区增速均值估算，固定资产投资增速为根据2017年投资额数据及随后几年增速估算。

资料来源：国家统计局及各省统计公报。

（三）经济效益较快提升

我国全年规模以上工业企业利润64516亿元，比上年增长4.1%。分经济类型看，国有控股企业利润14861亿元，比上年下降2.9%；股份制企业45445亿元，增长3.4%；外商及港澳台商投资企业18234亿元，增长7.0%；私营企业20262亿元，增长3.1%。分门类看，采矿业利润3553亿元，比上年下降31.5%；制造业55795亿元，增长7.6%；电力、热力、燃气及水生产和供应业5168亿元，增长4.9%。[①] 2020年，全国规模以上工业企业亏损总额为9855亿元，同比增长2.8%，增速较上年大幅度下降13.2个百分点。

长江经济带规模以上工业企业利润总额较快提升，再次实现正增长。2020年，长江经济带规模以上工业企业实现利润总额31555亿元，同比增长8.2%，较上年大幅提高9.3个百分点，以全国增速两倍快速增长。分区域看，上游、下游地区增速超区域总体水平，其中上游地区增速居首，实现6551亿元利润总额，较2019年增长13.9%，增速增加11个百分点；下游地区以9%的增速紧随其后，较上年大幅增加13.1个百分点，由负转正，2020年完成18014亿元利润总额；中游地区实现6990亿元利润总额，同比增长1.3%，较上年增速放缓2个百分点。对各省市利润总额数据进行对比，从利润总额规模看，江苏、浙江、四川居前三位，2020年分别实现7365亿元、5545亿元、3198亿元利润总额。上游地区其余3省市利润总额则排名靠后，重庆、贵州、云南仅分别实现1319亿元、1029亿元、1005亿元利润。从利润总额增速来看，长江经济带中仅湖北、上海增速为负，其中湖北下滑8.3%，受疫情影响，较上年大幅度放缓；上海则连续两年持续下降，继2019年大幅度下滑14.2%之后，2020年利润总额持续减少2%；利润总额排名靠后的贵州、重庆、四川则以19.5%、17.3%、13.4%的增速位居区域前列。

2020年长江经济带亏损企业亏损总额为3398亿元，较上年略有增长，增速为0.6%，较全国增速低2.2个百分点，亏损总额占全国的34.48%，比上年减少1.39个百分点。分区域看，下游地区亏损总额占长江经济带地区总额的60.52%，2020年全年亏损2057亿元，同比增长4%，增速较上年大幅度放缓17.4个百分点；中游地区2020年亏损总额为653亿元，同比增长16.6%，连续三年增速超15%，亏损企业亏损总额扩大趋势较明显；上游地区亏损总额则大幅度降低17.9%，增速较上年降低30.5个百分点，亏

① 《中华人民共和国2020年国民经济和社会发展统计公报》。

损总额为689亿元。分省市看，亏损总额方面，下游地区江苏、浙江、上海亏损企业亏损总额位居长江经济带区域前三，2020年分别亏损999.7亿元、510.6亿元、346.7亿元；中游地区江西、上游地区重庆和贵州亏损总额排名靠后，分别为112.4亿元、150.5亿元和158.7亿元。亏损总额增速方面，5省市亏损总额较上年增长，其中湖北以36.7%增速居首，上海、湖南分别以15.8%、9.5%增速列第二、第三位；重庆、四川、安徽亏损总额下滑趋势明显，同比分别下降39.2%、14.1%、12.3%。

表4　长江经济带规模以上工业企业利润总额和亏损企业亏损总额

单位：亿元，%

地　区	利润总额				亏损企业亏损总额			
	规模	增速			规模	增速		
	2020年	2018年	2019年	2020年	2020年	2018年	2019年	2020年
全　国	64516	10.3	-3.3	4.1	9855.1	8.5	16.0	2.8
长江经济带	31555	11.4	-1.1	8.2	3398.3	15.2	18.1	0.6
下游地区	18014	9.4	-4.1	9.0	2056.6	14.0	21.4	4.0
中游地区	6990	15.5	3.3	1.3	653.2	17.4	15.7	16.6
上游地区	6551	13.8	2.9	13.9	688.5	16.4	12.6	-17.9
上　海	2810	3.7	-14.2	-2.0	346.7	-17.6	10.6	15.8
江　苏	7365	9.4	-5.4	10.1	999.7	20.3	30.2	3.0
浙　江	5545	5.3	5.4	14.7	510.6	26.7	12.2	8.3
安　徽	2294	27.8	-3.7	5.1	199.6	20.4	20.2	-12.3
江　西	2438	16.5	-0.3	12.2	112.4	-20.6	7.4	-1.7
湖　北	2519	19.0	4.0	-8.3	327.0	4.9	25.1	36.7
湖　南	2033	9.3	6.6	8.7	213.8	89.8	9.7	9.5
重　庆	1319	-7.9	-4.3	17.3	150.5	31.9	66.9	-39.2
四　川	3198	22.1	10.4	13.4	217.0	32.3	-17.8	-14.1
贵　州	1029	20.5	0.1	19.5	158.7	-3.4	24.9	-10.3
云　南	1005	21.1	-6.8	13.2	162.3	2.3	9.1	-4.7

资料来源：国家统计局及各省统计公报。

（四）工业资产增速高于全国水平

长江经济带规模以上工业企业资产总体平稳增长，高于全国平均水平。

2020 年全国规模以上工业企业资产总计 1267550 亿元，同比增长 6.7%，增速较 2019 年提高 0.9 个百分点。长江经济带规模以上工业企业资产总计 530580 亿元，占全国的 41.86%，同比增长 8.7%，高于全国平均水平，增速较上年提高 2.6 个百分点。分区域分析，下游地区工业企业资产总计 315326 亿元，占长江经济带区域资产总额的 59.43%，同比增长 9.7%，较上年增速快 3.5 个百分点；中游地区工业企业资产总计 103681 亿元，同比增长 6.7%，较上年小幅放缓 0.3%；上游地区工业企业资产总计 111573 亿元，增速较上年提高 2.6 个百分点，同比增长 7.5%。分省市分析，江苏、浙江、四川工业企业资产规模领先，分别为 130201 亿元、95438 亿元和 50336 亿元；上游地区贵州、重庆、云南工业企业资产规模较小，2020 年资产总计分别为 16315 亿元、22308 亿元和 22614 亿元。从各省市工业企业资产增速分析，长江经济带 11 省市仅湖北地区增速低于全国水平，较全国增速低 0.5 个百分点，其中浙江、湖南、安徽增速领先，分别为 11.5%、9.9%、9.4%；上海、贵州均以 6.9% 的增速与湖北位列后三名，增速相对较低。

表 5　2016～2020 年长江经济带规模以上工业企业资产总计

单位：亿元，%

地　区	规模	增速				
	2020 年	2016 年	2017 年	2018 年	2019 年	2020 年
全　国	1267550	7.1	6.9	6.1	5.8	6.7
长江经济带	530580	7.9	7.7	7.3	6.1	8.7
下游地区	315326	7.4	7.4	7.2	6.2	9.7
中游地区	103681	10.1	9.5	9.7	7.0	6.7
上游地区	111573	7.6	6.7	5.4	4.9	7.5
上　海	47966	8.4	6.6	3.4	3.5	6.9
江　苏	130201	7.5	7.4	6.6	5.4	8.6
浙　江	95438	6.6	7.7	8.5	8.5	11.5
安　徽	41721	7.4	7.9	10.9	6.8	9.4
江　西	28392	12.3	9.2	14.5	8.7	7.8
湖　北	43852	9.5	8.3	9.3	5.8	6.2

续表

地区	规模	增速				
	2020 年	2016 年	2017 年	2018 年	2019 年	2020 年
湖　南	31437	9.0	11.6	6.3	7.4	9.9
重　庆	22308	12.3	5.9	2.7	6.3	8.3
四　川	50336	4.6	6.4	8.4	6.4	7.0
贵　州	16315	8.3	10.8	4.5	4.2	6.9
云　南	22614	8.8	5.3	2.7	1.0	7.6

资料来源：国家统计局及各省统计公报。

二　2020年长江经济带重要行业发展态势

（一）计算机、通信和其他电子设备制造业

长江经济带作为我国经济发展最迅速的区域之一，工业产业体系主要以现代服务业、新兴产业为支撑，因而计算机、通信和其他电子设备制造业在区域内的地位举足轻重。2019 年，长江经济带计算机、通信和其他电子设备制造业实现 48964.5 亿元主营业务收入，同比上升 4.04%，占区域内规模以上工业全行业主营收入的比重为 10.26%，占比较上年下降 0.24 个百分点；利润总额为 2037.8 亿元，同比下降 7.99%，占长江经济带规上工业企业总收入的 6.65%，较上年提高 0.15 个百分点。分区域分析，下游地区领跑长江经济带地区计算机、通信和其他电子设备制造业营收及利润总额。2019 年下游地区主营业务收入为 29541 亿元，同比下降 2.14%，占长江经济带总收入的 60.3%，领先优势明显，全年共实现利润 1281.1 亿元，同比大幅度下滑 14.06%。中游地区主营业务收入在长江经济带区域占比最小，2019 年主营业务收入为 8127.1 亿元，占比 16.6%，2019 年主营收入同比大幅度增长 21.6%，为三大区域中主营收入增速最快的地区，实现利润 394.2 亿元，同比增长 19.39%。2019 年上游地区计算机、通信和其他电子设备制造业实现 11296.4 亿元主营

业务收入，同比增长 10.82%，占长江经济带总收入的 23%，利润总额同比下滑 8%，仅为 362.5 亿元。分省市看，江苏、四川、上海 2019 年主营收入位居前三，分别完成 16434.9 亿元、5348.4 亿元、5320.5 亿元，从主营收入增速看，云南以 61.4% 的超高增长速度居首位，湖南、江西分别以 39.7%、24.9% 紧随其后，而贵州、上海、江苏则在 2019 年经历了营收负增长，分别下降 13.11%、6.25%、5.81%。在利润总额方面，江苏、浙江分别以 600.9 亿元、392.5 亿元的绝对优势领跑长江经济带，从增速看，湖南、云南增长迅猛，2019 年同比分别增长 79.48%、67.09%，而江苏、安徽的利润下降幅度均超过 20%。

表 6　2017~2019 年长江经济带计算机、通信和其他电子设备制造业发展情况

单位：亿元

地　区	主营业务收入			利润总额		
	2017 年	2018 年	2019 年	2017 年	2018 年	2019 年
长江经济带	46519.6	47063.9	48964.48	2486.1	2214.9	2037.82
下游地区	30737.9	30186.7	29540.99	1615.0	1490.7	1281.11
中游地区	6298.0	6683.9	8127.10	310.3	330.2	394.22
上游地区	9483.7	10193.3	11296.39	560.8	394.0	362.49
上　海	5945.8	5675.3	5320.54	189.7	152.4	171.81
江　苏	18530.6	17448.3	16434.93	922.9	820.0	600.87
浙　江	3687.4	4449.9	4998.41	335.8	372.8	392.47
安　徽	2574.1	2613.2	2787.11	166.6	145.5	115.96
江　西	2106.7	2695.8	3366.67	127.9	155.1	167.07
湖　北	2136.0	2304.7	2409.20	69.9	94.5	82.49
湖　南	2055.3	1683.4	2351.23	112.5	80.6	144.66
重　庆	4033.8	4501.0	4945.28	155.9	168.3	135.49
四　川	4613.3	4782.7	5348.41	347.7	170.0	140.09
云　南	179.9	285.0	459.99	33.5	41.9	70.01
贵　州	656.7	624.6	542.71	23.7	13.8	16.90

资料来源：2017~2019 年长江经济带各省市统计年鉴。

2020 年，全国计算机、通信和其他电子设备制造业企业完成营业收入 120992.10 亿元，同比增长 8.3%，增速较上年提高 3.7 个百分点；增加值增长 7.7%，较上年下降 1.6 个百分点；实现利润总额共计 5919.20 亿元，同比大幅增长 17.2%，较上年增速提高 14.1 个百分点；亏损总额 931.4 亿元，亏损较上年收窄 9.7%。从产品产量上看，2020 年生产集成电路 2612.6 亿块，同比增长 16.2%；生产程控交换机 706.9 万线，较 2019 年下降 11.2%；生产手机 147193.0 万台，同比减少 9.5%；生产微型计算机设备 37800.4 万台，同比增长 12.7%。

2020 年，长江经济带计算机、通信和其他电子设备制造业稳步发展。分区域分析，下游地区中，上海 2020 年完成规上总产值 5477.27 亿元，同比增长 5.4%；营业收入为 5596.74 亿元，同比增长 4.3%；实现利润总额 150.39 亿元，较上年增长 6.2%；工业产品方面，2020 年生产微型计算机设备 1799.51 万台，增速 60.4%；智能手机 3686.58 万台，同比下降 7.3%；智能电视 153.31 万台，同比增长 14.3%；集成电路 288.67 亿块，增速为 21.7%；集成电路圆片 876.81 万片，同比增长 12.1%。江苏 2020 年完成集成电路 834.87 亿块，大幅增长 22.1%；微型电子计算机 5029.46 万台，同比下滑 3.8%；移动通信手持机 5527.48 万台，增速为 10.5%。浙江完成集成电路 174.1 亿块，比上年增长 21.2%；完成电子元件 1018.2 亿只，比上年增长 3.5%；完成微型计算机设备 139.2 万台，大幅度下滑 49.9%；完成移动通信手持机 3704.6 万台，比上年增长 2.5%。安徽省 2020 年计算机、通信和其他电子设备制造业持续快速发展，增加值同比增长 22.4%，较上年提高 8.6 个百分点；全年生产工业机器人 7185 套，同比下降 24.4%；微型计算机设备 3097.1 万台，同比大幅度增加 37.4%；移动通信手持机 91.3 万台，同比增加 4.7%。

中游地区中，2020 年湖北省计算机、通信和其他电子设备制造业工业增加值增长 4.4%，增加值占规上工业的 4.8%，1～11 月实现利润 25.07 亿元，同比大幅下降 51.2%。生产产品方面，2020 年生产微型计算机设备

1720 万台，同比增长 35.4%；通信手持机 2667 万台，较上年下降 32%。2020 年湖南省计算机、通信和其他电子设备制造业实现利润 151.7 亿元，增速为 17.4%。

在上游地区，重庆 2020 年计算机、通信和其他电子设备制造业规上工业增加值增速为 14.9%，生产集成电路 45.5 亿块，同比增长 34.9%；微型计算机设备 9130.2 万台，同比增长 19.9%；手机 1.3 亿台，较上年大幅下滑 22.8%；液晶显示屏 2.8 亿片，较上年增长 28.2%。四川 2020 年计算机、通信和其他电子设备制造业创造价值比上年增长 17.9%，生产电子计算机整机 7608.1 万台，同比增长 14.2%；移动通信手持机 1.3 亿台，较上年下降 7.6%。贵州该产业工业增加值下滑 18.5%，为规上工业总增加值贡献 1.2%；工业产销率为 92.8%，同比下降 4.3 个百分点；生产集成电路 6912.7 万块，同比下降 8.7%；电子元件 48.5 亿只，较上年增长 12.4%。

（二）化学原料和化学制品制造业

2019 年，长江经济带化学原料和化学制品制造业工业经济效益下滑。完成主营业务收入 33320.1 亿元，同比下降 9.2%，占规上工业主营业务总收入的 7%，较上年下降 0.8 个百分点。实现利润总额 2554.2 亿元，同比大幅度下滑 15.3%，占规上主营业务总收入的 8.3%，较上年下降 0.9 个百分点。分区域看，下游地区完成 20838.3 亿元主营业务收入以及 1762.0 亿元利润总额，具有绝对领先优势，主营收入占长江经济带的 62.5%，利润占比为 69%；而下游地区 2019 年主营业务收入大幅度下滑 14.6%，利润总额下降 14.5%。分省市看，下游地区的江苏、浙江、上海依然具有绝对优势，分别完成主营业务收入 9391.2 亿元、6011.5 亿元及 3306.9 亿元，分别实现利润总额 644.9 亿元、639.8 亿元及 336.1 亿元；而增速方面，仅浙江利润总额同比正增长 18.5%，三者主营业务收入均有不同程度的下滑，其中江苏同比减少 23.8%，为下游地区下降幅度最大的省份。

表7　2017～2019年长江经济带化学原料和化学制品制造业发展情况

单位：亿元

地区	主营业务收入			利润总额		
	2017年	2018年	2019年	2017年	2018年	2019年
长江经济带	40368.2	36697.4	33320.1	3076.4	3015.2	2554.2
下游地区	27106.0	24405.9	20838.3	2221.0	2060.2	1762.0
中游地区	8163.6	7408.5	7723.6	532.3	603.4	513.3
上游地区	5098.6	4883.0	4758.2	323.1	351.6	278.9
上海	3188.7	3360.8	3306.9	407.9	420.6	336.1
江苏	15640.6	12318.1	9391.2	1183.2	910.9	644.9
浙江	5927.7	6635.1	6011.5	478.3	540.1	639.8
安徽	2349.0	2091.9	2128.7	151.6	188.6	141.2
江西	2307.0	1668.9	1642.3	195.6	166.8	153.8
湖北	3076.3	3179.6	3523.5	176.0	284.6	196.2
湖南	2780.3	2560.0	2557.8	160.7	152.0	163.3
重庆	779.3	778.9	777.5	51.5	80.4	63.0
四川	2442.3	2352.7	2458.2	158.0	226.4	192.8
云南	906.6	923.6	910.2	97.3	30.5	42.8
贵州	970.4	827.8	612.3	16.3	14.3	-19.7

资料来源：2017～2019年长江经济带各省市统计年鉴。

2020年，中国化学原料和化学制品制造业工业增加值同比增长3.4%，较上年下降1.3个百分点；实现营业收入63117.40亿元，同比下降3.7%；完成利润总额4257.6亿元，同比大幅增长20.9%；当年亏损企业亏损总额为765.60亿元，较上年下降41.8%。从工业产品产量看，2020年中国生产硫酸8332.3万吨，同比下降1.2%；烧碱产量为3643.2万吨，同比增长5.7%；纯碱产量2812.4万吨，较上年下降2.9%；化学农药原药产量为214.8万吨，小幅下滑1.1%。

2020年，长江经济带化学原料和化学制品制造业发展水平差异明显。在下游地区，2020年上海化学原料和化学制品制造业规上总产值为2958.07亿元，同比增长5.6%；完成营业收入3324.6亿元，较上年下降1%；实现利润总额327.4亿元，同比下滑3.7%。江苏省2020年全年生产硫酸

252.91万吨，同比下降11.4%；生产盐酸65.64万吨，同比增长13.9%；生产烧碱247.18万吨，较上年下降5.3%；生产化肥199.41万吨，增速为2.2%；化学农药生产58.2万吨，同比下降4.9%。浙江完成硫酸274.3万吨，同比减少10.3%；盐酸57.3万吨，同比增长19.2%；烧碱208.4万吨，较上年增长3.8%；纯碱29.6万吨，同比下滑6.8%；纯苯68.8万吨，大幅度增长90.8%；完成浓硝酸18.7万吨，较上年下跌5.1%；完成合成氨61.1万吨，较上年小幅下降0.2%；生产化学农药原药19.2万吨，同比增长3.4%。安徽省2020年化学原料和化学制品制造业增加值增长13.5%，增速较上年加快2.9%；在工业产品生产方面，完成硫酸673.9万吨，同比增长8.6%；烧碱85.5万吨，同比增长11%；纯碱88.8万吨，同比增长12.5%；合成氨326.2万吨，同比增长22.5%；生产化学农药16.1万吨，大幅度增长65.2%。

在中游地区，江西省2020年完成硫酸287.5万吨，较上年下滑0.8%；完成农用氮、磷、钾化学肥料19.6万吨，同比下滑4.1%；生产化学原料药7.2万吨，大幅度下降11%。湖北2020年全年工业增加值增速为-4.4%，增加值占规上工业比重为6.8%，1~11月完成利润156亿元，同比下降7.9%，降幅较上年收窄5.3个百分点；产品产量方面，完成硫酸837.6万吨，同比下降1.3%；完成烧碱80.4万吨，大幅增长27.2%；完成农用氮、磷、钾化学肥料482.1万吨，较上年下滑8.9%；完成化学农药原药14.9万吨，较上年大幅下滑15.3%。2020年湖南完成硫酸207.6万吨，增速为11.6%；完成烧碱59.7万吨，同比增长2.3%；完成合成氨62.5万吨，较上年小幅下滑1.1%；完成化肥58.7万吨，同比大幅增长13.7%。

在上游地区，重庆市2020年化学原料和化学制品制造业规上工业增加值增速为8%，较上年提高3.8个百分点。四川省化学原料和化学制品制造业规上工业增加值同比增长4.5%，完成农用氮、磷、钾化学肥料349.6万吨，同比小幅下滑1.1%。贵州省2020年化学原料和化学制品工业增加值增长6.1%，增加值占规上增加值2.8%，工业产销率为90%，同比下降4.7个百分点；工业产品方面，规模以上工业企业生产农用氮、磷、钾化学肥料338.3万吨，小幅增长0.3%。云南省2020年该产业工业增加值同比下降0.3%；工业产品方面，生产硫酸1566.4万吨，同比增长7.3%；生产原盐160.3万吨，较上年增长3.5%。

（三）电气机械和器材制造业

2019年长江经济带电气机械和器材制造业完成主营业务收入35505.5亿元，同比小幅下降0.68%，占规模以上工业总收入的7.44%，较上年增长0.04%；实现利润总额2034.0亿元，同比下降8.67%，占规模以上工业总利润的6.64%。分区域分析，长江经济带下游地区产业规模领先优势明显。2019年下游地区共完成主营业务收入26174.2亿元，较上年下降2.95%，占长江经济带该行业主营总收入的73.7%，具有绝对领先优势；实现利润总额1501.8亿元，同比大幅下滑12%，占长江经济带区域行业利润总额的73.8%。分省市看，下游地区四省市电气机械和器材制造业主营业务收入以及利润总额均居长江经济带前四位，其中江苏主营业务收入超过1万亿元，为12071.2亿元，同比下滑11.4%，利润总额为635.3亿元，较上年大幅下降26.8%。

表8　2017～2019年长江经济带电气机械和器材制造业发展情况

单位：亿元

地　区	主营业务收入			利润总额		
	2017年	2018年	2019年	2017年	2018年	2019年
长江经济带	39868.7	35748.6	35505.5	2523.7	2227.2	2034.0
下游地区	30076.7	26969.2	26174.2	1933.6	1706.9	1501.8
中游地区	6891.3	6052.4	6477.6	409.7	356.4	366.5
上游地区	2900.7	2727.0	2853.7	180.4	163.9	165.7
上　海	2269.2	2394.8	2527.1	165.6	183.3	174.6
江　苏	16301.9	13620.9	12072.2	1032.3	867.7	635.3
浙　江	6418.7	7263.7	7896.9	415.4	379.0	465.2
安　徽	5086.9	3689.8	3678.0	320.3	276.9	226.7
江　西	3108.4	2493.3	2782.4	218.5	136.7	156.8
湖　北	1974.6	2122.4	2055.3	103.6	171.4	123.1

续表

地　区	主营业务收入			利润总额		
	2017 年	2018 年	2019 年	2017 年	2018 年	2019 年
湖　南	1808. 3	1436. 7	1639. 9	87. 6	48. 3	86. 6
重　庆	1030. 1	974. 7	1019. 5	80. 0	69. 9	77. 1
四　川	1475. 9	1409. 9	1428. 9	82. 4	84. 1	76. 0
云　南	147. 7	133. 6	157. 4	6. 4	3. 9	4. 0
贵　州	247. 0	208. 8	247. 9	11. 6	6. 0	8. 6

资料来源：2017 ~2019 年长江经济带各省市统计年鉴。

2020 年，中国电气机械和器材制造业完成主营业务收入 67831. 7 亿元，同比上涨4. 5%；工业增加值同比增长 8. 9%，较上年下降 1. 8 个百分点；实现利润总额 3999. 8 亿元，同比增长 6%；亏损企业亏损总额为 538. 5 亿元，亏损规模扩张 14. 6%。产品产量方面，2020 年全年生产家用电冰箱 9014. 7 万台，同比增长 8. 4%；家用冷柜 3042. 4 万台，大幅提高 49. 6%；房间空气调节器 21064. 6 万台，较上年下滑 8. 3%；家用洗衣机 8041. 9 万台，同比增长3. 9%。

2020 年，长江经济带各省市电气机械和器材制造业实现较快发展。分地区看，在下游地区中，上海电气机械和器材制造业 2020 年规上总产值完成 2226. 1 亿元，同比增长 4. 9%；完成营业收入 2670. 6 亿元，同比增长 8. 1%，较上年增速提高 6. 9 个百分点；实现利润总额 173. 9 亿元，同比大幅提升 19. 5%。产品产量方面，上海 2020 年生产家用电冰箱 21. 2 万台，同比下滑 37. 4%；房间空气调节器 231. 2 万台，较上年下滑 21. 3%。江苏工业产品种类丰富，2020 年完成彩色电视机 796. 37 万台，同比下滑 28. 7%；家用洗衣机 2238. 1 万台，小幅回落 0. 2%；家用吸尘器 7321. 2 万台，较上年大幅提高 25. 7%；家用电冰箱 1265. 2 万台，同比增长 17. 7%；房间空调器 401. 5 万台，较上年大幅下滑 20%。浙江省 2020 年生产家用电冰箱 592. 7 万台，同比增长 4. 6%；家用冷柜 626. 1 万台，同比大幅度提高 79. 4%；房间空气调节器 1583. 3 万台，较上年下滑 18. 5%；家用电风扇 1622. 3 万台，同比大幅增长 21. 5%；家用吸排油烟机 958. 7 万台，较上年下降3.1个百分点；家用洗衣机907.2万台，大幅回落16.2%；家用吸尘器2764.4万台，增速为15.1%。安徽省完成家用洗衣机2380.4万台，同比增长2.2%；家用电冰箱2437.9万台，同比下降3.3%；房间空气调节器3009.7万台，较上年减少10.6%；彩色电视机1611.8万台，大幅度下降17.5%。

在中游地区中，2020年江西完成彩色电视机796.4万台，较上年大幅下滑28.7%；家用电冰箱1265.2万台，同比增长17.7%；房间空调器401.5万台，同比下滑20%。湖北电气机械和器材制造业2020年工业增加值增速-6.3%，增加值占规上工业比重为3.7%，较上年小幅下降0.3个百分点；1~11月实现利润74.95亿元，同比下降26.2%；产品生产方面，完成房间空气调节器1760.3万台，同比大幅下降18%。

在上游地区中，2020年重庆电气机械和器材制造业规上工业增加值同比增长7.6%，较上年增速降低0.5%。四川2020年完成彩色电视机970.1万台，与上年持平；完成家用电冰箱111.1万台，同比增长11.7%；完成房间空气调节器210.8万台，同比大幅下滑16.2%。2020年贵州电气机械和器材制造业工业增加值同比增长11.6%，增加值占规上工业比重为1%；工业产销率为92%，同比下降3.4个百分点；工业产品方面，完成彩色电视机183.62万台，较上年大幅度增长48.6%。

（四）汽车制造业

2019年长江经济带汽车制造业完成主营业务收入38649.3亿元，同比下降4.51%，占规模以上工业总收入的8.1%，份额较上年下降0.5个百分点；实现利润总额2501.4亿元，较上年大幅度下跌近三成，跌幅29.45%，占规模以上工业利润总额的8.17%，较上年下滑2.13个百分点。分区域看，三大区域营收及利润均不同程度下降，下游地区收入及利润规模遥遥领先。2019年下游地区完成主营业务收入22389.4亿元，占长江经济带该产业总收入的57.9%，领先优势凸显，同比下滑3.19%；实现利润总额1736.3亿元，较上年大幅减少24.7%。分省市看，长三角地区三省市及湖北省领跑长江经济带，其中上海汽车制造业主营业务收入及利润总额居首位，分别为7923.4亿元、795.0亿元，营收同比下滑4.93%，利润总额大幅下滑26.23%。

表9　2017~2019年长江经济带汽车制造业发展情况

单位：亿元

地　区	主营业务收入			利润总额		
	2017年	2018年	2019年	2017年	2018年	2019年
长江经济带	42210.8	40476.8	38649.3	3825.6	3545.7	2501.4
下游地区	23515.2	23127.3	22389.4	2341.6	2319.1	1746.3
中游地区	10490.1	10174.0	10103.0	801.4	844.4	611.4
上游地区	8205.5	7175.5	6156.9	682.6	382.2	143.7
上　海	8185.2	8334.2	7923.4	1087.3	1077.7	795.0
江　苏	7504.7	7023.0	6842.2	611.8	655.1	440.2
浙　江	4951.6	5360.9	5176.2	530.9	509.7	452.8
安　徽	2873.7	2409.2	2447.6	111.6	76.6	58.3
江　西	1625.2	1657.6	1683.7	86.5	69.4	28.4
湖　北	6918.6	6785.2	6707.5	613.8	733.5	570.6
湖　南	1946.3	1731.2	1711.8	101.1	41.5	12.4
重　庆	4762.1	3799.6	3494.1	432.9	153.4	25.3
四　川	2887.8	2896.2	2273.8	231.1	201.7	114.9
云　南	299.6	323.9	251.8	11.1	23.8	0.0
贵　州	256.0	155.8	137.2	7.5	3.3	3.5

资料来源：2017~2019年长江经济带各省市统计年鉴。

2020年，中国汽车制造业完成主营业务收入81557.7亿元，同比增长3.4%；工业增加值同比增长6.6%，较上年增长4.8个百分点；实现利润总额5093.6亿元，同比增长4%；亏损企业亏损总额为1088.9亿元，小幅增长2.9%。产品生产方面，2020年生产汽车2462.5万辆，同比小幅下滑1.4%；基本型乘用车（轿车）928.6万辆，同比下降8.3%；运动型多用途乘用车（SUV）853.2万辆，较上年增长1.5%；载货汽车423.9万辆，同比大幅增加20%。

2020年，长江经济带汽车制造业发展速度趋缓。分区域看，在下游地区中，上海2020年汽车制造业规上总产值为6735.07亿元，同比增长9.3%，增速较上年提高13.7个百分点；完成营业收入7801.2亿元，较上年下降2.8%；实现利润总额608.4亿元，同比大幅下降24.7%；产品产量方面，生产汽车264.7万辆，同比下降3.7%；其中包括轿车144.5万辆，较上年减少10.8%，新能源汽车23.9万辆，较上年大幅度增长1.9倍。江苏2020年生产汽车75.6万辆，同比下降10.1%，其中包括轿车30.14万辆，较上年减少21.4%。浙江全年生产汽车88.4万辆，同比减少6.5%；其中包括基本型乘用车（轿车）67.1万辆，较上年下降6.8%。2020年安徽汽车制造业增加值同比增长15.3%，较上年大幅度增长13.3%；产品产量方面，全年生产汽车116.1万辆，同比大幅增长23.8%。

在中游地区中，2020年江西生产汽车45.1万辆，同比增长1.4%。湖北2020年全年汽车制造业工业增加值同比下滑5.2%，增加值占规上工业的14%；1～11月，汽车制造业实现388.5亿元，同比大幅下滑两成；生产汽车209.4万辆，较上年下降6%，其中包括85万辆基本型乘用车，同比下降12.7%，新能源汽车3.2万辆，仅为2019年产量的一半左右，产量减少48.4%。

在上游地区中，重庆2020年汽车制造业规上工业增加值增速为10.1%，较上年增长14.2%；完成汽车158万辆，同比增长12.7%；其中包括轿车28.78万辆，同比增长10.4%，新能源汽车4.32万辆，较上年增长16.8%。2020年，四川汽车制造业增加值增速为3.5%，较上年增速提高9%；生产汽车71.3万辆，同比增长14.3%。贵州2020年汽车制造业工业增加值增长11.6%，占规模以上工业增加值的0.7%；全年工业产销率为86.3%，同比下降3.3个百分点；完成汽车生产7.9万辆，较上年大幅增加，增速为38.9%。云南2020年共产出2.1万辆汽车，产量仅为2019年的两成左右，同比下滑81.91%。

三 2021年长江经济带工业发展展望[①]

2021年是“十四五”开局之年，也是全面建设社会主义现代化国家新征程开启之年。长江经济带横跨我国东、中、西三大区域，在我国具有重要的经济地位，对我国经济及工业高质量发展具有重大意义。推动长江经济带建设有助于经济转型升级、优化资源配置、缩小地区发展差距、提高开放型经济水平，是优化国土空间开发保护格局、推动经济高质量发展的必然选择。

在下游地区，2021年，上海将积极推动先进制造业集聚发展，着力增强产业链供应链自主可控能力，大力实施产业基础再造工程，鼓励重点产业和企业技术改造。江苏省将持续深化供给侧结构性改革，加快推动产业转型升级；支持骨干龙头企业发展壮大，加快实施“产业强链”三年行动计划。浙江省大力实施制造业产业基础再造和产业链提升工程，积极推进产业数字化，加快先进制造业与现代服务业深度融合。安徽省将实施产业链补链、固链、强链行动，推动战略性新兴产业集群发展及传统产业改造升级。

在中游地区，江西将积极构建现代产业体系，大力推进“2+6+N”产业高质量跨越式发展，提升产业链供应链稳定性和竞争力。湖北省将实施产业链供应链提升工程，推进战略性新兴产业倍增计划，开展“技改提能、制造焕新”行动。湖南省将大力发展先进制造业，推动产业数字化以及制造业与服务业融合发展，增强产业链供应链自主可控能力。

在上游地区，重庆市2021年将提升产业链供应链现代化水平，持续发展先进制造业，加快构建现代产业体系，大力发展数字经济，构建“芯屏器核网”全产业链。四川省将聚焦新兴产业，加快制造业高质量发展，同时兼顾传统制造业改造升级，加快数字经济创新发展，推动“芯屏端软智

① 主要依据长江经济各省市2021年政府工作报告。

网”全产业链发展。贵州省将全力推动特色优势产业提质升级，加快推进新型工业化，促进产业高端化、绿色化、集约化发展。云南省将牢固树立产业兴省富民理念，坚持“两型三化”产业发展方向，大抓产业、主攻工业，打造一批万亿级支柱产业和千亿级优势产业，不断提高经济质量效益和核心竞争力。

B.11
长江经济带数字经济发展报告（2020～2021）

徐丽梅*

摘　要：2020年，我国数字经济增加值规模达到39.2万亿元，占GDP比重为38.6%。长江经济带在过去一年里，数字经济显著发展。江苏、浙江、上海、湖北、四川、湖南、安徽的数字经济增加值规模超过1万亿元，重庆、江西、云南、贵州的数字经济增加值规模超过5000亿元。从数字产业化来看，长江经济带的电子信息制造业占全国的1/2左右，软件与信息技术服务业增长10%以上。从产业数字化来看，江苏、浙江的产业数字化规模超过2万亿元，浙江、上海、湖北、四川、湖南的产业数字化规模超过1万亿元。另外，长江经济带的电子商务、云计算、大数据等在2020年都有不俗的表现。2021年，长江经济带地区产业集聚特色化发展态势进一步显现，数字技术在经济社会各领域得到更广泛的应用，新型智慧城市建设将加速推进，长江经济带数字经济将实现更好地协同发展。

关键词：长江经济带　数字经济　电子信息产业

---

* 徐丽梅，上海社会科学院应用经济研究所副研究员，研究方向为区域经济、数字经济。

2020年，受到疫情冲击，全球经济增长速度放缓。但中国的数字经济在疫情的不利影响下仍实现进一步发展。据中国信息通信研究院发布的报告显示，2020年，我国数字经济增加值规模达到39.2万亿元，较上年增加3.3万亿元，占GDP比重为38.6%，同比提升2.4个百分点。从增长速度来看，2020年我国数字经济依然保持了9.7%的增长，是同期GDP名义增速的3.2倍。在国家数字经济有力增长的背景下，作为我国重要区域之一的长江经济带过去一年来的数字经济也得到显著发展。

一 长江经济带数字经济发展的总体概况

（一）数字经济的基本概念

这里的“数字经济”概念，延续我们上年的定义[①]：以使用数字化的知识和信息作为关键生产要素、以现代信息网络作为重要载体、以信息通信技术的有效使用作为效率提升和经济结构优化的重要推动力的一系列经济活动。从产业发展的角度看，数字经济主要包括两个部分：一是数字产业化部分，也称为数字经济基础部分，即传统意义上的电子信息产业，包括电子信息制造业、软件和信息技术服务业等。二是产业数字化部分，即数字技术在各个产业得到广泛应用，因此而带来产出增加和效率提升的部分，也称为数字经济融合部分。[②] 本报告将从这两个方面来论述长江经济带地区数字经济发展的情况，所用数据以2019～2021年各省市政府网站公开数据以及国家统计局网站数据和《中国统计年鉴》（2020年、2019年）为基础，另外以部分社会研究机构的测算数据为补充，如中国信息通信研究院、腾讯研究院等的研究报告。

（二）数字经济的规模总量

近几年，我国的数字经济获得快速发展，数字经济增加值由2011年的

---

① 2016年杭州G20峰会发布的《二十国集团数字经济发展与合作倡议》中对“数字经济”的定义。

② 中国信息通信研究院：《中国数字经济发展白皮书（2017）》，2017年7月。

9.5 万亿元增长到 2020 年的 39.2 万亿元，数字经济占 GDP 的比重相应地由 23.0% 增长到 2020 年 38.6%（见图 1）。

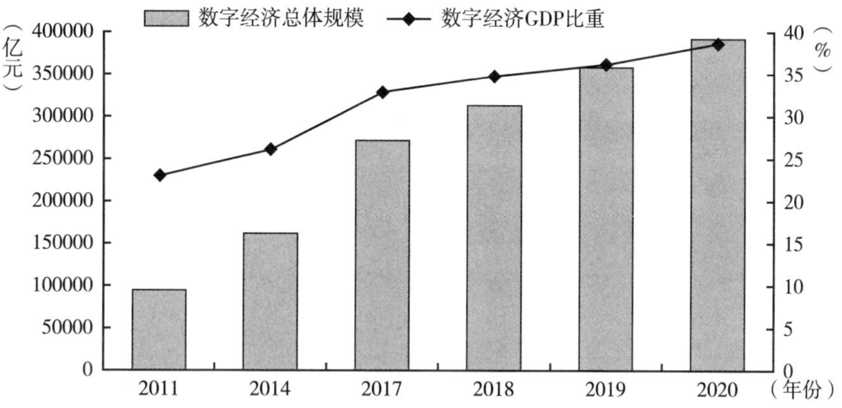

图 1　中国数字经济规模增长情况

资料来源：中国信息通信研究院：《中国数字经济发展白皮书（2021）》，2021 年 7 月。

2020 年，在世界经济遭受疫情冲击的背景下，数字技术发挥了重要作用，数字经济也进一步发展。2020 年，全国多个省市的数字经济增加值都超过了 1 万亿元，长江经济带江苏、浙江、上海、湖北、四川、湖南、安徽的数字经济增加值超过 1 万亿元，这些省份与 2019 年相同；其他地区重庆、江西、云南、贵州的数字经济增加值规模超过了 5000 亿元。从占比来看，上海市的数字经济占 GDP 的比重高达 55.1%，是长江经济带地区占比最高的省份。浙江、江苏、湖北和重庆等省市的数字经济占比也超过了全国平均水平。从增速来看，贵州、重庆的数字经济增长速度分别列全国第一位和第二位，2020 年的增速都超过了 15%；湖南、四川、江西、浙江、安徽等省市数字经济的增速均超过 10%；其余省市的数字经济增速为 5% ~10%（见图 2）。①

① 中国信息通信研究院：《中国数字经济发展白皮书（2021）》，2021 年 7 月 。

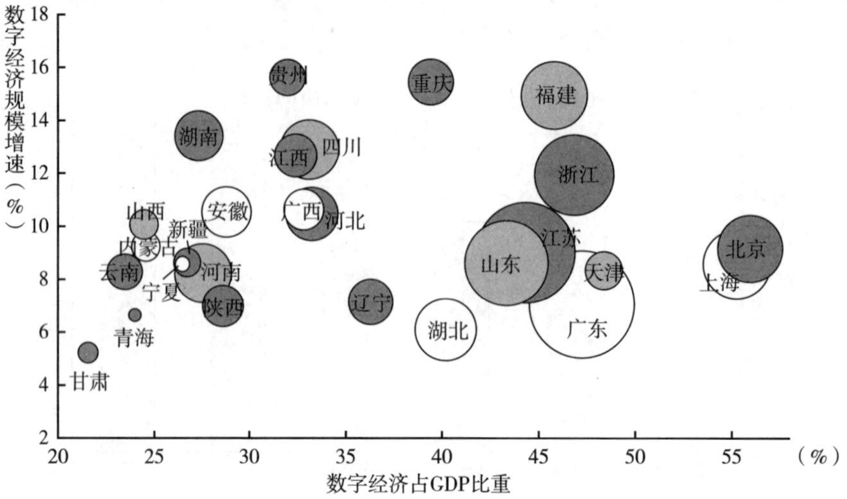

图 2　2020 年中国部分省市数字经济规模增速和占比

注：圆圈大小表示数字经济规模。

资料来源：中国信息通信研究院：《中国数字经济发展白皮书（2021）》，2021 年 7 月。

二　数字经济的政策环境与基础设施

（一）政策环境

2020 年以来，长江经济带各个省市政府继续推动数字经济发展，积极制定新的相关政策。例如，上海提出要“加快推动数字产业化、产业数字化，助力‘五型经济’发展”；浙江省提出到 2022 年数字经济增加值要达到 4 万亿元以上，占全省 GDP 比重超过 55%；湖南提出到 2025 年全省数字经济规模进入全国前十强，突破 2.5 万亿元，数字经济占 GDP 比重达到 45%；四川提出以“数字产业化、产业数字化、数字化治理”为发展主线，2022 年全省数字经济总量超 2 万亿元，成为创新驱动发展的重要力量；等等。这些政策和目标从不同方面对数字经济的发展进行了规划和支持，为数字经济的发展创造了良好的政策环境（见表 1）。

表 1　长江经济带地区有关数字经济发展的政策文件

地区	时间	政策文件
浙江	2020 年 12 月	《浙江省数字经济促进条例》
	2020 年 12 月	《浙江省国家数字经济创新发展试验区建设工作方案》
上海	2021 年 1 月	《关于全面推进上海城市数字化转型的意见》
江苏	2020 年 11 月	《关于深入推进数字经济发展的意见》
江西	2020 年 4 月	《江西省数字经济发展三年行动计划(2020—2022 年)》
四川	2021 年 1 月	《国家数字经济创新发展试验区(四川)建设工作方案》
	2021 年 4 月	《2021 年四川省数字经济发展工作方案》
贵州	2020 年 6 月	《贵州省数字经济发展"六个重大突破"推进落实工作方案》
云南	2021 年 2 月	《关于促进经济平稳健康发展 22 条措施的意见》
重庆	2020 年 6 月	《重庆建设国家数字经济创新发展试验区工作方案》
	2020 年 6 月	《重庆市建设国家新一代人工智能创新发展试验区实施方案》
湖北	2020 年 6 月	《加快发展数字经济 培育新的经济增长点若干措施》
湖南	2020 年 1 月	《湖南省数字经济发展规划(2020—2025 年)》

资料来源：根据相关政府网站资料整理。

数字技术的发展，对地方政府开发政务新媒体提供了技术支持。地方政府通过建设和完善“电子政府”，提升为民服务水平。政务头条号是政务传播的数字新媒介，也是近年来各地政府应用广泛的信息传播平台，图 3 是 2020 年全国排前十位省份政务头条号数量，长江经济带的四川、浙江进入了全国前 10 位，政务头条号数量分别为 5806 个和 3271 个。虽然政务头条号的数量并不是越多越好，但从中可以看到，四川和浙江两省非常关注利用数字技术来改善政务环境的积极行动。

微博也是一种应用很广泛的网络交流工具，是政务新媒体的传播手段之一。各地政府开发了众多的政务机构微博，与政务头条号、政府网站等互为补充，为广大人民提供了更方便的政务服务。截至 2020 年 12 月，四川省开通政务机构微博 9381 个，数量之多，居全国第二位、长江经济带第一位。其次是江苏省开通政务机构微博 9248 个，浙江省开通 8131 个，安徽省开通 5961 个，湖北省开通 5465 个。长江经济带地区有 5 个省份进入全国前十位。图 4 是全国政务机构微博数量排前十的省份。

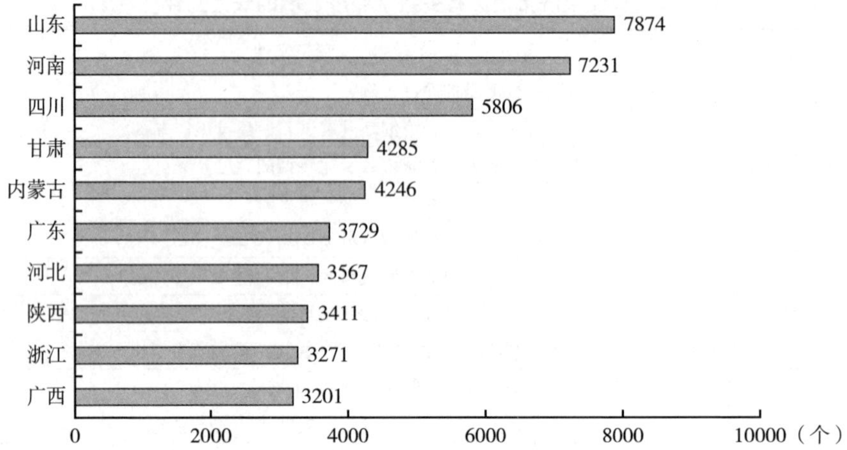

图 3　2020 年全国政务头条号数量排前十位的省份

资料来源：中国互联网络信息中心：第 47 次《中国互联网络发展状况统计报告》。

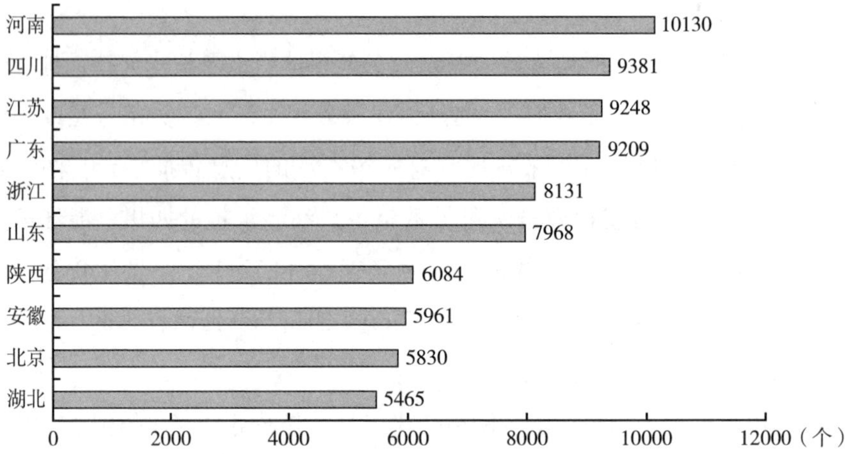

图 4　2020 年我国政务机构微博数量排前十的省份

资料来源：中国互联网络信息中心：第 47 次《中国互联网络发展状况统计报告》。

（二）基础设施

良好的网络基础设施是数字经济发展的重要基础和重要保障。表 2 是长江经济带 11 省市 2019 年[①]的互联网域名数、网页数、互联网宽带接入端口以及移动互联网用户情况。长江经济带的人口数占全国总人口的40%以上，从表2 可以看到，长江经济带的总域名数和总网页数占全国的比例都低于 40%，而互联网宽带接入端口和移动互联网用户规模都占全国的 40%以上。可见长江经济带的网络基础设施指标有高于全国平均水平的，也有低于全国平均水平的。如果从长江经济带内部来看，江苏、浙江等省市的域名数、网页数和互联网宽带接入端口都较为充足，而云南、贵州的网络基础设施则略显匮乏。

表 2　2019 年长江经济带互联网基础设施情况

地区	域名数（万个）	网页数（万个）	互联网宽带接入端口（万户）	移动互联网用户（%）
上海	138.9	2117050.1	2028.6	3197.4
江苏	242.5	1438429.1	7249.0	8452.6
浙江	184.0	3552363.3	6284.4	7047.0
安徽	151.4	351206.5	3481.3	4790.8
江西	156.7	216170.0	2369.5	3506.4
湖北	206.3	199019.3	3062.3	4635.6
湖南	250.1	140563.2	2997.9	5489.7
重庆	81.2	56434.8	2318.2	3016.1
四川	217.0	426826.7	5864.0	7277.7
贵州	119.9	25034.4	1759.9	3520.1
云南	99.0	173380.5	2091.1	3829.3
长江经济带	1847.0	8696477.9	39506.2	54762.7
全国	5007.6	29782991.5	91578.0	131852.6
长江经济带占全国比例(%)	36.9	29.2	43.1	41.5

资料来源：《中国统计年鉴 2020》。

图 5 是 2020 年 12 月长江经济带各省市的政府网站数量，其中四川省最高，有 921 个；其次是安徽省，有 836 个；江苏、湖北、湖南三省的政府网站数量都有 600 多个；而上海和重庆作为直辖市，其行政层级较少，因而政

① 由于数据来自国家统计局网站和《中国统计年鉴》，目前仅获得 2019 年的数据。

府网站数量较少，分别只有 67 个和 87 个。一些政府网站存在首页长期不更新、互动栏目很少有回应等问题，因而要评价政府对网站的重视程度，除了要分析政府网站的数量之外，还要分析网站更新和回应的频率。

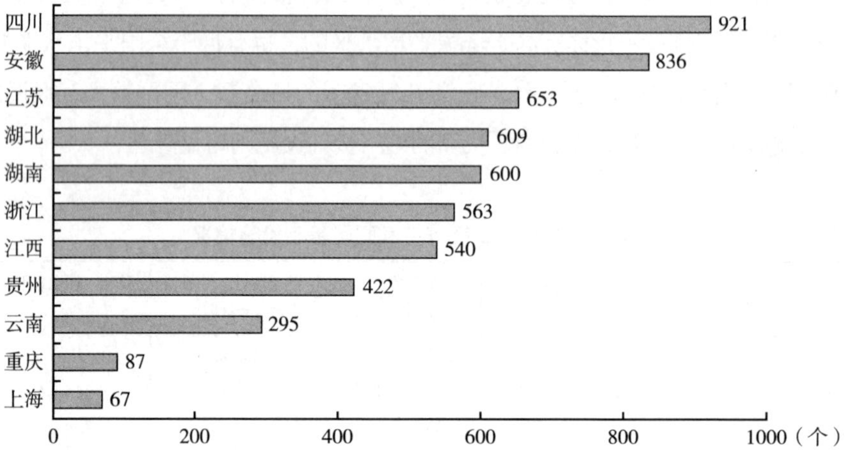

图 5　2020 年 12 月政府网站数量

资料来源：中国互联网络信息中心：第 47 次《中国互联网络发展状况统计报告》。

专栏 1：长江经济带各省市“十四五”规划和二〇三五年远景规划涉及数字经济相关内容

1. 上海

“十四五”时期，数字经济增加值占全市生产总值比重超 60%。不断提高实体经济数字化水平，激活数据新要素，培育产业新动能，引领数字新消费，打造数字可信安全环境，推动数字经济向更深层次、更宽领域发展，数字经济核心产业增加值占全市生产总值比重持续提升。

加快数字化发展，大力发展数字经济，加快数字社会、数字政府建设，全力打造具有国际竞争力的数字产业集群。全面实施智能制造行动计划，大力发展在线新经济等新业态新模式，聚焦智能工厂、工业互联网、特色电商、网络视听等重点领域，培育壮大一批本土龙头企业，打造新生代互联网企业集群。

2. 江苏

实施数字经济核心产业加速行动计划，完善信息通信、软件服务等数字产业链，推动大数据、云计算、工业互联网、人工智能、区块链等先导产业发展，布局建设一批高水平数字产业集聚区，培育一批旗舰型数字企业，构建全国数字经济创新发展新高地，支持无锡打造物联网创新促进中心。

实施数字贸易提升计划，积极参与数字经济国际规则制定，争取跨境数据流动开放，鼓励跨境电商平台向全球数字化贸易平台升级，塑造智能制造全球服务的领先优势。赋予自由贸易试验区改革自主权，突出全产业链开放创新，探索投资贸易、服务业开放、数字经济等领域更具竞争力的制度安排，在激发市场主体活力、高水平利用外资、高质量发展贸易等方面做出示范。

3. 浙江

数字经济增加值占全省生产总值比重达到60%左右。深入实施数字经济“一号工程2.0版”。深入实施数字经济五年倍增计划，大力建设国家数字经济创新发展试验区，打造数字强省、云上浙江。加快打造数字产业化发展引领区、产业数字化转型示范区、数字经济体制机制创新先导区，争取数字人民币试点，建设数字技术创新中心。创建国家制造业创新中心等高能级平台，形成一批具有国际竞争力的数字产业集群。推进工业、农业、服务业数字化转型。加快国家新一代人工智能创新发展试验区建设。加快建设数字社会，拓展新基建应用场景，推进生活数字化、公共服务数字化。加强数字立法，探索数字化基础制度和标准规范，完善数据产权保护机制，深化数据开放共享，加强个人信息保护。

4. 安徽

加快数字化发展。发展数字经济，推进数字产业化和产业数字化，打造数字科技创新先行区和数字经济产业集聚区。实施人工智能产业创新工程、“人工智能+”应用示范工程、“皖企登云”提质扩面行动，建设合肥国家新一代人工智能创新发展试验区，争创国家数字经济创新发展试验区、中国软件名园、中国软件名城，支持建设数字车间、智能工厂、创新应用试验场、场景实验室。做大做强“中国声谷”。加快江淮大数据中心、安徽（淮南）大数据交易中心建设。加强数字社会、数字政府建设，推动安康码更多场景应用，提升公共服务、社会治理等数字化、智能化水平。探索推进大数据和网络安全、数据数字交易等地方立法。

5. 江西

“十四五”时期，数字经济增加值占地区生产总值比重达30%左右。深入实施数字经济“一号工程”，加快数字化发展，推进数字产业化和产业数字化，推动数字经济和实体经济深度融合。一是集聚壮大先发优势数字产业。努力建设世界级VR中心，推动第五代移动通信技术融合应用，加快建设“智联江西”。二是加速布局前沿新兴数字产业。培育集成电路设计、制造、封装、应用产业链。发展新一代人工智能技术，推动智能机器人、智能网联汽车等产业集群加快发展。三是加快培育数字经济新业态新模式。推进企业上云上平台，发展在线教育、互联网医疗、线上办公等线上服务新业态，推广众包、云外包、平台分包等新模式。

6. 四川

打造数字经济新增长极。一是加快推进数字产业化。实施数字产业集聚升级计划，聚焦“芯屏端软智网”等核心产业和5G、超高清视频、区块链等新兴产业，建设具有国际竞争力的数字产业集群。二是大力促进产业数字化。实施数字技术融合应用计划，推进新一代信息技术与实体经济深度融合发展，带动制造业、服务业、农业提质增效升级。三是高水平建设国家数字经济创新发展试验区。构建与数字经济发展相适应的政策体系和制度环境。开展数字产业集聚发展模式创新、新型基础设施试验验证、超大城市智慧治理。

7. 重庆

“十四五”时期，数字经济增加值占地区生产总值比重提升至35%。加快区块链等新兴技术研发，发展数字经济新业态。“十四五”期间，在数字经济领域重点培育100家龙头企业、500家高成长创新企业、5000家（个）

中小微企业和创新团队。创建10个国家级数字经济应用示范高地。

推动数字经济和实体经济深度融合。推进数字产业化和产业数字化，深入实施智能制造，大力发展人工智能、云计算、区块链、超算等大数据产业，积极发展软件和信息服务业，加强数字社会、数字政府建设，开发培育智能化应用场景。

8. 湖北

实施数字经济跃升工程，推动数字经济和实体经济深度融合，赋能传统产业转型升级，催生新产业新业态新模式，着力打造全国数字经济新高地。一是推进数字产业化，加快形成数据驱动、应用带动产业发展新模式。着力发展软件和信息技术服务业等基础产业，推进国产操作系统、数据库、工具软件、行业应用软件和信息安全软件研发应用。培育壮大云计算、大数据、物联网、人工智能等新兴产业。二是促进产业数字化。推动传统产业数字化转型，增强转型能力供给，促进企业联动转型、跨界合作。着力推进制造业数字化、网络化、智能化，加快推广网络化协同制造、个性化定制、远程运营服务、众包众创等新模式。

9. 湖南

推动数字化发展。顺应新一轮科技革命趋势，推动经济社会发展数字化、网络化、智能化。大力推进数字产业化，发展壮大电子信息制造业，加快发展互联网、大数据、云计算、人工智能等产业，做强做优软件服务业，拓展新一代信息技术应用场景。大力推进产业数字化，拓展工业互联网融合创新应用，推动企业“上云用数赋智”，推进服务业数字化转型。加快数字社会和数字政府建设。扩大基础公共信息数据有序开放共享，推动数据资源开发利用。构建数字经济生态体系，推进线上线下联动、跨界业务融合。

10. 贵州

大力发展数字经济，推动大数据与实体经济深度融合。一是大力推动数字产业化。实施数字经济万亿倍增计划，深入开展大数据“百企引领”行动。二是大力推动产业数字化。深入实施“万企融合”大行动，持续推动大数据赋能实体经济。推进工业数字化改造，大力发展工业互联网，推动企业全流程和全产业链转型升级。深化农业产销智慧对接，大力发展智慧农业。大力发展智慧教育、智慧医疗、智慧物流等数字化新业态。三是大力推动数字化治理。创新数字治理模式，完善提升“一云一网一平台”，深入实施“数字政府”建设行动。

11. 云南

大力建设“数字云南”。全面加速经济社会数字化转型，推进资源数字化、数字产业化和产业数字化，推动数字经济与实体经济深度融合，把数字经济打造成为引领经济高质量发展的强大引擎。加快产业互联网建设，加快农业数字化转型，促进服务业数字化发展，深化新一代信息技术同重点产业发展和打造世界一流“三张牌”融合应用。加强数字社会、数字政府建设，建设智慧城市，拓展数字化公共服务。加快建设大数据中心。健全数据安全管理制度与标准规范，加强数据共享和安全保护，加强个人信息保护。

三 数字产业部分：电子信息产业

根据中国信通院的数据，信息产业强省江苏继续引领全国数字产业化发展，数字产业化增加值超过 1.5 万亿元；浙江、上海、四川、湖北、重庆、安徽的数字产业化增加值均超过 1000 亿元。从占 GDP 的比重来看，江苏省的数字产业化占比超过 15%，上海市的数字产业化占比超过 10%，浙江、重庆、四川、湖北的数字产业化占比为 5% ~10%。下文将基于传统的电子信息产业概念来展开分析。

（一）电子信息制造业

电子信息产业是长江经济带努力打造的五大产业之一。从总体上看，长江经济带的电子信息制造业占全国的 1/2 左右，如电子信息制造业的企业数量、主营业务收入、固定资产投资等都占全国的 50% 左右。但是在长江经济带内部，各省市的电子信息制造业发展水平存在较大差异，如 2020 年安徽省的计算机、通信和其他电子设备制造业增长 22.4%，四川省增长 17.9%，湖南省增长 17.4%，重庆市增长 14.9%，增长速度都超过了 10%，而湖北省仅增长 4.4%，贵州省的增长速度更为负值，为 -18.5%。①

具体到产品数量，长江经济带各省市的差异也较大。例如，生产移动通信手持机最多的是重庆，达 17431.86 万台；最少的是安徽省，只有 81.75 万台，两者相差 212 倍之多，这与上年情况类似；再如，生产微型计算机设备最多的是重庆市，达 7614.25 万台，最少的是贵州，只有 0.12 万台，两者相差更是悬殊。从表 3 同样可以看出，重庆和四川集聚了移动通信手持机和微型计算机设备的大规模生产，其次是江苏和浙江等地区，而安徽、贵州和云南等地区的产量则较少。

表 3　2018 年长江经济带各省市产品产量

单位：万台

地区	移动通信手持机	微型计算机设备
上海	4173.16	1121.69
江苏	5003.84	6032.35
浙江	4652.58	277.72
安徽	81.75	2253.84
江西	4897.63	—
湖北	3919.95	1270.24
湖南	1262.86	128.78
重庆	17431.86	7614.25
四川	14363.68	6584.24
贵州	3239.60	0.12
云南	2792.21	140.63

资料来源：《中国统计年鉴 2020》，经整理。

① 资料来源：各省市 2020 年《国民经济和社会发展统计公报》。

集成电路（IC）产业是国民经济和社会发展的战略性、基础性和先导性产业，长江经济带各省市的集成电路产业发展存在很大差异。2019 年生产集成电路最多的是江苏省，达 516. 3 亿块。江苏省的集成电路产业规模在全国居首位，2019 年集成电路产业销售收入为 2089. 35 亿元，同比增长 8. 5%。长江经济带中集成电路数量列第二位的是上海市，2019 年产量达到 207. 6 亿块（见图 6），上海已是国内集成电路产业集中度最高、产业链最完善、综合技术能力最强的地区之一，截至 2019 年底，集成电路行业重点企业超过 600 家，产业规模约占全国的 20%。① 排在上海之后的是浙江，集成电路数量也超过了 100 亿块。其后是四川、安徽和重庆，集成电路数量都在 30 亿块以上；而湖南、云南、江西、贵州、湖北的集成电路生产数量较低，均不足 10 亿块。

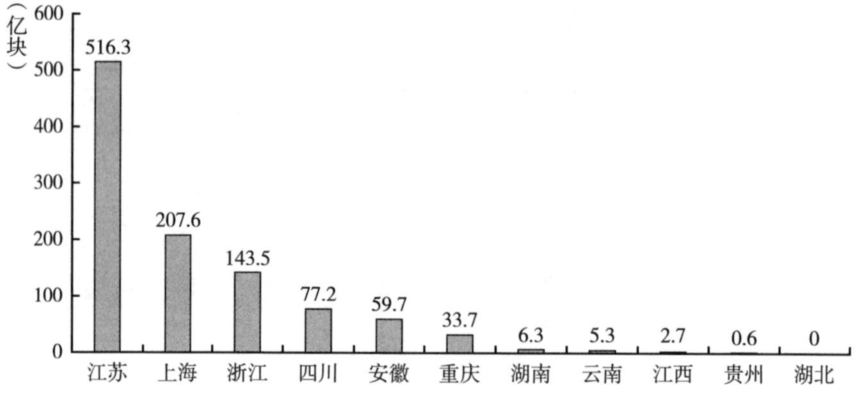

图 6　2019 年长江经济带各省市集成电路产量

资料来源：《中国统计年鉴 2020》，经整理。

（二）软件业与信息技术服务业

2020 年，我国软件业与信息技术服务业积极摆脱新冠肺炎疫情负面影

---

① 资料来源：上海市经济和信息化委员会网站。

响，呈现平稳发展态势，收入和利润均保持较快增长，信息技术服务加快云化发展。长江经济带的软件业与信息技术服务业增长也呈平稳向好趋势，增速都在10%以上。但由于各地经济水平和产业基础不同，软件业与信息技术服务业的发展也呈现出不同的局面。4个省市进入全国软件业务收入增长前十强，与上年相比，湖北退出了前十强。进入前十强的4个省市分别是江苏、浙江、上海和四川，分别列全国的第3位、第4位、第5位和第7位。如图7所示，除了江苏之外，其他省份与排第一名的北京和第二名的广东有着较大差距。

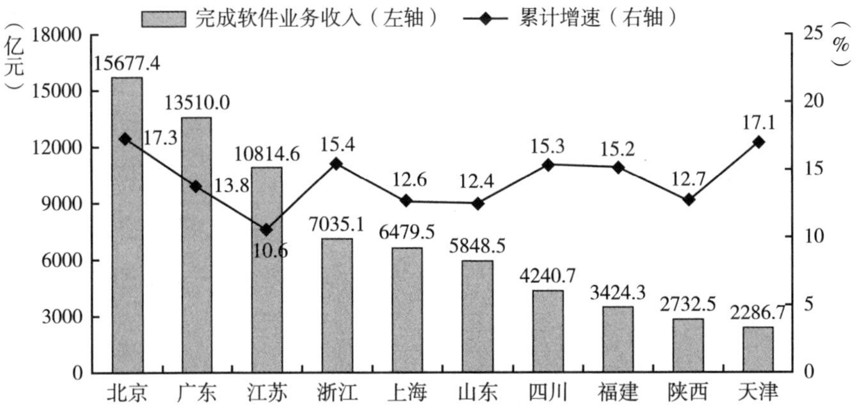

图7　2020年排前十位省份软件业务收入增长情况

资料来源：中国工业和信息化部网站，http：//www. miit. gov. cn/。

从企业数量和软件业务收入、利润来看，如表4所示，2020年1~11月，长江经济带软件业与信息技术服务业的企业数量为18307家，比上年少了448家，占全国的比重为45.2%，也比上年的46.5%有所减少，可见行业的发展规模略有收缩。长江经济带的软件服务业收入为30922亿元，比上年的27913亿元有所提高，占全国的比重为42.3%，比上年的43.2%有所降低。利润总额为4380亿元，超过了上年的4109亿元。可见长江经济带以更少的企业数量实现了更高的业务收入和利润总额，企业效率总体得以提高。

从各个省份来看，无论是企业数量还是软件服务业收入、利润总额，江苏省的各项指标规模仍然都是最高的，在长江经济带独占鳌头；江西、贵州和云南的企业数量较少，软件服务业收入和利润总额的绝对值较低，但贵州省的软件服务业收入增长较快，达到26.6%；江西和贵州的利润总额增长较快，分别达到36.3%和98.7%，增速非常显著。

表4　2020年1～11月长江经济带软件业与信息技术服务业收入情况

地区	企业数量（家）	软件服务业收入		利润总额	
		本期累计(万元)	同比增长(%)	本期累计(万元)	同比增长(%)
全国	40527	731416260	12.5	90088179	7.1
上海	1750	61185953	11.2	8175771	8.0
江苏	6183	96958486	10.9	10439187	4.2
浙江	2200	63243696	15.8	15670026	11.2
安徽	823	4702206	9.1	592907	-0.5
江西	168	1189375	-1.0	147203	36.3
湖北	2508	18568148	-4.8	2006757	-1.3
湖南	789	6644263	11.9	418397	-1.6
重庆	1506	17852442	16.3	1701003	12.8
四川	1844	35819298	12.9	4454497	11.1
贵州	324	2320934	26.6	143847	98.7
云南	212	737933	-5.3	52232	-15.9
长江经济带	18307	309222734	—	43801827	—
长江经济带占全国比重(%)	45.2	42.3	—	48.6	—

资料来源：中国工业和信息化部网站，http://www.miit.gov.cn/n11293472/index.html。

四　数字经济的产业融合部分

（一）总体发展情况

产业数字化是促进数字经济发展的重要驱动力。据中国信息通信研究院发布的《中国数字经济发展白皮书（2021）》（以下简称“白皮书”），2020年我国产业数字化规模达 31.7 万亿元，占数字经济比重达 80.9%，占 GDP 比重为 31.2%。

长江经济带 11 省市的产业数字化部分也进一步增长。江苏、浙江的产业数字化规模超过了 2 万亿元，上海、湖北、四川、湖南的产业数字化规模超过 1 万亿元。从占 GDP 比重来看，上海的产业数字化占 GDP 比重最高，高达 45.1%，其次是浙江、湖北和重庆，产业数字化占比均超过 30%，其余省市的产业数字化占比基本为 20% ~30%（见图 8）。①

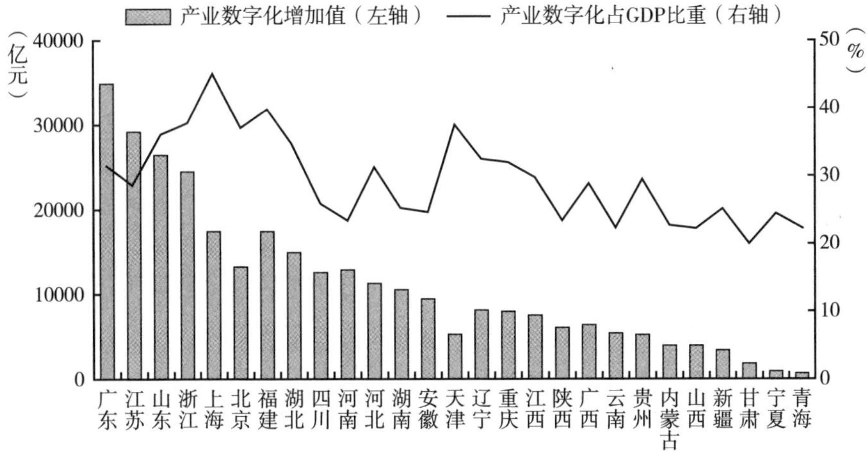

图 8　部分省份产业数字化规模及占 GDP 比重

资料来源：中国信息通信研究院：《中国数字经济发展白皮书（2021）》，2021 年 7 月。

长江经济带各地政府都在加速产业的数字化转型。上海市于 2020 年底公布了《关于全面推进上海城市数字化转型的意见》，指出要坚持整体性转变，推动“经济、生活、治理”全面数字化转型。浙江积极推进传统企业的数字化转型，2019 年评出“浙江产业数字化转型二十强地区”，为其他地区的数字化转型树立了标杆。江西着力引导占工业比重约七成的传统产业积极拥抱 VR/AR（增强现实）、物联网、大数据等新技术，实施技改，积极向数字化转型。江西 2020 年出台了《江西省数字经济发展三年行动计划

① 中国信息通信研究院：《中国数字经济发展白皮书（2021）》，2021 年 7 月。

(2020—2022 年)》，提出到 2022 年企业数字化转型率超过 60%。重庆以数字化转型推动传统产业构建“四链”，即通过数字化转型发展实现传统产业建强产业链、优化供应链、提升价值链、拓展生态链。此外，江苏、安徽、四川等地都在积极推动产业数字化转型，促使数字经济发展迈上新的台阶。

（二）电子商务

长江经济带的电子商务企业几乎占到全国的一半，2018 年如此，2019 年仍然如此。其中浙江省有着数量最多的电子商务企业，是 11 省市中唯一企业数量超过 1 万家的省份。2018 年浙江省是有电子商务交易活动的企业比重最高的省份，达到 11.9%，但在 2019 年其被安徽、重庆和四川超过，尤其是安徽省表现突出，有电子商务交易活动的企业比重达到 14.4%，是 11 省市中该比重最高的省份。另外，江苏省、安徽省和四川省都有着较多的电子商务企业；相比之下，云南省和贵州省的电子商务企业数量较少，这与 2018 年的情况类似（见表 5）。

表 5　长江经济带地区电子商务企业情况

单位：家，%

地区	有电子商务交易活动的企业数量		有电子商务交易活动的企业比重	
	2019 年	2018 年	2019 年	2018 年
上海	4660	3645	11.0	10.7
江苏	9844	8939	9.4	8.6
浙江	11353	10558	11.7	11.9
安徽	5830	4704	14.4	11.8
江西	2658	2234	9.1	8.3
湖北	3909	3666	9.7	9.1
湖南	4158	3988	10.0	10.3
重庆	2737	2545	12.4	11.6
四川	4968	4501	11.8	11.5
贵州	1487	1576	9.4	9.7
云南	1783	1713	10.5	10.4
长江经济带	53387	48069	—	—
全国	109410	99035	—	—
长江经济带占全国比重	48.8	48.5	—	—

资料来源：《中国统计年鉴 2020》。

从电子商务的交易情况来看，2019 年，上海的电子商务销售额和采购额仍然名列 11 省市中的第 1 位，远远超过电商企业数量众多的浙江省。2019 年 1 ~ 12 月，上海市实现电子商务交易同比增长 14.7%，其中网络购物交易同比增长 27.0%，成绩显著。① 从表 6 可以看出，除上海外，浙江有着较高的电子商务销售额，江苏有着较高的电子商务采购额，而江西省、云南省和贵州省等省份的电子商务销售额和采购额均较低。

表 6　2019 年长江经济带各地电子商务交易情况

单位：亿元，%

地区	电子商务销售额	电子商务采购额
上海	20462.4	11367.5
江苏	9873.8	7418.0
浙江	11482.0	4005.2
安徽	5569.6	2231.3
江西	2968.5	1369.1
湖北	4734.4	3074.5
湖南	3444.8	2308.3
重庆	4762.9	1719.8
四川	5368.0	3688.8
贵州	1415.4	612.2
云南	1959.6	936.2
长江经济带	72041.4	38730.9
全国	169325.9	101275.1
长江经济带占全国比重	42.5	38.2

资料来源：《中国统计年鉴 2020》。

（三）云计算产业

用云量在一定程度上可以测定一个地区云计算发展情况，图 9 是

① 资料来源：2020 年上海市《国民经济和社会发展统计公报》。

2020 年全国用云量排前十名省份。在长江经济带的 11 省市中，上海市、浙江省、江苏省、湖北省、云南省和贵州省名列全国前十强，可见长江经济带的云计算产业总体发展水平还不错。其中上海市不仅居长江经济带的第一名，而且居全国第一名。当前上海的云计算产业发展已经进入第三个阶段，云计算应用领域从科技型企业逐步向传统企业和政务领域拓展。① 江苏是全国制造业第一大省，非常重视云计算对实体产业发展的推动作用，总投资 180 亿元的阿里巴巴华东云计算数据中心已在江苏落户、华为云计算中心在江苏积极打造经济云时代。其他省份如浙江、湖北、云南和贵州等也非常重视云计算产业的发展，并取得了不俗的成绩。

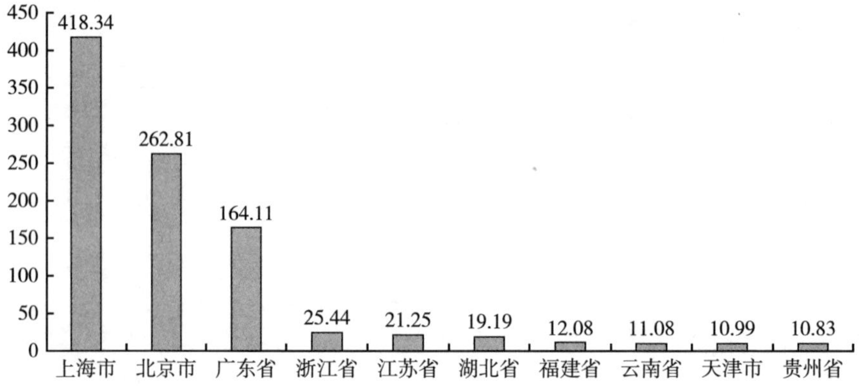

图 9　2020 年用云量省份十强

资料来源：腾讯研究院，“数字中国”网站。

具体到各个城市来看，从图 10 可以看出，上海、北京和深圳的用云量特别突出，指数值都超过了 100，尤其是上海市，2020 年用云量指数突破了 400，远超过第二名北京市的 262. 81，相比之下可以看出上海的云计算发展在全国独占鳌头。排名第三的是深圳市，用云量指数超过了 100。除

① 《上海加速云计算产业发展》，《中华工商时报》2018 年 8 月 28 日。

此之外，其他城市的用云量，比起这三个城市则相差较大。杭州在长江经济带用云量位列第二，指数值仅为23.26，与上海相比差距巨大。其他城市如武汉、贵阳和昆明也进入了全国用云量城市前十强，但用云量指数均不超过20。

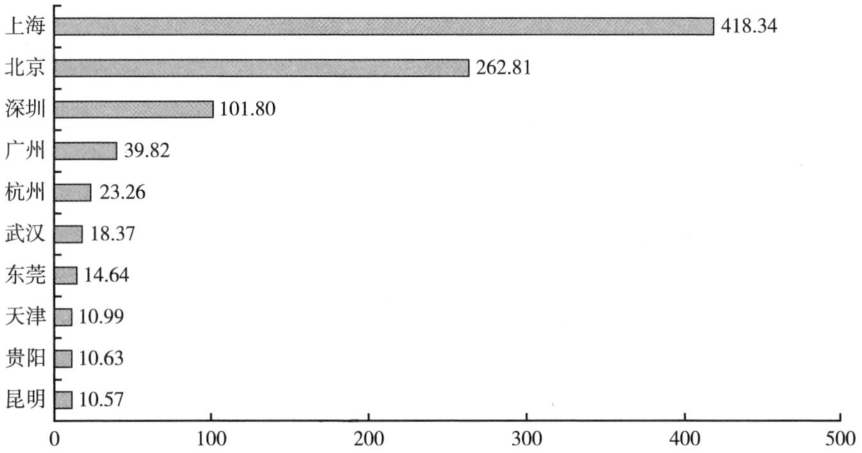

图10　2020年用云量城市十强

资料来源：腾讯研究院，“数字中国”网站。

（四）大数据产业

大数据产业是数字经济发展的重要内容之一。为客观测量各地大数据发展水平，赛迪智库发布了《中国区域大数据发展水平评估报告（2020年）》，这里从大数据总体发展指数、大数据产业发展指数和大数据行业应用指数三个方面来分析。首先，图11显示了2019年长江经济带各省市大数据总体发展指数，江苏以47.12位列长江经济带的榜首；紧随其后的是浙江和上海，分别以41.38和39.48列长江经济带的第2位和第3位。2019年，中西部地区仍然以四川省为引领，紧随上海之后，四川省大数据总体指数为34.12，位列长江经济带地区的第4位。此外，湖北、安徽、重庆、贵州等地的大数据产业发展势头也很不错，分别列长江经济带的第5位、第6位、第7位和第8位。其中云南省的大数据发展较为落后，指数值仅为13.29，列长江经济带地区的最末位。

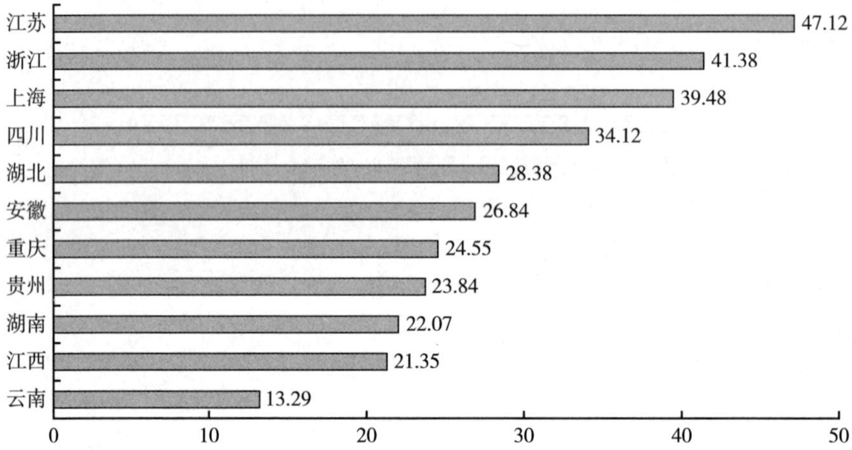

图11　2019年长江经济带各省市大数据总体发展指数

资料来源：赛迪智库信息化与软件产业研究所：《中国区域大数据发展水平评估报告（2020年）》。

其次，在大数据产业发展指数方面，赛迪智库的大数据产业发展指数由产业规模、企业数量、创新能力、数据资源四个变量决定。从图12可以看出，江苏省是我国大数据产业发展指数排第3位的省份，在长江经济带排名第一，为56.21；其后是上海、浙江和四川，分别列长江经济带地区的第2、第3和第4位，这个排名与上年相同，三者大数据产业发展指数都在30以上；湖北和安徽的大数据产业发展指数为20~30，在长江经济带分别排第5位和第6位；重庆、贵州、湖南、江西和云南五个省份的大数据产业发展指数偏低，都在20以下。

最后，在大数据行业应用指数方面，该指数主要是测量大数据在一个地区的金融、商贸、农业等行业的应用情况，以及在政务和民生方面的应用情况。如图13所示，长江经济带11省市中浙江的大数据行业应用指数最高，达到46.05；其次是江苏省，指数值为41.97，都超过了上海的

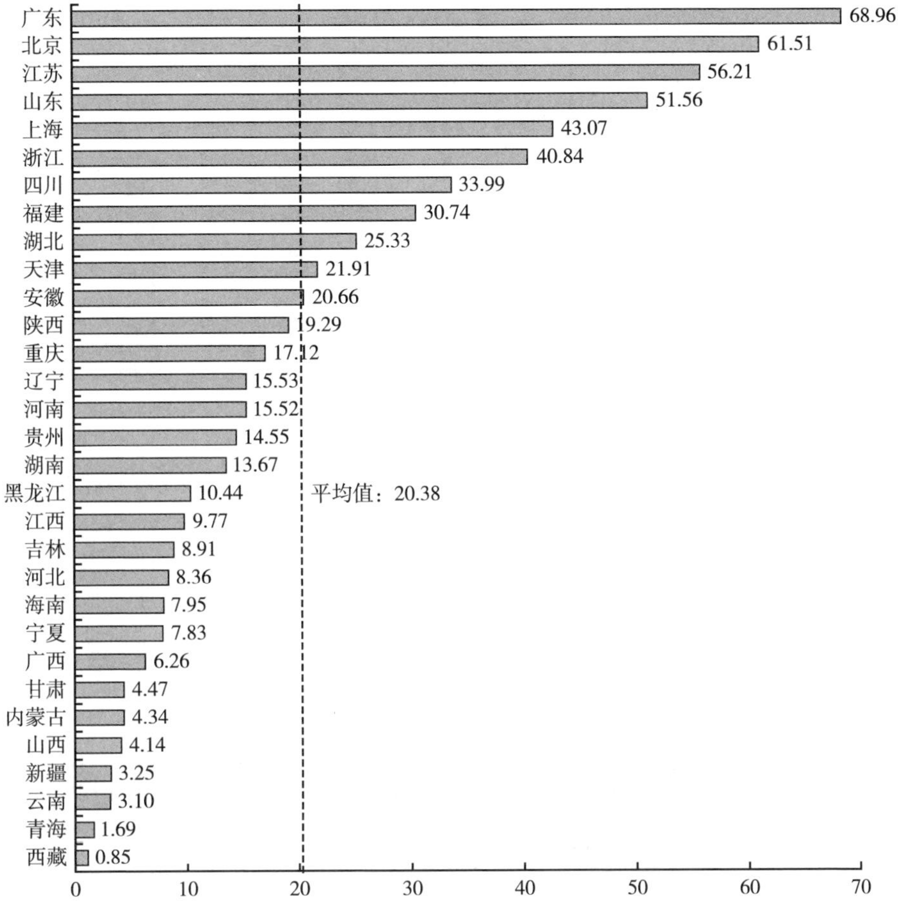

图 12　2019 年大数据产业发展指数

资料来源：赛迪智库信息化与软件产业研究所：《中国区域大数据发展水平评估报告（2020年）》。

37.12，而上年的评估中上海排在浙江和江苏之前，可见上海的大数据行业应用指数排名在 2019 年有所下降。其次是四川、安徽、湖北、湖南、重庆和江西，大数据行业应用指数都在 30 以上。只有贵州和云南大数据行业应用指数在 30 以下，可见贵州和云南的大数据行业应用水平在长江经济带是最低的。

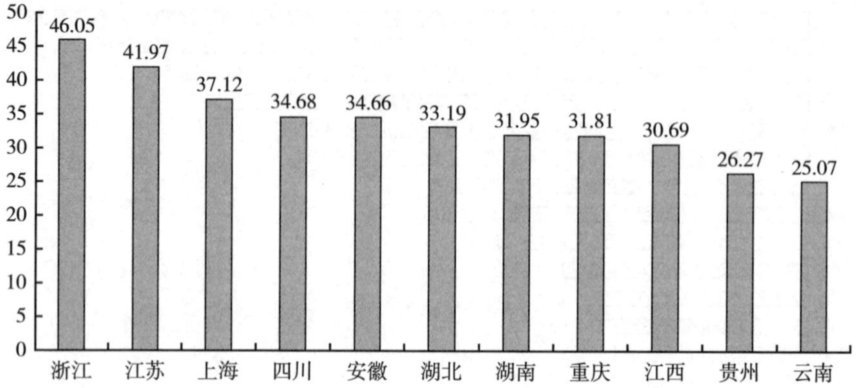

图 13　2019 年全国大数据行业应用指数

资料来源：赛迪智库信息化与软件产业研究所：《中国区域大数据发展水平评估报告（2020 年）》。

五　长江经济带地区数字经济发展：2021年展望

尽管 2020 年经历了疫情冲击，但数字经济发展的脚步从未停下。在国家长江经济带发展的战略部署下，长江经济带的数字经济有了新的进步。展望 2021 年，长江经济带的数字经济发展呈现以下趋势。

（一）产业集聚特色化发展态势进一步显现

根据国家战略，长江经济带依托区内 11 省市的超 100 个国家级、省级开发区和产业园区，在五大领域建设全域产业链，打造包括电子信息产业集群在内的五大世界级制造业集群。2020 年，长江经济带继续致力于建设大数据综合试验区、数字经济创新发展试验区、各具特色的产业园区等，以推动数字经济进一步集聚化发展。目前，贵州在建设国家级大数据综合试验区，上海和重庆在建设区域示范类综合试验区，四川、浙江和重庆三省市①

① 另外还有三个地区：河北省（雄安新区）、福建省和广东省。

还被确定为国家数字经济创新发展试验区。此外，长江经济带还有 50 多个信息产业开发区和产业园区，致力于提升集成电路设计水平、探索新型材料产业化应用、提升封装测试产业发展能力等。目前长江经济带的集成电路产业规模占全国七成以上，并涌现出中芯国际、华虹半导体、长电科技、中微半导体等集成电路设计、制造、封测、设备等环节的领军企业。产业集聚化发展态势在长江经济带将进一步显现。

（二）数字技术在经济社会各领域得到更广泛应用

随着数字技术的发展，各行业、各企业都在加速数字化转型。例如在农业领域，长江经济带下游地区是一个巨大的农副产品消费市场，中、上游地区则有着发展优质农副产品的巨大潜力，数字技术可以帮助中、下游农业实现规模化生产，然后通过数字化物流，为上游地区提供优质农产品供给。在工业领域，长江经济带拥有的很多传统制造业企业可以通过全面互联的新型网络基础设施，加快低成本、模块化的设备和系统的部署应用，加强对企业的智能化改造，加速企业“上云”步伐，进一步提高生产效率和管理水平。2021 年 4 月在首届成都国际工业博览会上启动了推进长江经济带企业数字化转型工作联动机制，未来数字化转型有望得以更好地实现。同样在服务业领域，数字技术与零售、金融、教育、医疗等各行各业相结合，创造出很多新颖的服务模式和盈利模式，在长江经济带经济社会的方方面面不断创新的技术应用场景，为改善人民的生活发挥了巨大作用。

（三）新型智慧城市建设将得到加速推进

建设智慧城市已历经数年，今后的城市建设将顺应技术进步潮流，更好地利用数字技术加快新型智慧城市的建设。2021 年，我国多地的“十四五”规划指出，要加快智慧城市、新基建等部署，推进新技术等基础设施建设。例如上海提出“推动城市数字化转型，提升城市能力和核心竞争力”；浙江提出“大力建设新型智慧城市，推行‘城市大脑’中心城市全覆盖”；重庆提出“推进智慧城市建设，深化大城细管、大城智管、大城众管”；贵州提出“广泛开展智慧城市、智慧社区建设，在重点区域开展数值孪生城市建设，突进城市生态修复，完善城市功能”。建设智慧城市，需要有良好的信息基础设施，中国电信提出建设以“一网、一云、一平台”为核心的智能信息化基础设施，为政府提供“精准精细”的城市治理，这将有效地帮助各地政府建设“智慧城市”。展望全球智慧城市建设的潮流，立足于长江经济带良好的基础设施，今后各地政府在新型智慧城市建设中，必将更充分利用先进的数字技术优势，建立更加合理高效的智慧城市网络，以及科学有效的数字治理结构和数字治理机制。

（四）长江经济带数字经济将更好地协同发展

长江经济带包含的11省市的资源禀赋、发展基础不同，产业结构、经济水平也不同，因此当前各省市的数字经济发展条件、发展水平也不尽相同。在国家建设长江经济带的大战略下，长江经济带各个地区为推进产业和经济的协同发展已经做了很多工作。但是数字经济的发展有其独特性，如5G等新技术提供了一个高度互联互通的网络世界，但是需要基站、通信终端等更加完整的基础设施支撑，因此单靠一个或几个城市的新基建布局远远不够，需要经济带各地区统筹规划、合理安排。长江经济带的下游地区——长三角已经迈出一体化发展的重大步伐，新一代信息技术产业集群是长三角努力建设的国际性集群之一。2021年1月5日，国家发展改革委就推动长江经济带发展五周年取得的成效举行新闻发布会，强调要深入学习贯彻党的十九届五中全会和习近平总书记重要讲话精神，坚定不移贯彻新发展理念，强化创新驱动，推动高质量发展取得新成效。在“双循环”的发展格局下，长江经济带的数字经济协同发展必然面临良好的机遇。

专栏2：长江经济带各省市关于智慧城市建设的政策①

2020年全国两会，“新基建”被首次写入政府工作报告，如何让“城市大脑”变得更聪明成了智慧城市建设破局的关键。2021年，我国多地政府在“十四五”规划中指出，要加快智慧城市、新基建等规模部署，推进新技术等基础设施建设，推动传统基础设施升级，建设新一代信息基础设施体系。长江经济带“十四五”规划中关于智慧城市的建设重点或任务如表7所示。

表7 “十四五”规划中智慧城市相关内容

省市	“十四五”期间智慧城市发展规划/目标
上海	以推动城市数字化转型、提升城市能级和核心竞争力为主攻方向，以深化供给侧改革、扩大高水平开放为根本动力
重庆	推进智慧城市建设，深化大城细管、大城智管、大城众管，常态化推行“马路办公”。建设适应经济社会发展的信息网络基础设施，系统布局建设新型基础设施，大力发展5G、工业互联网、物联网、大数据中心等，有序推进数字设施化、设施数字化
浙江	大力建设数字湾区，在新型基础设施建设、数字经济核心产业链培育、新型智慧城市建设等方面探路先行。大力建设新型智慧城市，推行“城市大脑”中心城市全覆盖
江西	统筹建设“城市大脑”，推进城市运行“一网统管”。加强城市精细化管理，推动资源、管理、服务向街道社区下沉，推进智能安防小区建设，加快建设现代社区
云南	大力建设“数字云南”。加强数字社会、数字政府建设，建设智慧城市，扩展数字化公共服务，提升政务服务、智慧教育、远程医疗、环境保护、社会治理、执法司法、边境管控、应急救援等数字化智能化水平
安徽	构建系统完备、高效实用、智能绿色、安全可靠的现代化基础设施体系。实施“新基建+”行动，加快第五代移动通信、工业互联网、大数据中心、超算中心、城市大脑、充电桩等建设
江苏	全面建设数字社会，打造新型智慧城市和数字乡村，提升城乡公共服务、交通物流、生态环保、社会治理、安全生产等智能化水平。加快建设数字政府，全面推进政务系统数字化建设
湖北	实施数字经济跃升工程，推进数字产业化和产业数字化，推进智慧城市和数字乡村建设，推动数字技术在公共服务、生活服务和社会治理领域的广泛应用和融合创新

① 资料来源：前瞻产业研究院：《2021年中国及31省区市智慧城市政策汇总及解读（全）智慧城市写入多地首要发展任务》。

续表

省市	“十四五”期间智慧城市发展规划/目标
湖南	大力推进数字产业化,发展壮大电子信息制造业,大力推进产业数字化,扩展工业互联网融合创新应用,推动企业“上云用数赋智”,推进服务业数字化转型
四川	加强数字社会、数字政府建设,提升公共服务、社会治理等数字化智能化水平。推进政务服务标准化、规范化、便利化,深化政务公开
贵州	广泛开展“智慧城市”“智慧社区”建设,在重点区域开展数字孪生城市建设,推进城市生态修复,完善城市功能

B.12
长江经济带旅游业发展报告（2020～2021）

于秋阳　邹子臻*

摘　要： 长江经济带是我国旅游业发展水平最高、发展贡献最大的区域之一，加快长江经济带旅游业融合发展，是推动长江经济带“大保护”和“高质量发展”相平衡的重要抓手。经过多年发展，长江经济带11省市旅游业在资源整合、品牌建设、区域共建等方面进行了长效合作。但同时，区域之间的旅游发展水平仍存在差异，区域合作过程中仍存在壁垒。本报告结合现阶段“十四五”规划目标和红色旅游发展中热潮，对长江经济带的旅游发展作出总结，并针对当下旅游业发展中的风险和机遇，就进一步推进产业结构升级、深化区域合作等提出相应的建议。

关键词： 长江经济带　旅游业　红色旅游

长江经济带发展是习近平总书记亲自谋划、亲自部署、亲自推动的重大国家发展战略之一，覆盖我国东、中、西部11个省市，面积约205.23万平方公里，占全国面积的21.4%。便捷的交通、丰富的资源、发达的产业、充足的人才、密集的城市群是长江经济带进行区域协同发展的基础和优势。

---

* 于秋阳，经济学博士，上海社会科学院应用经济研究所副研究员，研究方向为旅游产业经济、区域经济、文化创意产业；邹子臻，华东师范大学旅游管理硕士研究生，研究方向为旅游经济。

自2016年《长江经济带发展规划纲要》印发以来，长江经济带建设获得了巨大成就，经济总量占全国的比重从2015年的42.3%提高到2020年的46.6%，并逐步向高质量发展迈进。

《中华人民共和国国民经济和社会发展第十四个五年规划和2035年远景目标纲要》为全面推动长江经济带发展做出全新部署，提出长江经济带要成为协同推动生态环境保护和经济发展的先行区，要打造人与自然和谐共生的美丽中国样板，要发挥产业协同联动整体优势，要保护好长江文物和文化遗产，最终实现“大保护”的目标。旅游产业联动性强、跨界性强、融合性强，能够创造绿色、可持续的新动能，是“大保护”能够可持续的重要保障，是“大保护”和“高质量发展”相互平衡、相互协调的关键所在。在我国建党一百周年之际和“十四五”的开局之年，长江经济带的文旅产业发展也将迎来新的契机。

一 长江经济带旅游业发展总体概况

（一）疫情后中国旅游业发展速度减缓，积极探索产业高质量转型

2020年我国旅游业整体受新冠肺炎疫情影响较大，但在疫情得到有效防控后，我国旅游业呈现稳中向好发展态势，旅游产业结构迎来更高品质的优化。

在旅游市场方面，2020年，全年国内旅游人次为28.79亿人次，比上年同期下降52.1%。国内旅游收入2.23万亿元，同比下降61.1%。其中，城镇居民游客20.7亿人次，下降53.8%；农村居民游客8.1亿人次，下降47.0%。城镇居民游客花费17967亿元，下降62.2%；农村居民游客花费4320亿元，下降55.7%。[①]

① 国家统计局：《中华人民共和国2020年国民经济和社会发展统计公报》，http://www.stats.gov.cn/tjsj/zxfb/202102/t20210227_1814154.html，2021年2月28日。

在旅游产业供给方面，2020年末，全国共有A级旅游景区13332个，比上年末增加930个。其中，5A级旅游景区302个，增加22个；4A级旅游景区4030个，增加310个；3A级旅游景区6931个，增加733个。此外，15家国家级旅游度假区、第二批97家国家全域旅游示范区和680个全国乡村旅游重点村名单公布，旅游供给体系更加完善。①

在行政管理方面，文化和旅游部为应对疫情影响开设“乡村旅游面对面直播课堂”，提升从业人员信心和素质；开展跨区域旅游主题推广，支持黄河、长城、长江等旅游推广联盟；积极发挥旅游助力脱贫攻坚积极作用，2.26万个旅游扶贫重点村全部脱贫；深入实施红色旅游相关项目，培养全国红色旅游五好讲解员，举办红色旅游发展典型案例征集展示、第十届全国大学生红色旅游创意策划大赛、2020中国红色旅游博览会、红色旅游云课堂等活动，红色旅游持续向好发展。

（二）长江经济带旅游业发展逐步回稳

1. 长江经济带旅游市场总体发展情况

2020年，长江经济带旅游总人次达54.50亿人次，同比下降36.18%；旅游总收入达6.49万亿元，同比下降38.55%（见表1）。

表1　长江经济带11省市旅游市场总体情况

区域	省市	旅游总人次(万人次)	同比增长(%)	旅游总收入(亿元)	同比增长(%)
下游地区	上海	23734.3	-35.92	3112.9	-42.00
	浙江	57038.3	-21.50	8275.0	-24.20
	江苏	47077.0	-46.30	8250.6	-42.40
	安徽	47069.3	-43.05	4240.5	-50.30

① 《中华人民共和国文化和旅游部2020年文化和旅游发展统计公报》，http://zwgk.mct.gov.cn/zfxxgkml/tjxx/202107/t20210705_926206.html，2021年7月5日。

续表

区域	省市	旅游总人次(万人次)	同比增长(%)	旅游总收入(亿元)	同比增长(%)
中游地区	江西	55694.8	-29.75	5424.0	-42.00
	湖北	43729.0	-47.04	4379.5	-36.80
	湖南	69017.0	-17.31	8262.0	-15.40
上游地区	四川	45024.6	-40.30	7173.3	-38.10
	重庆	41931.4	-36.18	3523.5	-38.55
	云南	52957.7	-35.01	6477.0	-41.30
	贵州	61758.0	-45.60	5789.9	-53.00
长江经济带		545031.4	-36.18	64908.2	-38.55

注：旅游外汇收入按1美元=6.8974元人民币（2020年）、1美元=6.8985元人民币（2019年）汇率进行折算加总。重庆市2020年旅游总人次、旅游总收入数据缺失，以其他省市的平均增加值和2019年重庆市相关数据计算得出。其他未汇报旅游总人次或总收入的省市数据由国内旅游和际旅游数据加总得到。

资料来源：各省市2020年国民经济和社会发展统计公报。

2020年，旅游总人次较往年显著减少。除湖南、贵州两省之外，其他省市旅游总人次均低于6亿人次。湖南省旅游总人次最高，达到6.9亿人次，而上海旅游人次最少，仅有2.4亿人次，其他各省份旅游总人次为4.1亿~6.2亿（见图1）。从旅游总人次增长率来看，在疫情冲击下长江经济带整体上呈下降趋势，其中，湖北省旅游总人次下降最明显，同比下降

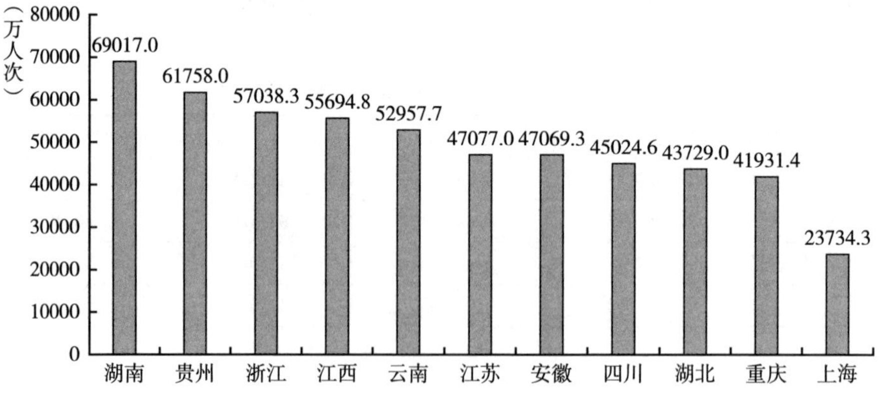

图1　长江经济带11省市旅游总人次排名

资料来源：各省市2020年国民经济和社会发展统计公报。

47.04%，江苏、贵州、安徽、四川等省份下降率也均超过 40%，湖南省旅游总人次下降最少，较前一年仅下降 17.31%，浙江、江西旅游总人次也恢复到同期的 78.5% 和 70.3%（见图 2）。

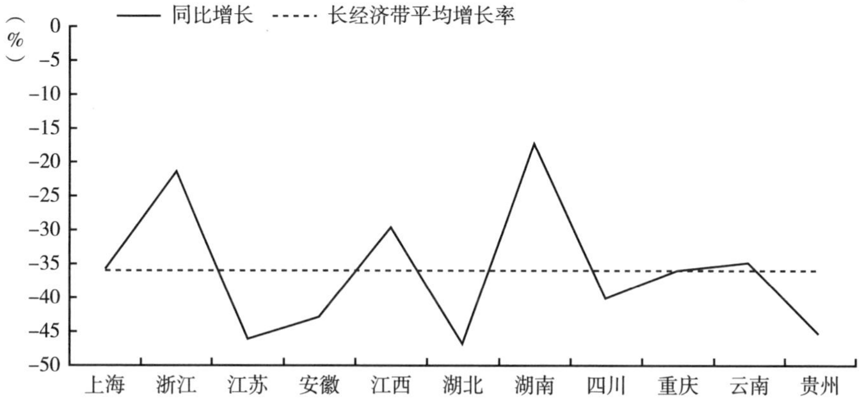

图 2　长江经济带 11 省市旅游总人次增长率

资料来源：各省市 2020 年国民经济和社会发展统计公报。

旅游总收入方面，2020 年，浙江省、湖南省、江苏省旅游总收入突破 8000 亿元，其中，浙江省旅游总收入 8275 亿元，居长江经济带第一位；重庆市、上海市旅游总收入最低，均仅 3000 亿元左右（见图 3）。从旅游总收

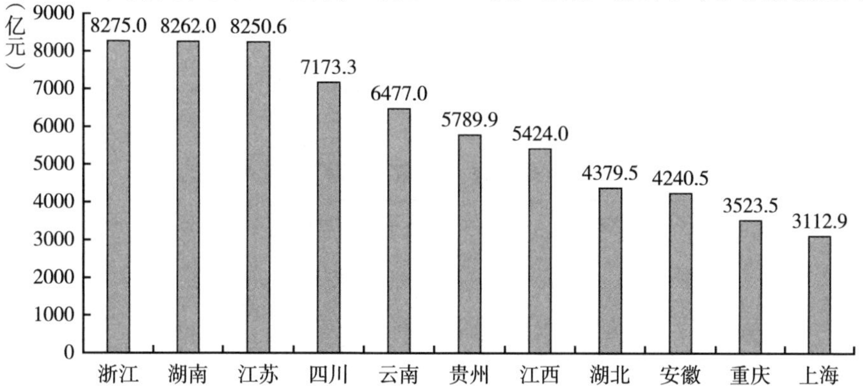

图 3　长江经济带 11 省市旅游总收入排名

资料来源：各省市 2020 年国民经济和社会发展统计公报。

入增长率来看，湖南省、浙江省下降最少，同比分别下降 15.4% 和 24.2%，贵州省、安徽省下降率超过 50%，其中贵州省下降最多，达到 53%；其他地区下降率为 30% ~50%（见图 4）。

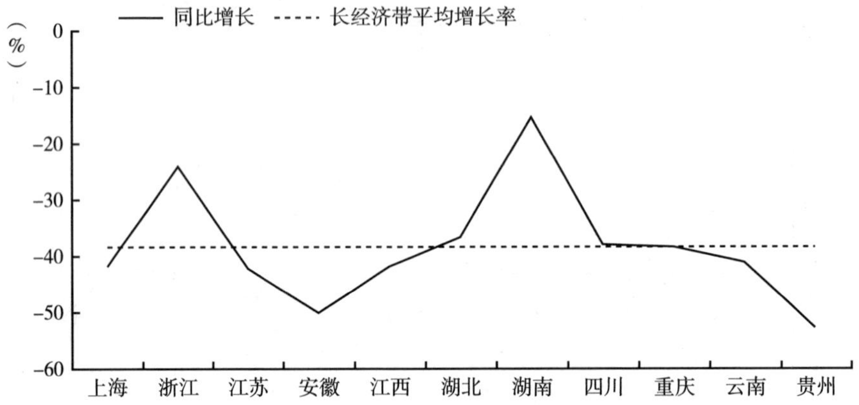

图 4　长江经济带 11 省市旅游总收入增长率

资料来源：各省市 2020 年国民经济和社会发展统计公报。

2. 长江经济带国内旅游市场基本情况

2020 年，长江经济带各省市国内旅游市场均为负增长，累计接待国内游客 544605.9 万人次，同比下降 35.73%；实现国内旅游总收入 64421.9 亿元，同比下降 37.99%。相较于全国国内旅游人次和旅游收入同期分别下降率的 52.1% 和 61.1%，长江经济带下降率较低，恢复态势更好（见表 2）。

表 2　长江经济带 11 省市国内旅游市场基本情况

区域	省市	国内旅游人次（万人次）	同比增长（%）	国内旅游收入（亿元）	同比增长（%）
下游地区	上海	23605.7	-34.70	2809.5	-41.30
	浙江	57000.0	-21.10	8263.9	-23.00
	江苏	47000.0	-46.20	8136.3	-41.50
	安徽	47000.0	-42.60	4221.5	-49.10
中游地区	江西	55681.8	-29.60	5420.1	-43.50
	湖北	43729.0	-47.04	4379.5	-36.80
	湖南	69000.0	-16.20	8258.4	-14.10

续表

区域	省市	国内旅游人次(万人次)	同比增长(%)	国内旅游收入(亿元)	同比增长(%)
上游地区	四川	45000. 0	-39. 90	7170. 1	-37. 40
	重庆	41931. 4	-36. 18	3523. 5	-38. 55
	云南	52900. 0	-33. 90	6449. 2	-39. 60
	贵州	61758. 0	-45. 60	5789. 9	-53. 00
长江经济带		544605. 9	-35. 73	64421. 9	-37. 99

注：湖北省、重庆市、贵州省国内旅游人次及增速、国内旅游收入及增速数据缺失，2020 年入境旅游停滞，数据量几乎可以不计，故国内旅游数据由旅游总人次及增速、旅游总收入及增速替代。

资料来源：各省市 2020 年国民经济和社会发展统计公报。

在国内旅游人次方面，湖南省、贵州省国内旅游人次突破6 亿，其中，湖南省旅游人次为6. 9 亿，居长江经济带第一位。上海市国内旅游人次最少，为2. 36 亿人次，仅为湖南省国内旅游人次的 34. 2%。浙江省、江西省、云南省三省的国内旅游人次超过5 亿，江苏省、安徽省、湖北省、四川省、重庆市的国内旅游人次超过4 亿（见图5）。

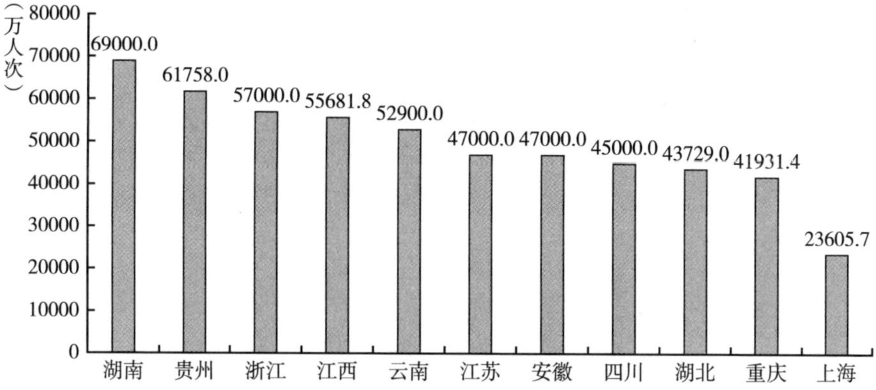

图5　长江经济带11 省市国内旅游人次排名

资料来源：各省市 2020 年国民经济和社会发展统计公报。

从国内旅游人次增速来看，上海市、浙江省、江西省、湖南省和云南省的下降率相较于长江经济带平均下降率更低。其中，湖南省下降最少，仅下降 16. 2%，浙江省、江西省分别恢复到同期水平的 78. 9% 和 70. 4%。湖北省旅游人次下降最为严重，同比下降47.04%，江苏省、贵州省、安徽省均下降40%以上（见图6）。

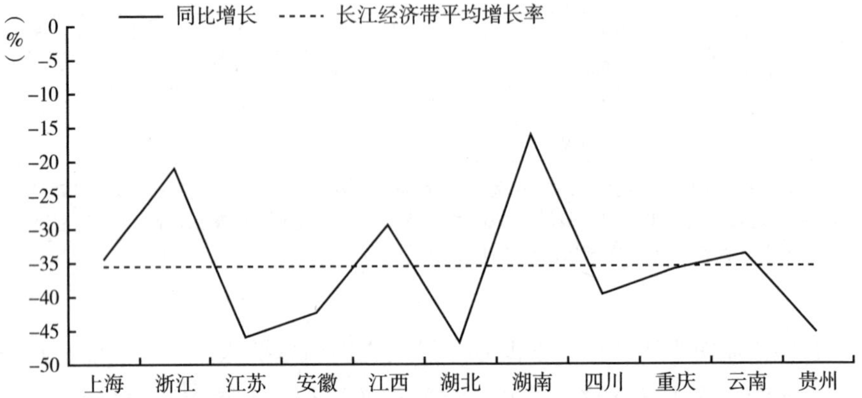

图6　长江经济带11省市国内旅游人次增长率

资料来源：各省市2020年国民经济和社会发展统计公报。

国内旅游收入方面，排前三位的浙江、湖南、江苏均突破8000亿元。其中，浙江省国内旅游收入达8263.9亿元，位列全流域之首。同为下游地区的上海，国内旅游收入仅2809.5亿元。贵州省虽国内旅游人次居第二名，但国内旅游收入却排第六名，而江苏省国内旅游人次居第六名，国内旅游收入却排第三名，地区之间人均旅游消费差异较大（见图7）。

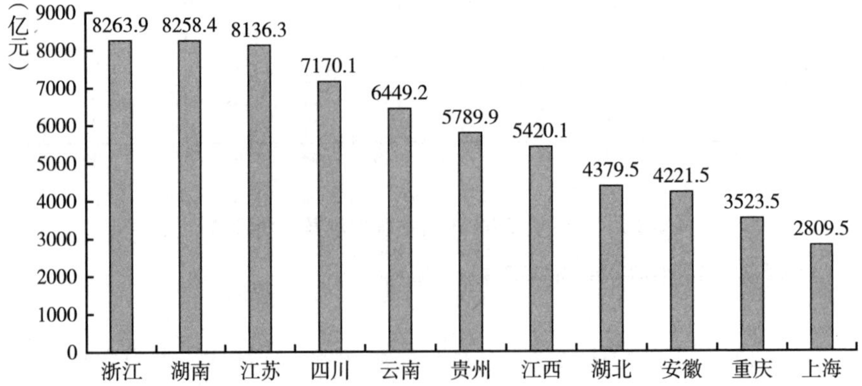

图7　长江经济带11省市国内旅游收入排名

资料来源：各省市2020年国民经济和社会发展统计公报。

从国内旅游收入增速来看，长江经济带全流域的平均增长率为-37.99%。具体而言，湖南省、浙江省相较于其他省份，国内旅游收入同比下降较少，分别下降14.10%和23.00%，贵州省、安徽省下降较多，分别为53.00%和49.10%。此外，上海市、江苏省、湖北省、四川省、重庆市、云南省的下降率基本持平，为36%~42%（见图8）。

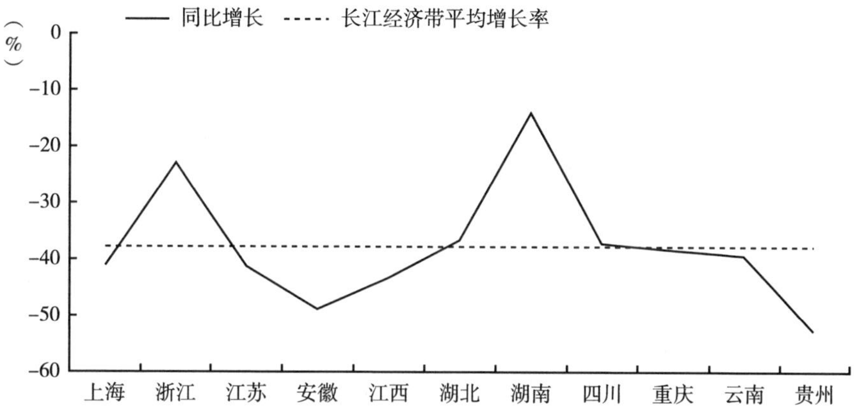

图8　长江经济带11省市国内旅游收入增长率

资料来源：各省市2020年国民经济和社会发展统计公报。

3. 长江经济带入境旅游市场基本情况

2020年，受疫情影响，入境旅游几乎全面停滞。长江经济带累计接待境外游客440.1万人次（除湖北省、贵州省之外），同比下降91.09%；实现旅游外汇收入79.5亿美元（除湖北省、贵州省之外），同比下降87.21%（见表3）。

表3　长江经济带11省市入境旅游市场基本情况

区域	省市	入境旅游人次（万人次）	同比增长（%）	旅游外汇收入（亿美元）	同比增长（%）
下游地区	上海	128.6	-85.70	37.7	-55.00
	浙江	38.3	-91.80	16.0	-93.90
	江苏	77.0	-80.40	16.6	-65.10
	安徽	69.3	-89.40	2.7	-91.90

续表

区域	省市	入境旅游人次(万人次)	同比增长(%)	旅游外汇收入(亿美元)	同比增长(%)
中游地区	江西	13.0	-93.40	0.4	-95.70
	湖北	—	—	—	—
	湖南	17.0	-96.40	0.6	-97.70
上游地区	四川	24.6	-94.10	0.5	-97.70
	重庆	14.6	-96.40	1.1	-95.70
	云南	57.7	-92.20	4.0	-92.20
	贵州	—	—	—	—
长江经济带		440.1	-91.09	79.5	-87.21

注：湖北省、贵州省入境旅游人次及增长率、旅游外汇收入及增长率数据缺失。浙江省只公布了入境过夜旅游人次。

资料来源：各省市 2020 年国民经济和社会发展统计公报。

入境旅游人次方面，呈现下游沿海地区和上游边境口岸地区接待入境游客优势明显、内陆省份的入境人次普遍较低的格局。其中，上海市入境旅游人次达到 128.6 万人次，列长江经济带第一位，占长江经济带入境旅游总人次的 29.2%。江苏省、安徽省入境旅游人次仅次于上海，分别为 77 万人次和 69.3 万人次。云南省入境旅游人次达到 57.65 万人次，在长江上游各省份中最高，其他省市的入境旅游人次均低于 40 万人次（见图 9）。

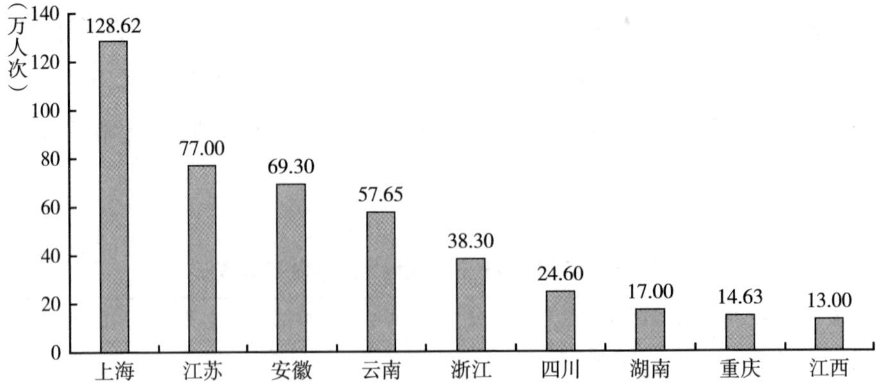

图 9　长江经济带 11 省市入境旅游人次排名

资料来源：各省市 2020 年国民经济和社会发展统计公报。

从增速来看，长江经济带平均入境旅游人次增长率为 -91.09%。下游地区入境旅游人次下降率稍低，中、上游地区下降幅度更为大。江苏省、上海市入境旅游人次下降最少，分别下降 80.4% 和 85.7%，湖南、重庆两地下降率最高，均达到 96.4%。中、上游地区各省市的降速均高于长江经济带平均下降率，而下游地区各省市的降速均低于长江经济带平均下降率（浙江由于数据不全除外）（见图 10）。

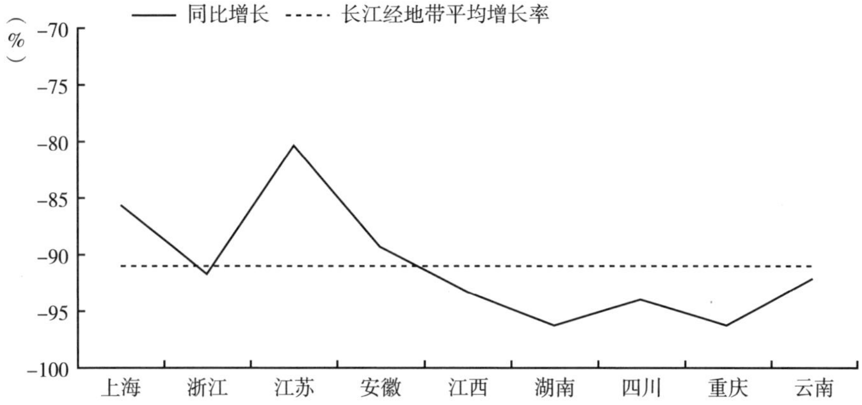

图 10　长江经济带 11 省市入境旅游人次增长率

资料来源：各省市 2020 年国民经济和社会发展统计公报。

旅游外汇收入方面，总体表现与入境旅游人次相似，下游地区旅游外汇收入较高，中、上游地区除临近边境的云南省外，其他省市旅游外汇收入较低。其中，下游的上海市、江苏省、浙江省入境旅游收入列前三，三者占长江经济带旅游外汇收入总量的 70.3%，上海占长江经济带旅游外汇收入的 37.7%；而排后三位的湖南省、四川省、江西省的旅游外汇收入均不足 1 亿美元。安徽省虽入境旅游人次较多，但旅游外汇收入却较少，入境人均消费偏低（见图 11）。

旅游外汇收入增速方面，长江经济带旅游外汇收入平均增长率为 -87.21%。其中，中、上游地区下降率更大，高于长江经济带平均下降率，湖南省、四川省均以 97.7% 的降速并列成为下降最多的省份。下游地区的上海、江苏两省下降较少，分别下降 55% 和 65.10%，远小于各自入境旅游人次的下降幅度（见图 12）。

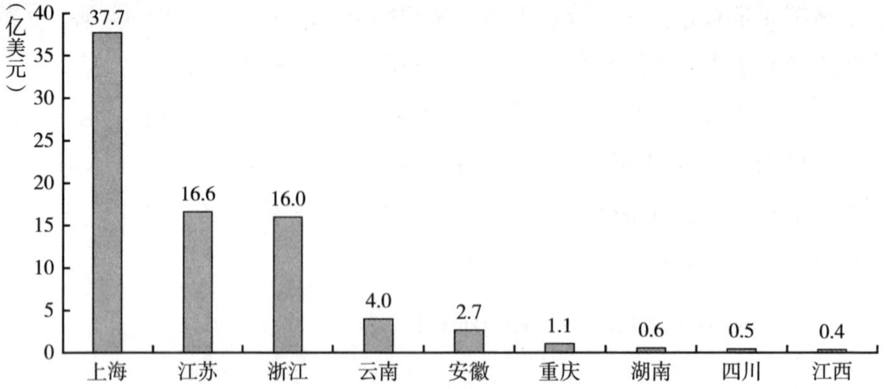

图 11　长江经济带 11 省市旅游外汇收入排名

资料来源：各省市 2020 年国民经济和社会发展统计公报。

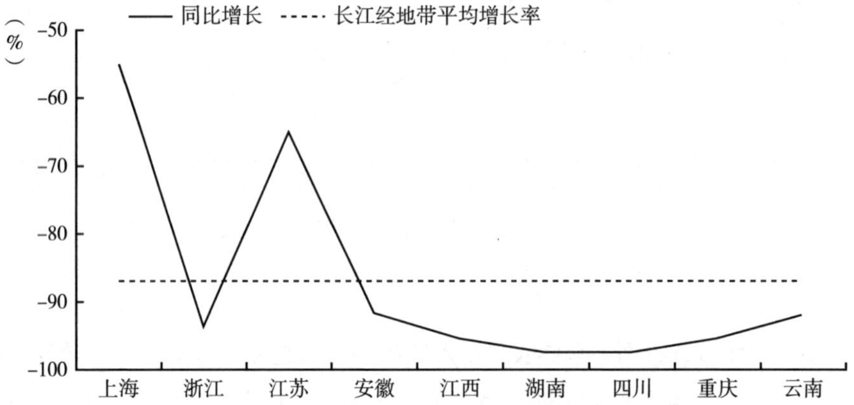

图 12　长江经济带 11 省市旅游外汇收入增长率

资料来源：各省市 2020 年国民经济和社会发展统计公报。

二　长江经济带旅游业运行态势地区比较

（一）旅游产业发展基础差异显著

1. 区域旅游资源分布与营收状况

从 A 级景区（点）的资源分布情况来看，截至 2019 年底，下游地区景区（点）数量最多，5A 数量为 56 个，较上一年增加 3 个，4A 数量为 673 个，较上一年增加 50 个，A 级数量共 2131 个，较上一年增加 126 个，在整个流域的优势较为明显；上游地区景区（点）方面，5A 数量为 37 个，较上一年增加 4 个，4A 数量为 568 个，较上一年增加 111 个，A 级数量为 1684 个，较上一年增加 483 个。中游地区景区（点）数量最少，5A 数量为 33 个，较上一年增加 5 个，4A 数量为 409 个，较上一年增加 59 个，A 级数量为 1324 个，较上一年增加 207 个。

从 A 级景区（点）接待人次上看，2019 年长江经济带接待游客总人次为 31.81 亿人次，约占全国景区（点）接待总人数（64.75 亿人次）的 49.13%，接待游客数量最多的省份包括江苏省、浙江省、安徽省、四川省，均超过 3 亿人次。从 A 级景区（点）的营业收入看，实现营业收入 3252.77 亿元，占全国 A 级景区营业总收入（5065.97 亿元）的 64.21%，四川省、江西省、浙江省营业收入排前三位，均超过 500 亿元人民币，上海市、重庆市、云南省的景区营业收入较少，均不足 100 亿元（见表 4）。

表 4　长江经济带 11 省市 A 级景区（点）分布情况

区域	5A 级景区(点)数量(个)	4A 级景区(点)数量(个)	A 级景区(点)数量(个)	A 级景区(点)接待总人次(亿人次)	A 级景区(点)营业收入(亿元)
上海	3	62	113	1.62	67.82
浙江	18	217	798	5.12	538.15
江苏	24	203	615	5.77	225.85
安徽	11	191	605	3.12	230.11
江西	12	146	421	1.86	610.81
湖北	12	142	421	1.84	192.25
湖南	9	121	482	2.88	306.68
四川	13	269	679	4.04	708.00
重庆	9	105	242	1.76	88.57
云南	8	74	343	1.67	77.21
贵州	7	120	420	2.13	207.32
下游地区	56	673	2131	15.63	1061.93
中游地区	33	409	1324	6.58	1109.74
上游地区	37	568	1684	9.60	1081.10
长江经济带	126	1650	5139	31.81	3252.77

资料来源：2020 年中国文化和旅游统计年鉴及其副本。

2. 区域经济发展水平差别明显

区域经济水平是旅游业发展的重要影响因素。根据各省市2020年国民经济和社会发展统计公报数据，长江经济带11省市社会经济发展差异大，既包括我国经济发展的排头兵，也包括我国中西部欠发达地区。从数据上看，下游地区尤其是上海市、浙江省、江苏省三地的人均GDP、城镇居民人均可支配收入、农村居民人均可支配收入显著高于中、上游地区。其中，安徽省相对其他三省市，社会经济基础较为薄弱，但也处于长江经济带中等发展水平。中游地区三省市差异较小，湖北省社会经济实力相对较强，而湖南省居民消费能力更强。上游地区中，重庆市社会经济发展水平明显高于其他三省。同时，城乡居民消费能力明显不同，城镇居民人均可支配收入为农村居民人均可支配收入两倍左右（见表5）。

表5　长江经济带11省市社会经济指标状况

单位：元

区域	省份	人均GDP	城镇居民人均可支配收入	农村居民人均可支配收入
下游	上海	155768	76437	34911
	浙江	100620	62699	31930
	江苏	121231	53102	24198
	安徽	63426	39442	16620
中游	江西	56871	38556	16981
	湖北	74440	36706	16306
	湖南	62900	41698	16585
上游	四川	58126	38253	15929
	重庆	78170	40006	16361
	云南	51975	37500	12842
	贵州	46267	36096	11642
长江经济带		79072	45500	19482

资料来源：GDP数据来自国家统计局官网。可支配收入数据来自各省市。

根据国家统计局第七次人口普查相关数据，全国城镇化率为63.89%，长江经济带城镇化率为64.07%，略高于全国平均水平。其中，上海市、浙江省、江苏省、重庆市显著高于长江经济带平均水平。从区域格局来看，下游地区除安徽省城镇化率不足60%外，其他省份城镇化率普遍较高，其中上海城镇化率最高，达89.30%，浙江、江苏两省也均超过70%；中游地区次之，其中湖北城镇化率较高，达62.89%，上游地区除重庆市城镇化率达到69.46%外，其他三省城镇化率均不足57%，城镇化水平较低（见表6）。

表6　长江经济带11省市城镇化率情况

单位：%

区域	省份	城镇化率
下游	上海	89.30
	浙江	72.17
	江苏	73.44
	安徽	58.33
中游	江西	60.44
	湖北	62.89
	湖南	58.76
上游	四川	56.73
	重庆	69.46
	云南	50.05
	贵州	53.15
长江经济带		64.07

资料来源：各省市统计局第七次人口普查数据结果。

3. 自然环境及生态状况

区域的园林、绿化等自然生态环境是旅游环境的重要组成部分。在人均绿地面积方面，上游、中游、下游地区总体状况优良，江西省人均绿地面积最高，达到15.54平方米，浙江省次之，为15.00平方米。

森林覆盖率方面，上游地区和中游地区普遍好于下游地区，江西省达到61.16%的森林覆盖率，位居第一，浙江省以59.43%的森林覆盖率次之，云南省、湖南省、重庆市、贵州省、湖北省等森林覆盖率均超过长江经济带平均水平，上海市、江苏省、安徽省森林覆盖率排最后三位，分别为14.04%、15.20%、28.65%。

建成区绿化覆盖率方面，各省市之间差别较小。其中，江苏省、江西省、浙江省、重庆市处于前四位，分别达到 39.72%、38.25%、38.26%、37.48%，其他省市均未超过 40%（见表 7）。

表 7 长江经济带 11 省市生态环境指标状况

单位：平方米，%

区域	省份	人均绿地面积	森林覆盖率	建成区绿化覆盖率
下游	上海	—	14.04	—
	浙江	15.00	59.43	38.26
	江苏	13.85	15.20	39.72
	安徽	14.07	28.65	33.63
中游	江西	15.54	61.16	38.25
	湖北	11.83	39.61	30.24
	湖南	11.17	49.69	33.86
上游	四川	13.65	38.03	32.28
	重庆	12.91	43.11	37.48
	云南	10.82	55.04	33.16
	贵州	12.73	43.77	31.14
长江经济带		13.16	40.70	34.80

资料来源：《中国统计年鉴 2020》。

（二）旅游业运营业绩

1. 旅行社规模及业绩

根据文化和旅游部发布的《2020 年度全国旅行社统计调查报告》，在旅行社数量方面，全国共有旅行社 40682 家，较上年增长 4.47%。长江经济带共有旅行社 16735 家，占全国旅行社总数的 41.14%，平均增长率为 6.24%，高于全国平均水平。从地区分布来看，下游地区的旅行社数量远高于中、上游地区，江苏省旅行社数量最多，达到 3057 家，其次是浙江省，有 2885 家。中、上游部分省市的旅行社增长速度较快，例如湖南省、贵州省 2020 年旅行社数量分别增加了 15.05%、12.96%，远高于长江经济带和全国平均水平。

在旅行社营业收入方面，下游地区也普遍高于中、上游地区，其中，上海营业收入总额最高，达到204.44亿元，浙江、江苏两省的营业收入也均高于100亿元，而中、上游各地区，除重庆市之外，营业收入都不足50亿元。

在旅行社利润总额方面，2020年普遍利润较低，平均利润为负，整体呈现亏损状况。其中，重庆市旅行社亏损最多，达到2.02亿元，上海市、江苏省、湖北省、云南省、贵州省等地的旅行社也均入不敷出。但浙江省、安徽省、江西省、湖南省和四川省的旅行社实现盈利，其中，浙江省旅行社盈利最多，利润总额达到1.5亿元（见表8）。

表8　长江经济带11省市旅行社数量和业绩情况

区域	省市	旅行社数量(家)	增长率(%)	营业收入总额(亿元)	利润总额(亿元)
下游地区	上海	1808	2.84	204.44	-0.03
	浙江	2885	4.19	132.39	1.50
	江苏	3057	3.87	121.33	-1.65
	安徽	1522	2.35	32.70	0.45
中游地区	江西	974	7.15	17.98	0.92
	湖北	1310	3.39	39.81	-0.79
	湖南	1315	15.05	45.96	0.75
上游地区	四川	1336	7.57	22.25	0.52
	重庆	710	5.50	88.39	-2.02
	云南	1147	3.80	35.31	-0.54
	贵州	671	12.96	16.70	-0.52
长江经济带		16735	6.24	757.26	-1.40

资料来源：文化和旅游部：《2020年度全国旅行社统计调查报告》。

2. 星级饭店规模及业绩

根据文化和旅游部发布的《2020年度全国星级饭店统计报告》，长江经济带星级饭店在全国占据重要的地位，2020年，长江经济带共拥有星级饭店3309家，占全国星级饭店总数的39.29%（共8423家）；长江经济带星级酒店固定资产原值1894.36亿元，占全国的43.84%（共4321.25亿元）；

全国星级饭店营业收入总额1221.53亿元，其中长江经济带贡献了568.34亿元，占全国的46.53%；全国星级饭店当年利润总额为负值，共亏损115.69亿元，长江经济带利润总额为-43.04亿元；长江经济带星级饭店的平均出租率为40.78%，略高于全国平均水平。

从地区分布上看，下游地区星级饭店的综合实力更强，上海市、浙江省和江苏省星级饭店数量、固定资产总值、营业收入总额略高于中、上游地区，其中浙江省星级饭店数量、固定资产原值最高。相反，在疫情影响下，中、上游地区的星级饭店亏损普遍略少于下游地区，贵州省亏损最少，利润为-0.17亿元，浙江、上海亏损最多，分别为损失9.28亿元和8.51亿元。湖南省的星级饭店在长江经济带中平均出租率最高，达到49.27%，上海平均出租率最低，为36.7%（见表9）。

表9　长江经济带11省市星级饭店数量和业绩情况

区域	省市	星级饭店数量(家)	固定资产原值(亿元)	营业收入总额(亿元)	利润总额(%)	平均出租率(%)
下游地区	上海	188	333.29	101.17	-8.51	36.70
	浙江	500	350.34	120.61	-9.28	41.72
	江苏	376	313.00	110.17	-3.49	41.90
	安徽	245	137.01	37.06	-3.41	39.40
中游地区	江西	293	99.25	25.16	-1.79	38.53
	湖北	312	128.52	32.13	-4.52	39.43
	湖南	272	124.49	37.37	-2.71	49.27
上游地区	四川	366	186.14	46.90	-4.57	44.04
	重庆	151	73.58	17.48	-3.38	40.04
	云南	389	95.77	21.44	-1.21	37.15
	贵州	217	52.97	18.85	-0.17	40.44
长江经济带		3309	1894.36	568.34	-43.04	40.78
全国		8423	4321.25	1221.53	-115.69	38.98

资料来源：文化和旅游部：《2020年度全国星级饭店统计报告》。

3.从业人员基本情况

2019年长江经济带旅行社从业员总数190716人，占全国总数的

45.85%（共415941人）。下游地区旅行社从业人数为104644人，远高于中、上游地区，约占长江经济带旅行社从业总人数的54.87%，其中江苏从业人员最多，达31261人；中游地区旅行社从业人数为44553人，约占长江经济带旅行社从业总人数的23.36%；上游地区旅行社从业人数最少，为41519人，约占长江经济带旅行社从业总人数的21.77%（见表10）。

2019年长江经济带星级饭店从业人数368320人，占全国总数的34.69%（共1061600人）。下游地区星级饭店从业人数最多，为199800人，占长江经济带星级饭店从业总人数的54.25%，其中浙江省从业人数最多，达73000人；中游地区星级饭店从业人数最少，仅83400人，占长江经济带星级饭店从业总人数的22.64%；上游地区星级饭店从业人数85120人，占长江经济带星级饭店从业总人数的23.11%。

2019年长江经济带A级景区从业人数771217人，占全国总数的47.60%（共1620170人）。下游地区A级景区从业人数239887人，占长江经济带A级景区从业人数的31.10%；中游地区A级景区从业人数234101人，占长江经济带A级景区从业人数的30.35%；上游地区A级景区从业人数最多，为297229人，占长江经济带A级景区从业人数的38.54%。其中，湖南省、四川省景区从业人数突破了10万人，为当地带来了大量的就业机会。

表10　长江经济带11省市旅游行业相关从业人员数量

单位：人

区域	省市	旅行社从业人数	星级饭店从业人数	A级景区从业人数
下游地区	上海	29707	41300	13832
	浙江	31057	73000	70749
	江苏	31261	57700	75899
	安徽	12619	27800	79407
中游地区	江西	6913	23900	45120
	湖北	18318	27900	53687
	湖南	19322	31600	135294

续表

区域	省市	旅行社从业人数	星级饭店从业人数	A 级景区从业人数
上游地区	四川	11818	39400	165936
	重庆	12375	12900	23612
	云南	11793	20720	60167
	贵州	5533	12100	47514
下游地区		104644	199800	239887
中游地区		44553	83400	234101
上游地区		41519	85120	297229
长江经济带		190716	368320	771217

资料来源：2020 年中国文化和旅游统计年鉴及其副本。

（三）区域红色旅游发展各具特色

1. 上游长征文化、红岩精神特色显著

在全国 100 处红色旅游经典景区中，上游地区共 11 处（见表 11），在全国 260 处国家级抗战纪念设施、遗址名录中，上游地区共 23 处。长江上游地区是我国红军长征的核心区，各省市围绕长征文化着力建设长征文化公园，四川省的泸定桥、四姑娘山，云南省的巴哈雪山、金沙江，重庆的綦江石壕，贵州省的遵义、赤水，都见证了红军长征的伟大事迹，承载着长征精神。此外，重庆的红岩精神也展现出从抗日战争时期到解放战争初期老一辈革命家们的精神气概。

表 11　上游各省市红色旅游经典景区

区域	省市	红色旅游经典景区
上游地区	四川	①广安市红色旅游系列景区(点) ②巴中市、达州市、广元市、南充市川陕革命根据地红色旅游系列景区(点) ③四川红军长征红色旅游系列景区(点) ④宜宾市宜宾县赵一曼纪念馆 ⑤资阳市乐至县陈毅故居

续表

区域	省市	红色旅游经典景区
上游地区	重庆	重庆市红色旅游系列景区(点)
	云南	①云南红军长征红色旅游系列景区(点) ②昆明市“一二·一”四烈士墓及“一二·一”纪念馆
	贵州	①贵州红军长征线红色旅游系列景区(点) ②贵阳市息烽集中营革命历史纪念馆 ③安顺市王若飞故居

2. 中游地区革命老区集聚

在全国100处红色旅游经典景区中，中游地区共17处（见表12），在全国260处国家级抗战纪念设施、遗址名录中，中游地区共24处。赣湘鄂地区有我国革命早期建设的大量根据地，井冈山革命根据地、湘鄂西革命根据地、湘鄂赣革命根据地、湘赣革命根据地、湘鄂川黔革命根据地、赣东北革命根据地等为中国的革命战争提供了可靠的战略依托。江西省的井冈山是中国革命的摇篮，南昌是中国人民解放军的诞生地，瑞金是苏维埃中央政府成立的地方。湖南省的秋收起义、湖南起义、桑植起义、平江起义等记载了共产党人的奋斗历程。湖北的武昌起义、八七会议、黄麻起义见证了我国革命时期的艰苦岁月。

表12　中游各省市红色旅游经典景区

区域	省市	红色旅游经典景区
中游地区	江西	①南昌市红色旅游系列景区(点)(南昌八一起义纪念馆、方志敏纪念馆) ②萍乡市红色旅游系列景区(点) ③井冈山市红色旅游系列景区(点) ④赣州市、吉安市、抚州市中央苏区政府根据地红色旅游系列景区(点) ⑤上饶市上饶集中营革命烈士陵园
	湖北	①武汉市红色旅游系列景区(点) ②黄冈市大别山红色旅游区 ③湘鄂西红色旅游系列景区(点) ④孝感市红色旅游系列景区(点)

续表

区域	省市	红色旅游经典景区
中游地区	湖南	①湘潭市韶山市毛泽东故居和纪念馆 ②长沙市红色旅游系列景区(点) ③湘潭市湘潭县彭德怀故居和纪念馆 ④岳阳市红色旅游系列景区(点) ⑤郴州市宜章县湘南暴动指挥部旧址 ⑥衡阳市衡东县罗荣桓故居 ⑦张家界市桑植县贺龙故居和纪念馆 ⑧湘西自治州永顺县湘鄂川黔革命根据地旧址

3. 下游地区党史主题突显

在全国100处红色旅游经典景区中，下游地区共16处（见表13），在全国260处国家级抗战纪念设施、遗址名录中，下游地区共41处。长江下游地区地缘相近、文脉相融，红色文化具有很强的关联性和连贯性，散布着以建党、淮海战役、渡江战役为主题的众多红色资源，形成了以“红船精神”为源头的大别山精神、雨花英烈精神、龙华英烈精神、小岗精神等丰富的红色文化。上海、浙江两省市重要党史人物多、重大党史事件多、重要党史遗址遗迹多是其红色文化的突出特点，而安徽、江苏两省是我国抗日战争、解放战争时期的重要根据地。

表13　下游各省市红色旅游经典景区

区域	省市	红色旅游经典景区
下游地区	上海	上海红色旅游系列景区(点)
	浙江	①嘉兴市南湖风景名胜区(中共一大旧址) ②绍兴市鲁迅故居及纪念馆 ③台州市解放一江山岛战役纪念地 ④温州市浙南(平阳)抗日根据地旧址 ⑤宁波市浙东(四明山)抗日根据地旧址
	江苏	①南京市红色旅游系列景区(点) ②江苏新四军红色旅游系列景区(点) ③徐州市淮海战役纪念馆 ④南通市海安县苏中七战七捷纪念馆 ⑤淮安市红色旅游系列景区(点)

续表

区域	省市	红色旅游经典景区
下游地区	安徽	①宣城市泾县皖南事变烈士陵园及新四军军部旧址纪念馆 ②淮北市濉溪县、宿州市萧县淮海战役双堆集烈士陵园及淮海战役总前委旧址 ③六安市金寨县、金安区、裕安区、霍山县和安庆市岳西县大别山红色旅游系列景区（点） ④芜湖市王稼祥纪念园 ⑤滁州市藕塘烈士纪念馆及中原局旧址

（四）区域旅游业“十四五”规划引领发展新方向

1. “十四五”时期旅游业目标明确

根据“十三五”工作总结，各省市基本上完成“十三五”提出的旅游业发展目标。2020 年是“十四五”开局之年，根据各省市的“十四五”规划和 2035 年远景目标的建议，各省市依据自身旅游业发展水平和当前旅游业发展趋势，结合地区特色优势，提出旅游业发展目标和发展建议，发挥旅游产业优势，成为长江经济带“大保护”和“高质量发展”的重要抓手（见表 14）。

表 14　长江经济带各省市“十三五”成就和“十四五”目标

区域	省市	“十三五”发展成就	“十四五”发展目标
下游地区	上海	具有全球影响力的世界著名旅游城市基本建成	建设都市旅游首选城市，建设国际旅游开放枢纽，建设亚太旅游投资门户，建设国际数字旅游之都
	浙江	文化建设和旅游发展成果丰硕，公共服务提质扩面，全域旅游格局基本形成	基本建成现代化旅游经济强省，努力成为长三角休闲度假胜地、中国最佳旅游目的地、国际知名旅游目的地和未来旅游先行地
	江苏	—	以省域宜居宜业宜游为目标，努力打造一批世界级、国家级旅游景区、度假区和旅游廊道
	安徽	旅游业对于国民经济和社会发展的综合带动功能全面凸显，创新型文化和旅游强省建设迈出坚实步伐	加快推进全域旅游发展，打造美丽中国建设先行区、世界一流旅游目的地、中华优秀传统文化传承创新区，进一步提高文化旅游产业规模占全省比重

续表

区域	省市	“十三五”发展成就	“十四五”发展目标
中游地区	江西	旅游接待人次、旅游总收入大幅增长,旅游景区品牌创建实现突破,旅游改革走在全国前列	努力建成文化强省、旅游强省,旅游产业成为江西战略性支柱产业,旅游产业主要指标稳居全国第一方阵
	湖北	湖北文化强省、旅游强省建设取得重大进展,规划确定的主要目标任务全面完成	建设一批世界知名文化旅游景区和度假区,创建国家级旅游休闲城市和街区,建设世界知名、全国一流的文化旅游目的地和长江国际黄金旅游带核心区
	湖南	旅游产业成为高质量发展的新引擎	建设全域旅游基地,确保文化和旅游产业增加值稳居全国第一方阵,建设世界知名旅游目的地
上游地区	四川	实现了由文旅资源大省向文旅经济大省的历史性跨越,向世界重要旅游目的地更近一步	基本建成文化强省旅游强省
	重庆	全面完成“十三五”目标任务,文化建设和旅游发展取得突破性进展	加快建成世界知名旅游目的地,初步建成世界级休闲旅游胜地
	云南	—	建设国际著名休闲旅游目的地,打造世界一流“健康生活目的地”品牌
	贵州	旅游业成步入全国第一方阵,奠定了从文化和旅游大省迈向文化和旅游强省的坚实基础	实现旅游产业大提质,打造国际一流山地旅游目的地、国内一流度假康养目的地,建设多彩贵州旅游强省

资料来源：根据各省份的国民经济和社会发展第十四个五年规划和二〇三五年远景目标的建议整理而成。

2. 上游地区发挥特色优势，提升旅游产品服务和公共配套

上游地区生态优势明显，民族特色鲜明，但多数地区经济发展滞后，旅游业基础还需进一步提升。

四川省一方面强调民族地区发展，推动民族地区交通基础建设，彰显民族文化魅力，厚植生态本底，发展全域旅游；另一方面，以巴蜀文化为主线，以九寨、峨眉、大熊猫等特色文化为依托打造精品路线，进行全域环境整体提升。

重庆市对标国际一流，突出巴渝特色，统筹全域发展，高标准打造大都市、

大三峡、大武陵三大旅游目的地产品体系和服务体系，全面升级配套设施，加快以旅游交通、邮轮母港、智慧旅游、旅游厕所等为重点的旅游基础设施建设。

云南省着力完善规划布局，打通交通瓶颈，支持民族地区发展旅游，建设沿边跨境文化旅游带，建设澜沧江沿岸休闲旅游示范区和昆玉红旅游文化带。

贵州省推动民族地区加快发展，打造具有国际影响力的原生态民族文化旅游目的地，建设民族团结进步繁荣发展示范区，加快完善旅游基础设施和公共服务体系，形成全域旅游发展新格局，提升旅游产业发展质量和效益。

3. 中游地区着力区域合作，完善旅游产业体系和业态布局

长江中游地区承东启西、连南接北，历史渊源深厚，交通条件优越，在长江经济带旅游业发展格局中合作密切，提出共建长江经济带行动计划，推动革命老区项目开发，推出长江中游森林步道等旅游精品线路，推进长江文化保护传承弘扬工程建设。此外，推进长江中游智慧旅游工程建设，发行长江旅游年卡。

江西省促进生活性服务业品质化发展，推动旅游从传统观光型向休闲度假型升级，聚焦全域旅游示范省建设，实施“旅游+”融合工程，积极发展红色旅游、生态旅游、都市休闲旅游、乡村旅游等业态，建设一批文化特色鲜明的高品质国家级旅游景区和度假区。

湖北省大力发展民宿经济、景观农业、休闲康养、农耕文化体验等乡村旅游新业态，强调文旅融合，推出文化旅游特色品牌和线路，打造文化旅游综合体，建设以景区景点、文博场馆、名镇名村等为依托的文化旅游消费集聚区。

湖南省推动一二三产业融合发展，构建长株潭都市圈近郊乡村旅游圈、大湘西大湘南农业旅游带，促进体育文化旅游融合，实施体育文化旅游精品示范工程，推进文化和旅游融合创新开放发展，完善旅游公共服务体系，深化旅游管理体制改革。

4. 下游地区全域提质升级，打造世界级旅游目的地

长江下游地区经济发达，文化一脉相承，旅游业发展处于全国前列，“十四五”期间寻求更高质量、更大范围的发展。

上海市着力开发更具历史、文化和科技元素的特色文创产品和旅游线

路；全方位提升城市整体形象，实施旅游宣传推广计划；推动文化、旅游、体育产业提质增效、创新融合，深化世界著名旅游城市建设，大力发展大众旅游、全域旅游。

江苏省提出优化文旅融合发展体制机制，发展高品质旅游产品，促进红色旅游、乡村旅游、遗产旅游、研学旅游等融合业态提质升级；完善旅游基础设施，深化文旅公共服务功能融合；完善江苏智慧文旅平台功能，加快全域旅游示范区发展。

浙江省强调形成现代旅游业体系，包括现代旅游产品体系、旅游营销体系、旅游公共服务体系更加完善，显著提升旅游产业链现代化水平，凸显特色旅游业态优势，快速发展新兴业态；建设全域旅游示范省、数字旅游示范省、旅游富民示范省，建立省域旅游现代化治理体系。

安徽省推动旅游服务向观光、休闲、度假并重转变，打造一批文化旅游重点项目，建设智慧文旅，丰富乡村经济业态，推进旅游发展提质升级工程，做大做强旅游产业。

三　长江经济带旅游业发展展望

（一）后疫情时代旅游业风险与机遇并存

我国正在形成以国内大循环为主体、国内国际双循环相互促进的新发展格局。目前，我国消费领域发生巨大变化，消费热点由满足人民群众物质生活需求的实物消费向体现人民美好生活需要的服务消费转变。在疫情影响下，旅游消费也发生巨大变化，部分出境旅游消费转入国内，高水平旅游消费需求量增长，尤其是在休闲度假、冰雪旅游、特种运动旅游等产品方面供不应求。一系列新型优质的中高端度假产品、主题玩法引领着旅游市场恢复增长，需求量大幅提高，旅游消费水平显著上升。同时，受疫情的压抑，国内居民在疫情防控常态化时期，旅游报复性消费、补偿性消费逐步凸显，出游需求、消费需求迫切。长江经济带作为我国经济最为活跃、人口最为密集的地区之一，具有旅游需求大、旅游消费高等特点，在未来仍然拥有巨大潜力。

（二）文旅融合，深挖区域旅游产品文化内涵

习近平总书记提出要推动长江经济带高质量发展，保护好长江文物和文化遗产，深入研究长江文化内涵，推动优秀传统文化创造性转化、创新性发展。长江经济带聚合了以古代巴蜀文化、荆楚文化、吴越文化及近代海派文化、当代创新文化等为代表的多样化文化体系。长江经济带应深度挖掘各区域特色文化内涵，大力培育文化旅游品牌，不断提升知名度和影响力，加快推进文化与旅游融合发展，为经济社会高质量发展注入新动能。上、中、下游各省份应着力打造一批地标性主题景观集群和大型文旅综合体，依据自身文化特点和发展基础提升一批富有文化底蕴的精品景区和旅游度假区，形成多样化的文化旅游载体，加快推进博物馆、美术馆、图书馆等文化设施植入旅游功能，提升旅游服务水平。

（三）结合五年规划，提升区域旅游业协同发展效率

规划是对未来整体性、长期性、基本性问题的思考和考量，是设计未来整套行动的方案。长江经济带整体旅游业发展规划的制定和实施，能有效地防止盲目无序的建设和发展，避免重复性、同质化旅游产品建设，尤其是长江流域部分省市之间地域相近、文脉相承，旅游资源类似，整体规划可使区域旅游业的开发和发展科学合理、各得其所、相互协调。同时，强调多规合一，统筹协调旅游业与其他部门、其他产业之间的关系，互相约束、互相促进，实现长江经济带高质量发展。

参考文献

《“建党百年红色旅游百条精品线路”公布》，中国新闻网，2021 年 5 月 31 日。

《两部委公布60个红色旅游发展典型案例》，央广网，2020年10月13日。

中国旅游研究院：《中国入境旅游发展报告2020》，2020年11月10日。

《国务院办公厅印发〈关于以新业态新模式引领新型消费加快发展的意见〉》，新华社，2020年9月27日。

B.13
长江经济带交通运输业发展报告（2020～2021）

王晓娟　段 宇*

摘　要： 2020年新冠肺炎疫情突袭而至，在此严峻形势下，长江经济带交通运输业仍稳步发展，交通运输体系日趋完善，运输方式逐步多样化，运输能力不断提高。基于交通网络里程、道路投资、港口建设和机场群建设等统计数据，本报告从多角度出发，深入分析长江经济带交通运输业发展情况，对上、中、下游地区发展状况进行对比，并对长江经济带交通运输业未来发展提出相应的建议与展望。

关键词： 长江经济带　交通运输业　港口　机场

2020年，以深化供给侧结构性改革为主线，统筹推进疫情防控和经济社会发展相结合进而开展交通运输各项工作，保证疫情期间，交通运输业稳步发展，为如期实现全面建成小康社会提供了坚实的保障。2020年，全国铁路营业里程14.6万公里，比上年末增长5.3%。全国公路总里程519.81万公里，比上年末增加18.56万公里，全国内河航道通航里程12.77万公

* 王晓娟，博士，上海社会科学院应用经济研究所副研究员；段宇，上海社会科学院应用经济研究所硕士研究生。

里，比上年末增加387公里。①

2020年是“十三五”规划的收官之年，交通运输业“十三五”规划目标圆满实现，交通运输业快速发展，运输服务提质增效降本，行业新技术新业态蓬勃发展，为打赢脱贫攻坚战、推进国家重大战略实施打下了坚实的基础。

一 构建长江经济带交通体系

（一）长江经济带交通网络里程

长江经济带综合立体交通走廊规划，是为加强长江经济带交通基础设施建设、实现各种运输方式完美衔接、建立长江经济带综合交通网络体系而实施的战略规划。规划期为2014～2020年，以长江黄金水道为依托，协同公路、铁路、水路、航空、管道等多种运输方式综合发展，最终形成长江经济带综合交通网络，有力推动长江经济带发展。

从2014年开始，该规划稳步实施，成效显著。2018年，全面完成长江沿线1361座非法码头的整治工作，同时也破获非法采砂相关案件566起；中上游地区新改建农村公路1.37万公里，新增通硬化路建制村2500个。②2019年，长江航线从马鞍山港拓展到武汉港，四川巴中机场以及湖南岳阳机场成功竣工，2020年，巴中至南充铁路开工建设，江苏省五峰山长江大桥、沪通长江大桥和南京长江五桥建成通车，重庆仙女山机场建成通航。截至2020年，基本形成了横贯东西、沟通南北、通江达海、便捷高效的长江经济带综合立体交通走廊。

2019年长江经济带运输线路长度如表1所示，2019年长江经济带实现

① 《2020年交通运输行业发展统计公报》，http：//www.gov.cn/xinwen/2021－05/19/content_5608523.htm，2021年5月19日。

② 《长江经济带综合立体交通走廊建设取得明显成效》，http：//www.scio.gov.cn/xwfbh/xwbfbh/wqfbh/39595/39949/zy39953/Document/1648002/1648002.htm，2019年2月28日。

铁路营业总里程42796公里，占全国铁路总里程的30.58%，比上年增长约1个百分点，基本与上年持平；内河航道里程90584公里，占全国内河航道总里程的71.16%，与上年相比基本持平。上、中、下游地区内河航道里程分别占长江经济带总内河航道里程的25.55%、28.29%、46.16%。可以看出，长江内河航道在全国优势明显，尤其下游地区优势显著。公路总里程超过223万公里，占全国公路总里程的44.50%，比上年增加0.81个百分点。其中长江经济带的高速公路总里程近6万公里，占全国高速公路总里程的39.31%。

表1　2019年长江经济带运输线路长度

单位：公里，%

项目	铁路营业里程	内河航道里程	公路里程		
			总里程	等级公路	其中:高速
上海	467	2028	13045	13045	845
江苏	3587	24372	159937	157954	4865
浙江	2842	9767	121813	121710	4643
安徽	4844	5651	218295	217791	4877
江西	4905	5638	209131	195458	6144
湖北	5165	8488	289029	281422	6860
湖南	5579	11496	240566	226590	6802
重庆	2359	4352	174284	155186	3233
四川	5242	10818	337095	318092	7523
贵州	3753	3751	204723	170883	7005
云南	4053	4223	262409	231741	6003
下游地区	11740	41818	513090	510500	15230
中游地区	15649	25622	738726	703470	19806
上游地区	15407	23144	978511	875902	23764
长江经济带	42796	90584	2230327	2089872	58800
全国	139926	127298	5012496	4698725	149571
占全国比重	30.58	71.16	44.50	44.48	39.31

资料来源：《中国统计年鉴2020》。

（二）道路交通投资状况

1. 交通投资概况

2020 年，新冠肺炎疫情突袭而至，各省市交通投资均受到影响。疫情防控形势向好后，各省市抓建设、稳投资，交通投资稳步回升。表 2 显示了 2020 年 1 ~ 11 月公路、水路交通固定资产投资完成情况。截至 2020 年 11 月，长江经济带总投资、公路建设投资、内河建设投资以及沿海建设投资基本与上年整年投资持平，甚至有所上升，占全国比重也基本不变。2020 年除其他建设投资外，其他投资均有望超过上年。上、中、下游地区各项投资额度及其占长江经济带比例基本保持不变；上、中、下游地区其他建设投资均大幅下降，导致长江经济带其他建设投资下降过快，下降幅度超过 65%，只占全国其他建设投资的 26. 09%，占比下降 15 个百分点左右。

表 2　2020 年 1 ~ 11 月公路水路交通固定资产投资完成情况

单位：万元，%

项目	总投资	公路建设投资	内河建设投资	沿海建设投资	其他建设投资
上海	1626858	1309092	315260	—	2506
江苏	10040104	8519044	917283	545221	58556
浙江	17660133	15751628	741442	1143884	23179
安徽	7806633	6897732	908901	—	0
江西	8232634	7716461	505039	—	11134
湖北	9836470	9052633	712492	—	71345
湖南	6267096	6055845	162012	—	49239
重庆	6221724	5941350	279148	—	1227
四川	17634580	17218386	334808	—	81386
贵州	11212895	10902571	86607	—	223716
云南	26426477	26330970	82492	—	13015
下游地区	37133728	32477496	2882886	1689105	84241
中游地区	24336200	22824939	1379543	—	131718
上游地区	61495676	60393277	783055	—	319344
长江经济带	122965604	115695712	5045484	1689105	535303
全国	239526699	225690678	6140463	5643688	2051870
占全国比重	51. 34	51. 26	82. 17	29. 93	26. 09

资料来源：中华人民共和国交通运输部。

2. 下游地区的交通运输情况

根据《2020年上海市综合交通运行年报》，2020年沪苏通铁路开通运营，沪苏湖铁路开工建设，北沿江、沪乍杭铁路前期工作有序推进；机场联络线开工建设，嘉闵线前期工作有序推进，市域铁路建设快速推进；一体化示范区交通互联互通有序推进，毗邻地区累计打通4条省界断头路，开通20余条毗邻公交线路，日均客流约1.3万人次，加快推进自贸区新片区和虹桥商务区交通设施建设。①

江苏省交通绿色发展成绩显著，同时推进运输结构调整。2020年，江苏省推广应用新能源营运车辆5.5万辆、清洁能源营运车辆7.5万辆，比2015年分别增长358%、5.6%；建成一批绿色生态航段，如京杭运河湖西航道、施桥船闸等；南京禄口机场T2航站楼是全国首个绿色运行机场；国家级、省级多式联运示范项目分别达到4个、22个，开通示范线路116条，居全国首位。扎实推进运输结构调整，铁路货物发送量从“十二五”末的5066万吨增长到2020年的6866万吨；沿海主要港口大宗货物铁路和水路集疏港比例提升至94.2%，公路运输量减少1900万吨以上，水路货运周转量占比63.2%，居全国前列；内河集装箱港口达11个、运输量达65.5万标箱，分别是2015年的2.75倍和3.87倍。②

浙江省交通建设顺利推进，部分项目投资增长迅速。商合杭、衢宁等铁路建成投运，杭绍台等一批铁路建设项目加快推进，通苏嘉甬、甬舟、沪苏湖、衢丽等铁路动工建设；杭州绕城西复线、千黄高速、龙丽温高速文泰段等建成通车。铁路和轨道交通投资增长42.5%。③

安徽省抓建设、稳投资。全年开工建设高速项目7个、重点港口项目4个，滁州西环建成通车，芜宣机场成功试飞。新增一级公路396公里，交通

① 《2020年上海市综合交通运行年报》。

② 《2020年度江苏绿色交通发展报告发布》，https：//www. zgjtb. com/2021 - 02/25/con tent_257571. htm，2021年2月25日。

③ 《权威发布：2021年浙江省政府工作报告（全文）》，https：//baijiahao. baidu. com/s? id = 169044 5581167096466&wfr = spider&for = pc，2021年2月1日。

固定资产投资逆势上扬，累计完成834.7亿元，同比增长5.9%。①

3. 中游地区的交通运输情况

江西省交通项目投资大幅增长，运输保障更加有力。2020年，全省公路水路投资突破1000亿元大关，全省公路总里程超过21万公里，普通国道二级及以上公路比例达到92%；高等级航道里程达到870公里，九江红光码头项目一期开港投运。②

湖北省交通投资稳步回升，交通建设项目加快推进。2020年对于湖北是不平凡的一年，新冠肺炎疫情突袭而至，席卷全国，湖北省首当其冲，对其交通运输业的发展影响甚巨。在此情况下，湖北交通投资稳步回升，全年完成交通固定资产投资超千亿元；交通建设项目加压推进，95个重大项目（总投资514亿元）集中开工，在现代内河航运等方面开展交通强国建设试点。③

湖南省交通固定资产投资高位增长，建设项目圆满完成。2020年，全省交通固定资产完成投资734.4亿元，为年目标500亿元的146.9%，同比增长32.5%；全年共13个项目近1000公里按计划顺利开工建设，安慈高速公路石门至慈利段建成通车试运营，湖南实现“县县通高速”；开工桑龙、炉慈等6条长达350公里的高速公路；长江湖南段34个码头泊位完成提质改造。④

4. 上游地区的交通运输情况

重庆市交通建设全面推进，交通体系不断完善。2020年，中心城区新增城市道路362公里，通车立交桥达249座，跨江桥梁共30座，此外还有许多跨江大桥在建。中心城区2020年新建成穿山隧道1座，即歇马隧道，

① 《2021年全省交通运输工作会议召开》，https：//www.sohu.com/a/445806801_120207614，2021年1月20日。

② 《省交通运输厅2020年工作总结和2021年工作安排》，http：//www.jiangxi.gov.cn/art/2021/3/19/art_5157_3286523.html，2021年3月19日。

③ 《2020年湖北交通运输夺取抗疫、重振“双胜利”》，https：//baijiahao.baidu.com/s?id=1689818571658058424&wfr=spider&for=pc，2021年1月25日。

④ 《2020年湖南省交通运输经济运行情况报告》，http：//jtt.hunan.gov.cn/jtt/jjzdgz/hnjtystj/gzdttj/202101/t20210128_14299158.html，2021年1月28日。

在建隧道5座，即龙兴隧道、统景隧道、土主隧道、陶家隧道、科学城隧道；全市新建成高速公路167公里，川渝间直连高速增至13条，新开工铜梁至安岳、江津至泸州北线等279公里高速公路；铁路方面，成渝城际完成提质改造，成达万、渝万高铁开工，在建里程超800公里；民航方面，武隆仙女山机场建成通航；水运方面，果园港水水中转支线实现对上游四川重点港全覆盖，成渝地区水水联运水平提升。①

四川省交通建设持续推进，交通固定资产投资持续增加。全省铁路营业里程5312公里，比上年末增长4.4%，铁路路网密度109.3公里/万平方公里，增加4.6公里/万平方公里，高速铁路运营里程1261公里，比上年末增长10.6%。高速铁路路网密度为25.9公里/万平方公里，增加2.4公里/万平方公里；年末全省公路总里程39.4万公里，比上年末增加5.7万公里。公路密度80.9公里/百平方公里，增加11.8公里/百平方公里；全年完成交通固定资产投资3025.6亿元，比上年增长10.5%。

贵州省基础设施建设取得重大突破，开展交通强国建设试点，高速公路通车里程7607公里，高速铁路通车里程1527公里，民航旅客年吞吐量突破3000万人次，轨道交通从无到有，综合立体交通体系基本形成。②

云南省交通运输行业保持战略定力，交通运输投资优势显著。新增高速公路通车里程3000公里，大临铁路建成通车，昆明机场S1卫星厅主体工程、迪庆机场四期改扩建工程和临沧机场航站楼等完工，百色水利枢纽通航设施工程获批；全年完成投资3152.79亿元，公路水路固定投资连续三年位居全国第一。③

---

① 《2020年〈重庆市中心城区交通发展年度报告〉发布　中心城区轨道交通运营总里程达343.3公里》，http://www.cq.gov.cn/zwxx/jrcq/202106/t20210611_9389684.html，2021年6月11日。

② 《2021年贵州省政府工作报告（全文）》，http://www.guizhou.gov.cn/xwdt/zy/ldhd/202102/t20210224_66836412.html，2021年2月24日。

③ 《2020年完成交通投资3152.79亿元　云南省公路水路固定投资连续三年居全国第一》，https://baijiahao.baidu.com/s?id=1692581614085078024&wfr=spider&for=pc，2021年2月24日。

（三）长江港口建设

在全球所有内河之中，长江是货运量位居第一的黄金水道。长江航道始于云南水富港，终至长江入海口，全长可达2838公里，其沿线港口成为国内交通运输系统极为重要的部分。依托黄金水道推动长江经济带发展，打造中国经济新支撑带，是党中央、国务院审时度势，谋划中国经济新棋局作出的既利当前又惠长远的重大战略决策。[①] 黄金水道是长江经济带经济发展的命脉所在，在发展的过程中，其面临的环境污染问题亟待解决，面临的生态环境形势依然严峻。只有保护生态、防治污染、绿色发展，长江经济带才可以实现永续发展。

长江经济带黄金水道功能持续提升。交通运输部综合规划司副司长苏杰表示，5年来，20余项航道建设工程先后实施，2020年长江干线船舶平均吨位达到1960吨，比2015年增长42%；长江干线货物通过量突破了30亿吨，再创历史新高。[②]

如表3所示，长江经济带2019年内河主要规模以上港口码头总长度为349557米，占全国内河码头总长度的30.36%，比上年下降15.3个百分点，主要原因在于全国码头长度增长迅速，从2018年的791221米增长至2019年的1151479米，上涨45.53%。

2019年长江经济带泊位数为3667个，占全国码头泊位数的20.34%，同比下降约15%，下降幅度较大，主原因在于全国码头泊位数上涨迅速，从2018年的11148个上涨到2019年的18032个，涨幅61.75%。同时长江经济带生产用泊位数和非生产用泊位数都有下降，分别下降5.72%和13.58%，非生产用码头数下降幅度较大。

---

① 《国务院关于依托黄金水道　推动长江经济带发展的指导意见》，http：//www.gov.cn/zhengce/content/2014－09/25/content_ 9092.htm，2014年9月25日。

② 《长江经济带发展取得历史性成就》，http：//cpc.people.com.cn/n1/2021/0106/c64387－31990247.html，2021年1月6日。

表 3　2019 年内河主要规模以上港口生产用码头泊位数

项目	总计			生产用			非生产用	
	码头长度（米）	泊位个数（个）	吨位（万吨）	码头长度（米）	泊位个数（个）	吨位（万吨）	码头长度（米）	泊位个数（个）
重庆	81961	968	—	61659	632	—	20302	336
宜昌	23986	194	—	22685	184	—	1301	10
武汉	15834	158	—	13906	134	—	1928	24
黄石	4904	35	—	4904	35	—	—	—
九江	16994	161	—	15600	141	—	1394	20
安庆	6183	68	—	5289	55	—	894	13
迪州	8129	77	—	8129	77	—	—	—
洞陵	7414	74	3	7369	73	3	45	1
芜湖	12515	115	12	12515	115	12	—	—
马鞍山	9393	113	1	9393	113	1	—	—
南京	26498	201	63	26498	201	63	—	—
镇江	23546	215	46	23426	213	46	120	2
泰州	21018	148	62	21018	148	62	—	—
扬州	7446	42	23	7446	42	23	—	—
江阴	16871	110	39	16721	108	39	150	2
常州	4134	32	9	4134	32	9	—	—
南通	20726	117	59	20171	111	59	555	6
上海(内河)	42005	839	—	41650	833	—	355	6
下游地区	205878	2151	317	203759	2121	317	2119	30
中游地区	61718	548	—	57095	494	—	4623	54
上游地区	81961	968	—	61659	632	—	20302	336
长江经济带	349557	3667	317	322513	3247	317	27044	420
全国	1151479	18032	444	1107654	17331	444	43825	701
占全国比重(%)	30. 36	20. 34	71. 40	29. 12	18. 74	71. 40	61. 71	59. 91

资料来源：《中国统计年鉴 2020》。

2019年沿海主要规模以上港口码头总长度为255855米，占全国的27.45%，基本与上年持平；泊位数为6426个，同比上涨4.49%，占全国的34.55%，略有下降。生产用码头长度和泊位数都略有上升；非生产用码头长度基本与上年持平，非生产用泊位数稍有上升（见表4）。

表4　2019年沿海主要规模以上港口码头泊位数

项目	总计			生产用			非生产用	
	码头长度（米）	泊位个数（个）	吨位（万吨）	码头长度（米）	泊位个数（个）	吨位（万吨）	码头长度（米）	泊位个数（个）
上海	107037	1032	185	75818	560	185	31219	472
连云港	16634	73	59	16337	71	59	297	2
宁波—舟山	100152	718	190	95772	627	190	4380	91
台州	14989	195	9	14789	193	9	200	2
温州	17043	202	20	16905	201	20	138	1
长江经济带	255855	2220	463	219621	1652	463	36234	568
全国	932185	6426	2076	869884	5562	2076	62301	864
占全国比重(%)	27.45	34.55	22.30	25.25	29.70	22.30	58.16	65.74

资料来源：《中国统计年鉴2020》。

（四）机场群建设情况

如表5所示，截至2020年长江经济带共有79个机场通航运行，占全国总机场数量的32.78%。上、中、下游地区机场数量分别为39个、16个和24个。长江经济带2020年新通航的机场是重庆仙女山机场，重庆武隆成为年内定期航班新通航城市。2020年11月14日，习近平总书记在南京召开全面推动长江经济带发展座谈会。与之相呼应的是，近年来，长江机场群建设稳步向前。在下游地区，长三角机场群稳步向上，领跑全国；在中游地区，湖北致力于打造客货运“双枢纽”；在上游地区，成渝机场群概念日渐形成，不断推进实施，成为继京津冀、长三角、粤港澳三大世界级机场群之后又一重大机场群建设。

表 5　长江经济带机场分布

区域	机场名称
上游机场	成都/双流、昆明/长水、重庆/江北、重庆/仙女山、贵阳/龙洞堡、丽江/三义、西双版纳/嘎洒、绵阳/南郊、德宏/芒市、宜昌/三峡、大理、遵义、九寨/黄龙、泸州/蓝田、腾冲/驼峰、宜宾/菜坝、毕节/飞雄、南充/高坪、万州/五桥、普洱/思茅、迪庆/香格里拉、西昌/青山、保山/云瑞、达州/河市、临沧、兴义、安顺/黄果树、广元/盘龙、攀枝花/保安营、六盘水/月照、昭通、稻城/亚丁、凯里/黄平、文山/普者黑、黎平、黔南州/荔波、宁蒗/泸沽湖、阿坝/红原、沧源/佤山
中游机场	长沙/黄花、武汉/天河、南昌/昌北、张家界/荷花、赣州/黄金、襄阳/刘集、铜仁/凤凰、景德镇/罗家、井冈山、恩施/许家坪、宜春/明月山、十堰/武当山、衡阳/南岳、黔江/武陵山、永州/零陵、神农架/红坪
下游机场	上海/浦东、上海/虹桥、杭州/萧山、南京/禄口、温州/龙湾、宁波/栎社、合肥/新桥、无锡/硕放、常州/奔牛、南通/兴东、徐州/观音、扬州/泰州、义乌、盐城/南洋、淮安/涟水、连云港/白塔埠、舟山/普陀山、台州/路桥、黄山/屯溪、阜阳、常德/桃花源、池州/九华山、安庆、衢州

资料来源：中国民航总局网站。

二　长江经济带交通运输能力

（一）公路和水路货物运输能力

1. 上、中、下游地区比较

水路运输方面，无论是货运量还是货物周转量，长江经济带的水路运输仍占全国水路运输的一半以上。水路运输的优势主要体现在下游地区，下游地区水路货运量占长江经济带水路货运量的 80.69%，而货物周转量占比高达 90.17%，可见长江经济带水路货物运输集中在下游地区。

公路运输方面，上、中、下游地区公路运输的货运量分别占各地区货物总量（各地区公路货运量和水路货运量之和）的 94.15%、85.86%、61.16%，而上、中、下游地区公路运输的货物周转量分别占各地区货物周转总量的 62.71%、64.71%、15.14%。可见，除下游地区以水路为主要的货物周转方式外，其他地区还是以公路运输为主，公路运输优势明显（见表 6）。

表6　2020年长江经济带公路和水路货运量和货物周转量

项目	货运量(万吨)		货物周转量(万吨公里)	
	公路	水路	公路	水路
上海	46051	92294	6845972	320945503
江苏	174624	93467	35245125	70385794
浙江	189582	106194	22099461	98831407
安徽	243529	123239	34122365	60957622
江西	141899	10697	32470781	2663991
湖北	114346	40713	16399058	27399407
湖南	176442	19844	13505548	3952832
重庆	99679	19819	10554481	22710380
四川	157598	6527	16177301	2917551
贵州	79412	1231	6097965	375280
云南	115620	519	11015390	71810
下游地区	653786	415194	98312923	551120326
中游地区	432687	71254	62375387	34016230
上游地区	452309	28096	43845137	26075021
长江经济带	1538782	514544	204533447	611211577
全国	3426413	761630	601718452	1058344426
占全国比重(%)	44.91	67.56	33.99	57.75

资料来源：中华人民共和国交通运输部。

2. 小结

受新冠肺炎疫情的影响，2020年，长江经济带公路货运量为153.88亿吨，同比下降13.02%，占全国公路货运总量的44.91%，比上年增长2.39个百分点；货物周转量为20453.34亿吨，同比下降26.07%，占全国公路货物周转总量的33.99%，比上年下降2.18个百分点。水路的货运量为51.45亿吨，同比上升4.49%，占全国水路货运总量的67.56%，比上年上升1.66个百分点；货物周转量为61121.16亿吨公里，同比上升4.35%，占全国的57.75%，比上年上升1.41个百分点。即使在疫情下长江经济带的水路运输优势依然明显，占全国水路总运输的一半以上，长江经济带是全国水路运输最为活跃的区域。

（二）公路和水路客运能力

1. 总体情况

2020 年初，新冠肺炎疫情突袭而至，全国采取紧急措施，如地区封锁、区域隔离。在此情景之下，2020 年，长江经济带的客运量和旅客周转量较上年同比分别下降 44.91% 和 44.23%，分别占全国客运总量和旅客周转总量的 52.41% 和 48.16%，相较于 2019 年都有所增长。可见全国客运量及旅客周转量都明显下降。从公路看，公路客运量同比减少 45.01%，占长江经济带客运量的 97.42%，占全国公路客运总量的 52.17%；公路旅客周转量同比下降 44.13%，占长江经济带旅客周转量的 99.24%，占全国公路旅客周转总量的 48.13%。从水路看，水路客运量同比减少 41.05%，占长江经济带客运量的 2.58%，占全国水路客运总量的 63.49%；水路旅客周转量同比下降 54.39%，占长江经济带旅客周转量的 0.76%，占全国水路旅客周转总量的 51.89%（见表 7）。

表 7　2020 年长江经济带客运量和旅客周转量

项目	客运量(万人次)		旅客周转量(万人公里)	
	公路	水路	公路	水路
上海	1332	297	444701	4957
江苏	67664	1562	4142178	12947
浙江	38861	3360	2048354	45264
安徽	22776	111	1681473	1519
江西	33643	113	1808853	1768
湖北	21731	233	1316013	10075
湖南	44144	840	2248412	18860
重庆	31450	523	1406047	21432
四川	45258	954	2898118	10414
贵州	33584	1017	2958403	36482
云南	19232	505	1384663	7436

续表

项目	客运量(万人次)		旅客周转量(万人公里)	
	公路	水路	公路	水路
下游地区	130633	5330	8316706	64687
中游地区	99518	1186	5373278	30703
上游地区	129524	2999	8647231	75764
长江经济带	359675	9515	22337215	171154
全国	689425	14987	46410098	329856
占全国比重(%)	52.17	63.49	48.13	51.89

资料来源：中华人民共和国交通运输部。

可见，长江经济带客运和旅客周转还是以公路运输为最主要的方式。即使在疫情影响下，长江经济带仍是全国人口流动最活跃的地区。

2. 上、中、下游地区比较

上、中、下游地区的客运量分别占长江经济带总客运量的35.9%、27.28%和36.83%，上、下游客运量基本持平，都大于中游客运量；上、中、下游地区的旅客周转量占比分别为38.75%、24.01%和37.24%，和客运量情况一致。但无论是客运还是旅客周转，都是以公路运输为主，且远远高于水路运输。

（三）长江干线内河港口运输能力

2020年长江经济带内河港口吞吐量呈上升回弹趋势，货物吞吐量达38.13亿吨，同比上升39.09%；外贸吞吐量为11.53亿吨，同比上升92.61%；集装箱吞吐量为8783万TEU，同比上升56.09%。上、中、下游地区比较可见，下游地区的吞吐量优势明显，其货物吞吐量占长江经济带货物吞吐总量的76.87%，外贸吞吐量和集装箱吞吐量占比分别为97.08%和94.16%；中游地区吞吐量次之，下游地区最少。与上年相比，下游地区的货物吞吐量、外贸吞吐量和集装箱吞吐量均呈上升趋势，分别上升51.79%、98.67%和61.87%；而上游地区的货物吞吐量、外贸吞吐量和集装箱吞吐量均呈下降趋势，分别下降6.19%、1.55%和15.98%；中游地区外贸吞吐量略有下降，货物吞吐量和集装箱吞吐量均呈上升趋势。

表8　2020年长江干线主要内河港口货物、集装箱吞吐量

项目	港口	货物吞吐量(万吨)	外贸吞吐量(万吨)	集装箱吞吐量(万TEU)
上游地区	重庆	16498	528	115
	四川	1360	108	27
	小计	17858	636	142
中游地区	江西	18755	379	75
	湖北	37976	1832	229
	湖南	13580	515	67
	小计	70311	2726	371
下游地区	上海	65105	38864	4350
	江苏	32447	15217	507
	浙江	141447	56219	3219
	安徽	54095	1610	194
	小计	293094	111910	8270
长江经济带		381263	115272	8783
全国		1454911	449554	26430
占全国比重(%)		26.21	25.64	33.23

资料来源：中国交通运输部网站。

（四）航空运输能力

1. 总体概况

如表9所示，受疫情影响，2020年长江经济带机场全年旅客吞吐量为37389万人次，比上年下降34.1%，占全国全年旅客吞吐总量的43.62%。下游地区下降幅度较大，约为39.3%；中游地区下降幅度较大，基本与上游地区持平，为38.1%；上游地区下降26%。与旅客吞吐量不同，货邮吞吐量受疫情影响较小，全年货邮吞吐量793.3万吨，同比下降0.3%，占全国货邮吞吐总量的49.35%。下游以及中游地区货邮吞吐量甚至有所增长，分别上升2%和3%，上游地区下滑严重，同比下降9.2%。

表 9　2020 年长江经济带机场吞吐量及增速

机场	旅客吞吐量(万人次)		货邮吞吐量(万吨)	
	绝对值(万人次)	同比增速(%)	绝对值(万吨)	同比增速(%)
上海	6164.2	-49.4	402.5	-0.8
江苏	3922.7	-32.9	67.1	4.6
浙江	4996.4	-28.8	101.9	13.3
安徽	1032.9	-32.0	9.3	-0.1
江西	1272.8	-31.0	18.7	44.3
湖北	1776.1	-49.7	19.7	-22.3
湖南	2356.9	-29.9	19.5	9.0
重庆	3638.3	-21.7	41.3	—
四川	4991.8	-25.6	64.6	-7.5
贵州	2253.2	-25.7	11.8	-7.3
云南	4983.7	-29.3	36.9	-20.3
下游地区	16116.2	-39.3	580.8	2.0
中游地区	5405.8	-38.1	57.9	3.0
上游地区	15867.0	-26.0	154.6	-9.2
长江经济带	37389.0	-34.1	793.3	-0.3
全国	85715.9	-36.6	1607.5	-6.0
占全国比重(%)	43.62		49.35	

资料来源：中国民用航空局。

2. 上、中、下游地区比较

截至 2020 年底，在疫情的影响下，长江经济带下游地区旅客吞吐量超千万级机场由上年的 7 个下降到 4 个，包括上海虹桥、上海浦东、杭州萧山、南京禄口；中游地区旅客吞吐量超千万级机场由 3 个下降到 2 个，为长沙黄花和武汉天河。上游地区旅客吞吐量超千万级机场仍有 4 个，为成都双流、重庆江北、昆明长水和贵阳龙洞堡。从航空旅客吞吐量角度分析，在疫情影响下，全国各机场旅客吞吐量都明显下降。2020 年，长江经济带有 19

个机场列全国航空旅客吞吐量 50 强，共计约 3.23 亿人次，同比下降 34.8%。从排名上看，2020 年全国旅客吞吐量排前 10 名的机场中，相比上年，仍然有 6 个机场位于长江经济带，但各个机场的旅客吞吐量都呈下降趋势，上海浦东机场下降最为明显，同比下降 60.0%。与 2019 年相比，各机场的排名基本都有所变化，其中下降较明显的有上海浦东机场下降 7 个位次、武汉天河机场下降 9 个位次。上升最明显的是重庆江北机场，上升 5 个位次。常州奔牛机场退出全国航空旅客吞吐量 50 强，西双版纳嘎洒机场以及南通兴东机场则进入 50 强行列。

从货邮吞吐量来看，有 3 家机场排在全国 50 强之外，分别是丽江三义机场、西双版纳嘎洒机场、绵阳南郊机场。上海浦东机场货邮吞吐量仍位居全国第一，占长江经济带机场货邮总吞吐量的 47.46%，占比上升 25.42 个百分点。

表 10　2020 年长江经济带主要机场吞吐量

机场	旅客吞吐量				货邮吞吐量			
	名次	本期完成（人次）	上年同期（人次）	同比增速（%）	名次	本期完成（吨）	上年同期（吨）	同比增速（%）
成都/双流	2	40741509	55858552	-27.1	7	618527.7	671903.9	-7.9
重庆/江北	4	34937789	44786722	-22.0	8	411239.6	410928.6	0.1
昆明/长水	6	32989127	48075978	-31.4	12	324989.8	415776.3	-21.8
上海/虹桥	7	31165641	45637882	-31.7	11	338557.1	423614.7	-20.1
上海/浦东	9	30476531	76153455	-60.0	1	3686627.1	3634230.4	1.4
杭州/萧山	10	28224342	40108405	-29.6	5	802049.1	690275.9	16.2
南京/禄口	12	19906576	30581685	-34.9	9	389362.4	374633.5	3.9
长沙/黄花	13	19223825	26911393	-28.6	15	192018.0	175724.5	9.3
贵阳/龙洞堡	15	16583878	21910911	-24.3	27	113452.0	120110.2	-5.5
武汉/天河	23	12802070	27150246	-52.8	16	189361.1	243193.4	-22.1
南昌/昌北	28	9426518	13637151	-30.9	18	182174.8	122517.3	48.7
宁波/栎社	31	8971579	12414007	-27.7	26	119155.9	106120.2	12.3
温州/龙湾	33	8787200	12291707	-28.5	36	73571.6	81106.6	-9.3

续表

机场	旅客吞吐量				货邮吞吐量			
	名次	本期完成（人次）	上年同期（人次）	同比增速（%）	名次	本期完成（吨）	上年同期（吨）	同比增速（%）
合肥/新桥	34	8594344	12282384	-30.0	30	87505.6	87101.6	0.5
无锡/硕放	40	5993519	7973446	-24.8	20	157198.0	145128.2	8.3
丽江/三义	45	5037158	7173986	-29.8	57	11207.9	12616.0	-11.2
西双版纳/嘎洒	48	4091893	5524284	-25.9	63	8592.4	8418.2	2.1
绵阳/南郊	49	2890912	4159370	-30.5	66	7564.8	8860.4	-14.6
南通/兴东	50	2515044	3484484	-27.8	39	54016.3	42263.1	27.8
合计	—	323359455	496116048	-34.8	—	7767171.4	7774522.9	-0.1

资料来源：中国民用航空局。

在全国十大货邮吞吐量机场中，长江经济带的上海浦东、杭州萧山、成都双流、重庆江北、南京禄口机场均位列其中。与2019年相比，昆明长水、上海虹桥机场退出全国十大货邮吞吐量机场行列，货邮吞吐量同比均下降20%以上。南京禄口机场加入货邮吞吐量前十强行列，同比增长3.9%。排名方面，上海浦东机场和杭州萧山机场排名不变，分别位列第一和第五；成都双流机场下降1个位次，重庆江北机场上升2个位次和南京禄口上升3个位次，分别居第七、第八位和第九位。

从货邮吞吐量同比增速看，昆明长水、上海虹桥、武汉天河等机场均呈下降趋势，下降20%以上。其中武汉天河机场受年初武汉封城影响。昆明长水、上海虹桥机场在不考虑疫情影响的情况下，运营能力也渐趋饱和，面临着负增长的困境，只有突破当前发展瓶颈，才是解决之道。其中增速最明显的是南通兴东机场以及南昌昌北机场，分别为27.8%和48.7%。

3. 快递服务业发展情况

电商行业最近几年发展迅猛，快递物流行业也随之蓬勃发展。如今，快递业务已经与人们的生活息息相关。2020年，疫情突袭而至，上半年全国基本上处于居家隔离的状态，人们对物质的需求大多只能通过网购来满足。

在疫情得到有效防控后，为了促进经济回暖，各行业人士都投身于直播带货的浪潮之中。这一系列因素使得电商行业和快递业务迅猛发展。快递业务已成为交通运输业极为活跃的一部分。2020 年，长江经济带快递业务量高达 386.59 亿件，相比上年增加 28%。快递收入突破 4000 亿元，快递收入累计总额为 4237.91 亿元，同比增加 14.7%（见表 11）。长江经济带的快递业务量以及收入均接近全国的 50%。上、中、下游地区比较可见，下游地区优势明显，快递业务量和收入均约占长江经济带的 80%，而中、上游地区的快递业务量和收入均约占长江经济带的 10%。

表 11　2020 年长江经济带快递业务量和收入情况

项目	快递业务量(万件)	同比增长(%)	快递收入(万元)	同比增长(%)
上海	336330.7	7.3	14281909.1	10.8
江苏	697680.5	21.5	7089350.4	14.5
浙江	1794621.1	35.3	10706012.3	17.3
安徽	220228.2	42.5	1749872.7	26.5
江西	112004.3	44.1	1146634.8	36.0
湖北	178505.5	5.9	1786869.8	2.8
湖南	147131.6	42.7	1296865.0	28.5
重庆	73105.4	32.1	830284.2	17.9
四川	215158.9	20.1	2231638.1	9.6
贵州	28157.0	14.5	522105.3	13.2
云南	62974.1	45.9	737532.4	28.0
下游地区	3048860.5	28.7	33827144.5	14.3
中游地区	437641.4	25.3	4230369.6	17.8
上游地区	379395.4	25.6	4321560.0	14.4
长江经济带	3865897.3	28.0	42379074.1	14.7
全国	8335789.4	31.2	87954342.4	17.3
占全国比重(%)	46.38	—	48.18	—

资料来源：中华人民共和国交通运输部。

三　发展展望与建议

2020年新冠肺炎疫情突袭而至，长江经济带逆行而上，激流勇进，稳步发展。以深化供给侧结构性改革为主线，统筹推进疫情防控和经济社会发展交通运输各项工作，为如期实现全面建成小康社会提供了坚实的保障。在这一年，“十三五”规划完美收官，交通运输业“十三五”规划目标圆满实现；在五年里，交通运输业快速发展，运输服务提质增效降本，行业新技术新业态蓬勃发展，为打赢脱贫攻坚战、推进国家重大战略实施打下了坚实的基础。如今，长江经济带交通运输业基本形成了横穿东西、纵贯南北的综合立体交通走廊。

中国经济已步入高质量发展新阶段，要求交通服务业进一步提质增效降本，优化交通运输结构，多产业融合发展。绿水青山就是金山银山，长江经济带交通运输业不仅要发展，更要绿色发展，注重发展绿色产业，注重产业优化转型升级。近些年，人工智能大数据不断发展，新基建工程不断推进，交通运输网络智能化是未来交通运输业发展的大趋势。面临各种机遇与挑战，长江经济带应做好以下几个方面的工作。第一，不只是着眼于长江经济带的交通运输体系建设，更应在此基础上打造全国综合交通运输体系。长江经济带交通运输业虽已基本形成了横穿东西、纵贯南北的综合立体交通走廊，但体系建设更加偏重于东西方向的建设，应加强南北交通体系的建设，使交通运输体系均衡发展，打造全国综合交通运输体系。

第二，长江水道发展面临瓶颈制约，生态环境保护形势严峻。长江黄金水道是综合交通运输体系建设的有力依托，长江生态出现问题，会严重影响黄金水道功能，不利于综合交通运输体系建设，应生态优先、流域互动、集约发展。

第三，要加强产业融合发展，为长江经济带交通运输发展增强新动力、增添鲜活力。长江经济带交通运输业发展至今，有些方面已趋于饱和，发展面临瓶颈制约。要推动交通运输业与其他产业的深度融合，打造交通运输网络智能化体系。

Contents

I General Reports

B.1 Report on Economic Development of Yangtze River Economic Belt (2020 –2021) *Ma Shuang*, *Wang Zhen* / 001

Abstract: The Yangtze River Economic Belt covers three regional plates and 11 provinces (or municipalities) of China, the population and economic output account half for the country. Thus, it has a prominent economic position and great development potential, and plays an important role in promoting China's regional coordinated and high-quality development. In 2020, under the unfavorable effect of COVID-19 and trade friction, the GDP and its proportion of the whole country of the Yangtze River Economic Belt continued to grow, and the inter-regional gap was further reduced. The industrial structure became more optimization, and the development of service industry, industry and strategic emerging industries had its own merits. The three major economic development drivers of investment, consumption and export were mixed. Export rise against the trend, with large fluctuations in some regions. Investment still shows a growth trend, but the growth rate further slowed down, and domestic consumption seriously shrinks.

Keywords: Economic Development; Industrial Structure; Economic Driving Force; Yangtze River Economic Belt

B.2 Report on Social Development of Yangtze River Economic Belt (2020 –2021)

Yang Xin / 013

Abstract: Based on the data of social development of 11 provinces and cities in the Yangtze River economic belt since 2010, this report focuses on the development status of various social and livelihood dimensions such as population development, people's life, public services, science, technology and culture, employment, pension and social security, and summarizes the main problems on the ground. While clarifying the development context and summing up the basic characteristics, taking the problem as the guide, excavate the pain points and explore ideas, so as to further promote the coordinated economic and social development of the whole basin, build a high-quality social undertakings development cluster area, and provide reference for promoting the realization of the development goal of common prosperity.

Keywords: Yangtze River Economic Belt; Social Undertakings; Public Service

B.3 Report on Ecological Development of Yangtze River Economic Belt (2020 –2021)

Shang Yongmin, *Hai Junjiao* / 047

Abstract: The Yangtze River Economic Belt (YREB) is the main battlefield of China's ecological priority green development. In recent years, the provinces and cities in the YREB have actively promoted the improvement of the ecological environment and promoted the overall green transformation of economic and social development. The ecological and environmental protection of the YREB has undergone turning changes. In 2020, the YREB has actively strengthened ecosystem restoration, fight for pollution prevention and control, improved environmental supervision capabilities, promoted green and low-carbon development, and strengthened the Yangtze River coastline. The level of ecological environment development in the YREB has be further improved. A broad consensus has been formed for major protection. The environmental quality of the Yangtze River was continuing to improve, and the deterioration of the ecological environment has been initially curbed. Also, the efficiency of resource utilization has been steadily improved. Through establishing the ecological green development indicator system, the paper evaluated the ecological green development level of the YREB. We found that the green development level of the YREB presents an characteristics of phase distribution, but the green development gap of various provinces and cities has narrowed overall. The western region has advantages in the green ecological field, and the eastern region has obvious advantages in the green production field. The level of green living in the eastern, central and western regions was relatively close, while the green production field has large differences. The YREB needs to further improve the ecological environment protection mechanism, promote high -standard protection, and achieve high -quality development.

Keywords: Ecological Development; Ecosystem Protection and Restoration; Green and Low-carbon Development; Yangtze River Economic Belt

Ⅱ Index Reports

B.4 Report on Green Development Index of Yangtze River Economic Belt in 2021 *Hai Junjiao* / 074

Abstract: This report systematically evaluates the level of green development of 126 cities in the Yangtze River Economic Belt in 2019 from three areas: green ecology, green manufacturing and green lifestyle. On this basis, the cities' comprehensive green development index and level of development in these three areas are measured and ranked, in order to formulate comprehensive measurements about the level of development and regional characterization in the Yangtze River Economic Belt. Finally, the development of the top 20 leading cities in the comprehensive index was highlighted.

Keywords: Green Development; Index System; Yangtze River Economic Belt

B.5 The Science and Technology Innovation Driving Force Index Report in the Yangtze River Economic Belt (2021)

Yang Fan / 104

Abstract: The driving force of scientific and technological innovation has become the leading factor for the high - quality development of the Yangtze River economic belt. Based on the system framework of scientific and technological innovation driving force based on input-output carrier performance, this paper constructs an index system to quantitatively evaluate the scientific and technological innovation driving force and its internal coupling and coordinated development of 110 cities in the Yangtze River economic belt. The results show that the comprehensive driving force of scientific and technological innovation in the cities of the Yangtze River Economic Belt presents a pyramid hierarchical structure, with the characteristics of gradient spatial differentiation in the upper reaches < the middle reaches < the lower reaches; There are similar spatial distribution characteristics between input driving force and comprehensive driving force. The agglomeration of output and carrier driving force is stronger than input driving force, and the spatial distribution of performance driving force is relatively balanced; The coupling and coordination within the driving force system of scientific and technological innovation in the Yangtze River economic belt is generally low, but the coupling and coordination degree of cities with strong comprehensive driving force of scientific and technological innovation is relatively better, and the driving force of scientific and technological innovation has a polarization trend. Compared with the previous research results, in general, the driving force of scientific and technological innovation in cities in the Yangtze River economic belt is constantly improving. Cities with strong comprehensive driving force of scientific and technological innovation are constantly making up for their shortcomings, so they should give greater play to their comprehensive advantages and play a leading role in collaborative innovation; The comprehensive driving force of scientific and technological innovation is weak, and cities are also accumulating strength to forge long plates, which may lead to the decline of coupling and coordination within the urban scientific and technological innovation driving force system. However, as a whole, from the perspective of the Yangtze River economic belt, small and medium-sized cities should focus on local advantages, create distinctive scientific and technological innovation forces, and actively participate in regional collaborative innovation, so as to solve the problem of imperfect internal system.

Keywords: Yangtze River Economic Belt; Driving Force of Scientific and Technological Innovation; Spatial Distribution; Coupling Coordination; Coordinated Development

B.6 Report on Industrial Transformation and Upgrading Index of Yangtze River Economic Belt in 2021 *Ma Shuang* / 139

Abstract: This report systematically and comprehensively evaluates the industrial transformation and upgrading level of 126 cities in the Yangtze River economic belt from the four dimensions: structural optimization, quality improvement, industrial innovation and environmental friendliness. According to the comprehensive index and four special indexes, the 126 cities and the top 20 key cities are analyzed.

Keywords: The Yangtze River Economic Belt; Industrial Transformation and Upgrading; Industrial Innovation

B.7 Yangtze River Economic Belt Social Development Index Report in 2021 *Yang Xin* / 170

Abstract: Based on the analysis method of the social development index of the Yangtze River Economic Belt in previous years, the report comprehensively evaluates the development effectiveness of 126 cities in the four fields of social undertakings, social security, social balance and social vitality in the whole region of the Yangtze River economic belt by expanding the number of samples and improving the analysis framework. Overall, the social development index of 126 cities in the Yangtze River economic belt has improved compared with previous years, but the score level still has great room to improve, and the regional gap has not been significantly reduced. From the perspective of sub indicators, the urban and rural development of the Yangtze River economic belt is relatively balanced, the development of social undertakings is relatively good, and there is still much room for improvement in social security undertakings. The report lists the benchmark cities in the four areas of social development of the Yangtze River economic belt, and further compares the development of the social fields of 14 important node cities. It is found that the development of the four social fields of Shanghai, Hangzhou and Suzhou is relatively balanced, and some cities still lag significantly in the subdivided areas of social development, so targeted measures need to be further taken to promote the all-round development of society.

Keywords: Yangtze River Economic Belt; Social Development; Index of Social Development

B.8 Report on Income Distribution Index of Yangtze River Economic Belt in 2021 *Le Han* / 195

Abstract: On August 17, 2021, the Central Finance and Economics Work Conference made arrangements on the issue of common prosperity, and proposed the establishment of basic institutional arrangements for the coordination of primary distribution, redistribution, and three-time distribution. Therefore, this article has made further progress on the income distribution indicator system for 2019. Perfect. The five indicators of primary distribution efficiency, redistribution efficiency, primary distribution fairness, redistribution fairness, and other distribution fairness are selected in the indicator system. A total of 16 measurement indicators have been screened, and the income distribution index of 110 cities in the Yangtze River

Economic Belt has been selected. Analysis and evaluation. From 2018 to 2019, the results of the initial distribution of income for 110 cities in the Yangtze River Economic Belt show that there are still many areas that need improvement in the Yangtze River Economic Belt to improve the income distribution system. In the future, the coordinated development mechanism of the Yangtze River Economic Belt will be further deepened. Broaden the source of property income of rural households, promote the fairness of income distribution in the eastern region, and give full play to the regulating role of the three-time distribution.

Keywords: Yangtze River Economic Belt; Income Distribution; Fairness; Efficiency System

Ⅲ Industry Reports

B.9 Report on Agricaltural Development in the Yangtze River Economic Belt in 2020 -2021 *Dai Weijuan* / 217

Abstract: The agricultural land in the Yangtze River Economic Belt accounts for only about 26% of the country, but the cultivated land resources are relatively rich. The sown area of crops accounts for more than half of the country. It gathers more than half of the agricultural population in the country, and the added value of the primary industry is close to half of the country. In terms of agricultural structure, the Yangtze River economic belt is similar to the whole country, mainly focusing on planting and animal husbandry. The Yangtze River economic belt is also an important producing area of grains and rapeseed in China. In terms of grain production, the grain produced in this region accounts for more than 35% of the country. The agricultural foundation in the upper and middle reaches of the Yangtze River economic belt is weak, but their development speed is faster. Especially in the upper reaches, with the in-depth "suitable for mechanization" transformation of agricultural land, the level of mechanization and facilities has been significantly improved, and the agricultural development gap with the middle and lower reaches is expected to continue to narrow. In terms of production efficiency, agricultural labor productivity is generally low, which is a short board for realizing agricultural modernization in the Yangtze River economic belt.

Keywords: Yangtze River Economic Zone; Agriculture; Modern Agriculture

B.10 Report on the Industrial Development of the Yangtze River Economic Belt in 2020 -2021 *Zhang Meixing* / 242

Abstract: In 2020 novel coronavirus pneumonia affected the economic growth of the Yangtze River economic belt, but it was still higher than the national level. The growth rate of industrial investment continued to decline, and the economic efficiency of industrial enterprises was significantly improved. Industrial assets grew steadily and maintained a relatively high growth rate. From the development level of key industries, the computer, communication and other electronic equipment manufacturing industry has developed steadily, the development level of chemical raw materials and chemical products manufacturing industry has obvious differences, the electrical machinery and equipment manufacturing industry in various provinces and cities has achieved rapid development, and the development speed of automobile manufacturing industry has slowed down. 2021 is the beginning of the 14th five year plan and the beginning of a new journey to build a socialist modern country in an all - round way. Provinces and cities in the Yangtze River Economic Belt will focus on industrial transformation and upgrading, actively promote industrial digitization, improve the stability and competitiveness of the industrial chain supply chain, continue to promote economic transformation and upgrading and promote high - quality economic development.

Keywords: Yangtze River Economic Belt; Industry; Economic Benefits; Transformation and Upgrading

B.11 Digital Economy Development Report of Yangtze River Economic Belt in 2010 -2021 *Xu Limei* / 265

Abstract: In 2020, the added value of Chinese digital economy reached 39. 2 trillion yuan, accounting for 38. 6% of GDP. In the Yangtze River Economic Belt, the digital economy has also developed significantly in the past year. The added value of the digital economy of Jiangsu, Zhejiang, Shanghai, Hubei, Sichuan, Hunan, and Anhui exceeded 1 trillion yuan, and the added value of the digital economy of Chongqing, Jiangxi, Yunnan, and Guizhou exceeded 500 billion yuan. From the perspective of digital industrialization, the electronic information manufacturing industry in the Yangtze River Economic Belt accounted for about 1/2 of the national proportion, and the growth of the software and information technology service industries was more than 10%. From the perspective of industrial digitization, the scale of industrial digitization in Jiangsu and Zhejiang exceeded 2 trillion yuan, and the scale of industrial digitization in Zhejiang, Shanghai, Hubei, Sichuan, and Hunan all exceeded 1 trillion yuan. In addition, e-commerce, cloud computing, and big data in the Yangtze River Economic Belt performed well in 2020. Looking forward to 2021, the development trend of industrial agglomeration in the Yangtze River Economic Belt will be further strengthened, digital technology will be more widely used in various economic and social fields, the construction of new smart cities will be accelerated, and the digital economy in the Yangtze River Economic Belt will develop better and coordinated.

Keywords: The Yangtze Economic Belt; Digital Economy; Electronic Information Industry

B.12 Report on Tourism Industry Development of Yangtze River Economic Belt in 2020 -2021 *Yu Qiuyang*, *Zou Zizhen* / 293

Abstract: The Yangtze River Economic Zone is one of the regions with the highest level and the biggest contribution to the tourism development of China. Accelerating the integrated development of the tourism industry in the Yangtze River Economic Zone is an important step to promote the balance between "great protection" and "high – quality development" in the Yangtze River Economic Zone. After several years development, tourism industry of the 11 provinces and cities of the Yangtze River Economic Zone have carried out long – term cooperation in the field of resource integration, brand building and regional co – construction. However, at the same time, there are still differences between regions in tourism development level, and there are still barriers in the process of regional cooperation. Based on the objectives of the 14th Five – year Plan and the development boom of red tourism, this paper summarizes the tourism development of the Yangtze River Economic. Besides, this article puts forward suggestions on further upgrading the industrial structure and deepening regional cooperation in view of the current risks and opportunities of tourism development.

Keywords: Yangtze River Economic Zone; Tourism; Red Tourism

B. 13 Report on the Development of Transportation Industry in the Yangtze River Economic Belt in 2020 – 2021

Wang Xiaojuan, Duan Yu / 321

Abstract: In the severe situation of COVID – 19 in 2020, the transportation and transportation industry in the Yangtze River economic belt is still developing steadily, the transportation system is becoming more and more perfect, the mode of transportation is gradually diversified, and the transportation capacity is constantly improving. Based on the statistical data of transportation network mileage, road investment, port construction and airport group construction, this report deeply analyzes the development of transportation industry in the Yangtze River economic belt from multiple angles, compares the development of upstream, middle and downstream, and finally puts forward corresponding suggestions and prospects for the future development of transportation industry in the Yangtze River economic belt.

Keywords: Yangtze River Economic Belt; Transportation and Transportation; Port; Airport

皮 书

智库报告的主要形式
同一主题智库报告的聚合

皮书定义

皮书是对中国与世界发展状况和热点问题进行年度监测，以专业的角度、专家的视野和实证研究方法，针对某一领域或区域现状与发展态势展开分析和预测，具备前沿性、原创性、实证性、连续性、时效性等特点的公开出版物，由一系列权威研究报告组成。

皮书作者

皮书系列报告作者以国内外一流研究机构、知名高校等重点智库的研究人员为主，多为相关领域一流专家学者，他们的观点代表了当下学界对中国与世界的现实和未来最高水平的解读与分析。截至 2021 年，皮书研创机构有近千家，报告作者累计超过 7 万人。

皮书荣誉

皮书系列已成为社会科学文献出版社的著名图书品牌和中国社会科学院的知名学术品牌。2016 年皮书系列正式列入“十三五”国家重点出版规划项目；2013~2021 年，重点皮书列入中国社会科学院承担的国家哲学社会科学创新工程项目。

中国皮书网

（网址：www.pishu.cn）

发布皮书研创资讯，传播皮书精彩内容
引领皮书出版潮流，打造皮书服务平台

栏目设置

◆ **关于皮书**

何谓皮书、皮书分类、皮书大事记、
皮书荣誉、皮书出版第一人、皮书编辑部

◆ **最新资讯**

通知公告、新闻动态、媒体聚焦、
网站专题、视频直播、下载专区

◆ **皮书研创**

皮书规范、皮书选题、皮书出版、
皮书研究、研创团队

◆ **皮书评奖评价**

指标体系、皮书评价、皮书评奖

◆ **皮书研究院理事会**

理事会章程、理事单位、个人理事、高级
研究员、理事会秘书处、入会指南

◆ **互动专区**

皮书说、社科数托邦、皮书微博、留言板

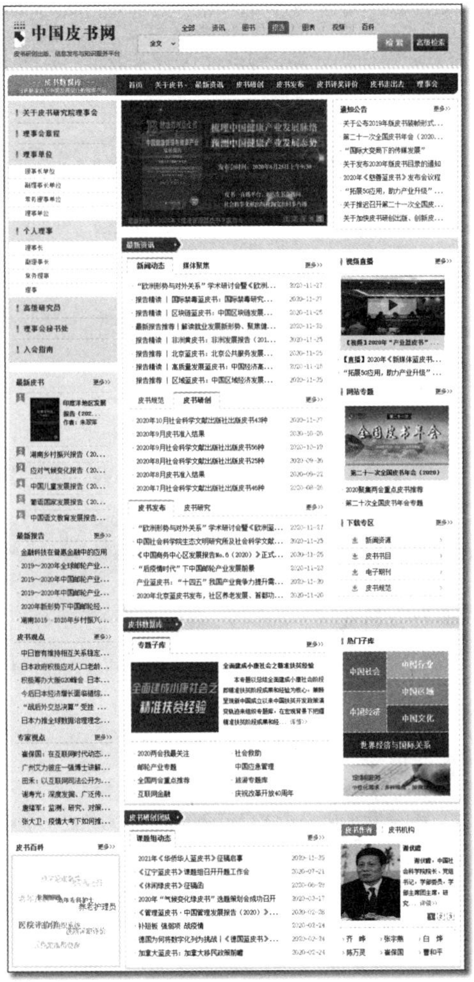

所获荣誉

◆ 2008 年、2011 年、2014 年，中国皮书网均在全国新闻出版业网站荣誉评选中获得“最具商业价值网站”称号；

◆ 2012 年,获得“出版业网站百强”称号。

网库合一

2014年，中国皮书网与皮书数据库端口合一，实现资源共享。

中国皮书网

S 基本子库
SUB DATABASE

中国社会发展数据库（下设 12 个子库）

整合国内外中国社会发展研究成果，汇聚独家统计数据、深度分析报告，涉及社会、人口、政治、教育、法律等 12 个领域，为了解中国社会发展动态、跟踪社会核心热点、分析社会发展趋势提供一站式资源搜索和数据服务。

中国经济发展数据库（下设 12 个子库）

围绕国内外中国经济发展主题研究报告、学术资讯、基础数据等资料构建，内容涵盖宏观经济、农业经济、工业经济、产业经济等 12 个重点经济领域，为实时掌控经济运行态势、把握经济发展规律、洞察经济形势、进行经济决策提供参考和依据。

中国行业发展数据库（下设 17 个子库）

以中国国民经济行业分类为依据，覆盖金融业、旅游、医疗卫生、交通运输、能源矿产等 100 多个行业，跟踪分析国民经济相关行业市场运行状况和政策导向，汇集行业发展前沿资讯，为投资、从业及各种经济决策提供理论基础和实践指导。

中国区域发展数据库（下设 6 个子库）

对中国特定区域内的经济、社会、文化等领域现状与发展情况进行深度分析和预测，研究层级至县及县以下行政区，涉及省份、区域经济体、城市、农村等不同维度，为地方经济社会宏观态势研究、发展经验研究、案例分析提供数据服务。

中国文化传媒数据库（下设 18 个子库）

汇聚文化传媒领域专家观点、热点资讯，梳理国内外中国文化发展相关学术研究成果、一手统计数据，涵盖文化产业、新闻传播、电影娱乐、文学艺术、群众文化等 18 个重点研究领域。为文化传媒研究提供相关数据、研究报告和综合分析服务。

世界经济与国际关系数据库（下设 6 个子库）

立足“皮书系列”世界经济、国际关系相关学术资源，整合世界经济、国际政治、世界文化与科技、全球性问题、国际组织与国际法、区域研究 6 大领域研究成果，为世界经济与国际关系研究提供全方位数据分析，为决策和形势研判提供参考。

法律声明